卢卡奇研究指南

张亮 主编

第一卷

艺术与生活：
早期卢卡奇的资本主义批判理论

张亮 刘健 谢瑞丰 编

江苏人民出版社

图书在版编目(CIP)数据

卢卡奇研究指南.第一卷,艺术与生活:早期卢卡奇的资本主义批判理论/张亮,刘健,谢瑞丰编.--南京:江苏人民出版社,2022.8
ISBN 978-7-214-27372-7

Ⅰ.①卢… Ⅱ.①张…②刘…③谢… Ⅲ.①卢卡奇(Lukacs,Georg1885-1971)—哲学思想-研究 Ⅳ.①B515

中国版本图书馆 CIP 数据核字(2022)第 126444 号

卢卡奇研究指南
张　亮　主编
第一卷　艺术与生活:早期卢卡奇的资本主义批判理论
张　亮　刘　健　谢瑞丰　编

责 任 编 辑	陈　颖　薛耀华
特 约 编 辑	贺银垠
装 帧 设 计	林　夏
责 任 监 制	王　娟
出 版 发 行	江苏人民出版社
地　　　　址	南京市湖南路1号A楼,邮编:210009
照　　　　排	江苏凤凰制版有限公司
印　　　　刷	江苏凤凰扬州鑫华印刷有限公司
开　　　　本	718毫米×1000毫米　1/16
总 印 张	72.5　插页6
总 字 数	928千字
版　　　　次	2022年8月第1版
印　　　　次	2022年8月第1次印刷
标 准 书 号	ISBN 978-7-214-27372-7
总 定 价	288.00元(全三册)

(江苏人民出版社图书凡印装错误可向承印厂调换)

代序　作为马克思主义"思想家"的卢卡奇
——纪念卢卡奇逝世50周年

张　亮

　　1971年6月4日,格奥尔格·卢卡奇(1885—1971)因病逝世,享年86岁。此时,卢卡奇已经被认为是20世纪最著名、最有影响力的哲学家、思想家之一,但在当时的"苏东"社会主义阵营,他的马克思主义者身份却依旧受官方立场质疑,依旧作为一个新"修正主义者"遭受批判甚至否定。作为国际共产主义运动和匈牙利国内政治的老"运动员",卢卡奇对这种遭遇早已不以为意,但在内心深处,他真正念兹在兹的恰恰还是这一点:在去世半年前撰写的自传提纲的结尾中,他一方面强调自己"只是个思想家",另一方面则重申了自己的马克思主义信仰,强调"真正的马克思主义是唯一的出路"。① 转眼间,50年过去了。在欧洲尤其是在卢卡奇的祖国匈牙利,卢卡奇的境遇似乎正好和50年前构成了一种镜像关系,右翼保守主义的官方意识形态质疑的不再是他的马克思主义者身份,而是他的世界历史意义:2017年1月,布达佩斯市议会决定将卢卡奇雕像从市中心的公共场所移除;2018年,匈牙利政府关闭了卢卡奇档案馆,将卢卡奇手稿档案转移到匈牙利科学院图书馆的某间密室。2019年10月,我前往布达佩斯郊区一座小型私人博物馆追

---

① 杜章智等编译:《卢卡奇自传》,李渚清、莫立知译,社会科学文献出版社1986年版,第46、48页。

寻被安置到此处的卢卡奇雕像,不巧碰上闭馆日。失望之余,我沿着围墙搜寻,希望遇到奇迹,不料真的找到一扇通向庭院的铁栅栏门,往里张望,看到卢卡奇塑像正淡然立在不远处的小径边上!真正的思想不惧怕黑夜,自然更不惧怕冷落。无论受到怎样的贬抑、排斥,历史都已经证明,卢卡奇是20世纪匈牙利奉献给世界文化的真正瑰宝,他的历史地位就在于其是一个真正的马克思主义"思想家"!

一、什么是真正的马克思主义者?

马克思恩格斯晚年都曾表达过对同时代某些马克思主义者的不满,感慨自己"播下的是龙种,而收获的却是跳蚤",甚至不无恼怒地表示"我只知道我自己不是马克思主义者"[①]。我们决不应否认,那些被马克思恩格斯批评的马克思主义者,在主观上都想秉承马克思主义真精神,但在客观上却未能达到马克思恩格斯的要求。这说明,在马克思恩格斯创立并发展马克思主义的时空确定性被超越之后,成为一名真正的马克思主义者是难的!我们不难发现,在20世纪马克思主义发展史上,越是有重大理论贡献的马克思主义者,其马克思主义者的身份一开始似乎越容易遭到人们的质疑:在自诩为第二国际马克思主义"正统"的孟什维克眼中,列宁的政治和理论立场都是可疑的;在留学苏联的"二十八个半布尔什维克"眼中,山沟沟里不可能有马克思主义,没有系统读过马克思列宁主义"本本"的毛泽东只是一名拥有丰富革命经验的民族主义者,压根谈不上"理论";同样,在第三国际以及后来的苏联马克思主义官方立场看来,卢卡奇始终是马克思主义的"异端",只不过有时候错的略少些罢了。也因为如此,具有重大理论贡献、在历史或思想史上留下深刻印迹的马克思主义者往往都会思考并回答同一个重要问

[①] 《马克思恩格斯文集》第10卷,人民出版社2009年版,第590页。

题:什么是真正的马克思主义者?他们的言辞表达各不相同,但其精神实质却是相同相通的。

首先,真正的马克思主义者必须有"真知识",也就是对马克思主义的哲学本质和"活的灵魂"的科学认识。作为一个科学体系,马克思主义理论分三个层次:外层是马克思恩格斯直接阐发、可以在他们的著作文本中直接找到出处的观点体系,这一体系不仅数量巨大,而且鲜活生动,具有时空确定性,其真理性会随着时空条件的变换发生改变;中间层是马克思恩格斯创立的资本主义生产方式分析范式,这一范式生产出了外层的观点体系,并以抽象的而非具象的方式存在于后者之中;与中间层融合在一起的内层是科学的批判的方法论,这一方法论是马克思主义的哲学本质和"活的灵魂",只有把握这一"活的灵魂",才可能超越资本主义的时空确定性,像马克思恩格斯那样,透过资本主义变动不居的新变化新现象,抓住其相对稳定的本质与趋势。之所以晚年恩格斯会反复强调"我们的理论不是教条"而是"行动的指南"[1],就是因为他苦恼地发现,马克思主义者通常只能停留在马克思主义理论的外层,仅仅看到可以直接看到的东西,即容易凝固为教条的观点体系,而无法透过教条发现非具象的哲学本质和"活的灵魂"。被第二国际"正统"长期压制的列宁对恩格斯的论述尤其感同身受,强调这样"就会把马克思主义变成一种片面的、畸形的、僵死的东西,就会抽掉马克思主义的活的灵魂,就会破坏它的根本的理论基础——辩证法即关于包罗万象和充满矛盾的历史发展的学说,就会破坏马克思主义同时代的一定实际任务,即可能随着每一次新的历史转变而改变的一定实际任务之间的联系"[2]。尽管创作《历史与阶级意识——关于马克思主义辩证法的研究》时的卢卡奇对马克思恩格斯具体著作、具体观点的认识还比较有限,但当他接着列宁往下旗帜鲜明地提出"马克思主义问题中的正统仅仅是

---

[1] 《马克思恩格斯文集》第10卷,人民出版社2009年版,第560、557页。
[2] 《列宁选集》第2卷,人民出版社2012年版,第278页。

指方法"①时,就已经决定性地超越了同时代的第二国际理论家,掌握了成为真正的马克思主义者不可或缺的"真知识"。

其次,真正的马克思主义者必须有"真本领",也就是在新的时空确定性中运用马克思主义"活的灵魂"进行理论创新或实践创新的能力。马克思主义不是用来膜拜的"教条",而是能够学以致用的"行动的指南",它既能指导马克思主义者科学地"解释世界",也能指导马克思主义者革命地"改变世界"。真金不怕火炼,真正的马克思主义者不是只会熟练引用"教条""本本"的空头理论家,而是能够具体地运用马克思主义的立场、观点、方法,去敏锐地发现问题、科学地分析问题、成功地解决问题的理论创新家或实践创新家。1918年12月,卢卡奇加入匈牙利共产党,此后即开始以马克思主义者的形象活跃在20世纪的世界思想舞台上。② 作为马克思主义者的卢卡奇清楚地知道,自己所要解决的都是马克思无法提供现成答案甚至无从想象的新问题,因此,问题的解决并不取决于知道多少马克思的文本、词句,而在于能否"正确地理解马克思的方法的本质,并正确地加以运用"③,也就是能否运用马克思主义"活的灵魂",像马克思那样去创新。在救世主式的革命的马克思主义时期(1918—1929),他致力于思考并解决资产阶级意识形态对现代工人阶级革命意识的消极影响问题,创作出《历史与阶级意识——关于马克思主义辩证法的研究》这一经典著作,在客观上开创了"西方马克思主义"思潮,使诞生于19世纪的马克思主义获得了一种具有20世纪西方特征的新形态。在备受争议的斯大林主义时期(1930—1945),他奋战在马克思主义文艺理论、德国及俄国文学史、青年黑格尔研究这三

---

① 卢卡奇:《历史与阶级意识——关于马克思主义辩证法的研究》,杜章智等译,商务印书馆1992年版,第48页。
② 关于卢卡奇的思想分期问题,参见罗伯特·戈尔曼编《"新马克思主义"传记辞典》,赵培杰等译,重庆出版社1990年版,第540页。
③ 卢卡奇:《历史与阶级意识——关于马克思主义辩证法的研究》,杜章智等译,商务印书馆1992年版,第41页。

个马克思主义者未曾深耕过的领域,最终扭转了马克思主义在这些领域少有作为的局面。在批判的改良主义的马克思主义时期(1945—1971),他回归哲学,先是致力于对现代资产阶级哲学当代发展的马克思主义批判,创作《理性的毁灭》,继而转向马克思主义哲学体系的正面建构,在成功构建马克思主义美学体系之后,力图建构马克思主义伦理学体系,最终回到马克思主义哲学的基础问题,留下《关于社会存在的本体论》这一宏大残篇。自1923年《历史与阶级意识——关于马克思主义辩证法的研究》出版以来,来自马克思主义阵营的卢卡奇批判者从未间断,不时掀起惊涛骇浪,仿佛马上就要让卢卡奇"魂神俱灭",但100年过去了,这些批判者都已经消失在历史的烟云中,唯有卢卡奇依然故我。

最后,真正的马克思主义者必须有"真信仰",也就是不以外部情势或个人遭遇为转移的坚定的马克思主义信仰。在悼念列宁的演说中,斯大林说:"我们共产党人是具有特种性格的人,我们是由特殊材料制成的。"[1]所谓"特殊材料",指的就是共产党人的坚定理想信念。"坚定理想信念,坚守共产党人精神追求,始终是共产党人安身立命的根本。对马克思主义的信仰,对社会主义和共产主义的信念,是共产党人的政治灵魂,是共产党人经受住任何考验的精神支柱"[2]。人在事上练,刀在石上磨。信仰是否坚定,关键看遭遇。在20世纪国际共产主义运动史上,马克思主义知识分子曾为各国共产党的创立和早期发展作出重要贡献,但随着运动的深入开展,许多知识分子会因为各种原因选择退出甚至背叛。例如,同为"西方马克思主义"创始人之一的卡尔·柯尔施(1886—1961)1920年加入德国共产党,1926年因理论和政治分歧被开除出党,之后即选择退出政治活动,移民美国,以学者名世。法兰克福学派早期成员卡尔·奥古斯特·魏特夫(1896—1988)曾为德国共产党

---

[1] 《斯大林全集》第6卷,人民出版社1956年版,第42页。
[2] 《习近平关于"不忘初心、牢记使命"论述摘编》,人民出版社2019年版,第73页。

中央委员,1933年被纳粹逮捕后叛党,之后移民美国,《苏德互不侵犯条约》签订后转向反马克思主义立场,冷战后成为麦卡锡主义的帮凶。[①] 相比他们,卢卡奇遭遇的不公正对待要大得多,也要多得多:先后因《历史与阶级意识——关于马克思主义辩证法的研究》(1923)、《勃鲁姆提纲》(1928)、《文学和民主》(1947)、匈牙利事件(1956)四次遭到党内严厉政治批判,甚至于1956年被开除出党,但他始终坚持自己的共产主义信仰,为了能够留在党内甚至不惜做屈辱、违心的自我批判;1929年、1933年,他先后被奥地利、法西斯德国驱除出境,但最终都选择流亡苏联,而不是西方!因为他坚信,"生活在最坏的社会主义里也比生活在最好的资本主义里强"[②]。如果没有这种"真信仰",卢卡奇怎么可能经受如此巨大且不公的考验而忠贞不贰呢?

二、"西方马克思主义":无意间开创的新传统

20世纪50年代末期以后,卢卡奇已经因《历史与阶级意识——关于马克思主义辩证法的研究》牢固确立了自己在20世纪思想史上的崇高地位,在其去世后,这种崇高地位被概念化为20世纪四大哲学潮流之一的"西方马克思主义"的主要开创者,进而被人们广泛接受。但卢卡奇晚年对此并不认同。他一直拒绝再版自己的早期著作,当其德国出版人未经同意就再版《小说理论》和《历史与阶级意识——关于马克思主义辩证法的研究》后,两人发生了争吵,他表示"我当时已不再把这两本书列入我的著作"[③]。不过,卢卡奇很快就意识到,自己已经无法决定自己的历史和著作,"应该由历史来决定是否可以谈一个人的生平著

---

① G. L. Ulmen, *The Science of Society: Toward an Understanding of the Life and Work of Karl August Wittfogel*, Hague: Mouton Publishers, 1978, p. 278.
② 杜章智等编译:《卢卡奇自传》,李渚清、莫立知译,社会科学文献出版社1986年版,第303页。
③ 杜章智等编译:《卢卡奇自传》,李渚清、莫立知译,社会科学文献出版社1986年版,第177页。

作。谁若想创造生平著作,那他从一开始就要说谎"①。最终,他决定出版自己的全集,以可控的方式再版《历史与阶级意识——关于马克思主义辩证法的研究》等早期著作,具体做法就是撰写新版序言表明自己的立场:与自己的主观意图相反,《历史与阶级意识——关于马克思主义辩证法的研究》在客观上开创、代表了一种自己并不认同的"马克思主义史内部的一种倾向,这种倾向的各种表现形式……都是反对马克思主义的本体论的根基的"。

如果我们把《历史与阶级意识——关于马克思主义辩证法的研究》放回其赖以形成的卢卡奇生平经历中考察,就会发现:开创后来广泛流传于西方资本主义国家学院体系的"西方马克思主义"思潮,确实不是卢卡奇创作《历史与阶级意识——关于马克思主义辩证法的研究》的目的所在。

第一,卢卡奇是作为具有较高政治地位的职业革命家创作《历史与阶级意识——关于马克思主义辩证法的研究》的。卢卡奇最初的职业理想是做大学教授,最初目标是布达佩斯大学,1912年以后是海德堡大学。1918年5月,他完成海德堡大学哲学系的教授资格申请,但随即出人意料地离开海德堡返回布达佩斯,成为一名社会活动家。1918年12月加入匈牙利共产党后,卢卡奇很快被补选进入中央委员会,成为一名职业革命家,在1919年的匈牙利苏维埃共和国时期、苏维埃被推翻后的国内地下斗争时期以及1919年至1929年流亡维也纳的地下斗争时期,都发挥了相当重要的政治作用。职业革命家的社会角色决定了卢卡奇救世主式的革命的马克思主义时期(1918—1929)的理论作品从本质上讲都是政治性的,即都是写给革命同志看、服务于革命实践的:"不言而喻,这种学习一刻也没有脱离革命活动。当务之急是要使匈牙利

---

① 杜章智编:《卢卡奇自传》,李渚清、莫立知译,社会科学文献出版社1986年版,第177页。

的革命工人运动获得新的生命,并使其继续下去。"①至于这些作品是否会流入学院体系并产生影响,绝非卢卡奇创作时要考虑的。

第二,卢卡奇创作《历史与阶级意识——关于马克思主义辩证法的研究》的直接动机是为了回应当时欧洲共产主义运动内部的思想和政治争论。第一次世界大战结束前后,欧洲多国爆发革命运动,但都迅速遭到各国反动势力的镇压而失败,匈牙利、波兰、德国、法国、意大利、荷兰等国的共产党人被迫流亡,维也纳是苏联之外最重要的流亡革命者聚集地。尽管处于流亡中,但维也纳的革命者们却"加强了我们关于世界革命即将到来,整个文明世界必将被彻底改造的信念",同时也就下一步该怎么办产生了激烈的宗派主义争论,而这些宗派主义都"有以救世主自居的、乌托邦主义的抱负"②。作为匈牙利共产党的领导成员之一,卢卡奇深刻介入当时的党内争论和国际争论,坚信自己的政治策略和理论立场都是正确的,并决意向共产党人的共同敌手第二国际修正主义传统发动攻击,"《历史与阶级意识——关于马克思主义辩证法的研究》代表了当时想要通过更新和发展黑格尔的辩证法和方法论来恢复马克思理论的革命本质的也许最激进的尝试"③。

第三,《历史与阶级意识——关于马克思主义辩证法的研究》最大的政治和理论关切是党的组织建设这个实践问题。《历史与阶级意识——关于马克思主义辩证法的研究》的正文由八篇论文构成,其中六篇是卢卡奇于1919年至1922年间创作的,另外两篇即《物化和无产阶级意识》与《关于组织问题的方法论》是他专为该书而创作的,不过是在之前文章的基础上进行了完善。卢卡奇强调,虽然《历史与阶级意

---

① 卢卡奇:《历史与阶级意识——关于马克思主义辩证法的研究》,杜章智等译,商务印书馆1992年版,第5页。
② 卢卡奇:《历史与阶级意识——关于马克思主义辩证法的研究》,杜章智等译,商务印书馆1992年版,第6页。
③ 卢卡奇:《历史与阶级意识——关于马克思主义辩证法的研究》,杜章智等译,商务印书馆1992年版,第16页。

识——关于马克思主义辩证法的研究》的编排顺序不具有"系统的科学的完整性",但具有"一定的实际联系","读者最好按照这个顺序来阅读它们"①。全书的终篇,同时也是最晚完成的一篇,是创作于1922年9月的《关于组织问题的方法论》。在长篇大论地探讨了抽象思辨的阶级意识问题后,卢卡奇最终回到非常具体的党的组织建设问题上,亮出了自己的政治结论。有了正确的理论,共产党人的当务之急是确立正确的组织建设路线,因为组织是理论和实践的中介形式,对于解决理论问题具有决定性意义!在他看来,无产阶级的阶级意识是革命运动的前提条件,党组织的关键任务就是要把无产阶级的阶级意识从自发的水平提升到自觉的高度。在当前阶段,党必须依靠纪律,享有有限的自由,通过革命逐步达到真正的自由,"因为共产党的产生只可能是有觉悟的工人的有意识的成果,向正确认识跨出的每一步同时也是把这一步变成现实的一步"②。

当然,从20世纪思想史的角度看,《历史与阶级意识——关于马克思主义辩证法的研究》确实超越了卢卡奇的主观意图,在客观上开创了全新的"西方马克思主义"传统。那么,卢卡奇何以能够做到这一点呢?

首先,《历史与阶级意识——关于马克思主义辩证法的研究》在分析现代工人阶级为什么革命意识淡漠的问题时提供了一种新的资本主义批判理论,使得人们对现代资本主义的批判理解成为可能。第一次世界大战结束前后,除了俄国十月革命外,欧洲其他国家那些如约而至的革命为什么没能取得胜利?卢卡奇认为,这既和党在理论和政治上的不成熟有关,也和现代工人阶级的革命意识的变化有关,简单地讲,就是原本致力于革命和社会主义未来的工人阶级变得不那么革命甚至

---

① 卢卡奇:《历史与阶级意识——关于马克思主义辩证法的研究》,杜章智等译,商务印书馆1992年版,第39页。
② 卢卡奇:《历史与阶级意识——关于马克思主义辩证法的研究》,杜章智等译,商务印书馆1992年版,第433页。

趋向于认同资本主义体制了！为什么会出现这种变化呢？《物化和无产阶级意识》提供的分析思路是回到马克思的商品结构批判学说，"在商品关系的结构中发现资本主义社会一切对象性形式和与此相适应的一切主体性形式的原形"①，即从商品的物化现象出发追问资产阶级的物化意识及其对工人阶级的消极影响，进而以资产阶级思想的二律背反为中介，落脚于用科学的历史唯物主义解放、武装工人阶级意识。就主观意图而言，卢卡奇真正关注的是工人阶级的立场选择问题，但他真正出彩的是引入韦伯、西美尔的思想资源，对现代资本主义社会中物化意识的形成及其意识形态影响进行了开创性的批判分析，提供了一种新的现代资本主义批判理论。随着异化、物化问题成为发达资本主义社会的时代之问，《历史与阶级意识——关于马克思主义辩证法的研究》的开创性意义很快就呈现出来了，从而在学院哲学主流中获得巨大成功，尽管卢卡奇认为同时代学院哲学对其异化学说的理解其实是不正确的。②

其次，《历史与阶级意识——关于马克思主义辩证法的研究》挑战第二国际马克思主义正统，为正在谋求突破后者思想桎梏的左翼阵营提供了新的理论路径。19世纪六七十年代以后，德国哲学的发展出现重大转变，黑格尔成为一条"死狗"，新康德主义逐渐成为主流。伯恩斯坦、考茨基等第二国际理论家因为缺乏深厚的马克思主义哲学修养，在客观上迷失正确的哲学方向，沦为新康德主义的信徒，在马克思主义和哲学的关系问题上盲目追随后者："资产阶级的哲学教授们一再互相担保，马克思主义没有任何它自己的哲学内容，并认为他们说的是很重要的不利于马克思主义的东西。正统的马克思主义者也一再互相担保，

---

① 卢卡奇：《历史与阶级意识——关于马克思主义辩证法的研究》，杜章智等译，商务印书馆1992年版，第145页。
② 卢卡奇：《历史与阶级意识——关于马克思主义辩证法的研究》，杜章智等译，商务印书馆1992年版，第19页。

马克思主义从其本性上来讲与哲学没有任何关系,并认为他们说的是很重要的有利于马克思主义的东西。"①十月革命胜利后,第二国际的政治正统性和理论正统性均遭到沉重打击,西欧的马克思主义者渴望突破第二国际正统,但也对第三国际传统心存疑虑。这时候,卢卡奇吸收列宁思想的部分精髓,在黑格尔主义基础上实现对马克思辩证法的再发现、再阐释,提供了一条既超越第二国际、第三国际,又更具当代西欧特征的理论路径,有效满足了同时代西欧的马克思主义理论需求。

最后,《历史与阶级意识——关于马克思主义辩证法的研究》是在20世纪初期德语世界的学院思想主流中孕育而生的,其与正在广泛兴起的学院左派具有极强的亲和性。卢卡奇出身于20世纪初期德语世界的学院主流,是一颗被寄予厚望的学术新星。② 作为卢卡奇转向马克思主义之后的第一部大部头著作,《历史与阶级意识——关于马克思主义辩证法的研究》充分吸收继承了卢卡奇此前的学院思想传统,是一部凸显学院特征的马克思主义论著。第一次世界大战结束后,许多年轻的学院左派知识分子开始转向马克思主义,如霍克海默、本雅明、阿多诺、马尔库塞等未来的法兰克福学派成员。对于这些学院左派来说,传统马克思主义者感觉思辨、晦涩的《历史与阶级意识——关于马克思主义辩证法的研究》恰恰符合他们的趣味和需要,更能打动他们的心灵③,从而超越卢卡奇的主观意图,成为此后几代欧美发达资本主义国家学院左派的"圣经",产生了持久广泛的学术影响。

---

① 卡尔·柯尔施:《马克思主义和哲学》,王南湜、荣新海译,重庆出版社1989年版,第4页。
② 参见张亮《卢卡奇的早期思想发展及其思想史效应:100年后的重访》,《学习与探索》2018年第11期。
③ 参见罗尔夫·魏格豪斯《法兰克福学派:历史、理论及政治影响》,孟登迎等译,上海人民出版社2010年版,第22、52、103页、第114—115页、第122页。

三、自觉在"运用"中开辟马克思主义学术新领域

1929年,奥地利政府下令驱逐卢卡奇,虽然它后来迫于国际文化界的压力解除了驱逐令,但卢卡奇还是决定离开流亡十年之久的维也纳,前往苏联。他先在莫斯科停留了两年(1929—1931),后移居柏林(1931—1933),参与德国作家协会的领导工作,纳粹上台后随即逃离德国,回到莫斯科,并在1945年第二次世界大战结束后重返匈牙利。对于这一时期的卢卡奇,学术界认识分化,评价不一:认同苏联马克思主义正统的学者通常高度评价卢卡奇这一时期的理论立场,肯定他知错能改,"找到了马克思主义理论"[1];反对苏联马克思主义的东欧新马克思主义者则认为,这一时期的卢卡奇在政治上和理论上向斯大林主义做了被迫的妥协、屈服[2],甚至在一定程度上斯大林主义化了,因而导致其这一阶段的论著乏善可陈,甚至应当被否定;西方学界则以较少关注、避免直接评论这种轻慢方式,含蓄传达出了否定性的立场和评价。卢卡奇这一时期的论著的思想和学术影响力不高,是一个不争的事实。不过,在对这一时期卢卡奇进行客观的思想史评价之前,我们有必要对卢卡奇当时的生存状态和主观意图进行校验,以便确定恰当的评价标准。

第一,卢卡奇这一时期被迫退出现实政治,从一名职业革命家转变为一名马克思主义学者。1919年匈牙利革命失败后,大量匈牙利共产党人被迫流亡奥地利或苏联。应当怎样推进匈牙利的革命事业?流亡中的匈牙利共产党人出现了路线分化:兰德列尔·耶诺(1875—1928)、卢卡奇等以维也纳为基地的共产党人主张探索符合匈牙利本土实际的革命道路和革命战略,而贝拉·库恩(1886—1939)等以苏联为基地的

---

[1] 别索诺夫、纳尔斯基:《卢卡奇》,李尚德译,黑龙江人民出版社2003年版,第22—43页。
[2] 参见弗兰尼茨基《马克思主义史Ⅱ》,胡文建等译,人民出版社1988年版,第104—105页。

共产党人则主张执行第三国际确定的路线与政策。最初,本土派的现实主义路线占据了上风,卢卡奇因此于1928年受托为匈牙利共产党第二次代表大会准备政治和社会战略纲领,即后来以《勃鲁姆提纲》为题而闻名的《关于匈牙利的政治经济现状与匈牙利共产党的任务的提纲》[1]。不料,1929年会议期间,国际派在共产国际主要领导人季诺维也夫的支持和授意下突然发难,指责《勃鲁姆提纲》具有反列宁主义的取消主义和修正主义倾向,最终导致国际派掌权,本土派被打倒,卢卡奇被宣告"政治性死亡"。经此一事,卢卡奇认识到自己"毕竟是书生",不合适做职业革命家,因而决定从匈牙利现实革命政治中退出,回到自己前马克思主义时期就钟情的德国俄国思想史[2],重新追求自己的学术理想,做一名马克思主义学者。

第二,卢卡奇部分出于思想的认同,部分源于客观的政治压力,与苏联马克思主义达成了一种有张力的"和解"。在1953年斯大林去世后,尤其是1956年赫鲁晓夫作"秘密报告"后,社会主义阵营内部掀起了一股反斯大林主义、反苏联马克思主义的浪潮,人们热衷于对斯大林时代进行抹黑甚至妖魔化,仿佛那是一个从来都一无是处、绝对黑暗的时代似的。尽管卢卡奇长期遭受第三国际和苏联马克思主义正统的批判,甚至还被短期投入监狱,但卢卡奇对斯大林、斯大林时代的评价并不偏激。之所以会如此,是因为卢卡奇与苏联马克思主义达成了一种有张力的但非完全被迫的"和解"。首先,在转向马克思主义之后,卢卡奇就坚信,马克思主义、共产党是解决现代资本主义文化危机问题的终极力量,这种力量类似宗教中的上帝[3],因此,共产党人无论何种情况都必须对自己的党保持忠诚。[4] 其次,在卢卡奇看来,和他自己一样,斯大

---

[1] Georg Lukács, "Blum Theses 1928–1929", in Georg Lukács, *Tactics and Ethics, 1919–1929*, London: Verso, 2014, pp. 227–253.
[2] 杜章智等编译:《卢卡奇自传》,李渚清、莫立知译,社会科学文献出版社1986年版,第123—124页。
[3] 阿格妮丝·赫勒编:《卢卡奇再评价》,衣俊卿等译,黑龙江大学出版社2011年版,第230页。
[4] 杜章智等编译:《卢卡奇自传》,李渚清、莫立知译,社会科学文献出版社1986年版,第228页。

林代表了俄国共产党党内与托洛茨基、季诺维也夫等国际派对立的本土派,因此,斯大林坚持探索俄国社会主义道路取得重大胜利,坚决捍卫列宁主义,批判德波林学派、清算体现第二国际马克思主义正统的普列汉诺夫传统,解散宗派主义的左派文学团体"拉普",等等,都让卢卡奇感到认同、振奋,同时也寄予更多期待。① 再次,流亡维也纳期间不成功的革命实践结果让卢卡奇意识到,《历史与阶级意识——关于马克思主义辩证法的研究》中的政治逻辑"崩溃"了②,从而在一定程度上自觉以斯大林主义为参照系反思、检讨自己的理论立场。最后,卢卡奇认为马克思主义哲学的精髓是方法论,斯大林主义则把马克思主义哲学当作已经终结的绝对真理,这看似对立的两种立场却在一个问题上达成了非常奇妙的共识,即马克思主义是普遍的世界观,因此,尽管马克思没有系统阐述过自己的美学、伦理学等,但这些学说都内在包含于马克思主义之中,只要开掘即可获得,绝不需要"从康德或任何别人那里去借用"③。

第三,卢卡奇当时的志业就是努力"运用"马克思主义开拓新的学术领域,扩大马克思主义的学术影响。1929年至1931年居留莫斯科期间,卢卡奇在梁赞诺夫领导的马克思恩格斯研究院,阅读了马克思《1844年经济学哲学手稿》的全部文稿,以及正在出版过程中的列宁《哲学笔记》,思想受到很大触动:一是《历史与阶级意识——关于马克思主义辩证法的研究》对马克思的黑格尔主义解读原来具有深刻而坚实的思想史基础,从而产生了一种阐明辩证法与经济学的关系、黑格尔与马克思的关系的强烈学术冲动④;二是产生了一种意愿,"想利用我关于文学、艺术以及文艺理论的知识,去建造一个马克思主义的美学体系"⑤。

---

① 杜章智等编译:《卢卡奇自传》,李渚清、莫立知译,社会科学文献出版社1986年版,第225—226页。
② 阿格妮丝·赫勒主编:《卢卡奇再评价》,衣俊卿等译,黑龙江大学出版社2011年版,第97页。
③ 杜章智等编译:《卢卡奇自传》,李渚清、莫立知译,社会科学文献出版社1986年版,第130页。
④ 卢卡奇:《历史与阶级意识——关于马克思主义辩证法的研究》,杜章智等译,商务印书馆1992年版,第31—32页。
⑤ 卢卡奇:《历史与阶级意识——关于马克思主义辩证法的研究》,杜章智等译,商务印书馆1992年版,第33页。

也就是说,卢卡奇发现历史虽然向他关闭了政治实践这扇门,但却打开了马克思主义学术这扇窗,使他得以在一些马克思主义尚未有效覆盖的新学术领域施展自己的才能,表达自己的立场与观点,继续作为一名马克思主义者发挥自己的作用。

既然这一时期卢卡奇的自我定位是学者,那么,我们就应当首先以学者的标准来评判他这一时期的工作。在我们看来,这一时期卢卡奇至少在如下三个学术领域做出了开创性的贡献。第一,以历史唯物主义为指引构建了马克思主义文艺理论的基本框架体系。在马克思恩格斯研究院工作期间,卢卡奇遇到正在编辑《马克思恩格斯论艺术》的青年苏联美学家米哈伊尔·里夫希茨(1905—1983),通过后者的工作,卢卡奇对马克思恩格斯的文艺思想有了比较系统全面的了解,从而坚定了他"运用"历史唯物主义建构马克思主义文学理论体系的信心。许多研究者都察觉到,卢卡奇此时的文艺理论与后来苏联的马克思主义文艺理论正统具有高度的一致性,并猜测是卢卡奇被迫做了理论上的妥协,殊不知这恰恰是"里夫希茨和我(卢卡奇)的创造"[1]。第二,确立了德国俄国现代文学史的马克思主义批判典范。从第一次居留苏联期间开始,卢卡奇就积极开展德国俄国现代文学史研究,在此后近40年的时间里留下四卷以上的宏富论著[2],占其全集总篇幅的近四分之一。正是在这些论著中,德国俄国现代文学史的马克思主义批判典范得以基本确立。第三,对青年黑格尔的思想发展进行了开创性的探索。在阅读过《1844年经济学哲学手稿》和《哲学笔记》后,卢卡奇就产生了重新研究黑格尔的念头。1931年至1933年在德国期间,卢卡奇看到了《耶拿实在哲学》(1931、1932),敏锐察觉到青年黑格尔与青年马克思在哲学思想发展方式上的类似性,也由此形成了一种明确而坚定的想法,即

---

[1] 杜章智等编译:《卢卡奇自传》,李渚清、莫立知译,社会科学文献出版社1986年版,第131页。
[2] 参见 G. H. R. 帕金森《格奥尔格·卢卡奇》,翁绍军译,上海人民出版社1999年版,第120—185页。

通过历史地研究黑格尔《精神现象学》的形成与本质,揭示马克思与德国进步的思想传统的关系及其思想的形成与本质,最终于1938年完成《青年黑格尔》(1948年出版)一书,提供了一种马克思主义的哲学史研究新范式。①

四、回归哲学之后的宏大探索

第二次世界大战结束后,卢卡奇选择离开苏联,回到匈牙利定居,随即进入议会,获得布达佩斯大学的教授职位,成为匈牙利科学院主席团成员。这时卢卡奇60岁。纵观卢卡奇的最后26年,有三点令人印象非常深刻。

第一,无心政治却依旧关心政治并苦于政治。"历尽风波知险阻",晚年卢卡奇已知天命,无意于庙堂。不过,他依旧关心政治,尤其是社会主义民主问题。早在《勃鲁姆提纲》时期,卢卡奇就认识到,匈牙利应当探索符合本土实际的革命道路和民主形式。随着东欧各国走上人民民主的道路,卢卡奇也于1946年以后陆续发表《文学和民主》《民主和文化》等文章,阐发自己对人民民主的理解:一是主张直接民主,认为"人民民主制度到处有意识地、经常有机地组织人民群众参加涉及人民群众利益的社会生活的各个领域……把直接民主作为实际生活的原则而重新发展到最高限度";二是强调民主形式的民族性,"在我们的情况下要符合匈牙利社会的特点……在民族的意义上讲,应该继续发展那些能够回答我们特殊的匈牙利人民民主问题的东西"。② 卢卡奇这些显然正确的观点开始并没有引发太多的政治关注,但随着匈牙利政治建

---

① 参见 Georg Lukács, *The Young Hegel*: *Studies in the Relations between Dialectics and Economics*, London: Merlin Press, 1975, p. xii, xiii, xxx。
② 中国社会科学院外国文学研究所编:《卢卡契文学论文集》(一),中国社会科学出版社1980年版,第338、333页。

设进程斯大林化倾向的不断加剧,1949—1953 年间,匈牙利国内掀起了批判卢卡奇的浪潮,20 年代的老账和 40 年代的新账一起算,再次将卢卡奇定义为修正主义者。1953 年斯大林去世后,卢卡奇的状况有所改善。1956 年苏共二十大后,东欧各国的政治氛围迅速发生变化,曾经被压制的各种政治和文化争论重现。卢卡奇参与了当时的争论,后于 1956 年 10 月成为中央委员和纳吉政府的文化部长。11 月初,纳吉政府倒台,卢卡奇等人在南斯拉夫大使馆政治避难,后被驱逐到罗马尼亚,1957 年 4 月返回布达佩斯,但被开除出党。此后,卢卡奇重新被定义为修正主义者,在国际国内遭到点名批判,失去了在大学任教的权利,并于 1963 年经历丧妻之痛。1970 年,卢卡奇的政治境遇再次得到改善,重新入党,12 月被诊断出癌症晚期,半年后辞世。

第二,回到并闻达于西方学院。在 1918 年转向马克思主义之后,卢卡奇逐步脱离自己原本所属的西方学院主流,主要以国际马克思主义理论界为平台从事理论和学术研究。这种相对隔绝的状况导致西方学院对 1918 年以后的卢卡奇所知甚少。1946 年以后,卢卡奇开始恢复与西方学院的交往:1946 年前往瑞士参加日内瓦国际讨论会,与海德堡时期的故交雅斯贝斯重逢并进行激烈论战;1947 年遍访东欧和法国、奥地利、瑞士、意大利等西方国家;1949 年前往巴黎参加黑格尔研讨会,结识加罗蒂、列斐伏尔、吕西安·戈德曼、梅洛-庞蒂等法国哲学家以及其他文学艺术界知识分子。随着交往的增加,作为马克思主义者的卢卡奇逐渐被西方学院所了解。1955 年,梅洛-庞蒂出版《辩证法的历险》,把《历史与阶级意识——关于马克思主义辩证法的研究》作为论战的中心,同时也明确提出了卢卡奇与韦伯的师生论战关系。[①] 以梅洛-庞蒂引发的论战为起点,卢卡奇又回到西方学院的中心,越来越广泛地为西方世界所知。1962 年,吕西安·戈德曼为卢卡奇《小说理论》的法译本

---

① 参见梅洛-庞蒂《辩证法的历险》,杨大春、张尧均译,上海译文出版社 2009 年版,第 1—62 页。

撰写评论文章,指出卢卡奇已经是20世纪最有影响力的西方思想家之一。[1] 1964年,匈牙利裔美国学者维克多·齐塔的博士学位论文以《卢卡奇的马克思主义:异化、辩证法与革命》为书名出版。[2] 鉴于自己著作在西方广泛但无序的传播现状,1967年,卢卡奇最终决定在当时的联邦德国出版自己的全集。

第三,回归并专注于马克思主义哲学的体系性建构。第二次世界大战后,20世纪西方哲学思潮在相互碰撞中走向新的阶段。卢卡奇不可避免地介入了当时激烈的争论之中。1947年7月,卢卡奇撰写了《存在主义还是马克思主义?》一文,对当时风头最劲的存在主义思潮作出了自己的哲学判断:存在主义和现代资产阶级思想一样,被打上了自发的虚无主义的烙印。[3] 这一时期,卢卡奇产生了重回哲学的想法。晚年卢卡奇的哲学研究有四个特点:一是马克思主义立场坚定,在许多基本问题的认识上与苏联马克思主义哲学传统具有较强的兼容性;二是极强的对话性,力图在与同时代西方资产阶级哲学主流的批判对话中捍卫、确立马克思主义哲学的真理性;三是思考的奠基性,着力解决理性与非理性、审美活动的唯物主义本质、社会存在的本体论基础等马克思主义哲学体系当代建构的根本问题;四是注重体系性建构,不管是《理性的毁灭》还是《审美特性》《关于社会存在的本体论》,都是结构严整、体系宏大的鸿篇巨制。且不论成功与否,仅就工作量而言,晚年卢卡奇的哲学探索都是令人敬佩的!

1954年出版的《理性的毁灭》是晚年卢卡奇宏大哲学探索的第一个成果。在1947年撰写《存在主义还是马克思主义?》的过程中,卢卡奇

---

[1] 参见 Lucien Goldmann, "The Early Writings of Georg Lukacs", in *Tri-quarterly*, No. (9), Spring, 1967, pp. 165 - 181。
[2] 参见 Victor Zitta, *Georg Lukács' Marxism*: *Alienation*, *Dialectics*, *Revolution*, The Hague: Martin Nijhoff, 1964。
[3] 参见卢卡奇《存在主义还是马克思主义?》,韩润棠、阎静先、孙兴凡译,商务印书馆1964年版,第9页。

萌生了写作《理性的毁灭》的想法,并在1951—1952年间完成了这一50余万字的著作,对黑格尔时代以降150年间德国哲学在辩证法与形而上学、理性主义与非理性主义斗争中的发展历程,进行了全景式的宏大分析。必须看到的是,卢卡奇研究的是哲学史,要解决的却是现实问题,即为什么诞生过黑格尔、马克思的德国,会出现法西斯主义横行、产生"国家社会主义世界观"这种非理性主义的意识形态?卢卡奇遵循黑格尔和马克思的教诲,力图在时代与时代精神(哲学)的辩证关系中去解答这一问题,强调之所以会出现非理性主义哲学,是因为存在孕育这种哲学的非理性社会,"因此,德国在哲学领域里走到希特勒那里去的道路,就成了我们的研究资料。这就是说,我们应当指出,这条实在的路程是怎样在哲学里反映出来的,作为德国走向希特勒去这一实际发展的思想映像的那些哲学论述,又是怎样帮忙加速这一进程的"[1]。进而,卢卡奇提出,辩证法与形而上学、理性主义与非理性主义的斗争是推动现代非理性主义哲学的内在力量,两者的对立归根结底是无产阶级哲学和资产阶级哲学的对立。[2] 基于这一哲学史观,卢卡奇对从谢林到海德格尔的德国现代哲学发展史进行了全面系统的论述,其论述之完整、规模之宏大,至今也难有人超越。不过,就像赫勒评论的那样,这一哲学史建构存在过强的目的论色彩,容易把问题简单化并形成偏见,尤其是对卢卡奇当年缺乏直接交往、研究和思考都不多的尼采之后的20世纪德国哲学,更是如此。[3]

随着通向哲学的道路被《理性的毁灭》再次打通,卢卡奇开始考虑系统总结自己持续了50年的美学探索,目标是一个三卷本的《美学》:第一卷是辩证唯物主义原理的美学运用,第二卷是历史唯物主义原理

---

[1] 卢卡奇:《理性的毁灭》,王玖兴等译,山东人民出版社1988年版,第2页。
[2] 参见卢卡奇《理性的毁灭》,王玖兴等译,山东人民出版社1988年版,第4—5页。
[3] 阿格妮丝·赫勒编:《卢卡奇再评价》,衣俊卿等译,黑龙江大学出版社2011年版,第232—235页。

的美学运用,第三卷是前两卷的合题,即对具体艺术题材的哲学分析。不过,卢卡奇最终只完成了第一卷的写作,即1962年底完成、1963年出版的《审美特性》。《审美特性》是一部2卷本、130余万字的巨著,目的是"尽可能正确地运用马克思主义"对自己50年美学探索的思想结晶进行集大成的总结,重点"是从哲学上论证审美的构成方式;对美学特殊范畴进行推导并界定美学与其他领域的界限"[1]。50年前,青年卢卡奇的美学思考起步于新康德主义,致力于从主体的维度思考、解答艺术作品何以可能的问题。50年后,《审美特性》同样关注艺术和艺术作品,着力思考"审美关照方式是怎么产生"和"形式感如何产生"问题,但标举马克思主义的旗帜,坚定反对主体建构论立场,坚持辩证的唯物主义反映论,"在质上和量上占有决定意义的部分是对现实审美反映的特殊本质的探讨"[2],强调审美本质上是人类对自我意识的体验和表达,而艺术总是通过个体和个体命运的形式来表现人类,艺术的真实性只存在于作品整体性和生活整体性的关联之中。与《理性的毁灭》不同,《审美特性》出版后得到诸多学者的积极评价,有美国学者甚至据此认为卢卡奇的美学思考可以和马克思的政治经济学批判媲美,卢卡奇是"美学方面的马克思"[3]。何也?一是因为卢卡奇坚持唯物主义的反映论立场,在美学领域发出了马克思主义的理论强音,因而得到苏联马克思主义者的高度肯定;二是因为卢卡奇积极扬弃苏联马克思主义的机械教条因素,同时大声疾呼艺术要为人的全面解放服务,从而得到反苏联马克思主义的东欧新马克思主义者的热烈认同;三是《审美特性》荟集了卢卡奇一生关于文学艺术美学的卓越思考,其思考之深刻、体系之严整,20世纪无人能出其右,从而超越哲学的党派之争得到国际学术界的普遍尊重。

---

[1] 卢卡奇:《审美特性》上卷,徐恒醇译,社会科学文献出版社2015年版,第1页。
[2] 卢卡奇:《审美特性》上卷,徐恒醇译,社会科学文献出版社2015年版,第8页。
[3] 张柏霖等编译:《关于卢卡契哲学、美学思想论文选译》,中国社会科学出版社1985年版,第119页。

按照卢卡奇自己的计划,《美学》第一卷即《审美特性》之后,他应当写伦理学,然后是《美学》第三卷,最后是《美学》第二卷。但在1962年准备写伦理学的过程中,卢卡奇越来越强烈地意识到,应当首先为伦理学提供一种本体论的基础。经历丧妻之痛后,1964年,卢卡奇最终决定写作《关于社会存在的本体论》,"企图写出马克思主义本体论的原则"[1],后于1964年至1968年春夏,通过口授打字的方式完成了初稿,总计2篇8章。1968—1969年间,卢卡奇与自己的学生们就手稿进行了5次批判性讨论,结果遭到激烈质疑,促使他决定写一个简短的绪论概括自己的思想,最终扩展成为一个30万字的独立文稿。卢卡奇在最后的岁月里一直在修改《关于社会存在的本体论》的文稿,进展非常缓慢,这篇文稿后因他的去世而成为一部宏大的未完成手稿。《关于社会存在的本体论》的出版编排方式有两种:一是1976年匈牙利文的三卷版,即两篇和导论各自成册出版;二是德文全集版的两卷版,即导论和两篇合成两卷出版。1993年的中文版根据德文版翻译,分上下两卷,近130万字。卢卡奇很清楚,以存在为基础的哲学世界观建构是不合时宜的,但他坚持要基于自然本体论,以实践为基础建构社会存在本体论[2],之所以如此,是因为他坚信,这符合马克思的精神:"遵照马克思的思想,我把本体论设想为哲学本身,但是是在历史基础之上的哲学。"[3]卢卡奇最后10年的本体论建构,说到底,是晚年卢卡奇力图把自己心目中的马克思主义哲学以更加体系化的形式展现出来。

五、结束语:什么是对卢卡奇最好的纪念?

1935—1944年间,当时居留苏联的卢卡奇的作品第一次被译介进

---

[1] 杜章智等编译:《卢卡奇自传》,李渚清、莫立知译,社会科学文献出版社1986年版,第48页。
[2] 参见卢卡奇《关于社会存在的本体论》上卷,白锡堃等译,重庆出版社1993年版,第1—3页。
[3] 杜章智等编译:《卢卡奇自传》,李渚清、莫立知译,社会科学文献出版社1986年版,第203页。

入中国,此后又分别于1955年以后、1978年以后,两次登陆中国,获得了不同的理论形象,产生了不同的思想效应。① 与同时期进入中国的其他20世纪西方思想家不同,卢卡奇的著作与思想深刻参与到中国马克思主义理论形态和学术形态的当代重塑过程中,已经像盐溶于水那样,融入并成为当代中国马克思主义理论与学术传统的有机组成部分。就此而言,卢卡奇是匈牙利的、世界的,也是中国的。纪念卢卡奇,因此成为中国马克思主义理论界和学术界一项不可推卸的历史责任。那么,应当怎样纪念卢卡奇呢?

首先是读其书。从20世纪30年代中后期开始,中国学界就开始编译卢卡奇著作,80多年来,集腋成裘,翻译总量超过德文版《卢卡奇全集》的50%。这是一个不小的成绩。不过,卢卡奇著作编译的结构与质量,已经不再能够满足中国学界对卢卡奇著作日益增长的研究需求。有鉴于此,有学界前辈提出编译中文版《卢卡奇全集》的设想。但在笔者看来,目前并不是编译中文版《卢卡奇全集》的成熟时机,一套覆盖全面、选目精当的多卷本《卢卡奇文集》或许是当前的最佳选择。笔者正积极致力于此,愿意为中国读者更好地理解卢卡奇作出自己的微薄贡献。②

其次是承其道。我们纪念卢卡奇,就是要像他那样去做真正的而非教条的马克思主义者。为什么卢卡奇总是能够在新的时空确定性中、新的学术场域中运用马克思主义进行理论或学术创新?关键在于卢卡奇掌握了成为真正的马克思主义者的"真知识",继承和发展了马克思主义的"真本领",进而树立了对马克思主义的"真信仰",走出了一条成功的理论创新道路。卢卡奇许多具体理论观点的真理性或许已经改变,但他掌握的理论创新道路却是普遍的,依旧值得并需要我们去发

---

① 参见张亮《国内卢卡奇研究七十年:一个批判的回顾》,《现代哲学》2003年第4期。
② 张亮:《关于多卷本〈卢卡奇文集〉编译的若干思考》,《广西大学学报》(哲学社会科学版)2020年第5期。

掘和继承。

最后是竟其志。自从成为马克思主义者之后,卢卡奇就始终致力于坚持和发展马克思主义。这不是卢卡奇一个人的事业,而是所有真正的马克思主义者的事业,更是当代中国马克思主义者的事业。"新时代,中国共产党人仍然要学习马克思,学习和实践马克思主义,不断从中汲取科学智慧和理论力量。"①我们纪念卢卡奇,就是要在新时代中国这种新的时空确定性中沿着正确的历史道路,深入推进马克思主义哲学中国化。②

---

① 习近平:《在纪念马克思诞辰200周年大会上的讲话》,人民出版社2018年版,第15页。
② 张亮:《坚持以人民为中心深入推进马克思主义哲学中国化》,《福建师范大学学报》(哲学社会科学版)2021年第1期。

目　录

001 ｜ 重访卢卡奇的早期著作——《心灵与形式》《小说理论》和《历史与阶级意识》　［法］吕西安·戈德曼

021 ｜ 论青年卢卡奇的戏剧的历史哲学——以《现代戏剧发展史》《悲剧的形而上学》和《论"罗曼史"的美学》为例　［匈］费伦茨·费赫尔

061 ｜ 论心灵与形式之关系——兼论青年卢卡奇对当代文学批评理论的影响　［美］朱迪斯·巴特勒

077 ｜ 《心灵与形式》与青年卢卡奇思想的方法论片段　［俄］谢尔盖·泽姆良诺伊

090 ｜ 《心灵与形式》与《论精神的贫困》中的生活形式与生活批评　［美］凯蒂·特雷萨基斯

114 ｜ 心灵与生活——青年卢卡奇和文化问题　［匈］乔治·马尔库什

146 ｜ 海德堡手稿中的美学与艺术哲学　［德］伊丽莎白·魏瑟-罗曼

162 ｜ 《海德堡美学》的结构与历史　［匈］乔治·马尔库什

185 ｜ 卢卡奇论说文时代的艺术哲学　［德］乌特·克鲁泽-费舍尔

208 | 论卢卡奇的《小说理论》 ［匈］费伦茨·费赫尔

244 | 作为退化原则的时间——《小说理论》对柏格森时间理论的继承与发展及其当代回响 ［德］维尔纳·荣格

260 | 小说,资本主义史诗还是资产阶级史诗,具体还是现实抽象？ ［英］戴维·坎宁安

284 | 《小说理论》的症候阅读法解读——兼论小说与电影的相似性与解放性 ［美］提摩太·贝维斯

299 | 从梅诗金到马克思主义——论陀思妥耶夫斯基的接受对卢卡奇革命伦理学的影响 ［英］理查德·维斯特曼

342 | 青年卢卡奇的生平与思想——以《策略与伦理》为焦点 ［英］罗德尼·利文斯通

359 | 突破伦理——1918年卢卡奇转向共产主义的历史关头 ［法］米夏埃尔·洛维

重访卢卡奇的早期著作——《心灵与形式》《小说理论》和《历史与阶级意识》[*]

[法]吕西安·戈德曼

格奥尔格·卢卡奇已然跻身20世纪最有影响力的思想家之列。他的思想和著作不仅涉及很多学科领域,而且理论立场变化很大,分析层次的跨度同样惊人。因此,不补充必要的分析说明和理论评点,就对卢卡奇的思想和著作进行整体评判,无疑是十分困难的。

因此,本文首先要做的事情就是简要追溯一下卢卡奇在1923年《历史与阶级意识》中第一次系统阐述的意义动态结构概念。在我们看来,这是他对作为实证科学学科的人文科学发展所作的最重要贡献。其次,我们将同样简要地追溯他的思想发展过程,以便读者更好地理解其著作的意义和重要性。意义动态结构概念实际上并非卢卡奇的发

---

[*] 本文出处:Lucien Goldmann, "The Early Writings of Georg Lukács", trans. Joy N. Humes, in Tri-Quarterly,(9)1967,pp.165-181.

吕西安·戈德曼(1913—1970),当今欧洲一流的马克思主义文学批评家之一。出生于布加勒斯特,在罗马尼亚接受中等教育,后来移民法国。在巴黎获得法学学位,在苏黎世大学获得博士学位,在巴黎获得文学博士学位。后来成为法国公民。曾在欧洲、加拿大、美国和墨西哥广泛讲学。此外,在蒙特利尔大学、布鲁塞尔大学、西柏林大学和约翰·霍普金斯大学(巴尔的摩)担任客座教授。曾是布鲁塞尔大学社会学研究所的研究主任。作品已被广泛翻译,涉及拉辛研究、康德哲学和《小说社会学》等。这里转载的文章随卢卡奇《小说理论》法译本一同完成。

现。作为一种普遍的抽象的哲学观念,它早就是黑格尔辩证法的中心。① 马克思后来重新审视这一观念,在去除黑格尔主义的思辨成分后把它改造为一种具体的实证研究工具。不过很遗憾,马克思并没有留下能称为方法论研究的东西。这就是为什么,对于人文科学方法论来说,深入反思马克思著作特别是著名的《政治经济学批判》序言中零散存在的方法论思想是重要的。卢卡奇的贡献就在于澄清并以其他人能够理解的方式说出了马克思著作中的基础方法论原则,其中包括人文科学辩证方法的三个最重要概念:意义动态结构(significant dynamic structure)、可能意识(possible consciousness [Zugerechnetes Bewusstsein])、客观可能性(objective possibility)。辩证唯物主义是建立在上述概念之上的一种普遍的发生结构主义,它意味着每一个人类事实既通过分析构成它的诸要素之间的构成关系,呈现为一个可以理解的意义结构(相应地,这些要素在它们自己的层面上也是同一种类型的意义结构),同时也呈现为其他一些更大结构的组成要素,这些更大结构包含、整合了它。

从这个角度来看,每一个人类事实都具有动态的特征,只有通过研究其演变历史和未来变化的内在倾向,它才能得到理解。因此,这种研究总是呈现为一个包含着旧结构的解构和新结构的自身建构这两个互补方面的演进过程。必须补充的是,在对构成历史的诸意义结构的实证研究中,价值判断与事实判断的分离是不可能的,因为研究者自己的精神范畴是社会群体存在的构成要素,社会群体存在于全局结构中发挥着作用。首先,这一立场意味着人文科学的所有实证研究都应是可理解的和可解释的,生成(le devenir)凭借一些本质性的联系构成了结构,理解就蕴含在对这些本质联系的描述中,而生成又作为部分结构,

---

① 这就解释了黑格尔著作中为什么有那么多透彻的具体综合分析。译者(指法译英的本文译者乔伊·N. 休姆斯[Joy N. Humes]——译者注)要感谢西北大学哲学系的爱德华·凯西(Edward S. Casey),他阅读了本文手稿并提出了许多有用中肯的建议。

被一些更大的结构涵盖其中,解释就蕴含于对这些更大结构的理解中。① 其次,对这一类型的研究来说,对连贯的建构活动的现实状态或理论状态的研究,构成了一种特别重要的概念上的方法。最后,在导言部分结束之际,我们必须讲清楚的是,卢卡奇本人并没有使用过"意义连贯结构"(significant coherent structure)这个术语,他只是在《心灵与形式》《小说理论》中提到过"形式",在《历史与阶级意识》中提到过"总体性"。

在用匈牙利语出版了一部据我们所知迄今从未被翻译为任何西欧语言的作品后,1910 年,卢卡奇凭借《心灵与形式》被德国公众知晓,13 年后他才在《历史与阶级意识》中阐明了意义动态结构的概念。我们有理由相信《心灵与形式》是现代思想史上地位重要的一书。首先,因为经过多年的学院哲学学习之后,他在这部著作中通过探讨人的生活和

---

① 理解一个结构就是要理解构成它的不同要素和过程的性质与意义,同时也取决于它们与整体的所有其他要素和构成过程的关系。卢卡奇在《心灵与形式》里对论说文、浪漫主义和悲剧"形式"的描述,在《小说理论》里对小说"形式"的描述,在《历史与阶级意识》里对德国古典哲学或无产阶级革命"形式"的描述,便是如此。

解释一个社会事实就是,要把它置于对包含它的动态建构过程的全面描述中去。举一个我们自己研究中的例子:卢卡奇的悲剧观学说是理解帕斯卡和拉辛著作的关键工具,另一方面,把詹森主义运动理解为一个动态结构则具有了解释这些著作的价值;同样,全面描述穿袍贵族的历史对理解詹森主义的起源具有解释价值,全面描述 16、17 世纪法国整体社会阶级关系结构的演变对构成穿袍贵族发展的动态过程具有释义价值,如此等等。

虽然卢卡奇在美国还不太著名,但他却是欧洲文学批评和社会批评方面的重要人物。他的马克思主义人本主义弥补了社会主义现实主义批评的许多粗陋,他也成为东欧青年知识分子中的一个传奇,尽管匈牙利共产党对他仍心存疑虑。古拉·博班蒂(Gyula Borbandi)称他为"马克思之后最好的马克思主义批评家"。1885 年,卢卡奇生于布达佩斯一个富有的匈牙利犹太人家庭。在柏林学习时期的卢卡奇受新康德主义的影响,于 1911 年出版了他的第一本书《心灵与形式》,其实也是一本论文集。第一次世界大战期间卢卡奇加入共产党,1919 年担任了很快覆灭的匈牙利贝拉·库恩政府的教育部部长。政府解体后,他流亡奥地利,在维也纳被捕,很快他获得释放,最终遭到驱逐。他于 1923 年出版的《历史与阶级意识》在共产国际第五次代表大会上遭到季诺维耶夫的抨击。尽管 1925 年卢卡奇本人对这本书进行了自我批评,但他还是被阻止进入匈牙利共产党中央委员会。卢卡奇虽然被怀疑偏离路线,但他通过避免公开批评政权,躲过了斯大林时期的"大清洗"。1956 年,卢卡奇在伊姆雷·纳吉政府任职。当苏俄军队进入国会大厦时,他与纳吉逃至南斯拉夫大使馆。他被俄国人软禁在罗马尼亚,不过幸免于公开审判。研究卢卡奇的生平和著作的最好文献参见 *Soviet Survey*, London, nos. 23-27, 1958-1959。美国大学图书馆可以找到他的《欧洲现实主义研究》,由阿尔弗雷德·卡津(Alfred Kazin)作序。卢卡奇目前在布达佩斯赋闲,致力创作三卷本的美学著作。乔伊·N. 休姆斯过去为《三季刊》翻译了几篇文章,现在是西北大学罗曼语言系讲师,她也在此获得硕士学位。

绝对律令之间的关系,重新发现了古典哲学的伟大传统。这是一个重要的思想史事件,因为这一传统在当时几乎已经完全被遗忘了。新康德主义者、新黑格尔主义者和新马克思主义社会民主党人实际上遮蔽了伟大的古典哲学家康德、黑格尔和马克思的作品。他们用佶屈聱牙的博学面纱把马克思呈现为一个洞见深刻的理论家,如此一来,虽然马克思的著作艰深晦涩,引来无数评论,却似乎已经失去了与日常生活及其产生的问题之间所有现实而直接的联系。更有甚者,哲学反思似乎被逐步简化为认识论、科学哲学和哲学史。当然,在一些大学者的著作中,这些部门哲学,尤其是哲学史,达到了前所未有的博学,这也是事实。卢卡奇绝不缺乏这种博学,随便扫一眼他的书就知道他没有理由羡慕那些杰出博士们的博学。帕斯卡(Blaise Pascal)坚信,真正坦诚的人博学多闻,但绝不卖弄自己是某一领域的专家。卢卡奇完全符合这个特征,他不炫耀自己的博学。他的著作重新发现了被新康德主义歪曲了的康德思想的真实意义,但从来没有明确提到过康德。同样,《小说理论》充满黑格尔的气息,但对黑格尔反而提得很少。

明确说来,《心灵与形式》格外关心的是人的心灵和绝对以及表达这一关系不同而又独特模态的"形式"。人的生命在什么条件下是本真的?什么样的情况和态度使生命丧失其本真性?本真与非本真、真实与虚假之间是否存在某种中介价值?如果仅仅在美学或哲学层面上讨论,谬误能产生某种有效的"形式"吗?这些就是卢卡奇书中提到的问题,他不是在一般的理论反思层面,而是"在正确的时刻",以论说文家的身份来思考蒙田(Michel Eyquem de Montaigne)、柏拉图(Plato)、克尔凯郭尔(Kierkegaard)、斯蒂凡·格奥尔格(Stefan Georg)、康德、帕斯卡(Blaise Pascal)和拉辛(Jean Racine)等人的伟大文学和哲学思想。

从这个意义上讲,欧洲第一次世界大战的哲学复兴也就是后来的存在主义发轫于《心灵与形式》。毫无疑问,卢卡奇仍然停留在古典哲学的框架内,从来没有采取类似于雅斯贝斯(Karl Jaspers)或海德格尔

(Heidegger)等后继思想家的立场。但他是20世纪第一个提出那些将主导哲学未来发展的问题的人,而这些问题自黑格尔去世以后或多或少地消失在欧洲的视野之内(我们不能忘记在20世纪初翻译引进的克尔凯郭尔及其思想到现在知道的人其实也不多!)。然而卢卡奇的书绝非一个毫无征兆的突发奇想的产物,作者有才能——或足够好的运气——发现自己处在当时德国学术三大思潮的交汇处:海德堡的新康德主义、狄尔泰(Dilthey)对意义和理解概念的探讨以及胡塞尔(Husserl)的现象学;部分原因可能就是这种思想史处境使得卢卡奇通过把意义定义为心灵和绝对的关系,重新发现了传统唯心论,而拒斥这一关系的上述三大思潮事实上与这一伟大哲学传统是断裂的。

《心灵与形式》融合了现象学与海德堡新康德主义学派,然而在此之前它们就已经相遇并产生了很多成果。胡塞尔在海德堡新康德主义刊物《逻各斯》①(Logos)上发表了著名文章《哲学作为严格的科学》("Philosophy as a Rigorous Science");海德堡学派坚定地追求人文科学,并开始对黑格尔和辩证法感兴趣——这一认识在某种程度上会有争议;最后,马克斯·韦伯(Max Webber)和拉斯克(Emil Lask)(他们是文德尔班[Wilhelm Windelband]和李凯尔特[Heinrich John Rickert]之后的第三代海德堡学派哲学家)对卢卡奇、雅斯贝斯及海德格尔②这几位刚开始出版第一部作品的年轻思想家产生了决定性的影响。

首先,这本书是现象学和狄尔泰思潮的综合,即非时间本质和意义的综合,凭借这种综合,卢卡奇阐述了作为意义结构的本质。他后来调整了这一概念,使其更加精确,但这一概念始终是他思想的核心元素。此外,通过现象学的非时间本质和新康德主义之间的结合,悲剧观概念得到了阐述,同时,被新康德主义完全曲解的康德哲学的真实意义也得到重新发现。当然,作为意义结构的本质概念不是一个新发现,这一观

---

① 在《心灵与形式》出版之前,卢卡奇在同一期上发表了该书主要章节。
② 他的头两本书明确表现出受到了拉斯克的影响,第二本并向拉斯克致谢。

念早已是马克思和黑格尔辩证法的核心,只是没有被明确提出罢了。但19世纪下半叶的学术思想与辩证法的传统之间失去了联系,以至于狄尔泰对意义概念肤浅而又模糊的简单使用竟似乎成了一个发现。卢卡奇把现象学在方法论上对精确性的要求与狄尔泰有关意义和理解的那些模糊、流变的想法相结合,这样做既前进了一步,又后退了一步。前进一步,是指他用现象学所要求并论证过其可能性的严谨而精确的描述,取代了狄尔泰模糊的意义概念,这一描述独自使意义结构概念成为一个可操作的科学工具。后退一步,是指他同样在现象学的影响下断然放弃了狄尔泰的历史观,转而接受胡塞尔非时间本质的概念。由此,卢卡奇提出了非时间意义诸结构,提出了"诸形式",它们以不同的、独特的模态表达人的心灵和绝对之间的关系。最终,正是卢卡奇把意义结构理解为非时间的,从而解释了他为何毅然回到他重新发现的本真意义上的康德主义立场,此立场反对狄尔泰和他的新康德主义导师们倾向的黑格尔主义和历史。

这本书的核心内容是描述一个特定的非时间意义结构——悲剧观,此时的卢卡奇把它当作唯一本真的结构,它反对其他的逃离日常生活、伪拒绝日常生活的非本真形式。我们随后会发现,这个立场并没有在《心灵与形式》中得到严格贯彻;然而需要强调的是,重新发现并呈现的康德主义的悲剧意义并不呈现为一个历史事实,而是呈现为一个普遍的人类真理,这样,卢卡奇就第一个敏锐地、有力地提出了一个将决定20世纪哲学复兴的关键问题,即个人、本真性和死亡之间的关系问题。16、17世纪以来,个人主义的发展逐渐消除了意识中所有关于超越和超个体价值的思想,却似乎矛盾地把上述关键问题的讨论局限在哲学背景下。[1] 中世纪的基督教思想将个体的存在与全体的视域结合起

---

[1] 关于16世纪的内容参见 Lucien Febver, *Au coeur religieux du XVIe siecle*, Paris: Sevpen, 1956, pp. 55 - 58。关于18世纪的内容参见 B. Groethuysen, *Origines de l'esprit bourgeois en France*, Paris: Gallimard, 1956, pp. 61 - 69。

来，因此死亡便成为一个尤为重要的事件，对个人来说意义重大。不同形式的个人主义或多或少地压制任何有关总体性和整体的想法，把关于生活和个体的思想变成不能被超越、也没有需要被超越的先天价值。既然各种个体价值不容置疑，个体的限度问题以及最重要的死亡问题就逐渐被遮蔽住了。1910年，资产阶级社会自信而乐观：1789—1848年间的革命动荡早已过去，统治阶级丝毫没觉察到什么威胁，甚至把社会主义的主张作为构成要素整合到现存的平衡中去；少数局部战争和公社运动只是有限的插曲，还不足以动摇他们良好的意识形态和相信未来将永远像现在一样的信心。资产阶级伟大的哲学时代早已过去，随之而来的是热切地创造一个新社会、新世界的集体意识。19世纪下半叶是一个接受现状的时期，它见证了大工业的诞生，投机金融的巨大成功，经济历史上单调的繁荣时期，西方资产阶级在社会和知识层面上的大胜利，还有"赚快钱"的流行。在这个时期，哲学教授取代了哲学家，而像尼采和福楼拜之类的反感这个庸俗平淡的社会的极少数伟大作家或思想家已经沦落到社会生活的边缘，其实从所有实际目的来看，他们都是中立的，对那个社会不构成什么威胁。事实上在1910年，已经有个别人意识到这一时期行将结束，无形的缺陷正在撞击一座宏伟大厦，尽管大厦的外表似乎还完好无损。个别马克思主义思想家虽然已经提出了帝国主义理论，但他们的思想并没有渗透到官方和学术界。结果四年后，第一次世界大战爆发。

卢卡奇对悲剧观的重新发现意味着他与学院派学者的彻底决裂。无论是胡塞尔还是狄尔泰，抑或是海德堡的新康德主义，都没有觉察到即将到来的灾难。这场灾难会以一种伦理学家和官方哲学家不可预见的残酷方式爆发。冲突结束后的几年，西方哲学开启一个新的时期，没有人会再次认真对待19世纪的教授们。个人主义的价值被撼动了，思想家和作家惊恐地宣布他们的前辈完全忽视掉的一个根本的、令人不安的问题——死亡。实际上，一个人无论在什么样的个人价值上建立人类存在,这些个人价值现在都显得不够充分且过时,因为它们都是个人的,它们的基础作用不得不随着个人的限度、个人不可避免的死亡而消失殆尽。17世纪的帕斯卡、18世纪的康德都把这种限度放在他们哲学思想的核心,而19世纪特别是后半叶,这种限度在意识领域被消灭得一干二净。

在《心灵与形式》中,卢卡奇再次探讨帕斯卡和康德的问题式,并将其推至极端。他认为,对个人及其非本真性乃至所有生命的非本真性来说,社会世界是绝对无价值的,并且所有以最低程度参与社会世界或还对日常生活内一个合理存在的可能性抱有一丝幻想的生命,也是绝对无价值的。仅凭人终有一死这一点,人所理解的唯一本真性就在于他明确意识到自己的各种限度,意识到与这些限度相关联的世界是毫无价值的,意识到他非拒绝不可。意识到限度、孤独和拒绝的那种生命与相比之下幻想的、软弱的和接受司空见惯的现实的那种生命之间的区别,严格对应着海德格尔后来区分的本真与非本真的生存。然而海德格尔的立场似乎与我们矛盾(因为尽管他把本真性定位于意识到限度和向死而在中,但他还是想象,存在通过进入历史可能会变得本真),在这一点上,卢卡奇总是会更加激进、一以贯之。1910年,他把本真性定位于意识到限度和死亡之后得出一个不可避免的结论,即任何日常范围内的生活都不能消除这些限度,或赋予存在以任何合法性。1923年,他承认本真的历史可能存在,继而承认共同体的未来可能存在,由此他得出结论,个体具有限度的特点无疑很重要,但归根结底是次要的。这两个立场是一致的;而海德格尔的立场在我们看来是一个糟糕的、不够哲学的妥协。卢卡奇的著作准确提出了限度和死亡的问题,他很可能是第一个把这个问题式引入欧洲思想的人,这个问题式将构成一战后哲学复兴的关键点。

但是卢卡奇的思想在这本书中并不严格一致,一方面他捍卫康德的悲剧观,用本真地彻底拒绝这个世界来反对他研究到的所有非本真形式的逃避和伪拒绝,另一方面他还捍卫真实与虚假、本真与非本真之间的中介价值,这些价值存在于哲学和审美创造层面上,也就是他称作的"形式"。《论说文的本质和形式》和《悲剧的形而上学》是《心灵与形式》的核心。卢卡奇把论说文(essay)(从这个意义上讲,他总是一个伟大的论说文家)定义为介于文学和哲学之间的自律"形式"。文学在通过想象创造出个体存在和特定情境的层面上,表达了心灵各种一以贯之的态度;哲学在概念创造的层面上表达了同样的态度。帕斯卡和拉辛的著作中可能表达了同样一种观念,然而在前者那里只有死亡,而在后者那里永远没有死亡,只有淮德拉式的死去(Phaedra dying)。论说文是一个中介的、自律的形式。像哲学这种概念性著作只能向具体的、个人的现实的"示例"提出概念问题(因为它只与问题有关,从来不涉及明确的答案);而且由于概念问题的提出不能脱离日常生活中复杂而莫名的困惑,所以论说文家的提问必须面向生活中地位特殊的方面的例子,即"形式"。柏拉图、蒙田这两位伟大的论说文家从现实的经验生活(苏格拉底或蒙田自己的生活)中提纯出形式,根据这些已经经过提纯、连贯的形式,一些视角更局限的论说文家提出了一些问题,这些问题就是普世文学中的伟大人物。因此,论说文必然是具有两个维度的反讽性作品:它面对的似乎是某本书、某个人或某个具体现实;而实际上,书、人或现实仅仅是一个"事例",作者借此在概念层面上提出种种有关人的存在的根本问题。但正因为如此,所有这些"形式"对于论说文家来说代表了典型的、实证的部分现实。现在,以全部或无为特征的悲剧态度与论说文家的悲剧态度之间存在一个矛盾:第一种只承认真实和虚假、本真和非本真存在之间没有中介,而对于第二种来说,论说文家所分析的连贯态度——即使他这样做只是为了揭露它们的不足——是具有特殊地位的现实,从而在美学或哲学层面上构成了真理和谬误价值的补足。

因此1910年起,卢卡奇对欧洲思想而言意义重大,他第一个在人文科学中发掘出意义结构（即他所谓的"形式"）这个最重要的操作概念；他呼吁大家关注隐藏在完好表面下的裂痕，深深震撼了西方资产阶级社会。

卢卡奇的第二部作品《小说理论》于1920年出版，但动笔的时间据我们所知比这早很多。1917年，卢卡奇就已经超出了这本书的立场转而支持马克思主义，因此这部著作可能写于战争期间。从方法论的角度看，它的立场非常接近《心灵与形式》。它描述了一定数量的非时间本质、"形式"，它们对应了关于人的某些一以贯之的态度的文学表达。重要的变化是，卢卡奇看待人与社会的关系的方式发生了变化，这导致了他计划描述的意义结构也发生了变化。我们说过卢卡奇不仅仅是一个哲学家和学者，还是一个伟大的论说文家；这就意味着他不必把自己局限于实证地、科学地研究任何意义结构，而是选择研究那些能够构成"合适时机"的意义结构，以此提出对他来说在概念层面上最为迫切的问题。

他所有的论说文既是科学研究又是论说文，而且正是在文章中提出的问题决定了实证分析的对象。1910年的卢卡奇只研究过拒绝或逃避的形式；这就是他把书命名为《心灵与形式》的原因。在《小说理论》中，他研究伟大的史诗形式，这种形式与他之前的选择相反，是现实主义的，举例来说，它的基础如果不是对现实的接受，至少也是用实证的态度对待建立在现有世界之上的可能现实。这就是这本书虽然类似地把本质看作非时间意义结构，却不能共用一个标题的原因。因为如果外部环境不属于前一本书中所研究的"诸形式"——浪漫主义、论说文、悲剧等——的本质，那么在史诗文学中，"诸形式"是心灵与世界之间复杂多样的关系的表达，因此世界和心灵在同一层面上一道成为"诸形式"不可分离的本质基础。所以，当那些几年前一点也不怀疑西方社会的人都开始意识到危机的时候，卢卡奇是最先揭示出危机的人之一，他肯定了现实主义的希望这个范畴，并概述了他后来思想的中心范畴——客观可能性。

在《心灵与形式》中,"全部或无"这个范畴明确肯定了本真的、孤独的意识的伟大和拒绝的伟大;其特征是"是和否",对立。而《小说理论》这本辩证的黑格尔主义著作证实,当今世界最确凿的人类类型是复杂而问题重重的个体。本书中还找不到马克思主义物化理论的蛛丝马迹,它的重要性和丰富性将会在1923年首次展现;此外,如果有人在研究这本书的过程中分析现代西方社会中(当然是我们自己这样限制了这部著作的历史和社会背景)人类状况的本质,他会发现卢卡奇已经总结出了这种现象的各种心灵表现。

对于卢卡奇来说,小说是一个建构世界的主要文字形式,在它所建构的世界中,人们既不完全觉得这个世界有家的感觉,又不完全感到陌生。一个基础性的共同体是一部史诗文学(小说是一种史诗形式)的存在前提;人与世界、个人与社会之间的极端对立是一部小说的存在前提。史诗表达心灵和世界、内部和外部的丰富性,表达那个在问题产生之前答案就已经出现的宇宙,那里有危险但没有威胁,有阴影但没有黑暗,那里的意义内在于生活的各个方面之中,只有表达问题,没有发现问题;悲剧是纯粹本质的文学形式,是所有生命中的孤独与否定的文学形式;处在史诗与悲剧之间的小说是史诗的辩证形式,是孤独在共同体内的形式,是没有未来的希望的形式,是在场和缺席的形式。用卢卡奇的话来讲,小说处在意识文学与死亡文学也就是悲剧之间,小说是既青春又老成(virile maturity)的文学形式。然而,问题的关键不是审视读者就可以从文本中读到卢卡奇的分析,而是试图通过将这些文本与卢卡奇后期的立场和我们的作品联系起来,以促进读者的理解。

在科学美学领域和形式的实证研究领域中,卢卡奇最重要的非马克思主义作品通过一系列天才的直觉性洞见,成功描述了一定数量的、与不同文学体裁相对应的意义结构,这些结构为由它们发展出来的发生的、全局的社会分析方法奠定了基础。乍一看,把"本质"看作非时间意义结构的观念与马克思主义或所有社会学相去甚远。然而正是在这些作品的基础上,一些分析得以展开,继而得以构建文学实证社会学和哲学实证社会学的各种首要要素。让我们列举一下,除了卢卡奇自己的后期作品,还包括我们基于《心灵与形式》对康德哲学、帕斯卡的《思想录》和拉辛戏剧所做的研究,基于《小说理论》①的部分章节对埃里希·科勒(Erich Köhler)论克雷蒂安·德·特鲁瓦(Chretien de Troyes)的伟大著作所做的研究。但是对我们来说,卢卡奇迈向马克思主义文学研究的最关键一步似乎正是这本书描述的小说的意义结构,在正在进行的研究后期,我们能把它与马克思主义的商品拜物教分析联系起来,在这两种情况下,问题的关键都是同构性的意义结构。

小说是与资产阶级社会相对应的主要文学形式,它的演变与那个社会的历史息息相关,这个清楚的认识已经存在很长时间了。然而据我们所知,没人能通俗易懂地阐释清楚是何种联系产生了这一对应。我们认为,比较卢卡奇对小说的分析与《资本论》前几章中对价值和商品拜物教的分析,使我们能够在这一问题上有所进展,并由此阐明辩证认识论中最重要的篇章之一。

让我们从卢卡奇把小说阐释为一个意义结构开始进行简要追溯,卢卡奇把阐释的范围限制在一部分小说文学之内,排除了他称为腐朽形式的逃离文学(escape literature [littérature de divertissement]),但我们认为,他的尝试似乎错误地把最重要的小说形式之一即巴尔扎克的作品②也包括在内。我们已经讲过,共同体和主人公与世界之间的根本对立同时构成了卢卡奇分析的小说形式的特点:共同体的基础在于,主人公与世界都在绝对、神性和支配作品的本真价值方面陷入了共同

---

① Erich Köhler, *Ideal und Wirklichkeit in der höfischen Epik*, Tübingen: Max Niemeyer, 1980.
② 卢卡奇论述巴尔扎克的那部分内容毋庸置疑非常深刻,充满了有用的信息。在整体接受它们后,它们确实描述了浪漫主义形式的某些特点包括缺少问题重重的个人,在卢卡奇看来正是这种个人构成了他分析的所有其他著作的中心元素。

的沉沦;对立的基础在于这种沉沦①的本性是不同且对立的。从本真价值的角度看,世界是传统的、极度沉沦的,世界不可能是灵魂的温柔乡;相反,主人公仍在追寻这些价值——即便是以一种间接和沉沦的方式。卢卡奇称这种方式为"精灵的(demoniac)",它不同于无中介的纽带,也不同于积极、神圣的东西。

为了更好地说明对这一结构的分析,我们或许要说决定作品的价值没有在任何地方明确表现出来:既不在世界中,也不在主人公的意识里。这就是为什么卢卡奇把小说结构看作一种缺席的文学形式。然而这些价值在它们暗中决定的作品的宇宙内有效地发挥了作用。这些价值唯一表现出来的在场存在于作者的意识中,而且只以特殊的、片面的方式出现在概念、道德和"应有"的必然性中,而不呈现为完全的、有效的活过的现实;没有了它们,作者写下的可能是一部史诗而不是小说。实际上,没有一个作家能够通过提出他自己已经解决的问题来创作一部有效的作品。这就是为什么如果小说只是对过去经验的证明,如果这些价值以一种非问题式的方式呈现在他自己的意识中,那么作者便能够并且本应该在作品自身呈现出这些价值。因此,正是主人公和作者意识里的价值具有的那种缺陷的、有问题的特征,解释了小说形式的诞生。

成问题的、"精灵的"探寻不能结束,因为结束意味着超出主人公和世界之间的横亘,从而突破小说的宇宙。小说是最卓越的传记形式,同时也是社会的编年史——鉴于探寻发生在一个给定的社会之中。毫无疑问,任何真正的小说都要有一个必要的、有机的结束。但像主人公的死亡这种结束只是象征性的表达,它源于他后来意识到的早年希望之徒劳和"精灵性",而不是源于任何努力寻找到的和谐。这是卢卡奇在书中区分小说三种基本类型的共同元素。抽象理想主义小说,它具有"精灵性"的人物,

---

① 问题当然不是批评家或读者先入为主的价值,而是决定作品结构、区分不同作品的各种价值。

他的意识相对于世界的复杂性而言过于狭隘（《堂·吉诃德》或《红与黑》）；具有受动型主人公的心理小说，他的心灵宽广得不能适应世界（《情感教育》）；既不顺从也不绝望的自我克制的教育小说（《威廉·迈斯特》或《绿衣亨利》）。因此对于卢卡奇来说，考虑到作者的作品，小说形式意味着作者的反讽，它建立在作者同时意识到主人公的探寻是徒劳的、"精灵"的，探寻所在的世界是传统的，最终的转变是不充分的，及其意识中存在的价值的观念因素之上。因此，支配小说结构的那些价值所具有的隐藏特点不仅是这个结构的特征，还是同时包括作者和著作在内的更大结构的特征——对它的理解至关重要。

小说的主人公是一个问题重重的存在，一个傻瓜或一个罪犯，因为他总是在寻找绝对价值，却不知道绝对价值是什么，他不能把它们整合进生活之中，也没有能力去接近它们。这是一种一直在进行却没有进展的探寻，一种卢卡奇已经通过公式定义了的运动："路已经走过了，而旅程才刚开始。"

第二类小说中的受动型主人公的意识相较他生活在的狭小世界来说太过宽广，卢卡奇借此提出了一个对 20 世纪哲学思想意义重大的问题式：时间性。这也不是一个原创发现，卢卡奇明确提到了黑格尔和柏格森（Bergson），而没有把它当作原创概念提出。值得注意的是，这两位哲学家的思想和卢卡奇的分析有一个显著的区别，这一区别值得指出，因为这一关键点使得这本黑格尔气息浓烈的著作从符合黑格尔的思想中分离出来。对黑格尔和柏格森来说，虽然时间作为实现的手段具有积极和进步的意义，然而卢卡奇在《小说理论》中仅仅把它设想为一个持续沉沦的过程，是人与绝对之间的一道屏障。然而时间性像所有构成小说结构这一辩证结构的要素一样，同时具有消极和积极的性质。主人公的慢慢沉沦是从起初的低等形式通往更加本真、明晰的意识形式，他意识到他的意识是心灵与价值之间、心灵与绝对之间被中介了的、问题重重的关系，同时，沉沦也意味着指引探寻的那种本真的、虚幻的希望变成了回忆,他意识到希望既虚伪又本真,这种本真性本身就是问题重重的、矛盾的,因为它存在于探寻的本性之中而不是实现的可能性。小说因而把自己呈现为一个辩证结构,在小说中没有什么东西是明确的:主人公不是,他问题重重,以非本真、沉沦的方式探寻绝对价值;世界不是,尽管它是传统的、固定不变的,它仍然具有足够积极的特征,让主人公在其内的探寻成为可能;时间也不是,尽管它是一个腐坏的、沉沦的过程,仍然在虚幻的希望和意识到幻想破灭的回忆这种双重形式中,保留着与本真价值之间复杂的中介关系;作家的意识也不是,虽然它是小说形式的特殊特征之一,是作品的构成元素,但它本身是问题重重的、规范性的,是一种结构中的"应有",在这种结构中,史诗的角色否认"应有",并将其变为一种非价值。

《小说理论》局限于把小说结构看作一种意义的本质,它几乎不涉及这一结构出现和发展的历史条件。仅有的个别段落没有暗示真实的历史,而只是暗示了先验的生成,它对应一系列重要的"形式":史诗、悲剧、哲学和小说。从这个意义上讲,卢卡奇的书无疑是唯心主义的。教条的"马克思主义者"认为一本书的价值只在于百分百的"正统",忠于马克思的每一个逗号,不掺杂马克思主义的异教徒或陌路人的价值,因此毫不奇怪,他们认为卢卡奇的头几部著作是二流的。他们只是忘了马克思本人**从总体**上来说远远没有否认同一时代或更早期的理论著作的成果,还利用了其中的部分成果,并引用在自己的著作中。判定《小说理论》是一部唯心主义著作无疑是正确的,但这么讲意义不大。重要的是要知道这样一个有限的、片面的研究有什么价值,知道被卢卡奇解放出来的意义结构是凭借何种方式(我们承认有效的分析应该是全局的、历史性的、辩证的)构成后续理论阐释中的重要一步,而不是理论的终结。现在看来,只有从卢卡奇的著作开始并超越它,才可能实现对小说形式进行辩证的、马克思主义的分析,这种分析不仅让我们了解形式的起源,还能将其融入马克思主义对资本主义社会的研究中去,甚至澄清后者的某些要素。

在任何程度上,卢卡奇对小说结构的描述中都没提及马克思主义,但实际上他的观点与《资本论》(特别是关于商品拜物教的段落)中关于自由市场的描述严格地同构,这样一来,小说的历史和资产阶级的历史之间长期以来被认为存在的关系即使没有完全得到理解,也至少被理解了一部分。卢卡奇把小说的宇宙描述为一个不能拥有积极方面的主人公的世界,理由很简单,决定这个宇宙的所有价值都是隐含的,鉴于这些价值,小说中所有人物的特征既消极又积极。此外,世界与主人公之间是极端对立的,世界依照传统,没有意义,它与价值的关系在极端中被中介,并且刚好足够产生史诗结构,主人公是问题重重的,他的生活独特地包含对这些本真价值的探寻,这种探寻是沉沦的、"精灵"的。

后期卢卡奇自己的演变证明了《小说理论》可以纳入全局的马克思主义分析之中。他在1917年加入匈牙利共产党并在贝拉·库恩(Béla Kun)政府担任人民委员后,于1923年出版了最重要的、最引人注目的马克思主义著作之一——《历史与阶级意识》。围绕这本书出版的一系列历史事件在欧洲知识分子圈内赫赫有名。没有它的出现就不会引发那么非同寻常的反响,就不会催生以卡尔·科尔施(Karl Korsch)、赫伯特·马尔库塞(Herbert Marcuse)和卡尔·曼海姆(Karl Mannheim)为代表的理论"学派",也不会在传统马克思主义环境下激起非常积极的、伟大的社会民主和共产主义国际潮流。匈共官方批判了这部著作,不想辩解的卢卡奇接受了某种"君子协定":他停止写作,党不再过问他的理论。过了很久,在目睹德国法西斯主义的成长和上台后,卢卡奇才真挚地调整了他的立场,批判自己的早期理论著作并重新开始写作。从此,卢卡奇创作的第二个阶段开始了,这一阶段到目前为止最为重要并且完全不同于第一个阶段。不幸的是,自从卢卡奇再次写作以来,他的马克思主义思想立场遭到了误解。一方面共产党人一直猜疑他、不信任他,因为他们不愿意相信他已经完全否定了自己的过去;另一方面,马克思主义的"反对派"和非正统派经常料想他的"屈服"纯粹是表面上的,他正在写的著作完全不同于他最珍视的信念。这些假设当然是错误的。然而它们对思想史和卢卡奇自己的态度产生了很不愉快的结果,极大地限制了他的言论自由。卢卡奇被怀疑在《历史与阶级意识》之后还在捍卫他以前的立场,甚至被怀疑在以隐秘的、部分的方式为它们进行辩护,他不得不找一些不容置疑的事实让人们相信他已经完全放弃了这些立场,并不再提及这部著作中合理的甚至精妙绝伦的科学和方法论思想。遭到匈共领导人的怀疑后,他同样限制自己,只出版哲学和文学批评方面的著作,享受着比党内任何其他成员更受限制的言论自由,而他们即便有这样的过去也不需要如此负责。

然而撇开这一情形导致的许多无疑很重要但换个角度看又次要的细节也足以说明,虽然《历史与阶级意识》捍卫的政治立场后来被揭露是错误的,但鉴于它对哲学思想特别是人文科学方法论的贡献,其重要性远远超过这些错误带来的影响。值得注意的是,许多人认为这本书论证的政治思想也是那些在科学层面上赞美这本书的人的思想,尽管他们可能一点也不了解这些政治思想,这反过来导致这些人不信任书中的科学方法论,因为他们拒绝政治主题。

在方法论层面上,《历史与阶级意识》的重要性在于,卢卡奇通过把先前有关历史思想的作品中主导性的非时间意义结构的现象学思想,替换为马克思主义的、辩证的意义的时间结构和建立在总体性上的动态思想,替换为由此发展出的另外两个马克思主义基本概念——可能意识和客观可能性,有了这些概念,人文科学最终获得了可操作的、实证的学科地位。[①]

毫无疑问,诸如总体性、意义动态结构、对这些结构进行发生学研究

---

① 参见 Lucien Goldmann, *The Human and Philosophical Sciences*, Paris: P. U. F, 1962; *Le Dieu caché*, Paris: Gallimard 1956; *Recherches dialectiques*, Gallimard, 1958。英译本 *The Hidden God*, trans. P. Thody, NYC: New York Humanities Press。

的必要性、用未来解释现在、可能意识的最大程度、客观可能性,这些单个概念或这些概念的整体结合都不是新的发现;这些概念都是马克思著作的构成要素,而卢卡奇只是用这样的方式再一次呈现了它们。但正如他自己所说,大多数概念尤其是总体性概念在《反杜林论》中是缺席的,而且我们可以把列宁的《唯物主义与经验批判主义》(*Materialism and Empirical Criticism*)也算在内。现在看来,是《反杜林论》而不是马克思的著作形成了欧洲社会民主党的马克思主义思想。从这个意义上来说,卢卡奇的著作打破了一个古老而稳固的传统并回到了源头。没有什么比这个事实更能说明这部著作的重要性了,今天我们似乎难以想象这个事实:马克思主义的主要思想家们曾讨论哪种哲学最符合历史唯物主义,考茨基(Karl Kautsky)认为是达尔文主义,伯恩斯坦(J. M. Bernstein)、马克斯·阿德勒(Max Adler)和其他一些不太知名的马克思主义者认为是康德哲学,普列汉诺夫(Georgiy Valentinovich Plechanov)认为是斯宾诺莎(Baruch de Spinoza)和费尔巴哈哲学,列宁的《唯物主义与经验批判主义》批判的那些俄国思想家们认为是马赫(Ernst Mach)和阿芬那留斯(Avernarius),列宁的思想被认为是接近费尔巴哈的一种机械唯物主义①,卢卡奇第一个指出黑格尔的辩证法才是最接近马克思主义哲学的思想(或许安东尼奥·拉布里奥拉[Antonio Labriola]是个例外)。

事实上,卢卡奇的著作光是在方法论层面上就过于黑格尔主义,它在社会生活和社会知识层面上肯定主体和客体的完全同一性。毫无疑问,这种过于极端、难以在实证科学层面上捍卫的唯心主义和黑格尔公式与书中错误的政治判断脱不了干系,这些判断我们稍后会提到。在此基础上,我们提出的一个更恰当的公式是主体和客体的部分同一性,这种同一性的本性随每个特定情况的变化而变化,人们在研究它的同时必须加以说明。

---

① 《辩证法笔记》在西方还不为人所知。

然而不能忘记的是,目前仍然主导着西方大多数大学的实证社会学的最重要的方法论错误,同时也是斯大林主义、社会民主主义的机械的马克思主义的方法论错误,都恰恰是反过来确认主体和客体的彻底差异、确认客观社会学存在的可能性的,这种客观社会学认为不和谐的价值判断干预只是频繁出现但可以避免的意外。基于这个角度和历史,《历史与阶级意识》中卢卡奇的唯心主义对我们来说无疑是错误的,但这种错误远不及过去35年中科学化、机械化的立场对马克思主义思想的侵蚀那么严重。

在具体研究的层次上,这部著作像卢卡奇的所有著作一样包含了大量精彩的分析,其中对我们来说最重要的似乎是物化。同样在这本书中,卢卡奇只是重新审视了(他明确提到的)《资本论》中阐释的一个马克思主义理论,卢卡奇揭示了它在认识论、艺术、文学和精神生活的研究领域中的运用价值。在政治层面上,卢卡奇在这部著作中把革命看作一种总体性的"革命"、一个意义动态结构。他在布尔什维主义和俄国革命的纠正下把自己放在以罗莎·卢森堡(Rosa Luxemburg)为代表的视角中,卢森堡认为欧洲以及欧洲以外的世界正面临着一场无产阶级性质的世界革命。1923年以后西方资本主义的稳定,二战后社会主义社会的版图扩张几乎完全发生在工业不发达的农业国家,这些清楚地证明了这一判断的错误性质。这就是为什么我们似乎有理由感到震惊,无论是卢卡奇的支持者还是反对者——即使他们承认卢卡奇是一个非常伟大的思想家——仍然怀疑他对这一立场的批评,因为稍微进行反思就能意识到它是错误的。最后在哲学层面上,卢卡奇在《历史与阶级意识》中得出了他此后明确坚持的马克思主义立场。

在最后的分析中,卢卡奇一直都是一位伟大的论说文家。无论他对那些意义结构——悲剧、论说文、小说和革命——的实证分析有多么重要,对他来说它们仅仅是一个基础:从现实的"示例"展现出来的东西使他可以在概念层面上追问和反思他似乎看重的人的生命及其意义。如果意识到孤独和死亡之界限的意识对《心灵与形式》时期的他来说,似乎是理解人类状况的意义的基本概念,如果缺席、对立和问题重重的存在是《小说理论》中的核心概念,那么《历史与阶级意识》中对革命的研究允许他制定基于共同体、未来和一种对本真价值的客观的希望的哲学,这些价值可以通过无产阶级和人类的革命行动来实现。这三本书对应了康德、黑格尔、马克思;卢卡奇借此重游了德国古典哲学的故地。

在从知识界和哲学生活中消失的时间里,他所提出的问题处在强有力的哲学复兴的中心,它根植于西方资产阶级深刻的社会危机,根植于刺激资产阶级思想家的痛苦。和卢卡奇同时代的海德格尔和雅斯贝斯是这一哲学复兴中最重要的两个哲学家,他们都受过德国西南哲学学派的严格训练,这绝非偶然。我们认为一个人不可能理解这场痛苦的、沉沦的哲学复兴,除非他认识到这场复兴是由一位暂时缺席的思想家永久制定的,尽管他被遗忘了、在退休后沉默了,他还是预示着这场复兴,勾勒出讨论的框架和范围以及它将遇到的各种困难,尤其是他始终肯定人的尊严,肯定问心无愧的良知(clear conscience)、勇气和希望所具有的价值。很久之后在1933—1936年间,卢卡奇再次承担一个重要项目,然而时过境迁,它仅仅与上述所有讨论中的另一个思想家恩斯特·布洛赫(Ernest Bloch)有关,布洛赫也向马克思主义迈近了一步,尽管他从来没有整体地坚持过。

我们这里没有时间和篇幅来分析问心无愧的良知和乌托邦幻想的历史价值(卢卡奇首先出来捍卫,布洛赫紧随其后)或卢卡奇在1932年后的共产主义著作。当然,这并不意味这些问题是次要的,我们希望能够在不久的将来研究它们。这里我们的重点是确定《小说理论》的理论地位并强调它对20世纪总体的思想史,特别是哲学思想的重要性。①

(谢瑞丰　译)

---

① 为了避免任何可能的误解,我们要强调卢卡奇修改了他在《历史与阶级意识》中的立场,不仅包括政治分析和对主客体同一的肯定,也包括对恩格斯的批判,目前他捍卫自然科学的辩证特征。在最后一点上我们不敢苟同。

论青年卢卡奇的戏剧的历史哲学——以《现代戏剧发展史》《悲剧的形而上学》和《论"罗曼史"的美学》为例*

[匈]费伦茨·费赫尔

一、戏剧的历史哲学:《现代戏剧发展史》

格奥尔格·卢卡奇在1912—1914年间撰写了《艺术哲学》,在这部著作中,他论述了独具自身特色的方法论。在卢卡奇的理论生涯中,方法论问题始终是一个棘手的难题。为了确定戏剧的特质,卢卡奇在正反命题的两极进行了各种相互矛盾的理论尝试。"每一个艺术史方法论的悖论均是出自同一原因,即作为认知对象的艺术史其实是无法被认知的。只有形式被完全确立时,只有当研究的成果规范性地引起了必要的误解时,研究的素材和任务才是美学的(由此也是艺术史学的)。这样的关系结构性地普遍存在于美学中,因此,无论是否对素材进行研

---

* 本文出处:Ferenc Fehér, „Die Geschichtsphilosophie des Dramas, die Metaphysik der Tragödie und die Utopie des untragischen Dramas. Scheidewege der Dramentheorie des jungen Lukács", in Ágnes Heller, Ferenc Fehér, György Márkus, Sándor Radnóti (Hg.), *Die Seele und das Leben*, Frankfurt am Main: Suhrkamp Verlag, 1977, S. 7-53。

费伦茨·费赫尔(1933—1994),匈牙利哲学家、美学家、艺术批评家。1967—1970年担任卢卡奇的助手。布达佩斯学派重要成员。著作主要涉及马克思主义理论、诗学理论、陀思妥耶夫斯基、现代性理论、生命政治等内容。

究,对素材的理解都是可能的。但由于众所周知的直接性(Unmittelbarkeit)与明确性(Eindeutigkeit)之间的矛盾,以及由此产生的误解,对素材在具象中或在单独作品中的认知只能是假设性的,而对此假设的证明先天就是不可能的。素材无法被合理地认知。对于那些在自身艺术准则中就追求误解的艺术家来说,素材既是一切的也是空无一物的。这样的艺术家对素材的理解扬弃了误解这个概念,这是对立统一的(coincidentia oppositorum),是一个悖论,但不是困境(Dilemma)。而进行认知工作的历史学家则面临困境,也需要妥协。**要么,素材对他来说意味着所有,而它的构型就向艺术史或者艺术史的历史哲学倾斜(如雅各布·布克哈特[Jacob Christopher Burckhart]),要么,素材对他来说是空无一物的,因此要超越至美学维度(如海因里希·沃尔夫林[Heinrich Wölfflin])**。即便尝试将两种方式结合起来,也最多能得到一个个体的、类似艺术的结合体,但无法得出一个统一的概念。"①

卢卡奇在此处借用解释二律背反的方式尖锐地指出,他称之为困境的问题,正是他在《历史与阶级意识》巨著中不断从两个极端进行阐释的问题:在这本书中,卢卡奇将历时性简化为普遍性,矛盾地将普遍性视为理性主义的"概念之神话"并加以拒绝,他通过这种极端的方式试图确立他"原创的"研究课题,这也理所应当地揭示出一个可以重塑的本体论。在另一个极端,我们可以看到《艺术哲学》与《海德堡美学》对"只是经验的历史过程"带有明显敌意,这意味着,虽然卢卡奇对黑格尔进行了深入而准确的批判,但与黑格尔从社会学角度对世界历史的类型学研究相比,卢卡奇尤显不足。对于已经显现的方法论问题,卢卡奇在《审美特性》中给予了一个神秘的回应:"历史唯物主义"可以对"辩证唯物主义"的美学研究进行补充(这句话的吊诡之处在于,卢卡奇恰在上文表述了这两个领域或者说方法的分离体现出了理论的衰落);卢

---

① Georg Lukács, *Heidelberger Philosophie der Kunst. Werke* 16, Darmstadt & Neuwied: Luchterhand, 1974, S. 192-193. 引文中的黑体为费赫尔标记。

卡奇在题为"历史的题外说明"的补充章节中对上述问题作出了真正的回应。他尝试在详细的提纲中阐述艺术的生成,并解决上述二律背反,此二律背反使得这部作品的体系带有历史主义色彩。卢卡奇的理论十字路口其实在早期作品中已经显现;他在这些作品中甚至几乎已经表述了走出这一困境的办法:"对于艺术史学家来说,研究的对象是已经成为范畴的单独现象。在一方面对风格,在另一方面对艺术形式的把握中,艺术史学家能够理解那些真正经典作品的历史-元历史本质。如果说在此分歧的非历史体系背后有一个统一体的话,那么已经成为经典的内容就不会再次降格为经验性的、一次性之物,而是可以永恒地发挥其影响。艺术的历史根基与经验的、历史连续性的关系要比任何历史-元历史类型学都小,历史-元历史的类型学更具普遍性,它是美学价值最纯粹的体现。**此唯一性与历史性的关系,就好像观念与现实的关系一样:在观念中体现出的是某一阶段、某一时代的历史哲学意义,而在某一时代出现的所有事物中,只有那些能够体现这一观念的事物,才会被关注。**"①

康德理论体系中(理论性的)那些规定性的、体现历史哲学阶段的意义以及规定"只是经验的历史过程"的观念,在上文中均不存在。值得注意的是,卢卡奇在《现代戏剧发展史》中使用了一个"规定性观念"的概念,他似乎带着"哲学梦游者"的坚定寻找对他来说必要的答案,而在上述引文中,这一概念似乎又变成了一个死胡同,变成了解答问题的关键点,而问题的答案则标志着将艺术作品(以一个卢卡奇不能接受的方式)解读为"世界发展最后的形而上学意义"。以回溯的角度来看,这一切的原因其实是明晰的。在《现代戏剧发展史》的撰写阶段,卢卡奇认为普遍人性是一个"泛资产阶级"的概念,它不合理地将资产阶级概

---

① Georg Lukás, *Heidelberger Philosophie der Kunst. Werke 16*, Darmstadt & Neuwied: Luchterhand, 1974, S. 230-231. 引文中的黑体为费赫尔标记。

念延伸至整个历史,在《历史与阶级意识》中,他也指出"类"(Gattung)①概念属于概念神话的范畴。直到《美学》以及后期的《关于社会存在的本体论》,卢卡奇才指出唯一的根基是在资产阶级社会首次具有构建性作用的"自为存在"(für-sich-seiende)的"人类"(Menschengattung),只有在此概念基础上,才可以建构起一个以马克思主义为基础的体系。(这里指涉的是那位认为只存在"唯一一种科学,即历史的科学"的思想家。)撇开卢卡奇走过的弯路、错路以及困境不谈,他始终关心的问题是"人类的问题",这需要我们考虑到困境问题本身的不可解决性,需要考虑上文提到的二元论,以及此二元论的特征:(卢卡奇的方法论)"在整个创作阶段都体现出形而上学-存在主义和历史研究的平行性。在青年时期未解决的方法论二元问题背后隐藏着一个深刻的世界观困境,即时间状态到底表现了生存-本体论的悲剧,还是此悲剧的历史的、可超越的危机呢?"②

本文的论断想必定会受到一些研究者的非议,他们若将历史性与系统普遍性对立问题看成是卢卡奇艺术理论和艺术史理论的基本问题,那么可以得出的结论是,卢卡奇在著作等身的60年学术生涯中就只写了一部完整的作品,即撰写于1907年,在1909年进行修订的《现代戏剧发展史》。在这部著作中,卢卡奇发现了符合他最隐秘观点的(理论性的)规定性观念,即非代表性的资产阶级的衰落,他认为这一观念可以描述和阐释这一时代和艺术体裁的特征。同时,他也发现了堕落(Verfall)的社会学以及美学范畴,它出脱于"经验"的过程。由此,卢卡奇赋予了作品普遍的历史哲学框架(在这一理论构想中,想要超越资本主义的激情(Pathos)引发了费希特式激情和主体性

---

① Gattung 一词是卢卡奇理论中的常用概念,可以理解为"类"概念,但在德语中,Gattung 一词可以根据不同前缀翻译成不同中文概念,如文学"体裁"(literarische Gattung)或者"人类"(Menschengattung)。——译者注
② György Márkus, „Die Seele und das Leben: der junge Lukács und das Problem der Kultur", in *Magyar Filozofiai Szemle*, 1973, S. 745.

的应然),而这一历史哲学框架本身也基于作品特定的形式。只有在这一基础上,才有可能(但只是在过去可能)在其著作的开头对形式,即戏剧,作出那样的表述,以至于接下来的章节几乎都变成了"推论",尽管其实是整体进程的学说建构了形式的普遍性,并能够作为前言放置在对"经验过程"的分析之前。哲学不会发生,它本来就在(Philosophus non fit, sed nascitur);22岁的卢卡奇解决了方法论的问题,在之后长达半个世纪的时间里,他反复不断地探讨这个问题,研究这个困扰着他的困境,尽管这些论述在后面的作品中变得有些零碎(当然这也意味着拓展了论述的领域),尽管论述的语言与国际学术思想有些格格不入,他对此问题臻于完善的论述也确立了他作为优秀理论家的地位。

卢卡奇在理论体系的引入章节构建了普遍的形式理论,它与青年卢卡奇后期的美学理论形成对立,将艺术(以及戏剧)视为来自生活又批判生活的:艺术没有被满足,因为出脱于生活的艺术形式不能或者只能部分地被生活实现。也就是说,不存在零星的、孤立的戏剧天才,只存在充满戏剧性的和没有戏剧性的时代;这也证明了生活与形式的紧密联系。其次,"存在于大众"中以及大众效应构成了戏剧的"框架",也是阐释这一形式的准则。作为"人和人之间的事物",戏剧将自然排除在情节之外,或者将其简化为背景,因为抗争必须是真实的,人与上帝、人与"天命"(Fatum)的抗争也被排除在外;被排除的还包括概念抽象化的特定阶段,在这一阶段,不同力量之间的斗争并非具有真正的戏剧意义。暂且不说卢卡奇的社会学分析,即便是对卢卡奇著作稍有了解的人也能看到,此处,形态学从叙述方式的层面控诉生活。如果艺术体裁的"物质"要求不被满足,那么具体的体裁就无法实现,但体裁却越来越无法深刻地体现其中介之物,即资产阶级文明的"封闭"世界。再次,戏剧必然是由世界观建构的。对"为艺术而艺术"持尖锐反对态度的青年卢卡奇对世界观的建构功能深信不疑;这在《艺术哲学》中表现为一种更简化的、有些畸形的"立场"。一旦世界观开始对戏剧进行构建,描述动作的二律背反特性就会自动释放社会学的控诉意图:"戏剧普适性最后的形式要求是,戏剧风格的基础必须是一种世界观,是在形式上先于戏剧的事物,是超然于狭小的戏剧概念世界的事物。若要求戏剧具有直接的大众效应,则是将抽象的概念排除在戏剧之外,但戏剧的素材要求戏剧不能只是以逻辑、辩证的形式出现。"①还有另外一些矛盾的统一维持了戏剧的动态统一:"从特性-抽象向外看去,某个特性只能在一个而不是另一个场景被体现出来,这是偶然的。从抽象情节的角度看,即便是构型最僵化的人物也有可能具有偶然性的特性。因为类似的特性与情节具有不同的倾向,并产生不同的结果,因此它们的倾向也是对立的。它们的对立是在速度层面的:人物特性的塑造需要时间,而情节则要求迅速;风格倾向的对立在于,特性塑造需要广度和细节,而情节需要抽象的总结;距离的对立在于,特性塑造需要近距离和亲密性,而情节需要宽视域的、装饰性的纪念碑性。"②除此之外还有:"戏剧的人是意志的抽象体。""戏剧中的情景(也就是情节元素)能更好地表现必要性。命运悲剧的问题在形式和技巧方面可以归因于如下问题:戏剧的情景在何种程度上决定着戏剧的事件。戏剧中,只有情景能够在技巧层面合适地表达命运(即最冷酷的必要性)。"③

《现代戏剧发展史》的第二个层面(当然只是通过阐释才变得特殊

---

① Georg Lukács, *A modern drama fejlödésének története*, Budapest: Franklin, 1911, S. 29.(费伦茨原文注释为《现代戏剧史》,根据原文给出的文献信息:Georg Lukács, *A modern drama története*, Budapest, 1911,可以断定此处所指文献应为 Georg Lukács, *A modern drama fejlödésének története*, Budapest: Franklin, 1911,即《现代戏剧发展史》。——译者注)
② Georg Lukács, *A modern drama fejlödésének története*, Budapest: Franklin, 1911, S. 35.
③ Georg Lukács, *A modern drama fejlödésének története*, Budapest: Franklin, 1911, S. 37.

的层面)是它的社会学的方法。① 需要指出的是,卢卡奇在 22 岁的时候,在他的第一部重要著作中就已经完成了社会文化学的构建,并且几乎不需要后来的补充了。因此,把青年卢卡奇定义为一个向着"社会主义意识形态"发展的资产阶级知识分子,并不正确。尽管此意识形态并非"纯粹的马克思主义"。他对马克思主义的接受构成了他思想青春期骚动的结尾。② 对他接受马克思主义施加深远影响的,不仅是已经被多次提及的西美尔(Georg Simmel)的理论,还有滕尼斯(Ferdinand Tönnies),他以马克思拜物教思想为基础对"机械的社会"与"生机勃勃的共同体"进行的对比对卢卡奇亦有影响,此外还有索雷尔(Georges Eugène Sorel)思想中一些"行动派"(aktivistisch)的元素。可以确定的是,他极有可能认为(以第二国际为代表的)社会主义模式是人类的未来,他反对第二国际的原因并非是要维护资产阶级社会,但我们仍然不可以把那时的卢卡奇称作社会主义者,因为他当时并未完全认同并投身于这样的社会主义,同时我们也不能把他的"阶级界限"和他对资产阶级社会的同情作为判断依据。尽管有所保留,但卢卡奇的社会文化

---

① 谈及社会学方法,就必须说明卢卡奇在其所谓"前马克思主义时期"是如何理解社会学的,这也是卢卡奇与(以梅林为代表的)第二国际艺术理念冲突的主要领域。在《现代戏剧发展史》的第 VI 页有如下论述:"社会学艺术研究的主要错误在于,它寻求作品的内容并试图在内容和经济关系间建立直接的联系。文学中真正带有社会属性的始终是形式。"我们再考察一下卢卡奇的第一个风格理论,他将作为某一时期主流形式特征平均值的风格称作"实践的石化",如此我们就可以看到,卢卡奇与第二国际艺术社会学理论分歧的关键并不仅仅只是"资产阶级"与"社会主义"立场的对立,而是对艺术社会效应的不同的概念把握。在《艺术哲学》中,卢卡奇明确指出了艺术的社会学概念的范围:"此社会学的'法则'显然是消极的,即是条件法则;它只能说明实现的可能性,却无法描述实现本身。它只能判定,什么样的观点作为体验的形式必须存在,以便特定的艺术形式得以实现。但这些形式是否真的在此条件下能被实现,对此,这些法则是无法给出明确说明的。" Georg Lukács, *Heidelberger Philosophie der Kunst. Werke 16*, Darmstadt & Neuwied: Luchterhand, 1974, S. 183-184.
② 关于马克思主义对卢卡奇的重要意义(至少对卢卡奇生平来说),参见伊尔玛·赛德勒的评论:"我认为,我们两人都在用极其健康的方式克服一个完全理论的阶段"(1908 年 8 月 23 日书信)。在一部早期的自传(《书中之书》,Köhalmi Béla: Könyvek könyve)中,卢卡奇这样评价自己的大学时光:"那时我读到了不朽的马克思的著作。"(出自 1909 年卢卡奇手记 B 册中对《资本论》第一卷和《政治经济学批判》的笔记)值得注意的是,这些笔记只限于历史相关的问题(资本积累)、《反杜林论》和关于考茨基的内容。

学已经趋同于当时的社会主义意识形态并且反对资产阶级世界了。

上文引用的马尔库什(György Márkus)的文章《心灵和生活：青年卢卡奇与文化问题》已经详尽地论述了社会学分析的第一层面，这也是最普遍的层面，下文不再赘述，只说明几个要点。"封闭的、有机的（主要是古希腊时期的）社会与开放的、但机械的资产阶级社会的历史哲学的对立"，是卢卡奇分析的"概念框架与背景"。封闭的文化只有"唯一的伦理"，并且在空间上也是有限的，因此也是狭隘的（这符合马克思的思想，但当时卢卡奇还不可能知晓这些理论，他在那时可以说是第一次"发现"了马克思的观点），但是其生活关系对于个体来说并非负担，而是相反，这些生活关系赋予个体以内容。资产阶级社会把一个人的关系变成了非个人的商品与金钱的体系，变成了以机械的结构为中介的关系。由此，资产阶级社会创造了新的价值，"开放"的价值，但却使个体变得"问题重重"。"操控着世界的是不被人类思想渗透的、不被人类评价所影响的规则性，世界不再是人类的家园了。"竞争开始成为关系的基本问题。与愈发极端、愈发无情的个体化相随的，是日益增长的同质化和水平化。这两个发展的分支都建立在现代工作分工的基础上。"文化的危机是新出现的世界状况的必然后果。因为在资产阶级社会已经不存在真正的文化了。它不可能是客观的了，因为建立在无序生产基础上的关系的抽象性，以及非理性的必要性都不可能具有目标或者意义了。客观的、异化于人类的规则性不可能在统一的世界观中适用于人类。这在主观层面也是不可能的了，因为只是从自我出发且将自我认知为目的的个体无法团结在共同的世界观和感受之下了。"[1]

我们并不是带着要发现新事物的好奇心来论述《现代戏剧发展史》中的社会学分析：由于卢卡奇半个世纪以来笔耕不辍，这些分析内容已经成为马克思主义社会分析的俗套。如果像阿索尔·罗萨(Asor Ro-

---

[1] György Márkus, „Die Seele und das Leben: der junge Lukács und das Problem der Kultur", in *Magyar Filozofiai Szemle*, 1973, S. 757-758.

sa)这样有声望又有见解的学者都声称,卢卡奇是彻头彻尾的资产阶级美学家,那么本文要研究的问题便只是语文学范畴的。本文旨在证明,在青年卢卡奇的著作中,可以看到由马克思思想发展出的关于时代文化危机思想的一些基本特性,对这些特性的分析为他对梅林(Franz Mehring)、考茨基和普列汉诺夫的研究带来了影响力。尽管卢卡奇本人宣称《现代戏剧发展史》是"不积极介入现实的",尽管卢卡奇当时是反对社会民主制度的,也将当时的马克思主义批评为"教条"的,但这部作品从本质上看就是第二国际时期最重要的文化历史著作。①

本文之前提到的方法论准则从艺术社会学角度强调艺术的外部条件,与这一准则相应的是,书中社会学分析的第二个层面将现代的舞台和观众,即现代的个体,视为现代戏剧的"物质"条件。卢卡奇认为,现代戏剧那些没有超越于宗教的属性是重要的:在青年卢卡奇的戏剧理论的美学构想中,从大众效应和"存在于大众之中"的层面来讲,宗教的起源和残留对非智性的、情感的效果具有重要意义。人与神的斗争被排除在戏剧舞台之外,但与此同时,产生于"存在于大众之中"的"可提升至神秘的迷狂(Ekstase)效果显然展现了戏剧出脱于其宗教根源的属性。这些属性还体现在如下想法,即世界观要离开宗教或者要毁坏其幼稚的安全感,以便为戏剧的产生铺平道路;但另一方面,某些宗教的狂热内容(即便不是它的形式)也需要作为戏剧的必要条件被保存下

---

① 我在论文《1918年匈牙利革命时期卢卡奇与贝拉·巴拉兹的联盟》中讨论了卢卡奇这一反对立场的政治因素,探讨卢卡奇对"精致的""资产阶级社会民主主义"的(大多数不公正的)批评,他将其批评为出脱于资产阶级生活的运动,因此是不可接受的。[参见 Ferenc Fehér, „Das Bündnis von Georg Lukács und Belá Balázs bis zur ungarischen Revolution", in Ágnes Heller, Ferenc. Fehér, György Márkus, Sándor Radnóti (Hg.), *Die Seele und das Leben*, Frankfurt am Main: Suhrkamp Verlag, S. 131.]卢卡奇对"教条马克思主义"的理解是"经济主义",在他的学术生涯中,卢卡奇始终将这一思想批评为粗俗的马克思主义。这一对立并不有违他的初衷。与这部著作的意图相关的是,卢卡奇晚年反复强调他不理解为什么由匈牙利文学史保守主义代表学者组成的评奖委员会要给他的这部书颁奖,而同时,作为匈牙利革命社会主义代表人物的埃尔文·萨博却"完全不理解书中的社会学内容"。

来"①。与之相对的是一个简单的"社会学事实",它对现代戏剧的形态学并不是很重要,即"现代戏剧是已知的第一个不是源于神秘主义、宗教情感的戏剧形式:现代戏剧形式在后面的发展过程中会变得宗教化,而其他戏剧形式会逐渐摆脱其宗教性"②。青年卢卡奇唯一一部始终如一地保持美学理论性质的著作中所作出的中性社会学论断,给戏剧"自己的世界"以及受众的体验结构层面都带来了严重的后果。"如果说先有传统戏剧再有现代戏剧,即现代戏剧史出脱于舞台,不算是一个太过大胆的论断的话,那么也可以说,先有的戏剧,再有的舞台。舞台是产生于戏剧理论的要求的,即在实践操作中来的。"③"不管是戏剧还是舞台都不具有任何陈旧发展的元素,即那些庆典化的、宗教性的元素。"④由此产生的趋势是,去"扬弃戏剧中那些原始的、非智性的大众艺术特质";"出于内容和形式的要求,戏剧从一开始就排除了大声的、普遍的、深入的(比如代表一整个阶级的)效果,如果戏剧需要一个舞台的话,那也是一个克服了大众感受的原始性的舞台。"⑤对亲密戏剧的需求是宗教-民俗庆典缺失的合理结果,对资产阶级舞台"演绎性"特性的需求超越了社会学意义上对"条件"的判定,这深深影响了戏剧形式理论的基本问题,并且从戏剧形态学角度突出了人与人之间的事件和戏剧背景的专有命题。其逻辑框架是:"背景脱离了在前台行动的人。……

---

① Georg Lukács, *A modern drama fejlödésének története*, Budapest: Franklin, 1911, S. 33.
② Georg Lukács, *A modern drama fejlödésének története*, Budapest: Franklin, 1911, S. 73. 此处只是对新型艺术外部条件的社会学论断,下面两处引文可以作证:"新的生活没有神话。这意味着,神话的主题要从艺术领域远离生活。因为神话具有双重的美学意义。第一个意义是,神话将人类生活中最深刻的问题投射到具体的童话形象中。另一个意义是,神话通过表达出的悲剧事件以自然而然的方式远离观众。"(Georg Lukács, *A modern drama fejlödésének története*, Budapest: Franklin, 1911, S. 182.)"过去的神话起源和对过去的神话化去除了文艺对象中偶然的、完全取决的个体意图与意志的属性。"(Georg Lukács, *A modern drama fejlödésének története*, Budapest: Franklin, 1911, S. 183.)
③ Georg Lukács, *A modern drama fejlödésének története*, Budapest: Franklin, 1911, S. 73-74.
④ Georg Lukács, *A modern drama fejlödésének története*, Budapest: Franklin, 1911, S. 77.
⑤ Georg Lukács, *A modern drama fejlödésének története*, Budapest: Franklin, 1911, S. 93.

背景只能产生于一种世界感觉,它能够把握自己的、与人类无关但却影响着人类的力量,也将物的生活视为真实的现实。""背景的艺术意义在于,将从生活体验而来的关系翻转:如果人们认为物对生活的影响力是决定性的话,如果人们只关注外在于他的事物的话,如果人们只存在于关系中的话,那么,所有以这种方式支配生活的事物,所有在生活中站在人类对立面的客观现实,都将变成背景。""从戏剧的角度来说,这意味着,外部的环境不只是心灵事件的象征,而恰恰是在心灵事件中、通过心灵事件、通过在隔离的生活中影响心灵的方式,从而获得有意义的表达。"①由此,贯穿着整个现代戏剧发展的特性与环境的二元对立就有了一个"物质的"基础。这也见于对受众的社会学分析:在越来越倾向于剧本式戏剧的精英们(他们已经觉得亲密戏剧太过"大声"和"普遍")和"通俗主义"之间也存在着二元对立,"通俗主义"已经发展出一整套特有的技巧,也引发了新的潮流,即"普通"市民的舞台剧和戏剧,也就是法国的潮流剧。跟 20 年后贝尔托·布莱希特(Berlot Brecht)的戏剧观众现象学一样,卢卡奇也对资产阶级的观众充满怀疑,卢卡奇同样知道,相对于真正的文化周期性事件(大型的民俗庆典、集体活动等),"作为替代品的拜罗伊特"是不值一提的。

这些"价值中立"的社会学因素又把我们带回到《现代戏剧发展史》的"规定性观念",回到在形式中体现的历史哲学思想中。我们可以对这些思想进行如下描述:戏剧以及伟大戏剧时代首要的社会学"条件"始终是其"堕落期"。"但如果与原本生活感受相对立的基础以及被当成对立面而接受的事实日益加强,如果别样感受的对立性已经无法调和,以至于它们在同一生活感受中以相同的力度相互对抗的话,那么真正的堕落就会来临。就会出现堕落时期的英雄主义时期(heroische Epoche des Verfalls),因为享乐主义不能评判美德,因为人们会改变对

---

① Georg Lukács, *A modern dráma fejlödésének története*, Budapest: Franklin, 1911, S. 104 - 105.

生活的态度,不再认为生活中存在善有善报、恶有恶报了;因为美德依然具有旧生活无限强度的潜能,这一潜能不满足于改变了的关系,也不会因此崩坏。""每一个时代都是这样的,当生活完全变得问题重重的时候,对于有道德的人来说,生活就不再具有一个核心价值了。""戏剧的时代就是阶级堕落的英雄主义时代。"①

上述内容就是悲剧时代所论述的前提假设(也是《艺术哲学》中具有重要意义的"任务")。如果"素材"可以承载它,那么,代表性的形式是否也可以由它构建? 如果依据社会学的条件规则,背景与事件的分离能够确立情节与特性、情境与特性的二元对立(或者用卢卡奇之后的表述,即特性发展线与命运发展线的分歧)的话,那么我们就需要从戏剧的人和他的命运的角度来分析这个问题。按照合成分析的方法,文本不会分析两个不相干的命题,而是专注于两个关键点:在分析戏剧的人的时候,我们一定会遇到他的命运的问题,在命运中被揭示出来的,无非也就是人本身了。人与背景的分离促成了戏剧的多维度属性:"戏剧的多维度主要体现在社会层面。……资产阶级戏剧是第一个产生于有意识的阶级对立的艺术,是第一个旨在表现一个追求自由和统治阶级的感受和思想世界的艺术,是第一个表达这一阶级与其他阶级关系的艺术。"②但问题并不是阶级从属感本身(卢卡奇认为,伊丽莎白时期的戏剧表现的是"一个阶级的内部",因此尚且是没有问题的),问题是,相对于贵族的主人公,资产阶级的主人公需要证明自己的英雄属性。"在所有促进戏剧发展的力量中还有一项,即评价。在新的戏剧中,不仅是各式各样的激情相互碰撞,还有意识形态和世界观。"③"在资产阶级戏剧中,人并不是以人的形式出现的,而是特定社会环境的代表。他们的行为越是发自内心、发自个体、发自特性动机,越是不能根据真实

---

① Georg Lukács, *A modern drama fejlödésének története*, Budapest: Franklin, 1911, S. 57.
② Georg Lukács, *A modern drama fejlödésének története*, Budapest: Franklin, 1911, S. 108.
③ Georg Lukács, *A modern drama fejlödésének története*, Budapest: Franklin, 1911, S. 114.

的对社会和其他环境的审视来行动,因此他们的案例就越发缺乏普遍性,他们的案例就越发只能是个案,因而失去它的戏剧性。"①其结果便是:"要从多个层面出发来确立特性。我们必须从各个角度考察才行,现代戏剧人物的特性要比传统戏剧复杂得多,有很多线索交汇其中,错综复杂,并且与外在世界也保持着复杂的关系。……环境越是决定人,环境吸收一切的假象就越明显:人已经不存在了,不再有明晰的轮廓,只剩下空气,只剩下环境。"②最后的结果便是:"新戏剧的主人公不是主动的,而更是被动的;行为动机越是从内部推移至外部(即外部事物确定的力量越大),悲剧斗争的中心就越向内,斗争就会越发变得内心化,变得越只属于心灵深处。"③读者可以发现,在这个问题上,卢卡奇的分析依然忠实于其基本的方法论:普遍性几乎成了历史进程的缩影,成了历史哲学的最终结果。那些起初看起来为了自己的存在和独立性而奋斗的资产阶级戏剧主人公,就其特征而言,实际上是梅特林克(Maurice Maeterlinck)和契诃夫笔下人物的描摹。

戏剧中人物的命运体现了戏剧必然的力量,而且其形式变得愈发抽象、愈发"无内容"(即没有任何具体内容的形式)。这一理性主义繁荣时期的概念神话,只能在黑格尔笔下泛理性主义的主人公从"世界精神"到"历史终结"的漫游中找到相应的描述,而其在马克思对黑格尔的吸收中也显得很有问题。以唯物主义的方式,这一神话被"颠倒了",也就是说,它被改造成了关于生产资料(生产力)独特的、不可逆转的自我发展的技术神话;在20世纪20年代"实践哲学"的反叛之前,没有人理解这一新型神话的(马克思主义意义上的)物化属性。卢卡奇以此方式为这一哲学思想的核心内容提供了"宿命论"的证据,他把在《现代戏剧

---

① Georg Lukács, *A modern drama fejlödésének története*, Budapest: Franklin, 1911, S. 118.
② Georg Lukács, *A modern drama fejlödésének története*, Budapest: Franklin, 1911, S. 127-128.
③ Georg Lukács, *A modern drama fejlödésének története*, Budapest: Franklin, 1911, S. 138.

发展史》中占重要地位的必要性概念理解为物对人的力量以及人与物的分离。从语言表达风格层面来看,这可能是受到了叔本华的影响:"叔本华已经把悲剧看成是最高级的,在悲剧中,人类相互毁灭,但不是出于特殊的激情或恶意,而是他们立场不同所导致的不可避免的后果。……由此,悲剧的体验被提升到绝对必要性的领域。悲剧体验从呈现方式中抽走所有个人的、经验的东西。"①这种必要性带有强烈的"对人类的淡漠",具有冷酷的"规则性",以残忍、坦率的方式凸显在其承载者面前:"冲突的抽象性意味着抽象必要性的交叉。此抽象性意味着,从戏剧中生发出一个必要性组成的网络和体系,它不仅会超越剧中人物偶然的特性设定,而且表明,这些特性体现在这些人物中,只是偶然事件。……叙事模式的本质是事件无情的必然性。"②卢卡奇认为在黑贝尔(Friedrich Hebbel)的剧作中,现代戏剧的两个基本趋势达到了顶点:对无情必然性的崇拜和主人公桀骜不驯的个人主义。也是在这一部分,卢卡奇清晰地表达了必然性概念的物化属性,以至于在论述中,自然法则似乎变成了范畴:"没有任何一个人的命运取决于他是否是一个好人。在这些悲剧中,我们似乎看到了叔本华的悲观主义。但需要指出的是(黑贝尔自己也看到了这一点),这只是世界的一部分,不是全部。操控万物的必要性不在人类对善与恶的评价范围内,因此也就无法反抗善恶评价:必要性既是不道德的,也不是反道德的。这种世界观是一种道德的相对主义,因为这种世界观包含相对的价值和单独的道德价值,同时道德本身也丝毫不会被否认。相反:每个个体的行为获得了与整个世界相同的必要性,由此,对个体行为提供动机的道德就变成了自然法则。只有道德的结果是问题重重的,它的表现形式是辩证的,它的内容是相对的。作为人类生活表现的形式,道德是绝对的、

---

① Georg Lukács, *A modern dráma fejlödésének története*, Budapest: Franklin, 1911, S. 176.
② Georg Lukács, *A modern dráma fejlödésének története*, Budapest: Franklin, 1911, S. 199-200.

永恒的,它与世界的必要性具有同样重要的意义。"①

对上述引文详加考察后可以发现,这种必要性是不太确定的:神话的主人公没有合适的、精确的地理定位和社会学归类。同时,卢卡奇还提到,如果没有统治"个体"的"世界法则",悲剧的角色和悲剧的世界是不可想象的(受众最基本的期待可以证实这一美学关联)。古希腊悲剧中的命运不是伪装的命运,因为人们对命运的理解是这样的:"如果没有命运,就需要从特性角度解释一切。但从特性中分析动机也意味着,命运只是来自内在,并且命运会一直将特性推至病态的边缘。埃斯库罗斯笔下的俄瑞斯忒亚并不是病态的,因为他的动机是来自外部的,而歌德笔下的俄瑞斯忒亚的行为则是来自于内心。因此,歌德笔下的命运,便是现代作家作品中的人物特性。"②由于"世界法则"不能仅仅由"内在的"必要性推导出来,因此"外在的"必要性也是必要的:在现代戏剧中完成这一功能的是历史。"从历史体验生发出来的,是我们称之为现代戏剧的东西。""最具有象征性的体验,是如法国大革命那样的重大历史体验。""这个历史体验象征着两种抽象的永恒对抗:第一个抽象是,将所有具体的、非理性的、不属于任何体制的事实都暴力化的思想倾向,是意识形态对这些事实的斗争;第二个抽象是,生活中个体从他自身角度做出的具体努力变成徒劳的抽象进程。这两种抽象都进入生活,它们是抽象的世界观和在实践中显现的抽象,是对超越个体和个体间联系的过程的认知,即历史的进程。"③此处需要指出一个相对不那么重要(但可以反驳所谓青年卢卡奇带有"资产阶级"思想)的事实,即上述引文即便放在《历史与阶级意识》中也是恰如其分的。重要的是,历史的维度部分地被当成资产阶级戏剧产生过程中不可或缺的辅助条

---

① Georg Lukács, *A modern dráma fejlödésének története*, Budapest: Franklin, 1911, S. 390.
② Georg Lukács, *A modern dráma fejlödésének története*, Budapest: Franklin, 1911, S. 190.
③ Georg Lukács, *A modern dráma fejlödésének története*, Budapest: Franklin, 1911, S. 99 - 100.

件,部分地被当成现代戏剧无法避免的抽象化的促成因素。书中其他段落也论证了历史为辅助条件。卢卡奇提到无激情性,提到现代戏剧先天的问题重重的特性,这一特性决定,戏剧中所有的诗意元素如主人公、故事背景和情节都需要"被证明成立"。"正因如此,大部分现代戏剧都是历史剧。历史变成了神话的替代品,它必须创造出距离感,必须制造出纪念碑性,必须消除庸俗,也必须制造新的激情。通过历史创造出的距离感不仅比之前的距离感更加刻意,也更加不确定,它建立在事实上,更加强烈地,因此也更懦弱地依附于事实和现实。"①

必要性的统治和历史元素作为"辅助因素"完全不违背整本书的主题思想,即现代戏剧(资产阶级的戏剧)是个体主义的戏剧。两个看起来相互对立的原则其实是相互补充的,因为对于追求个体性的人来说,所有个体的力量都趋向于命运和必然性,这首先体现在个体化的主人公身上。当波萨在向往自由的理念中崛起时,我们就会惊奇地发现他"雅各宾-马基雅维利式的"本质,发现他其实是"为了自己",这展现了上述结构的双重统一性:操控戏剧的是"命运发展线",是历史元素外衣下不那么令人舒适的世界法则,即必然性;必然性的中介只存在于它之中,也只能通过它表现,它的中介其实就是一个狂热的个人主义者,只想着实现自我,并不惜一切代价。由此,下述初看互不相干但实际紧密相连的发展轨迹就可以理解了:从德国古典主义政治坚定的自由主义狂热到黑贝尔的宇宙自我主义到易卜生之观点,再到自然主义和后自然主义,他们越来越想实现自我,确切地说:他们唯一的期望就是拥有期望的能力。这一结构分析表现出的重要元历史-普遍性特质再一次被证明是历史进程的缩影。

《现代戏剧发展史》中几乎一半内容是对自然主义的批判,这一批判的主题和结论都与卢卡奇 30 年后的著作惊人相似。但这部作品是

---

① Georg Lukács, *A modern drama fejlödésének története*, Budapest: Franklin, 1911, S. 185.

关于堕落的理论,这更相近于卢卡奇最大的理论敌手阿多诺(Thoedor W. Adorno)。阿多诺支持所有反对性素材的美学构型,但他也无法否认对素材的敌对(即他持有的由马克思断言的对艺术的敌视态度)和艺术上日益增加的失败以及背后的"必要性"。卢卡奇的自然主义批判的基本思想是:"真正的自然主义艺术家用最大努力带来的感受是:他无法承受压力并想要逃离;这是对自由的向往,同时也是意识到向往不可实现后的颓唐。""德国自然主义戏剧是表现资产阶级理想无目的性的戏剧。""发展的本质是:对外界事物力量的认知越来越清晰,与之对立的先验要求和感受越来越羸弱;或者完全的内心转向,追求目标时无力的无所适从,以及转向追求盲目、有限、匮乏目标的教条的狂热主义。"① 换句话说,自然主义是对先前所有资产阶级戏剧发展的反叛,这不仅体现在内容层面(对要表现的素材的甄选上),也体现在构型层面。自然主义的戏剧想要克服感情矫揉造作的主人公和情节,因此回到了"自然"唯一的源泉——生活。戏剧必须从外延、深度和结构上都与生活一样;因此它拒绝一切评价性的立场、主体性以及个体化的激情和主人公的"戏剧性"(也就是排除一切能让主人公变成悲剧主人公的元素)。本文无意详细介绍卢卡奇的自然主义批判在历史和美学层面的细节。需要强调的是,第一,卢卡奇证明了自然主义的尝试是自我欺骗的(因为它无法在价值中立的基础上创作戏剧),第二,卢卡奇指出自然主义会加剧堕落(比如他如此论述,从环境中生发出的、对于戏剧必要的"命运"的发展只会让原本就抽象的矛盾更加抽象,这使得戏剧变成了叙事体裁)。

堕落理论要比卢卡奇30年代开始的理论建设规模更大:前者缺少后者的道德化影响。《现代戏剧发展史》基本上是一个更高级传统的延续:这一传统开始于福斯特(Edward Morgan Forster)和弗里德里希·施莱格尔(Friedrich Schlegel)对现代艺术的批判,在黑格尔对近现代

---

① Georg Lukács, *A modern drama fejlödésének története*, Budapest: Franklin, 1911, S. 142.

"散文化"的批判以及歌德和席勒的思想（即关于如何通过接受"野蛮的先锋派"而克服新近发展的非诗性的思考）中得以延续，并且被马克思构建进入艺术哲学体系。从主观角度来看，这一过程是一部艺术家的悲剧；从客观角度来看，其结果是一部未完成的作品，而不是"魔鬼般的"（teuflisch）作品（这是几十年后托马斯·曼［Thomas Mann］和卢卡奇所共用的词汇[①]）。用最大的由敏感和天赋组成的艺术努力完成的，是"未完成"，这体现了世界法则，是对时代有力的控诉；包括受费希特（Johann Gottlib Fichte）启发的虚构和魔鬼般作品的神话也变得多余，从回溯的角度来看，这甚至要（大部分情况下是诬陷地）追责于创作者本身。（我们认为这是受费希特启发的，因为这一思想立足于他的反资本主义的"绝对罪恶时代"的神话。）并不存在魔鬼般的作品，它最后一次有可能存在的环境是基督教价值世界纯洁的氛围，在那里，对某些价值的认可本身就意味着与魔鬼梅菲斯特（Mephisto）结盟；德国古典主义诗人也可以带着同样的客观性将《唐怀瑟与瓦特堡歌唱大赛》中的维纳斯之歌视为是魔鬼般的，然而从另一方面讲，后世学者也正确地在其中发现早期卡瓦尔坎蒂和德国早期文艺复兴的风格。（不可忽视的是：梅菲斯特在几世纪的时间里都是特定价值的化身，比如永无休止的对知识的渴望。）如果我们要给魔鬼性一个现代意义的话，那它就必然是对任何价值的有意识的否定，由此，美学的范围会重新变得有超越性：没有任何一部作品不倾向于一个价值，并将价值按照等级排序。因此，也就不存在魔鬼般的艺术作品。一方面是艺术层面的最大努力和天才，另一方面是以"未完成"的作品而告终。这个充满同情但最终却必须无情严厉的立场是与《现代戏剧发展史》的堕落理论相关的，也正因

[①] 我们自然很确定地知道，"未完成"本身是一个无所指的范畴。它的意义（或者说，它的意义的本质）只能在一个特定的美学、一个特定的价值标尺中被阐释。本文在此处想论述的是浪漫主义美学中的"带有魔鬼光芒的伟大作品"这一观念，而这一概念几乎同时被两位完全没有浪漫主义色彩的大师托马斯·曼和卢卡奇提及。这当然也是可以理解的：真正服侍魔鬼的知识分子的凝视是令人反感的。

此,尽管有人持怀疑态度,但堕落理论也比道德化的颓废美学为未来开启了更多的可能性。

阶级堕落是伟大戏剧(悲剧)的社会学前提,但戏剧(悲剧)本身也是要堕落的,而不是在其原本的土壤持续绽放;也就是说,我们在一个堕落过程中窥见了另一个堕落过程。但也正是在此方面,《现代戏剧发展史》提出了最深刻的观点,即作品根据随意性和激情向资产阶级社会复仇。资本主义是自成一格的贬低人格的方式,是一个甚至表现不出代表性堕落的社会,这便是卢卡奇著作中经冷酷分析得出的结论。由此我们又回到历史哲学的意义和对形态学的判定上,回到"完结的"著作对方法论的"完美的"解决方案上。一开始看起来像是价值中立的形式理论,现在已经开始控诉社会学的整体条件;历史分析"得出"建构形式的基本准则,这些准则先天排斥其他的形态学可能,并且控诉"历史经验"无法完全地实现它。

然而,评判堕落的必要标准是存在的。封闭的文化与"机械的"、开放的文化之间的冲突在这部作品中和在之后的《小说理论》中占有同样地位。在《现代戏剧发展史》中,古希腊同样是"原本的"榜样;但卢卡奇不认为古希腊戏剧是与其理念相符合的完美呈现,因此,他有些莫名其妙地将古希腊戏剧的后继者莎士比亚作为榜样。"从不编码的、可以轻易置入任意体系的莎士比亚的道德在任何时刻都不是问题重重的。尽管莎士比亚的剧作中有不遵守道德的人,但这些人要么是坏人,即有意反抗掌控自然法则的道德的人(理查三世),要么就是被魔鬼般的激情所附体的人。这些人要么因其激情脱离了唯一真实的道德(麦克白),要么就在内心激起一种与道德一致的强烈感受,这种感受会让他与道德的其他部分陷入冲突(奥赛罗、科迪莉亚)。""因为当时的道德评判非常依附于形而上学,以致于它不可忍受任何形式的相对性,它的普遍性非常依附于神秘主义的、无法被分析的感受,以致于如果任何人不遵守道德的话,不管他是出于何种原由和动机,他都无法以符合道德的方式被对待。"①卢卡奇认为,莎士比亚笔下世界相同的、典型的特性使其成为不朽的榜样,也使得他排除了所有问题重重的元素,卢卡奇将莎士比亚的"唯一的道德"与领域等级(Ständewesen)的衰落联系在了一起。通过与自身示例的对比,他证明了现代的发展,即"堕落中的堕落"的问题重重的特性,也证明了在这个层面(也在艺术的所有问题领域)揭示上述美学价值比澄清"社会学平等原则"更为重要。

《现代戏剧发展史》是青年卢卡奇力图综合一切的著作,因为他在书中将"开放的"文化与"封闭的"文化对立起来。这也是这部著作特殊的地方,因为它对一个可能的未来进行了一个重要的(且不是乌托邦式的)展望,即对社会主义的展望。它对自然主义的"类社会主义"进行了毁灭性的批判,认为自然主义的本质不过是个体的反对派和对大城市困苦的不满。马克思主义的"观点"正好是自然主义的反面。"马克思主义中历史与生活概念最明显的趋势可能是,将纯个人的意志、忧虑、感情的意义尽可能地降低,而追求更深层、更客观、超越于个体身上直接发生的事件的原因。可以毫不夸张地说,马克思主义的完整观点是一个对无限远方的眺望,距离如此之远,以至于细节的差别已经模糊不清而不被考察。"②卢卡奇对"马克思主义观点"的反个人主义作出了如下论述:"社会主义体制、社会主义世界观和马克思主义合成一个集合。这或许是中世纪天主教以来最冷酷、最严厉的集合。如果时代要提供一个艺术表达的话,那么能够表达这个集合的艺术需要具备与中世纪天主教时代真正的艺术同样的严格的形式(比如乔托[Giotto di Bondone]、但丁),这不是在我们的时代产生的只是个体的并且将个体性发挥到极致的艺术。但如果要从一个感受生成一个形式的话,这个感受必须长时间在人类中存在。……如今,大多数真正的社会主义者只是

---

① Georg Lukács, *A modern drama fejlödésének története*, Budapest: Franklin, 1911, S. 116 - 117.
② Georg Lukács, *A modern drama fejlödésének története*, Budapest: Franklin, 1911, S. 155.

在他们的思想层面,在政治和社会信仰层面是社会主义者;他们的世界观还没有渗入他们与此并不相干的生活方式里。他们中只有很小一部分人能理解到,他们的艺术理念是教条的,是远离所有'品味'的;尽管这些教条还没有被写下来,尽管这些教条与传统的教条不同。他们的艺术只是宏大秩序的艺术,是纪念性的艺术。"①

显然会有人将上文理解成是对社会主义的讽刺(尽管卢卡奇是从认可的角度分析社会主义);而另外一些人则会认为,上文判定或者预言了卢卡奇的特质。但本文只关注其中关于悲剧的要点。从这一问题出发,《现代戏剧发展史》分析了过于精巧的个人主义与集体主义的二律背反,并得出如下结论:第一批真正的社会主义艺术尝试,要么是以悲剧的形式出现的,比如高尔基的小说《母亲》,这部作品有意识地避免了所有"有趣的个体性的东西"(有意思的是,卢卡奇将这部作品与"运动就是一切"的无限愿景等同起来),或者,这些尝试是出现在反对悲剧的舞台上的,比如萧伯纳的喜剧。卢卡奇显然是蔑视萧伯纳的,将他比作伟大思想的宫廷小丑,认为他的"历史唯物主义的方法",即将人及其激情都简化为直接的兴趣,也就是对悲剧物化的超越,其实还被禁锢在资产阶级社会的思想中。卢卡奇认为,更深层次的历史哲学的因素在当下社会扼杀了悲剧的可能性:"只有内在辩证之物才能是戏剧的,而社会主义的社会批判只看到了现存之物的辩证法;但只有被深藏于现存之物背后的感受所体会到的,才能是戏剧的。只有现存之物背后的东西,才能真正反映当下历史进程中形而上学的力量和深度;只有从这个感受中才能生发出悲剧的不可解决性。而社会主义者觉得这些进程只是暂时的;对于社会主义的感受来说,这些矛盾不够永恒,够不上悲剧性。同样够不上悲剧性的是他们的(对于资产阶级感受来说的)悲剧的命运,因为他们觉得这些同样是暂时的。同样,在资产阶级的状态从

---

① Georg Lukács, *A modern dráma fejlödésének története*, Budapest: Franklin, 1911, S. 156 – 157.

内部变得辩证之前,在法国大革命之前,没有一个资产阶级-悲剧性的命运是真正悲剧性的。"①

《现代戏剧发展史》描绘了艺术体裁(和"人性")四条可能的发展道路。第一条:"堕落中的堕落",即伟大艺术形式在一个不具代表性的堕落中继续变得零碎。第二条:匿名-集体的社会主义超越资本主义世界;社会主义会受到与莎士比亚作品中一样的"唯一的道德"的影响,但会受到更严厉的理论限制,且"唯一的道德"更加不容忍个性。卢卡奇在那时已经不坚决反对这一可能性了(众所周知,他十分期待带来解放的"野蛮人",即便这些"野蛮人"既要毁灭"谎言的教堂和纪念碑",也要毁灭现代文明的个体的人),他认为未来的形式应该是史诗的,特别是倾向于古希腊史诗形式的新的小说形式。(在卢卡奇共产主义时期的美学著作中,他时常将集体-民主与远古的史诗时代相提并论,并增加了一个新的层面,即司各特的家族世界;他也经常提到未来社会主义小说与史诗的结构亲缘性。)第三条:具有"自身辩证性的"社会主义,即自身发展过程中具有内在矛盾性,他认为这可能是酝酿(或许是有代表性的)新型悲剧的土壤。第四条:一种新古典主义的文化。卢卡奇认为保罗·恩斯特(Paul Ernst)的作品中体现了这样一种文化,恩斯特从反叛的个人主义转向社会主义,后来又同样出于反叛的目的脱离了社会主义。这一文化的社会学对应物是一个精英主义的社会,是高尚灵魂的共同体,是觉醒进行新生活的斯巴达,而不是卑鄙的雅典,是城市贵族的威尼斯,而不是平民的佛罗伦萨。从尼采到帕累托,对这一文化的社会学建构一直在持续进行,而卢卡奇对这一思想实验是十分熟悉的。《现代戏剧发展史》的作者没有进行预言,没有提供方法,也不推荐任何事情,他只是冷静又明确地指出了诸多可能性,并将考量的任务交给了读者。这部著作完全没有雄心壮志,也超越了争斗,以至于它经受不住

---

① Georg Lukács, *A modern drama fejlödésének története*, Budapest: Franklin, 1911, S. 160 - 161.

(用他自己的话说"教条的")自己在充满激情的晚年所作出的评判。

二、泛悲剧的"视角":《悲剧的形而上学》

时至今日,这部青年卢卡奇最著名的关于戏剧的作品——《现代戏剧发展史》依然没有被翻译成西欧语言[①]。1910年撰写的《悲剧的形而上学》(这部作品对于法语文化也有重要意义,吕西安·戈德曼的《隐蔽的上帝》就是基于这本书而创作的。)并不是上述历史研究的继续,而是其反叛。两本著作展示了相反的基本观点。上文已经分析到,《现代戏剧发展史》用冷静的淡然态度分析并展现出不同的观点,但并不倾向于其中任何一个,尽管我们也可以看到,卢卡奇对不同发展方向展示了不同程度的亲和态度。但卢卡奇认为,从社会意义上来讲,所有这些可能性(戏剧始终抛出社会存在的问题)都是可能成立的,他中立地表示这些可能性都是可以加以考量的,至少其中一个可能性可以解决现有的问题。因此,《现代戏剧发展史》就不会有一个泛悲剧的概念。但是,我们只有从回溯的角度,根据1911年完成的以笔记和沉思为主的《艺术哲学》重构《悲剧的形而上学》的方法论,才能理解《悲剧的形而上学》。我们提到过影响了卢卡奇整个青年时代的二元论,即历史学的论述与元历史-生命哲学-存在主义本质的方法之间的二元对立,与此相一致的是,卢卡奇在完成了一部历史学著作之后"十分突然地"又写了一篇关于元历史的论说文。马尔库什对《艺术哲学》的评价同样可以非常恰当地用在这篇文章上:"这部作品的哲学基础是,用一个综合了康德主义和生命哲学的体系来论证人类存在的悲剧。"[②]两部作品的有机关联

[①] 德文版《现代戏剧发展史》后来出版于1981年。——译者注
[②] György Márkus, „Lukács', Erste' Ästhetik", in Ágnes Heller, Ferenc. Fehér, György Márkus, Sándor Radnóti (Hg.), *Die Seele und das Leben*, Frankfurt am Main: Suhrkamp Verlag, 1977, S. 192-193.

体现在,它们都排除了怀疑。《艺术哲学》的引文是一处例证,它放在《悲剧的形而上学》里也是合适的,并且明确地指涉了《悲剧的形而上学》:"为悲剧创造条件的'立场'就是死亡、毁灭、生命残酷终止的意义。悲剧只有在一个特定的世界中才是可能的,在这个世界中,死亡如它的本质(即与超验的现实没有关系)成为真实的回响,而不是通向真实存在的入口,它成为唯一可能的、欢呼着对生命进行认可的加冕。在这个世界中,从生命中升起的价值只有在死亡中才能找到它们唯一真实的完满,而在另外一个世界,即现实世界中,这些价值是不能被实现的;**在那个世界中,人类的心理、人与人之间关系的结构、环境的法则,从社会学到形而上学的一切,都统统明确地指向死亡作为它们意指的终点;在那个世界中,死亡的缺席犹如是一种侮辱,是一件不可原谅的、无法忍受的事。**"[1]

然而,《现代戏剧发展史》也体现了一个立场,即戏剧"原本的"形式是悲剧,死亡赋予悲剧以"最感性的"表达,也表现了最有可行性的结尾。上述引文也明确指出,悲剧的"视角"想要创造一个美学的世界(这是很多世界之一),这个世界(必要地)整体又特殊地受到悲剧视角的沁润。在《现代戏剧发展史》中,这是形态学冷酷的"科学性"的后果,此形态学可以描述所有构型原则。由于存在一个能被悲剧表达的生活的集合(众多集合之一),那么,悲剧的艺术形式是必要的,因为其最有效的、最可行的结尾是死亡,因此我们"对生活的视角"也需要赞同这样的观点。在此处,死亡只是一个必要条件。从《艺术哲学》截取的片段中可以看到,死亡其实是隐秘价值论证的核心和终点,是神秘主义火祭中火焰的焦点——死亡不仅是形式的残留,还是目的和生命的意义。

《现代戏剧发展史》中有一处论述带有痛苦的、苦行的风格,这与整部作品的冷静文风格格不入,正是在这段论述中,"历史哲学"的分析变

---

[1] Georg Lukács, *Heidelberger Philosophie der Kunst. Werke 16*, Darmstadt & Neuwied: Luchterhand, 1974, S. 126 – 127. 引文中的黑体为费赫尔标记。

成了生命哲学的元历史主义和对死亡的狂喜。卢卡奇分析了悲剧影响机制的基本问题,即痛苦如何成为喜悦感的起点,别人的毁灭如何会释放美学的喜悦感。卢卡奇概括地引用了列普斯(Theodor Lipps)的论述,但也进行了大幅的修改:"没有任何痛苦会欢欣于自身仅仅的存在。""具有普遍性意义的是,在痛苦中体现出人格中积极的价值。"之后卢卡奇批评地补充道:"这并不是悲剧的首要任务,这只是一个副作用,尽管这是最重要的副作用。重要的是,在毁灭中表达生命,毁灭是一种典型的生命,生命的最大值只能在死亡中体现。""如果在生命中,最高的价值在微不足道的环境中、在丑恶甚至恐怖的痛苦和残忍中被毁灭的话,那么就会产生出一种喜悦感,即伟大的死亡被表现出来了。……悲剧让生命过程变得有意识,展现并理解这一过程,是一种无与伦比的智识的愉悦。"①卢卡奇无法回答几个世纪以来悬而未决的美学问题,即什么是悲剧效应的秘密?但他认为,这个问题要根据不同时代和不同的悲剧类型来回答,如果有答案的话,那么答案中必然包含亚里士多德式的"元历史"元素:悲剧与伟大之间的联系。同时,基于反资本主义的激情态度,卢卡奇仅在特定的伟大中窥见了克服与超越"渺小"和堕落价值的可能——在对生命有代表性的脱离中,在迎接死亡这一行为的伟大性中。生命渺小性的观点虽然不足以概括整本书的论调,但由于这段论述展现了"形式本身"也要被粉碎、也是微不足道的,这也就意味着,"生活"朴素的自然色调无法与悲剧的恢宏相提并论:狂喜的缺席只是一个插曲。

为什么会出现上述方法论的转换呢?对此有两个答案。与愿景相关的答案是:历史哲学的方法不成立了,它让位于元历史-形而上学的存在主义本质,因为卢卡奇此时对克服资本主义对生活的异化丢失了信心(或者希望的火苗),因为他的"视角"缺乏愿景,变得"泛悲剧"了。

---

① Georg Lukács, *A modern dráma fejlödésének története*, Budapest: Franklin, 1911, S. 66 - 67.

至于为什么这一转变出现在这个特殊的时刻,是因为借助历史学的论证方法,青年卢卡奇特殊的"非进化"的生涯历程无法提供解释;或许心理学分析能为此提供答案。而第二个答案,即方法论层面的答案,则是历史的。本文先前论述过,《现代戏剧发展史》在完美性方面的得失都关乎卢卡奇所开拓的新领域,这不是要陷入"辩证的诡辩"。"时间感"、世界观与艺术形式的三角对立早在《文学史理论评论》(1910)中就已经显得可疑了。我们可以从理论层面考察这一难题,尽管卢卡奇一直指出艺术社会学的局限性(即对条件的说明),尽管他从历史性中"提炼"出了变成普遍性的原则,但他的方法在本质上依然是社会学-历史学的;然而,考察"时间感"和世界观的研究,还有其他的方法吗?即便如此,美学永恒的关于历史感和历史观的问题依然未被回答,即关于艺术作品的永恒性、时代特性、源于某个时代又超越某个时代的特性的问题。因为卢卡奇在《现代戏剧发展史》中不认为从方法论层面可以解决这个问题,他便走向了另一个方法论,即在《艺术哲学》使用了"立场"这一概念(即将世界观改造为无时代性的或者超越时代的)。正是这一要点让卢卡奇放弃继续使用《现代戏剧发展史》的方法论。也正是在这一方面上,我们可以看到青年卢卡奇非进化式的学术生涯其实蕴涵着发展性。

《悲剧的形而上学》是泛悲剧化转向的准备阶段,它为卢卡奇美学手稿的方法论和概念奠定了基础,它已经把生活和艺术作品的分离作为论证基础了。这一分离并非分歧,它是完全的异质性。"生活是明暗之间的无序:在生活中,任何事物的价值都无法完全实现,任何事物的终结都是了犹未了的;新的声音总是与之前听到的旧声音混在一起,形成合唱。万物都是流动的,各种事物都在转化为另外一个事物,而其混合物并不融合,也不纯粹,甚至会分崩离析;世界上绝对没有什么事物是始终繁荣的。生存意味着走向毁灭,意味着不能寿终正寝,在一切可想象得到的存在中,生活最不现实,也最没有生机;因此我们只能消极地描绘生活:总有事物出现并扰乱生活。"①与此相对,悲剧的稀薄氛围是:"裸露的灵魂和裸露的命运进行着对话。两者都已经抛弃了一切不是最深层本质的东西;生存的一切关系都被终止了,以便建立其与命运的关系,在人与物之间,一切朦胧的东西都烟消云散,偶然事件的奇迹已经把一个人和他的生命提高到一定的高度,而悲剧也就从此开始:这就是他被从悲剧的世界中永远抛弃的原因。……悲剧只有一种延伸方向:向上延伸。不可思议的力量从一个人那里抽出本质,迫使他去实现本质,这是悲剧开始的时刻,悲剧的过程存在于真正的本质逐渐显露的过程。""戏剧和悲剧的悖论在于:本质如何才能充满生机? 本质如何能够成为可感的、直接的、唯一现实的真正的'存在'? 戏剧给现实的人的存在赋形,也正是因为这一点,它也剥落了活生生的存在。……除了心灵的现实之外,他们的存在没有真实的现实。此存在都没有空间和时间;它的所有的事件都脱离了任何的证明,心灵也脱离了人和心理。……悲剧的空间和时间无法变更和稀释,行动和苦难的外在和内在原因都不触及其本质。"②

悲剧的形态学基础是,艺术作品不参与来自"生活"的素材。悲剧的时间从本质上来说是克尔凯郭尔在《恐惧的概念》中提出的"瞬间"概念:"瞬间是复义的,在瞬间中,时间与永恒交汇,时间性概念就是,在瞬间中,时间始终获得永恒性,而永恒性始终渗透在时间中。"③瞬间是一个综合,是当下的综合。克尔凯郭尔用"永恒"概念表达当下,因为瞬间就是时间,是永恒更替以及时间流本身的驻留,它与"经验的"(即在日常生活中可以感知的)现在、过去和未来的三角对立无关。克尔凯郭尔的瞬间概念可以完美地诠释悲剧的时间,悲剧中既不显现过去(这会使

---

① Georg Lukács, *Die Seele und die Formen*, Neuwied & Berlin: Luchterhand, 1971, S. 219.
② Georg Lukács, *Die Seele und die Formen*, Neuwied & Berlin: Luchterhand, 1971, S. 219-221.
③ Sören Kierkegaard, *Werke Bd. 1*, Berlin: Rowohlt Verlag, 1960, S. 82.

得舞台上的事件变得叙事化,这也是卢卡奇对易卜生的批判),也不显现未来,因为悲剧的主人公无法超越自己的命运——对于他来说,"那一边"空无一物。卢卡奇显然运用了克尔凯郭尔的概念,他将瞬间论述为生命的对立,让作品与经验的生活对抗。"伟大瞬间的本质是纯粹的自我体验。在日常生活中,我们只能肤浅地体会自身,也就是只能体验到我们的动机和关系。""瞬间既是开始也是结束。在它之前和在它之后都是空无一物的,没有什么能够把它与日常生活联系起来。它不表现生活,它就是生活。它是与日常生活相对、排斥日常生活的生活。这就是为什么戏剧要有时间整一律的形而上学原理。""悲剧只是一个瞬间,这就是时间整一律的意义所在:要给予这一瞬间以时间的持续性,就必然带来一个技术上的悖论,因为这一瞬间就其本质而言是没有时间持续性的,而人类的语言在表达神秘的体验时也是苍白的。"[1]

时间片段在这一形态学内部的另外一个意义是建立了悲剧必要性和实际-戏剧因果性的极端分离。"必要性产生的原因,并不是各种原因结成无法解开的相互联系;它是没有原因的,也超越了所有经验生活的原因的范围。必要性是与本质紧密相连的;它不需要任何证明,记忆只保存了此必要性并遗忘了所有其他的东西。"[2]悲剧的主人公与神秘主义的人物一样,脱离了日常的"经验的"生活,对于他来说,因果性已经无效了。因此,卢卡奇认为关于悲剧性流逝(das tragische Vergehen)的理论始终是微不足道的,因为它的解释力甚微并且是一个道德化的原则,它从经验生活中推导出悲剧"未经证明的必要性",并因此将悲剧贬低为生活。同时,卢卡奇将悲剧体验(他将其称为悲剧-神秘体验)与神秘体验严格区分开:悲剧体验是一个主动的原则,是构型的原则,神秘体验是无形的,是瓦解形式的。二者的相同之处在于,它们都

---

[1] Georg Lukács, *Die Seele und die Formen*, Neuwied & Berlin: Luchterhand, 1971, S. 224-225.

[2] Georg Lukács, *Die Seele und die Formen*, Neuwied & Berlin: Luchterhand, 1971, S. 226.

宣告自身存在于世界中。

《悲剧的形而上学》的前几句话广为人知，常被用来证明卢卡奇的无神论思想："戏剧是一场游戏，是一场人与命运的游戏。上帝是这个游戏的观众。而且他也只是观众而已，他的言语、表情绝不会参与在表演者的言语、表情中。"[1]然而实际上，这段话证明了生命哲学对悲剧神圣特性的理解。这场游戏是在"隐藏的上帝"面前进行的，上帝不能参与游戏，却必须观看，这样也就确保了戏剧的地位："诸神走到舞台上来，他们的出现将人类降低为木偶，将命运降低为天命，而悲剧中的严肃时间在生活中变为意见莫名其妙的赎罪的恩赐。上帝必须离开舞台，但他必须仍旧充当观众：这就是悲剧时代的历史的可能性。"[2]对于隐藏的上帝的出现形式，有两种解释可能性。第一种解释来自戈德曼。他的《隐蔽的上帝》的基本思想是，上帝是在资产阶级社会中已经或者正在消失的集体的同义词，因此是对抗价值堕落的堡垒。他将拉辛作品的一些戏剧形式称为"对世界的拒绝"，这些戏剧具有更深刻的集体主义意义，因为在变质的世界里，"在观众席的上帝"确保了集体性和集体性的价值。第二个同样合理的解释基于青年卢卡奇作品中的一些主观意见，它是反对某种集体性的。这是克尔凯郭尔思想中第三阶段的悲剧，即宗教阶段的悲剧，在这个阶段中，隐藏但存在的上帝是"神圣的接受者"，是作品中具有建构性（用《艺术哲学》的术语来说，是"后建构型的"）的元素和创造，是作品中具有自主生命的元素。据此解释，游戏的目的便是创造与绝对性之间的绝对关系，即与上帝的关系，它"一直存在却又距离遥远"。

建立在克尔凯郭尔元伦理基础上的"元戏剧"或者"元悲剧"（卢卡奇在分析贝拉·巴拉兹（Béla Balázs）的时候第一次使用这个术语）引出了一个关于阐释悲剧的艺术形式的基本问题，但卢卡奇至今仍未解

---

[1] Georg Lukács, *Die Seele und die Formen*, Neuwied & Berlin: Luchterhand, 1971, S. 218.
[2] Georg Lukács, *Die Seele und die Formen*, Neuwied & Berlin: Luchterhand, 1971, S. 221.

决此问题;由于"元悲剧"概念具有无时代性的存在主义本质,它就否决了《现代戏剧发展史》提供的伟大的(也可以说是时代性的)答案。"元悲剧"解决了,或者更准确地说,是消除了《现代戏剧发展史》未做适当篇幅论述也未解决的悲剧伦理难题。同悲剧的效应机制一样,关于"这个"悲剧的伦理,我们同样无法给出具有普遍性的回答。可以肯定的是,莎士比亚或者索福克勒斯的观众通过戏剧的必要性,即在命运中,体验到了人类自主性的作用的结果,但却没有正确理解和感受到自主性本身;他们对古希腊悲剧中"命运"、"外在"、自主性、"我自己"、自己的行为之间的差异的认知是完全不同的,在古希腊悲剧中,命运几乎就是家族出身,是先祖的天命,或者是先前事件带来的惩罚,而其中的主人公无法知晓命运的真实属性。而莎士比亚戏剧的观众则面临着完全不同的环境,在那里,自我、"我的"行为、必要性以及"我的命运"之间的界限已经不再那么明晰了。与此相对,卢卡奇认为现代戏剧的特征体现了明显的康德主义的结构:主人公陷入必然和自由的二律背反中,他逐渐成为一个越来越抽象的必然的中介,但他(正如卢卡奇多次强调的那样)没有一丝一毫的自主性,也不是悲剧的主人公。上述情景都与康德的描绘如出一辙:环境确实是有自主性的,但却走向了与康德论述的通向无限完美的过程相反的道路。值得注意的是,卢卡奇在这个问题上只关注了其中一个极端:必然的范畴和它的历史演变;自由似乎成了主人公生存最小限度的需求。这一点是十分明确的。**对卢卡奇来说,自由不属于核心价值;真正的二律背反存在于真实的和非真实的生活属性之间**(这主要体现在卢卡奇青年时代,但他在后期也有类似思想)。更为精确地说,作为平等的自由,即"自由与平等",对于卢卡奇来说并不是核心价值。但是,真实的生活相对是更加不可能的,它原则上是建立在不平等基础上的价值,是精英文化和社会的核心范畴。原因很简单:它源于卢卡奇对现代民主制度的轻视,源于他那狂热的仇恨,这让他对于那些与自由混合在一起的诡辩话语极其敏感。与此一致的是,

《悲剧的形而上学》中也隐含地表达了对"自由平等"的阶段性及其在世界历史范围内的正义性的轻视。"因此,悲剧所作出的最深刻的判断,是悲剧门前的题词。正如但丁笔下地狱之门的铭刻告诉进入地狱的人们必须放弃希望一样,悲剧门前的题词也在告诉人们,要进入悲剧王国,就不能过于软弱或者卑劣。我们的民主时代宣称一切人都有充当悲剧人物的同等权利,这实际上是不可能实现的。精神上的可怜人徒劳地想要叩开悲剧王国之门。坚持平权的民主派却一直都在反对赋予悲剧以存在的权利。"①

这个特别的价值选择的社会学根源是相对容易理解的:卢卡奇认为,占据价值核心位置的不是自由-平等,而是真实的生活,如果自由(作为平等的自由)在世界历史范围内没有被确立(从帕斯卡到拉辛,情况一直如此,由于"在世界内部"无法实现,戈德曼将真实生活置于中心地位的尝试对于卢卡奇来说是很重要的),或者自由还没有不再被"遮蔽",如果自由依然由于其形式主义的特性放弃平等原则的话,那么所谓的矛盾关系就不存在。这是卢卡奇的基本体验。由于对新的二律背反进行了论述,卢卡奇将不符合他立场的元素排除在外,以此保证了理论并不自相矛盾。他关于保罗·恩斯特和贝拉·巴拉兹的论说文表明,完全可以依托克尔凯郭尔的元伦理理论对自恋的反悲剧的悲剧,即元戏剧,进行辩护。但这也就抛弃了整个已经成为传统的现代戏剧问题及其不可忽视的贡献;另外一个代价是,悲剧要进行自我扬弃。正因为如此,元戏剧是一个"反悲剧的悲剧",正如克尔凯郭尔将阿伽门农与亚伯拉罕进行对比,在元伦理的层面是没有悲剧的:悲剧是存在于"人与人之间"的,并且只能用康德的自由与必然的二律背反来诠释。在认识论角度,青年卢卡奇是一个康德主义者,他对于这个伦理抱有敌意或者至少是决绝的态度,结合他对"自由价值"的冷淡或者消极态度,这一

---

① Georg Lukács, *Die Seele und die Formen*, Neuwied & Berlin: Luchterhand, 1971, S. 248.

点也就不难理解了。

在戏剧的社会学问题处理方面，任何存在主义本体论的方法都是消极的。因此，《悲剧的形而上学》不仅奠定了《艺术哲学》中体验现实与作品之间的鸿沟的表述，更让两者的鸿沟变得无法跨越。如果结构，即时间、空间、悲剧的各种"因果关系"，没有意义，如果它也只是与经验生活可比的话，所有对戏剧社会前提的社会学研究也都失去了意义，那么，我们也就无法从社会学角度区分悲剧的时间和非悲剧的时间，区分合适悲剧和不合适悲剧的主人公，区分有资格和没有资格的观众了；至此，戏剧史促成的整个庞大的文化建筑也就崩塌了，因为它从来都不只是社会学的，而是要涉及"素材"构型分析的各个阶段。对悲剧无情地追求使得众多从悲剧体裁得出的答案都变得无法用于诠释了（至多可以用于对零散作品的诠释，比如保罗·恩斯特、保罗·克洛岱尔（Paul Claudel）和贝拉·巴拉兹，这些都是卢卡奇最中意的新古典主义作家，但也只是作为诠释过程中的概念，无法产生期望中的悲剧的新果实）。可以说，泛悲剧的概念侵蚀了悲剧。

在这个神圣仪式中受到期许的结局就是死亡。只有少数人可以看到这个仪式的结尾，因为它只对少数人开放。在《论精神的贫困》中，对话对象曾对"形而上学的等级"表达了尖锐的反对意见，而如今，"形而上学的等级"的开启仪式要开始了。"悲剧人物视死如归的精神，他们在面对死亡时的泰然自若或从容不迫，只有从表面上看来，只有在心理学的普遍语言中，才是一种主人公的品质。在悲剧中面对死亡的主人公，在真正死亡之前，就已经死了。"[1]如果在这段充满神秘主义的文字中只看到保守主义的元素，我们是错误的；至少我们可以看到矛盾性，看到确切的真相，看到如今已成为历史哲学俗套的戈德曼的研究成果。我们也可以看到对资产阶级社会经验的日常生活的极度轻视，保守主

---

[1] Georg Lukács, *Die Seele und die Formen*, Neuwied & Berlin: Luchterhand, 1971, S. 228.

义存在主义哲学的奠基作——海德格尔的《存在与时间》也会激发或者已经激发了这样的轻视态度。然而,我们在上文中也能看到另外一个可能性:那些"向死而在"的人,那些超脱于"只是人性"的人,那些以欢快的情绪面向死亡、欣然回归真实家园的人,与那些被尤金·莱文(Eugen Levine)在一个被《悲剧的形而上学》认可的真实瞬间中称为欢欣的"度假的死人"有很大差别吗?

三、非悲剧性戏剧的乌托邦:《论"罗曼史"的美学》

有一道亮光投射在卢卡奇充满矛盾的学术生涯,它就是《论"罗曼史"的美学》。这一手稿展现出部分真正实现了的美学构想(这些构想不仅在经验层面被实现了,而且也发挥了影响),这与卢卡奇的新古典主义梦幻不同,但他并没有计划想要展现这些思考。① 文章的第一句话就已经体现出美学的"新考量",它与《悲剧的形而上学》和《现代戏剧发展史》均有不同:"戏剧的美学越是深入到形而上学的层面,越是被悲剧和戏剧的联系禁锢。似乎,一方面,戏剧技术的一些重要前提可以为悲剧服务,帮助悲剧摆脱其抽象的要求,成为悲剧真正的实现形式,而另一方面,似乎戏剧在美学层面只是悲剧的另外一个表现形式而已。"②我们在编纂时突出了"似乎"这个词,因为"似乎"后面的论断完全颠覆了一个之前坚定不移的思想:在《现代戏剧发展史》中是戏剧形式的"物质要求",在《悲剧的形而上学》中是悲剧视角的形而上学的要求,也就是

---

① 《论"罗曼史"的美学》是卢卡奇生前手稿的一部分。马尔库什与我一起整理了这部分至今还未出版的文稿。为了表明这部文稿的内容与本文论述主题的关系,我需要作如下论述:《悲剧的形而上学》极有可能是卢卡奇于1910年夏季撰写完成的,1910年7月其关于"恩斯特论说文"的日记很有可能(但也不完全确定)也提到了这部手稿。卢卡奇致保罗·恩斯特的信中提到了这篇撰写中的文章(这篇文章简化版的初稿是出版在《舞台》VII/11卷的《论非悲剧性戏剧》)。尽管这封信没有注明日期,但是根据我们手头掌握的信息几乎可以确定,这封信写于1911年3月或者4月。信中提到"我关于非悲剧性戏剧的研究使我思考宗教与艺术的界限问题"。巴拉兹也在写给卢卡奇的信中(1911年8月)提到题为"非悲剧性戏剧"的文章以及同样的主题。

② 《手稿》,第1页。(此处所引用《手稿》尚未出版,下同。——译者注)

在这两种情况下都不容置喙的思想，即"戏剧形式是在悲剧中实现的"①。卢卡奇用"罗曼史"(Romance)这个概念描述那些不是悲剧，但也不是喜剧，也不是被他蔑视的悲喜剧的作品，属于这一范畴的是印度戏剧、欧里庇得斯的某些戏剧、高乃依(Pierre Corneille)与拉辛的少许作品、卡尔德隆的所有作品、莎士比亚最后的几部戏剧，以及几部现代戏剧如《浮士德》、《皮尔·京特》、黑贝尔的《格诺维瓦》和豪普特曼(Gerhart Hauptmann)的几部作品。这一概念展现了两个基本的形态学特征。第一个特性是："我们的出发点只能是无中介的、无可置疑的现有之物，即必然非悲剧性的，'罗曼史'的'好的'结尾。"②人们可能对此引文作如下批评，说卢卡奇只不过是把他之前批评萧伯纳的技巧，即对悲剧进行人工的"削弱"，又拿出来赞扬。针对这种批评，我们再来看下文卢卡奇对"罗曼史"结构的明确阐释："'罗曼史'最根本也是最普遍的情节特征是其非理性和(看起来的)无意义。因为如果理性真的深刻而前后一致，即真的是一个可以为艺术创作服务的原则，而不是日常生活的无味的理性的话，那么一切都必须被推向极端，推向最后的界限，推向死亡和悲剧。必然存在的，'好的'结局不是要肤浅地削弱走向悲剧的进程，不是要从诗的、悲剧的世界堕落到经验生活中，而是一个真正的结尾，是一次加冕而不是搞笑的噱头(此处可以明显看到卢卡奇对萧伯纳的指涉并试图与他撇清关系——费赫尔注)。因此，通向结尾的方式就永远不可能是将事件理性化。严肃的矛盾如果总是屈服于自身内部的辩证法的话，它就总是趋向于悲剧的，因此情节需要一个另外的具有建构性的元素，即非合理性、童话性、偶然和奇迹。"③因此："与此相对，'罗曼史'中偶然的、无意义的、不连贯的情节背后的风格是超然

---

① 这篇文章的第一句话就质疑了之前的两个公理，即1. 每个戏剧都是悲剧，2. 每个悲剧都是戏剧。卢卡奇对艺术体裁界限的质疑本文无法作出回答，因为此不完整的手稿没有讨论这一问题。
② 《手稿》，第3页。
③ 《手稿》，第6—7页。

(Transzendenz)。"①结构的另外一个元素是对类似形态的戏剧存在进行证明,而如果按照卢卡奇之前的理论,这些形态都不应该以美学的理由出现在戏剧中。根据《现代戏剧发展史》的理论,发展中的人、智者和信徒都不应该成为戏剧的角色,对于这些人来说,悲剧不是其最后的阶段。"发展中的人"自然不能在"罗曼史"中作为单纯的叙事角色出现。"智者"更是如此,《手稿》中的文章将智者当作"罗曼史"现象学的关键人物,宗教也是同理(之所以说同理,是因为"罗曼史"的风格原则是超然)。

在这里,"超然"概念具有双重含义,我们可以通过"罗曼史"所谓的非理性来理解。这里的非理性是神秘主义的,但是青年卢卡奇对资本主义和物化的仇恨同样具有神秘主义色彩,他消灭"物的体制""物化的世界"的梦想也是如此;原本的意义便是"废除"作为资产阶级社会精神的理性主义。这一点在"罗曼史"与它对立的叙事模式——童话的对比中体现得非常清楚:"'好的'结局作为形式的前提始终会创造出一种童话的氛围:由于周遭生活完全无意义,而在内在与外在力量面前,抵抗力变成一种绝对的无意义,在这种情况下,人们能获得的最大的安全感,能获得的与存在、与脱于俗世的神性最近的距离,就是生活中最必然的结局。"②充满世界的无意义性和非理性无非是在生命强权下的苍白无力(这些在有限的悲剧中被表现为完全"理性的",即表现为命运、法则甚至是必要性,而其内化是悲剧主人公生存的必要条件)。与其在对生命强权自愿的臣服中走向悲剧的高潮,"罗曼史"选择摆脱臣服关系。"罗曼史"之所以能做到这一点,是因为它接近"神性"。从这个角度出发,我们可以区分"罗曼史"中超然的两个不同内含。第一个内含就是超然的字面意思,即超越人的,神性的,这也符合这篇论说文讨论

---

① 《手稿》,第8页。
② 《手稿》,第5页。

"宗教与艺术边界"的特性。由此,我们又来到了克尔凯郭尔所说的宗教阶段了(其中包含了超然特殊的意义内含),在此阶段,宗教性的行为意味着悖论,意味着荒谬:"机械降神(deux ex machina)是构造'罗曼史'中的激情的心理学以及形而上学层面的最好办法;由此我们也可以看到'罗曼史'最明显的风格悖论,即俗世非理性和超然必然性之间的矛盾与统一,接近神性和接近生活的统一造成了距离难题。因为神性与人之间非中介的接触、超然力量对生活直接的参与,在心理学层面(即人类的因果关系层面)只能表现为荒谬,它是从人类自我中完全的脱离,是对界限的突破,是疯狂。"①人与神性之间借助激情作为媒介完成无中介的交流,它的本质趋向于荒谬,这会逐渐显现出来:"在此,激情有一个经验-日常的现实,同时也有一个寓言性的意义:它只是一个被测试的机会。"②这样的激情是病态的(pathologisch):"生活中的一些过程反对并威胁不速而来的机制的意图,如果我们在生活中将这样的过程称为是病态的话,那么我们也可以把这个概念用到激情上。"③"此处激情的病态就是悲剧与'罗曼史'的界限。此区别在激情出现和消失的时刻表现得最为明显:'罗曼史'中的人会突然感到这样的激情,当这些人停止呼吸的时候,激情也会以一种非中介的、没有缘由的方式消失:它并非是源自于人物的特性。"④下文论述了激情与心灵的本质,其特性是多么的不同:"这些人不再是激情的载体,他们的心灵只是他们行为的舞台,整个人都被激情所占据,他只是一个演员,而他的台词却来自遥远的陌生的力量。这是激情的自我翻转;最大程度的痴迷变得冷静而凝思,变得自我疏离,变得具有表演性。"⑤

本雅明关于德国悲苦剧(Trauerspiel)的著作与《论"罗曼史"的美

---

① 《手稿》,第14页。
② 《手稿》,第11页。
③ 《手稿》,第12页。
④ 《手稿》,第13页。
⑤ 《手稿》,第16页。

学》有着不容忽视的相似性。① 卢卡奇的论文基本上传递了与本雅明类似的讯息：在"上帝缺席"的世界中，他预言（并且"推荐"）了荒诞戏剧（这是"与上帝的摩擦"，它与荒谬是相同的，由陌生力量主宰的激情实际上是表演性的痴迷，这完全就是"上帝缺席"的标志）。在这样的戏剧中，紧张不会被"缓解"；那么，相比于以病态方式痴迷于被陌生力量主宰的又莫名灌入的激情，人类在以与自己本质上相陌生的心灵为战场的狂热战斗中，是不是承受了更大的痛苦呢？此戏剧的氛围不比"真的"戏剧，即悲剧，更加黑暗；相反，它比悲剧表达了对世界更加尖锐的控诉：支撑乐谱的不是对必然性的接受，而是"非理性"激情的呼啸，换句话说，这是一场被压迫者要通过的测试，其核心是拒绝那些以无力的甚至是没有尊严的方式对命运主宰的反抗。同时，完满的结局理论上也是可能的：通过"神"的介入或者智慧的恩赐，心灵可以摆脱它的枷锁，就算它不能去向别处，也至少可以与自己和解。

至于第二个因素，智者以及越来越以非人格化出现的理性对"病态"的控制构成超然的第二层含义。（这一层含义只能由诠释者透过文本理解；卢卡奇本人并未作出任何划分。）在此意义上，舞台也是开放的，与悲剧封闭的宇宙保持对话，上帝在悲剧中也只是观众，不可以参与。在此，舞台不是通向"神性"，而是面向受众：受众的理性决定了他是不是能够解除病态。这种"开放性"（即以受众而不是超越戏剧的力量为基础）的最佳示例就是布莱希特的陌生化手法（使用最为合理的例证是《四川好人》，在这部剧中，作者兼叙述者直接面向观众，观众可以给开放的结局赋予一个"积极的"结尾）。卢卡奇在晚年不再理解自己青年时代的预言并加以反对，认为这是意识形态历史发展过程的一个悲剧式反讽。他反对布莱希特倡导的"叙事"戏剧，而布莱希特的"叙事"概念正好跟上文中的"非悲剧"相得益彰。这两个概念的对比并非

---

① 萨多尔·兰多诺提（Sándor Radnóti）在一篇论文中指出了二者的相似性。

没有道理，布莱希特在其作品的很多关键位置多次提到童话般的元素，而卢卡奇同样将童话视为"非悲剧式戏剧"的叙事形态的孪生。

《论"罗曼史"的美学》主要将智者（此外还有殉道者和"女解救者"）当成非悲剧式戏剧现象学的中心。智者主要的形象特征是："智者洞察到，世界是非理性的，以及所有的激情都是无意义的。……但同时，他也看到他的这个洞察的相对性和弱点，而听天由命的态度、对幸福、生活和知识听之任之的态度最后变成了他强大的力量。"①尽管这个表达看起来非常颓唐，以至于智者的目光让情节也凝滞瘫痪了：戏剧性的情节被抛弃了。卢卡奇非常明确地提到梅特林克关于智者让命运瘫痪的表述：这个看透一切又让一切停滞的智慧，就其静态的特征，与梅特林克的戏剧理论十分相似。卢卡奇为智者可能的行为作出了准确的诠释，智者的行为方式始终是非悲剧哲学的有力论据。在此，我们可以看到一个摆脱了悲剧的人或者人类的乌托邦，而这一点，对于撰写《现代戏剧发展史》的卢卡奇来说还是不现实的，而对于撰写《悲剧的形而上学》的卢卡奇来说在元伦理层面是令人厌恶的："悲剧的人与命运纠葛，而'罗曼史'的人反对命运。"②纯粹风格层面上的区分是否能够带来幸福，是否接近人性，是否具有解放性和人道性？下文可以回答："此智慧对抗人性中的生物性（das Kreatürliche）；在悲剧中，生物性被命运消灭，而在此，生物性被智慧抛弃，即动物性在悲剧中消失了，而在这里，它只是被否决了。"③

在卢卡奇之后的术语体系中，"生物性"意味着"特殊性"（Partikularität）；他的方案也因这个概念而成立。人必须摆脱自身的"特殊性"并将自己提升至"合类的（gattungsmäßig）"。但是，特殊性只能被摆脱，却无法被消灭，消灭特殊性就意味着消灭人。生物性可以被

---

① 《手稿》，第18页。
② 《手稿》，第11页。
③ 《手稿》，第21页。

拒绝,但不可以被消灭,这一观点同样符合莱辛(Gotthold Ephraim Lessing)的论述:这样的"悲剧"(作为悲剧坚定的反对者,莱辛在此处有些自相矛盾,他其实应该说"不是悲剧的戏剧")会发展出"具有美德的能力"。

卢卡奇自己也论证道,上述对比并非没有道理:"智者的洞察可以认知真正起着作用的原因,而听天由命虽然是针对生活,但却是针对非原本意义上的生活,即作为幸福同义词的生活,是陷入幻觉的生活;抛弃了虚假的此在的生活(das dieseitige Leben)之后,他获得了一个其他的、本质的,但同样也是此在的生活。"①

卢卡奇在这里指涉的是普洛斯彼罗(Prospero),是纳坦(Nathan)。如果我们遵循卢卡奇自己的想法,即在这个被要求自生自灭的《手稿》中的思想,就会发现,他表达了对一个另外形态的"此在生活"的乌托邦想象(或者用布洛赫的话说,是不会让人失望的希望)。想要描绘这个乌托邦的人,要么是向死而在的人,要么就是"度假的死人"。在卢卡奇的晚年——有足够力量摧毁魔法幻想的晚年,他又一次回到了青年时代的乌托邦思想(或者说希望),这是他的遗言。他也有道理这么做:他经常表达出对"对自由空洞的崇拜"的轻视,但这些批评没有起到影响,他始终没有接受那些被悲剧洗礼的人的贵族主义,而是越来越急于寻找适用于每个人的答案,即平等的自由。因此,他的幻想中出现莱辛也就不足为奇了:"我们知道,莱辛对悲剧始终抱有一个矛盾的态度。他是最著名的悲剧理论家之一;他很清楚地知道,他所处时代的客观社会历史的生活基础与悲剧是相应的。只要他直接地看到这一点,他就也会看到悲剧,也会为悲剧构型。但是在一个更为深刻的层面,他也看到(尽管他没有直接理论化地表达出来),存在以人性的方式超越悲剧的力量。在《智者纳坦》(Nathan der Weise)(这部作品可以视为对生活和诗的告别)中,他在舞台上将智慧表现为这样的精神力量:只有在一

---

① 《手稿》,第 25 页。

个由浪漫的、不太可能的,但是在实践中极为危险的冲突情节构成的戏剧中,人类的智慧才能得到证明,即真正的智慧永远可以缓解最危险的冲突,并且不以道德妥协为代价,通过唤起人道的自我认知的方式,在真正的人性层面解决冲突。"[1]

在上文中,贵族的智者乌托邦是否接替了贵族的应然?接替了真实生活的精英的前提?不是的。尽管上文提到了纳坦,提到了智者和超越于人性的东西,但是,晚年卢卡奇的奋斗目标恰恰是将斯多葛派式的智者进行民主化。因此在阐释中,纳坦只是一个边缘人物,而中心人物则是明娜·冯·巴恩赫姆(Minna von Barnhelm),尽管她"只是个女性",但她用纤细的步伐穿越了严厉的道德小径。明娜,尽管"只是个女性",但却是一个"十足"的人。她那并不超越普通人的智慧在冲突的情景中成长为一种可以消解悲剧的力量,这个力量可以为艺术形式、乌托邦或者希望构型。

(刘健 译)

---

[1] Georg Lukács, *Deutsche Literatur in zwei Jahrhunderten. Werke 7*, Darmstadt & Neuwied: Luchterhand, 1964, S. 33.

论心灵与形式之关系——兼论青年卢卡奇对当代文学批评理论的影响[*]

[美]朱迪斯·巴特勒

在形式里,渴念不再,孤独不再。

或许人们都会说,是格奥尔格·卢卡奇开创了马克思主义的美学领域,不过从《心灵与形式》这部早期著作中,我们不太容易发现他以后赫赫声名的端倪。他后来的地位主要是通过《小说理论》(1916)、《历史小说》(1936—1937)、《当代现实主义的意义》(1955)等各种小说批评论著慢慢建立起来的。在更晚期的一些著作中,他坚持认为资本主义的历史条件可以在小说的形式中找到,还主张读者的任务是要学习理解文学形式是一种历史经验的表达。1910 年,时年 25 岁的卢卡奇首次以匈牙利文出版了《心灵与形式》,这本书没有深入探讨资本主义、资产阶级矛盾以及由它们产生的特定文学形式等错综复杂的东西。尽管卢卡奇将在八年后宣布转向布尔什维主义,但在这部早期著作中,我们发现,即便可以分辨出浪漫主义的反资本主义萌芽,但形式的确还没有同

---

[*] 本文出处:Judith Butler, "Introduction", in György Lukács, *Soul and Form*, trans. Anna Bostock, New York: Columbia University Press, 2010, pp. 1 - 15。
朱迪斯·巴特勒,美国哲学家,性别理论家,加州大学柏克莱分校修辞学与比较文学教授,玛克辛·艾略特讲席教授。主要研究兴趣为性别理论,她的理论涉及政治哲学、伦理学、第三次女性主义浪潮、酷儿理论、文学理论。

马克思主义产生联系。①

作为文学评论家,卢卡奇最引人注目的论著或许是20世纪50年代反对以伍尔夫和卡夫卡为代表的实验性写作的著作,认为实验性写作犯了资产阶级主观主义的罪,丧失了现实主义地描绘社会世界的能力。然而,在他的早期作品中,主体性仍然是有价值的,生活和与其相适应的历史环境正因主体性而抒情地、形式地相遇。在《心灵与形式》出版前几年,卢卡奇写过一本《现代戏剧发展史》,该书于1911年出版。在这里,我们可以看到一种辩证运动的发迹,个人与阻碍人类表现性的现存社会条件之间存在有效的对立。人们可以预料,资本主义的浪漫主义评论家一定会哀叹一致性的劳动实践和商品的专政已经系统地异化或压制了人的审美能力和创造能力,但是卢卡奇并不期望一种人格主义的抒情表达方式,即回到黑格尔所说的"优美灵魂"。相反,他认为,为了交流,为了协调创作者的真实冲动及其创作时所处的社会环境,必须找到或创造一种有效的表达形式。形式不是加在表达之上,而是要成为表达的条件,成为表达主观真理和客观真理的标志和可能。

《心灵与形式》属于卢卡奇在接受马克思主义之前的早期美学探索著作,正是马克思主义促使他在1918年转向布尔什维主义。虽然一些评论家认为卢卡奇的确想摆脱他的早期著作,但很明显,许多关于语言、形式、社会总体性和转形性交往(transformative communication)的共同问题贯穿了他的一生。② 在转向布尔什维克的马克思主义的最初几年,他的文学批评的重点发生改变,因此他不可能再将"心灵"与浪漫主义的、精神性的内涵联系起来了。1923年,卢卡奇写下《历史与阶级意识》,为马克思主义社会理论作出了最重要的贡献。在这里,"意识"

---

① 关于卢卡奇对文学形式的看法中存在的这种矛盾关系的精彩阐释,参见 J. M. Bernstein, *The Philosophy of the Novel: Lukács, Marxism and the Dialectics of Form*, Minneapolis: University of Minnesota Press, 1984。

② 参见 György Márkus, "Life and the Soul: The Young Lukács and the Problem of Culture", in Ágnes Heller (ed.), *Lukács Reappraised*, New York: Columbia University Press, 1983。

取代了心灵,同时,卢卡奇阐述了关于商品拜物教的原创性构想,提供了来分析参与现实"物化"过程的文化产品的一种方法。物化的字面意思是"把某种东西变得像物一样",它是人的产物、人的劳动被像物一样的外表所遮蔽的过程。马克思声称资本主义把人当作物,把物当作人。卢卡奇推进了这种商品拜物教的观点,考察现实是如何被赋予了"第二自然"——一种全面的改头换面——的特性,继而在这种历史条件下,人类以系统的方式歪曲表现现实。虽然资本主义——特别是对早期马克思来说——也歪曲了人类主观层面上的现实,使人们难以辨别发生在客观交换领域(受市场价值支配)中的人类行为,但最终卢卡奇还是认为,主观领域的遮蔽是无法同客观社会现实的歪曲相提并论的。当卢卡奇独立阐述自己的马克思主义观时,他明确反对社会主义现实主义的各种形式,它们在现实的名义下浮想联翩地描绘了工人和革命的欢乐景象。他所坚持的另一种现实主义观念则会抵制资本主义的施魅影响。

卢卡奇成熟时期的小说关心的是新现实主义可能是什么,小说形式如何辩证地理解和批判社会现实,这些关切的核心是历史小说能将发生在社会总体中的日常生活细节与社会总体相联系的能力。卢卡奇在《心灵与形式》中主要讨论了19世纪早期的一批德国作家,以及克尔凯郭尔和少数其他作家。最终,他的文学批评延伸到了司汤达、巴尔扎克、左拉(Émile Zola)、沃尔特·司各特(Walter Scott)以及后来的托马斯·曼、戈特弗里德·凯勒(Gottfried Keller)和罗伯特·穆齐尔(Robert Musil)。1955年至1956年间完成的《现代主义的意识形态》体现了他最后的,或许也是最具争议的文学立场。他彻底批判意识流写作,认为这种写作确认了主观意识与资本主义所引导的客观历史生活条件的分离,赞美了让社会批判能力瘫痪的异化作用,并认为这种异化是自然而然的。在他看来,这种文学作品不啻是异化力量的同谋。

卢卡奇后来认为历史小说比抒情诗更重要,但相较于本真表现性的失效，他更忧心指涉社会现实的东西被遮蔽，不过，他并不总是关注这个明显的矛盾。事实上，在以《心灵与形式》为代表的早期作品中，文学的"形式"既不是主观的臆造，也不是客观的强加；它使主客领域的中介成为可能，甚至使主客领域密不可分。实际上，卢卡奇早期对形式的强调可以说是有力驳斥了后续批评家所依赖的观点，即主观和客观体验模式是截然对立的。20世纪30年代初，卢卡奇关注表现主义的重要性及其衰落，此时，他在指责美学运动沉溺于主观的激情，丧失了与社会和政治世界的批判性联系时，某种程度上，他反对的其实正是自己20年前的早期思想。但是，这一批评与其说是一种自我否定，不如说是关注重点的变化：他开始关注特定文学形式的现实潜能。在资本主义条件下理解现实并不是一件容易的事情：这需要以特定的形式，在一连串看起来毫不相关的事件和细节中，理解社会诸力量之间的相互关系。卢卡奇担心，事件和细节会成为孤立的、彼此无关的瞬间，最终在它们的特质中变得毫无意义。一些现代艺术运动所赞扬的正是卢卡奇眼中的虚无，所以，卢卡奇以如历史般广阔的形式之名竭力反对这些运动。

例如，《心灵与形式》对表现主义的亲近和疏远是并存的，换句话说，文学形式不仅表达心灵，而且通过文学作品本身历史地变化的特性，共同的状况得以沟通。当卢卡奇早期尝试研究文学形式时，他总是至少在两种意义上把形式看作是历史的。一方面，当特定的需要要求文学创作以某种方式表达现实时，形式应运而生（当要求不再能继续维系形式时，形式就会消逝）。另一方面，形式允许或产生一种特定的表现性，这种表现性不能脱离形式。在《心灵与形式》中，卢卡奇渴望知道作者们是如何找到和创造他们使用的文学形式——论说文也好，抒情诗也好，悲剧也好。这些形式在使用前还没就位，还不完整；为了表达一个非常具体的状况，形式被重新发明，因此它们既是存在的又是历史的。同样，作者不完全掌控这些形式；形式在任何意义上都不可相互转换；尽管意志、愿望或个人表现性先于形式，但形式不是它们的纯粹工具。形式作出了表达，赋予了它们意义和可交流性，并且尽管形式编码并传达了某种被卢卡奇称之为心灵的东西，但心灵不是纯粹的内部真理，而是在表达自身的行为中显现自身。心灵正是通过表达它的这个行为存在，这让人想起歌德和德国浪漫派的主要特征（"太初有为"）。不过，卢卡奇此处作出的贡献是开始历史地理解形式：在什么条件下形式会出现，形式是如何承载、理解以及转化在其出现时所依赖的社会条件和作者条件的？

在当代文学研究中，形式主义和历史主义的文学研究方法之间的关系趋于紧张。不同的人基于不同的理由进行阐述，框架就会不同。一方面，历史主义者呼吁回归主题、历史条件或历史的回响——正如新历史主义者那样——并公开抵制形式主义批评，它有时与解构主义有关，更多时候与先于解构主义的新批评理论存在隐秘的联系。历史主义者抱怨，在形式主义手中，文学已经沦为技术分析的过程，不出意料的话，这些过程包括识别比喻词语，指出文本中自我指涉的模式，检查修辞如何削弱和取代了文本主题，等等。形式主义也被认为是贬低作者在作品中的作用，而质疑作者意图可以用来理解文本的运作与文本传达的含义。

另一方面，形式捍卫者以不同的面貌出现。一种形式主义者认为，如果我们不首先知道作品的体裁，不知道引导着作品产生和表达模式的传统手法，不知道构成作品的文学意义的东西，我们就不能理解艺术作品。这些形式的捍卫者往往担心社会科学模式对文学分析的侵犯，寻求将文本得以出现的历史条件与文本所传达的特定文学价值区分开来。另一些通常与解构主义相关的形式主义者——尽管在这方面他们与新历史主义结盟——坚持认为文本不能还原为分析工作，而且文本肯定存在于任何有阅读内容的地方。从这个意义上讲，作品意义的运作方式（或它如何所指）与其说依赖提炼体裁或寻找作品形式的内部标准，倒不如说依赖任一给定文本与其他社会和文学的意义场所之间所保持的解释性联系(无论是通过解构主义的"传播"[dissemination]也好,还是新历史主义的"回响"[resonances]也好)。

在这些辩论发生的数十年前,卢卡奇的文本就存在了。它对形式主义、历史主义或者卢卡奇即将接受的马克思主义一无所知。但从历史上看,可以说我们又来到卢卡奇的时代了。现在阅读卢卡奇,人们可以意识到,他对形式的理解比形式主义的支持者和反对者所能、所可能想象到的更细致、更复杂。此外,形式总是与生活、心灵和体验相结合;生活产生了形式,但形式升华了生活;生活摧毁了升华,只为了向我们展现形式求之不得的理想。形式永远不是一成不变的。在卢卡奇的术语中,提供一门形式的类型学是没有意义的,像什么抒情诗、史诗、十四行诗、故事、小说,它们都有公认的区分特征,并且仍然局限在定义它们的传统规则中。他的立场不会与结构主义的形式叙事学,或新批评主义努力建立的体裁规则产生共鸣。卢卡奇并不是对体裁问题不感兴趣。毕竟,在《小说理论》(1920)和《历史小说》(1937)中,体裁显然都是他的出发点。只不过,他始终关注超越具体体裁问题的形式问题。

这就是柏拉图在卢卡奇思想尤其是他的早期思想中留下的烙印。不可简化为诸形式的形式拥有作为其出现条件的生活,但形式也对产生它的生活加了密(这同样适用于具体的诸形式)。但是,柏拉图对卢卡奇的影响止步于此。形式不抛弃生活,因为生活向形式的超越并不存在。另一方面,形式不单单是一种传达人类存在主题的工具。事实上,从这个意义上讲,形式不可能与主题分离,因为主题只有通过形式才得以表达,而形式一旦成为表达这个主题的形式,就会变得相当具体。主题作为形式自身得到表达。主题以形式出现的时候,便发生变化,变得崇高,并且形式在主题内部承载了主题蜕变为形式的历史过程,形式正通过此过程得以存在。从这个意义上说,形式不是强加在主题或历史材料上的技术手段:它表征着历史生活得到升华和理解的程度,历史生活中的张力在这里既被加密又被表达。

相反,那些蔑视仅仅用"主题"(thematic)解释文学并疾呼历史主义已经把阅读降低为情节总结实践的当代形式主义者,也假设主题可能有效地与表达主题的形式相分离,就好像文本的内容与呈现内容的方法是完全分离的。对于卢卡奇来说,如果我们要围绕一个主题写作,我们不仅要为此找到一个形式,还要知道什么样的形式允许表达这个主题,什么样的形式是这个主题所要求的。我们既不能认为形式应用在主题上,也不能轻视形式,认为它与主题无关。在某种意义上,这显然是黑格尔式的,卢卡奇不仅认为心灵的表现需要形式,也认为形式需要心灵提供生机。形式离开了它的实体将是空无;它的实体离开了心灵也将是空无。

从卢卡奇的观点来看,区分形式的和主题的文学分析方法是没有意义的。事实上,现在复兴卢卡奇会对过去 40 年文艺理论界争论时所使用的术语造成极大的混乱。毫无疑问,我并不是独自在这种混乱中作乐。卢卡奇在这部早期作品中关注的形式并不是文学作品的具体形式——可能论说文形式除外。他后来关注现实主义小说的结构、演进过程、模仿的主旨,寻求在布料、食品、工作、交谈这些日常文学细节中发现社会世界的全部运行机制,这些东西在《心灵与形式》时还不明显。但早期著作显然为之奠定了基础。形式能不能表达对形式有所要求的体验?体验与形式分离了吗?然后在什么条件下,破碎的形式会呈现或转化为新的形式?这很接近引导他后期著作的问题:在资产阶级商品生活的条件下什么样的作品会出现?这种生活如何建构自身的形式,以至于形式不仅有一部历史,而且在形式中承载着部分为形式赋形的历史性?上句话最后的部分仅仅意味着形式不是镶嵌在历史中的,仿佛两者是分离的,仿佛历史为形式形成了一个外部环境。环境进入形式之中,并且成为形式形成过程本身的一部分。这就意味着,我认为是卢卡奇教我们这样宣称的,形式具有历史性。

当你开始阅读《心灵与形式》时,你会看到卢卡奇对形式的一些烦恼,因为开篇的文章是写给列奥·普波(Leo Popper)的一封信(普波在该书出版后的一年去世了),但它同时也是一篇论说文,更具体地讲是一篇题为《论说文的本质和形式》的论说文。那么这到底是论说文还是书信?事实上,文章的副标题为《一封写给列奥·普波的信》,卢卡奇不仅将信写给了普波,还写给了将决定他在书信史上地位的未知受众。的确,文章开头所提出的问题是卢卡奇能否写一篇论说文,他能否对论说文的形式有所贡献,这些困惑显然促成了文章的开始。因此我们看到,形式不仅是《心灵与形式》这本书的主题,也是研究本身的样子。

这不是一个容易阅读的文本,一部分原因是书中想确立的主张一个都定不下来。每篇文章都有几条快速相继出现的不连贯立论来推翻刚刚表达的立论。这些立论时而宏伟时而反讽,这个年轻评论家想要成名的自我意识有时毁掉了他本会对文学批评史和文艺理论史作出的重要贡献。随着文本的展开,卢卡奇直接向他的假想听众讲话,告诫我们不要期待从文本中获得整洁的总体性,并迫使我们去适应他的跌宕起伏。如果他在一开始处处关注的是一系列关于文学批判性思考的总体性由什么构成,那么他同时也在质疑当代文学创作环境有没有可能产生这种总体性。他在理论上、修辞上都主张该观点。他不能坚持自己的观点。他写下这种主张只为了让它自生自灭。在这样做的时候,他反复地——也许是无法克制地——用失败的眼光看待这篇论说文。但也许这个"失败"反而有了一种特殊的意义:它成为这篇文章的主题和效果的点睛之笔。

在他论鲁道夫·卡塞纳尔(Rudolph Kassner)的论说文中,卢卡奇谈到了一种关于形式的理想主义(idealism),但同时揭示了实现这一理想要求的不可能性。在卢卡奇看来,卡塞纳尔明确坚信,"在纯粹的人那里,工作和生活是融为一体的",生活要么被转化为形式,要么被搁置一边:

真正的消解只会催生形式。只有在形式中,才会使每个反题、每个趋势变成音乐和必然性。每个问题中人的道路都导向形式,也导向了一种统一性,该统一性能从自身内部把最大数量的互相纷争的各种力量整合在一起,因此在这条路的终点挺立着一个能够创造形式的人。

无论是形式、文学形式,或者宽泛意义上柏拉图所说的"形式"的任务,都是理性地解释每个人生活中的偶然。如果没有人的创造,就不会有形式的存在;创造这些适用范围极广的形式的人发现,生活中原本偶然的方方面面却变成了必然和必要。但是,某些阴影萦绕着卡塞纳尔的理想主义:形式必须重复,并不是所有生命都可以通过形式得以救赎。然而,卢卡奇从卡塞纳尔那里获得的信念很明确,每一个具有创造性的人必须找到一个适合他的形式,而对于批评家来讲,他们批评力量的源泉就是创造各种联系,他们只有牢牢扎根于不可否认的现实才最具创造力。形式不能重造现实,而必须从现实中出现,只有这样才能与现实的偶然性做斗争。后来,这一主题在卢卡奇对历史小说的反思中再次出现,在抱怨左拉和实证主义对现实主义的理解时他这样说道:现实主义绝对不是简单地重申生活的细节。细节只有经过更广阔的历史力量的中介从而被理解为总体性,才能显示出它们的历史必然性。

《生活和形式的碰撞》论述了克尔凯郭尔与里季娜·奥尔森(Regine Olsen)之间著名的关系,在这篇文章中卢卡奇思考了文学形式如何面对爱的牺牲和失去。克尔凯郭尔的内疚和痛苦引发了文学形式能否提供某种救赎的争论,而卢卡奇明确反对生活可以在形式中找到一个完整的或终极的救赎。克尔凯郭尔总是试图给存在赋形,但他失败了,一切通过形式使他变得普遍、变得可被理解的努力都因他存在的独特性化为泡影。这个失败意味着生活和形式的不兼容。生活固执地坚持论说文、书信或形式之外的世界,尽管如此形式还要试图表达生活。生活因此成了一个无法到达的指涉,这让形式的形成过程生动起来,并最终给形式的功效设定了必要的限制。克尔凯郭尔提供的东西与其说是一种形式或体裁的创新,不如说是一种对姿态的引入。姿态表达生活,甚至绝对地表达生活,但它只能通过退出生活而仅仅成为一种姿态才能表达生活。

克尔凯郭尔牺牲了他的未婚妻里季娜·奥尔森,这件事被卢卡奇解释为一种必要的牺牲、他全部的审美实践,即一种通过撤回(withdrawal)来影响形式形成的行为。个人生活很可能引起文学形式的产生,但同时文学形式必须通过"牺牲"个人来运作。形式的创造需要设定限制,这种限制是对生活的排斥,标志并开启了形式的创造过程。有趣的是,卢卡奇在阅读克尔凯郭尔中所阐发的姿态的精神,后来被本雅明和阿多诺用来找回卡夫卡的社会历史意义。卢卡奇被迫贬低卡夫卡,并认为他对社会世界的描绘不切实际,尽管他对社会异化的描绘十分逼真。但卢卡奇开辟的这种精神仅仅是一种可被部分理解的标志,它脱胎于为了交流所做出的一种模糊的、不全面的努力。克尔凯郭尔的姿态的本意是撤回与奥尔森的婚约,基于此,卢卡奇认为,姿态本身的定义特征是撤回。阿多诺把卡夫卡的姿态定义为一个象征,则抛弃了姿态的关键点,我们看到这种精神被进一步阐释为失败的交流。①

卢卡奇不仅叙述了浪漫主义到现实主义的转变,而且在不可被还原为实证主义的现实主义基础上发掘出了浪漫主义的遗产。诺瓦利斯(Novalis)象征着浪漫主义的枯竭,对卢卡奇而言这种浪漫主义总是坦白自己的困难:"他的生活纲领只能如此构成:给造就他的生活的诗中的死亡注上合适的韵脚。"对卢卡奇来说,浪漫的生活方式试图把死亡从"中断"转变成诗意的必要特征,要做到这一点,它只能完全从生活中撤出。因此,在他看来,浪漫主义正是通过诗化生活的方式否定生命。

---

① 参见 Theodor W. Adorno, "Notes on Kafka", in Theodor W. Adorno, *Prisms*, trans. Samuel and Shierry Weber, Boston: MIT Press, 1981。

如果说在克尔凯郭尔作品的开端中,他的牺牲开辟了形式的诞生,并且作为一种不可名状的失去纠缠着形式,那么为了让死亡具有诗意,诺瓦利斯只能否认死亡是生命的一部分。矛盾的是,诺瓦利斯的浪漫主义把撤出生活推向了极端,认为死亡过程是生命过程的一种样式。卢卡奇认为,这恰恰敲响了浪漫派哲学的丧钟,这种浪漫派哲学本可能承担为生命赋形的任务。卢卡奇在评论泰奥多·施笃姆(Theodor Storm)的论说文中,"市民阶级的生活之路"成为一个明确的主题,并且我们开始看到社会所遵循和支持的价值对整个美学领域来说成了难题。卢卡奇含蓄地借鉴尼采《论道德的谱系》中对"奴隶道德"的批判,认为社会的成功学和"完美"所树立的理想扼杀了人类的诗意能力。这预示了卢卡奇对他将要在1929年至1931年读到的早期马克思的喜爱。

卢卡奇试图理解施笃姆诗作中的抒情表现性与短篇小说叙事要求之间的张力。为什么施笃姆的作品强迫般地徘徊在这两种形式之间?施笃姆的抒情作品以一种简单澄澈的方式表达内在性,但他的短篇小说却不可避免地在利用外部事实和概念分析。施笃姆在这两种体裁之间创作,但无法令人满意地遵从它们。施笃姆把短篇小说看作小说,这证明短篇小说承担不了这个任务,因为它不能为我们的生活提供总体性,而卢卡奇则强调小说能够承担这个任务,还具有独特的形式能力将"一个人的生活……表达为某个命运时刻的无尽的感性力量"。对于形式来说,短篇小说的出现标志着生活的总体性变得难以捉摸。但是如果抒情诗一直关注的内在性不再与生活中的各种事件分离——在这个意义上指资产阶级世界——那么历史就要求施笃姆寻找一种可以抒情地表达事件自身的形式。通过把生活理解为总体性运动,小说产生了生活中的次序事件,而短篇小说产生的是片段、瞬间,但是它与内在性有关联,在这个意义上它是抒情的。

卢卡奇对斯蒂凡·格奥尔格和"新的孤独"的研究充分诠释了标志

着人类交往崩溃的表现主义文学作品。在卢卡奇眼中,格奥尔格是一个被严重误解的、抒情的,但对广大读者而言晦涩难懂的美学家。卢卡奇撇开格奥尔格著作的政治暗示,品味格奥尔格的韵律,坚持认为这些作品非常重要,尽管可交往性不是这些文本的中心。在格奥尔格的作品中,我们看到艺术脱胎于无法化简的形式;"艺术就是以形式为辅助手段的联想。"

格奥尔格作为新抒情诗的代表提供了一段抒情的"话语",按这段话语我们可能找得到也可能找不到受话人。事实上,格奥尔格的作品质疑抒情诗——话语是听得见的、可理解的——的修辞假设,这种形式问题似乎指出了一种人类交往的历史性崩溃。力量的"大碰撞"(grand clash)作为早期史诗的形式特征消失不见了。在此我们发现了用于语言交换的各种姿态,它们是部分的、不可知的。从这个意义上说,格奥尔格的诗歌标志了一种交往的不可能性,意味着讲话者和接收人不可能以同样的话语、同样的方式同时联系起来。

卢卡奇在撰写这一篇论说文时还与伊尔玛·塞德勒(Irma Seidler)发生了短暂的恋情。在这一卷完成后的一年也就是1911年,她去世了。1912年,《论精神的贫困》第一次以德语发表,它可以当作《心灵与形式》的后记,因为这篇文章通过对话的风格记录了与失去伴侣等一些事情达成和解是多么困难,以及哲学中的生活概念和活过的生活,甚至没有活过的生活之间悲剧性的不和谐。在这篇文章中,他个人的共鸣极其强烈,它展现了卢卡奇如何既涉及又拒绝写作的主观基础(很像他把克尔凯郭尔的"牺牲"重新解读为姿态本身的创始结构)。他再次回到了交往的困境,回到了通过语言与别人建立联系的失败,这构成了他所谓的失败的救赎。跟克尔凯郭尔牺牲里季娜·奥尔森的行为相似,卢卡奇理解自己放弃伊尔玛·塞德勒的行为,因为他不能在他的哲学框架内证明对她的爱。我们不妨离开这种哲学对情感的暴政,同时看清楚女人在与逻各斯悲惨的讨价还价中所付出的高昂代价。他放弃了她,之后她去世了,那么在这种失去中他最终该如何理解他的作用?这表现在伊尔玛去世后他批判地审查唯心论中强迫的形式。卢卡奇反对作家为了创造形式就必须放弃他渴念的女人这种冷酷的大男子主义,他开始认为这样的牺牲逻辑不能指向值得过的生活。取代这种逻辑的是一种关于人类生活的信念,凭借这种信念,人们尝试清算意外的失去、事故和语言的失败。一个人做这些事情不仅是为了生活,也是为了交往。如果形式被理解为一种一成不变的话语景象、一种在一定程度上对另一个人的言说方式,那么另一个人则永远不会感到困惑。卢卡奇给出的理由是如果心灵表达自己的唯一方式是与另一个活着的心灵沟通,在这种过程中对方感到困惑,心灵变得沉默,那么那种可能出现的生动而具有表现力的形式将不会出现。

  他追求的那种知识远离"纯粹概念领域"并且成为一种"理智直观……在那里,主体与客体坍塌为彼此:理想的人不再诠释别人的心灵,他阅读别人的心灵就像在阅读自己的心灵;他已经成为另一个人"。最后的这篇对话体文章突出一个男人试图为一个女人的死负责,没想到被另一个试图平息他自责的女人打断。女人现在变成了一个不同的人物,一个苏格拉底式的对话者,她打断、质疑并反对他的这一认知——牺牲、切断和"精神的贫乏"才是使一种生活方式成为艺术形式的先决条件。对话产生了辩证的洞见:形式只有通过切断与生活的联系而产生,但如果切断得太深以至于形式否定了生活,那么就没有任何东西来维系形式或使形式变得生动。形式的死亡驱力必须得到控制,即使目标不是为更多的生活提供条件,而是为更多的形式提供条件。一种唯心论恰恰在这里动摇了。是否还有理解这种历史生活悖论的另一种形式——回味从浪漫的唯心论到现实主义的剧痛?对话似乎满足了这个要求的一部分,但只是因为它坚持,每个心灵已经在自身之外与另一个心灵共同存在于一个要求完全概念化,却只能部分呈现的社会性之中。被称作"生活"的某种东西不能被心灵和它创造的形式完全理解:心灵也必须活着,成为一艘方舟,甚至要归化于与生活相伴的混乱和偶然。统一和分裂是卢卡奇寻求的那些社会形式的特质,但他发现被理解为渴念的生活总是与社会形式分离并要求新的社会形式。这就是使他着迷的瞬间,也是他难以忍受的瞬间。最终爱情失败了,文学形式的交往和救赎的承诺也失败了,但这一中断会给它带来对新创作方式的特定辩证承诺。

对卢卡奇来说,这种交往的可能性所采取的形式最终(从20世纪30年代开始)将是马克思的"类存在"概念,但在《论精神的贫困》中我们发现了它具有浪漫色彩的前身。在这里,浪漫的爱情构成了他对交往限度的反思背景。1930年后,交往仍然是他的伦理理想,但被重新理解为一种寻求认识和改变社会世界的社会实践。在这些早期论说文中,浪漫的爱情并不是资产阶级或贵族的社会关系的特权。然而在后期的著作里,其他的社会关系取代了浪漫的爱情在他的哲学和艺术思想中的地位。他开始更有力地反讽"资产阶级的"善感。

在马克思的《1844年经济学哲学手稿》(第一次发表于1932年)中,卢卡奇在"类的存在"的精神中发现了社会关系的概念,这种精神从根本上确立了人类劳动的社会属性;我们通过劳动参与创造新的社会现实的社会形式。这个信条构成了20世纪30年代卢卡奇"实践"思想的基础,他认为"实践"概念比劳动概念范围更广,将一种近乎乌托邦的希望根植于人类交往实践中。卢卡奇担心实验性写作会系统地扭曲社会认同,因为这种写作没有语境,只是记录、重复了言说者与他们的听众和周围环境之间的裂痕。

同样,卢卡奇反对纯粹善感的诗。他认为夏尔-路易·菲利普(Charles-Louis Philippe)著作的核心是诗所具有的明显悖论,这种诗的情感力量始终因形式表达的不同而变化。但在卢卡奇对卡塞纳尔的论述中,形式几乎达到了柏拉图般的地位;然而对菲利普来说,通过形式来救赎生活中的偶然性的承诺只是一次又一次的梦幻泡影。请注意卢卡奇是如何通过对形式的确证来展开接下来的论述，只有在那之后，他自己的信仰才开始被腐蚀：

> 渴念总是善感的——但是有没有善感的形式呢？形式意味着对善感的克服；在形式中再也没有渴念，也没有独处：形式的创生就是最大可能性的完成。诗的形式是具有时间性的，因此实现它就必须有之前和之后，它不是存在，而是生成。生成就预设了不和谐为条件。如果它的实现是可以达成而且将要被达成的话，它就一定要达成。它不能在自明性变得稳定的地方存在。在绘画中不能有不和谐，那样的话会破坏绘画的形式，该形式的领域外在于时间进程的所有范畴；真正的不和谐如果确确实实存在的话，它就会注定永远是不和谐的，没有消除的希望。它会害得作品永远无法完成，还会将它推回到粗俗的生活中去。

善感形式的悖论不仅显示了形式是如何被组织起来指涉生命的，还展示了这种指涉如何消除了形式的组织。因此，形式的认知状态和哲学承诺的前提正是形式的失败和不完备。在这种情况下，或许在所有情况下，生活和形式之间的摇摆是不可停止的。卢卡奇厌恶"粗俗的生活"，厌恶"外部事件的庸常、僵死的必然性的链条"，这种厌恶却被他坚信的一种既美学又形而上学的形式消解。但他也认识到，回到柏拉图或浪漫主义是不可能的，他尽力追随着形式和生活之间的摇摆，这种摇摆折磨着他所列举的所有作者。

他不情愿地指出，"琐碎和任意性是形式的条件"。后来的历史小说将通过史诗般的叙事形式促进这种理解。与此同时，我们察觉到卢卡奇越来越担心一个无拘无束无形的渴念，一种理查德·比尔-霍夫曼（Richard Beer-Hoffmann）表达过的状态。虽然比尔-霍夫曼没有提供一个"总体性"来把握生活、生活的渴念及失去，但是他列举了"博大生活的狂暴的富矿,和构成生活的千万个瞬间里的黄金重荷"。

尽管那时的卢卡奇可以忍受比尔-霍夫曼的"千万个瞬间"——一种生活中不同瞬间的暂时聚拢,但我们并不清楚他能在多长时间内忍受这种观点。他后来认为卡夫卡、伍尔夫和乔伊斯(James Joyce)的错误是在封闭的总体外对瞬间进行枚举,而他倾向的总体以一种不局限于坚定的辩证思维方式复活史诗形式(尽管肯定还不是布莱希特后来提供的东西)。"瞬间"将成为后期卢卡奇憎恨的东西,对于他来说,每一个细节都必须要展现社会总体。但在这部早期著作中,他在文学和哲学上思考"瞬间"的时间比他以后要长得多。瞬间是难以处理的、互不相干的,它的"总体"难以捉摸,或是不存在的。"形式的最深刻意义表现为:通向一个伟大的静穆瞬间,给生活打造出无目的、陡急险峻的多重色彩,仿佛它如此操切为的就是这样的瞬间。"一方面,瞬间是经验的分散,是美丽的,是美学救赎的,它标志着形式的限度。另一方面,形式承诺传达的不光是最终的风格,还有一种"和谐"和"本质",比如,"有没有可能我们眼前的色彩、芳香、花粉——它们极可能明天不复存在——永久地固定下来?"请注意形式的问题是如何出现的。在最后,他留下了一个没有答案的开放式问题:"是否有可能把握住我们生活的最内在本质,哪怕我们自己都无法辨识?"生活可不可能采取一种最终的形式,这成了一个开放式问题,这个问题是一种新的形式,一段说给未知者的话语,成为论说文本身的一种推动性的、不确实性的形式。

(谢瑞丰　译)

《心灵与形式》与青年卢卡奇思想的方法论片段[*]

[俄]谢尔盖·泽姆良诺伊

"悲剧观"的语气是深刻铿锵的,这种声音不仅在青年卢卡奇的作品中得到了充分反映,还反映在他与人的交往中,甚至贯穿了他的整个人生。音乐,与绘画和戏剧、宗教和神学一样,不能与语言相提并论,因为语言是唯一符合卢卡奇内心世界的事物,是他精神探索的写照。卢卡奇在1911年12月16日的日记中说:"需要一个朋友在他的日记中作一个最终的和决定性的见证,为的是使自己的精神生活获得黑格尔的那种'主要的原则'。顺便指出,我的品德的'消极之处'在于面对轻佻时的过分担心和相对于追求精神纯净的过分严格,在挑剔这一问题上,难道还没有显示出,我在面对宗教和存在时的无能为力吗?或者如果想确切地表达问题很困难的话,那么更应明确的是,我在现有基础上对这一点是否是无能为力的(我在这里也是无能为力的)。于是,需要把伦理学作为一切的标准,这非常接近康德的思想——这是一个新的观点,用来引入宗教的新概念,它大概是一种标准(在这里必须严格地

---

[*] 本文出处:节译自 С. Н. Земляной. Трагическое видение-эссеистика-философия в духовном опыте молодого Георга Лукача, in Этическая мысль. Выпуск 7. 2006. С. 47 - 58。
谢尔盖·尼古拉耶维奇·泽姆良诺伊(1949—2012),俄罗斯(苏联)哲学家,哲学副博士。主要从事美学、西方马克思主义、西方激进思潮的研究。当代俄罗斯卢卡奇研究的著名学者,曾用俄文译介过多部卢卡奇的著作。

将宗教和美学相互区分,同时'生活艺术'这个概念在伦理学、美学、宗教三者间亦存在一个边界划分标准的问题)。而这一切则又回到了那个老生常谈的问题:我如何才能成为哲学家? 这意味着我只要是作为'人'而存在,那么在任何时候都无法脱离道德的范畴而存在,我如何才能够把道德的形式提升至最高级?"①

在此,卢卡奇提出了一个非常高雅的哲学概念——"大写的哲学"(о Философии)。"大写的哲学"是带有个性化的直接言语特征的哲学,凸显其位于"一般哲学"之上的地位,是第一人称视角的哲学(Философия от первого лица)。在那几年,"大写的哲学"逐渐引入到青年卢卡奇的思想范畴之中,并在其精神世界中逐渐合法化。"大写的哲学"对"现代科学"没有自己特殊的定位,或者说像马堡学派(Марбургсκфая школа)代表人物之一的保罗·纳托尔普(Пауль Наторп)认为的那样,对"书本"中的既有知识也没有定位。1962年,在《小说理论》的前言中,卢卡奇诉说了他在"寻找丢失了的大写的哲学"那几年的思想历程。如果套用普鲁斯特(Marcel Proust)小说中的内容来解释,就是:"我那时正处于从康德转向黑格尔的过程中,但不管怎样,我对于所谓'精神科学'(наука о духе)方法的态度丝毫没有改变,这种态度基本上是来自于青年时代阅读狄尔泰、西美尔、韦伯著作所留下的种种印象。《小说理论》事实上就是这种精神科学倾向的一个典型产物。1921年,我在维也纳结识马克斯·德伏夏克,他告诉我,他认为这部作品是精神科学运动最重要的出版物。今天,认识到精神科学方法的局限性已没有什么困难了。但是,与此同时,我们也可以正确地评价精神科学的历史相对合理性,不是新康德主义或其他实证主义所显现出来的肤浅平庸,而是在考虑历史形成和相互关系方面,以及在精神学科领域(逻辑学、美学等)的研究发展方面的正确性。例如,我在思考

---

① Frank Benseler (Hg.), *Revolutionäres Denken-Georg Lukács. Einführung in Leben und Werk*, Darmstadt & Neuwied: Luchterhand, S. 71 - 72.

狄尔泰的《体验与诗》一书所展现出来的魅力,他的这本书在当时的许多方面都开辟了全新的视野和方向。当时,这种新事物在许多方面都向我们展现了一个在理论和历史层面大规模综合的精神世界。"①由此可见,"大规模综合的世界"(мир великих синтезов)是卢卡奇那一时期所憧憬的哲学。

卢卡奇强调了他对耶拿派和海德堡派浪漫主义的执着追求。在《心灵与形式》关于诺瓦利斯浪漫派生活哲学(романтическая философия жизнь)的论说文中,他认清了浪漫主义者所猜想的特征和细节并将其精心地汇总了起来,它们来自宗教和"大写的哲学"的神话,并成为文化制度形成的重要力量:"今天,我们也许可以把他们孜孜以求的事物叫作'文化',因为在他们眼前第一次出现了一个救赎的并且是可能的目标,他们因此有了一千种刻画它的诗歌格式,看见了一千条走近它的道路。他们知道,每条路都通向这目标;他们感到,为了使'看不见的教堂'——建造这个教堂正是他们的使命——富足丰饶而无所不包,每个可想象的经历都应该去接受和经历。仿佛一种新的宗教就要诞生,一种泛神论的、一元的、崇尚进步的宗教,一种脱胎于新事实和新科学的发现的宗教。"②对实证主义和科学主义的强烈敌视是卢卡奇那时刚刚形成的态度,甚至在新康德主义的外衣下,有关孕育出"新宗教"科学作用的类似解释看起来似乎是勇敢的和讨人喜欢的。

从以柏拉图和亚里士多德为代表的古希腊哲学到以托马斯·阿奎那(Thomas Aquinas)为代表的中世纪天主教教父哲学,再到天主教的反宗教改革运动的时代——这些都是各个时代哲学思想的楷模,它们都是青年卢卡奇所说的"大规模综合的世界"出现之后产生的。简言

---

① 卢卡奇《小说理论》1962年序言。中译文参见格奥尔格·卢卡奇《卢卡奇早期文选》,张亮、吴勇立译,南京大学出版社2004年版,第Ⅲ—Ⅳ页。——译者注
② Г. Лукач. Душа и формы. С. 93; Georg Lukács, *Die Seele und die Formen*, Neuwied & Berlin: Luchterhand, 1971, S. 68. 中译文参见格奥尔格·卢卡奇《卢卡奇早期文选》,张亮、吴勇立译,南京大学出版社2004年版,第169页。——译者注

之,这大概是一个以宗教神秘主义为基础的封闭教条体系。卢卡奇在1913年3月给菲利克斯·贝尔多(Феликс Берто)的信中写道:"对德国来说,幸运的是,无论对当下的迷茫也好,抑或是对打破现状所进行的不相称的常识也罢,这种不满情绪在与日俱增。重要的是,在这种不满情绪中,对真实存在的同一性的忧虑是德国人较为深刻的情感焦点——这不是艺术的复兴,而是德国哲学与信仰新觉醒的希望。恰恰这一点,也只有这一点,才是德国文化的契机(从这里得出了一个必要的结论:为了德国的艺术)。站在法国或者英国的角度来理解,德国从未有过'文化',它的文化,恰好是在最好的时代产生的'无形教会'——创造性的世界观以及哲学和宗教的包罗万象的力量。德国最后的文化有效力量,是'自然主义唯物主义的社会主义',这种影响必须归入到潜在的宗教和世界观因素之中,它是世界观的职责范围,既是一种元主观的且又能够成为深刻的个人经验。"① 由此可见,卢卡奇早期的哲学思想体现为"纯主观"的包罗万象的世界观,它将人们团结在新的整体之中,具有在人与人之间建立一种新型关系的能力。

卢卡奇对"生命哲学"(Философия жизни)的期望同当时在德国占主导地位的以著名思想家狄尔泰和西美尔为代表的新康德主义密切相关,当时的卢卡奇恰好在柏林大学旁听了他们的课程。他主动接近西美尔,并称自己为西美尔的弟子。但是,卢卡奇论说文的概念性成分(понятийный аппарат),包括"生命"(жизнь)的范畴、"生命形式"(форма жизни)、著名的三段式"体验-反映-理解"(переживание-выражение-понимание)、"世界观的类型"(типы мировоззрений)、"作为哲学的哲学"(философия философии)、"解释学"(герменевтика)等,却是首先从狄尔泰及其学派那里借用过来的。值得一提的是,与卢卡奇同时代的狄尔泰的学生赫尔曼·诺尔大约在这一时期出版了《风格与

---

① Georg Lukács, *Briefwechsel 1902 – 1917*, Stuttgart: J. B. Metzler, 1982, S. 318.

信念》①一书,而狄尔泰的另一个学生爱德华·施普兰盖尔(Eduard Spranger)在这时也发表了著名的《生活形式》一书。换言之,青年卢卡奇与狄尔泰学派甚至狄尔泰本人,在这个时候都有着相同的思考路径。

然而,狄尔泰及其学生和追随者,此时遭受了意外的打击,其中也包括了青年卢卡奇。胡塞尔的代表作《哲学作为严格的科学》在德国杂志《逻各斯》第一期上发表,他毫不留情地批判了"世界观哲学"(мировоззренческая философия):"黑格尔的形而上学历史哲学反转为一种怀疑的历史主义,这种反转本质上规定了新的'世界观哲学'的兴起,这种哲学如今似乎正在迅速地传播开来,而且,除此之外,这种哲学本身以其常常是反自然主义的、有时甚至是反历史主义的论战而根本无意成为怀疑哲学。然而,只要它在其整个意图与操作中不再表明自身还受到那种成为一门科学学说——即一门构成近代直至康德的哲学之主要特征的科学学说——之彻底意愿的主宰,那么,关于对哲学的科学本欲之削弱的说法便尤其与这种世界观哲学有关。"②胡塞尔果断地在多个方面分别区分了"世界观哲学"和"科学的哲学",且认为两者"不能混为一谈"。③ 胡塞尔批判狄尔泰历史主义现象学的观点对卢卡奇和他那一代的思想家产生了强烈影响。结果是卢卡奇佯装与狄尔泰划清了界限。1911年,这位柏林的哲学家④去世。卢卡奇撰写的发表在《康德研究》(Kant-Studien)的悼词,没能隐藏住对狄尔泰的批判("经验的心理学概念"等)。尽管这些批评没有了回应,但是哲学的问题却仍旧存在:哲学是否能够追求培养完美的、包罗万象且有责任感的世界观,

---

① 该书德文名为 *Stil und Weltanschauung*,该书于1920年出版于德国的耶拿。——译者注
② Э. Гуссерль. Философия как строгая наука, in Э. Гуссерль. Логические исследования. Картезианские размышления. Минск-М., 2000. C. 673 - 674。参见胡塞尔《哲学作为严格的科学》,倪梁康译,商务印书馆1999年版,第6页。——译者注
③ Э. Гуссерль. Философия как строгая наука, in Э. Гуссерль. Логические исследования. Картезианские размышления. Минск-М., 2000. C. 673 - 674, C. 732。
④ 指狄尔泰。——译者注

以击退来自相对主义、唯历史主义和怀疑论的威胁。

通过新康德主义和现象学的方法，那个时期的卢卡奇尝试采用将生活的历史哲学（историческая философия）同先验方法相统一的方式来达到培养上述新世界观的目的。卢卡奇尝试了这两种方法。值得注意的是，卢卡奇在争取海德堡大学的教职资格时，获得了时任海德堡大学哲学教席教授的文德尔班和之后于1916年接替他职位的李凯尔特的支持。当时，卢卡奇与胡塞尔几乎同时发表了反对一般"生命哲学"的文章，尤其是批判狄尔泰"生命哲学"的文章，这些文章后来被汇编成文集，收录进了《生命哲学》一书①。大致可以确定的是，如果说先验主题在《小说理论》中成了主要写作策略的话，那么，现象学方法则是卢卡奇在海德堡时期的著作的主要写作策略，只是，这个包括《美学》和《艺术哲学》的青年卢卡奇的文本群，在数十年之后才得以正式出版问世。

在这个方面，我们可以适当地强调卢卡奇与马克斯·舍勒（Макс Шелер）的联系，这是20世纪20年代彻底改变欧洲哲学发展形势、决定德国乃至整个西方哲学前途命运从现象学转向生命哲学的源头②，而只有卢卡奇是从生命哲学的起点转向了现象学。数年以后，俄国哲学家古斯塔夫·施佩特（Густав Шпет）③试图将现象学方法同基于"生命哲学"的狄尔泰解释学方法结合起来。海德格尔与狄尔泰思想的论争在其《存在与时间》一书中占据了诸多篇幅。这部作品一经《现象学年鉴》发表，刊物的知识面貌瞬间发生了改变。在之后的几卷中，它又陆续发表了路德维希·兰德格雷贝（Людвиг Ландгребе）④和考夫曼（Arthur Kauf-

---

① Г. Риккерт Философия жизни. Киев, 1998.
② 此处部分体现了作者本人的相关研究成果，参见 С. Н. Земляной. Феноменология и этика, in Этическая мысль. Вып. 5. М.，2004. ——译者注
③ 古斯塔夫·施佩特(1879—1937)，俄国(苏联)哲学家、心理学家、艺术理论学家、哲学与文学翻译家(掌握17种语言)，1921年任俄国(苏联)国家艺术科学院正式成员，1923—1929年担任该机构的副主席。——译者注
④ 路德维希·兰德格雷贝(1902—1991)，德国哲学家、现象学代表人物。——译者注

man)的打上了海德格尔与约克·冯·瓦滕堡伯爵(Ludwig Yorck von Wartenburg)①印记的狄尔泰式思想的作品。根据格奥尔格·米什(Георг Миш)②在纪念胡塞尔70周年诞辰时发表的《生命哲学和现象学。与海德格尔的论争》(Философия жизни и феноменология. Размежевание с Хайдеггером)③一文,狄尔泰学派对现象学扩张的回应是把"生命哲学"重新归入了其研究领域。而伽达默尔(Гадамер)在《真理与方法》的思想语境中,通过发表在《逻各斯》上《审美中的主体与客体的关系》一文分析了卢卡奇《艺术哲学》文本的特点,进而转向了现象学。

"方法问题"在卢卡奇对"哲学"和"系统"非常集中的思考中占据了中心地位。这时的卢卡奇致力于将他的论说文从自己所痴迷的心理主义方法中完全净化出来。在1911年8月12日写给列奥波德·齐格勒(Леопольд Циглер)④的信中,卢卡奇对此作出了总体评价:"如果我在对悲剧的定义中突出强调了'心智'的作用,那么这样做的目的是为了消除一切来自经验主义的和主观主义的悲剧。在'生命'和'生命本质'之间形成的紧张和失落在美学层面却被过分地低估了,并且在我们所处的时代大多数都是模糊的。在我看来,在'心理学'时代,强调审美范畴的超心理学,在'心理学'意义上突出其中全部的'非生命'要素,这是十分重要的。"⑤

卢卡奇在通信中进行着这种反对心理描写的论述,这些论证的出发点来自《心灵与形式》中一篇关于克尔凯郭尔的论说文:"心理学开始之处也就是纪念碑终结之地:完全清晰只是对为了纪念碑而奋斗的一

---

① 约克·冯·瓦滕堡伯爵(1759—1830),拿破仑战争时期普鲁士军队的元帅。——译者注
② 格奥尔格·米什(1878—1965),德国哲学家,狄尔泰学生。——译者注
③ 该书德文名称为 Lebensphilosophie und Phänomenologie. Eine Auseinandersetzung der Diltheyschen Richtung mit Heidegger und Husserl, Leipzig 1930, (3. Aufl. Stuttgart 1964)。——译者注
④ 列奥波德·齐格勒(1881—1958),德国宗教哲学和历史哲学的代表学者。——译者注
⑤ Georg Lukács, Briefwechsel 1902-1917, Stuttgart: J. B. Metzler, 1982, S. 241.

种适度表达。在心理学开始之处,除了行动的动机外没有更多的行动,需要解释的东西,能够承受解释的东西,已然不再坚固和清晰。……被动机主导的生活是小人国和大人国的连续转换;所有王国中之最无实体性的和最深不可测的是心灵的理由的王国、心理学的王国。一旦心理学进入生活,那么,它就会完全拥护不含混的真诚和纪念碑。当心理学开始统治的时候,也就没有什么能够包容生活和它的全部际遇于自身中的姿态了。只有当心理学依旧是习俗的,那姿态才能不是含混的。在这里,诗和生活结伴离开,成为悲剧性的确定的截然不同。诗的心理学是不含混的,因为它始终是一个特别的心理学;即使它似乎在一些方向上分岔,但它的多样性依旧是不含混的;它仅仅将更加复杂的形式给了最终统一的平衡。在生活中,虚无是不含混的;在生活中,不存在特别的心理学。在生活中,不但动机扮演了一个为了最终的统一而被接受的角色,而且每一个已然被抓住的注释都必然在结束时沉默了。在生活中,心理学不能是习俗的,而在诗中它总是习俗的——不管它有多么精致和复杂。"[1]

由于卢卡奇的缘故,"有限的适用性"(ограниченная применимость)在20世纪初期变得非常时髦,心理学问题中的艺术和生活因素在这个阶段立刻被解释清楚了。"移情"(вчувствование, Einfuehlung)这一心理学概念被应用于艺术作品的创作之中,它仿佛可以使人充分地理解艺术作品。这一观点改变了吕西安·戈德曼对《心灵与形式》的态度,并且,戈德曼有意曲解了卢卡奇在《心灵与形式》中使用"移情"概念的初衷:"卢卡奇文学创作的形式是一种心理内容的表达。甚至连批判也成了作家最重要的任务,以便使每一种形式都能重新与其相应的心理

---

[1] Г. Лукач. Душа и формы. С. 86-87. Georg Lukács, *Die Seele und die Formen*, Neuwied & Berlin: Luchterhand, 1971, S. 60-61. 中译文参见格奥尔格·卢卡奇《卢卡奇早期文选》,张亮、吴勇立译,南京大学出版社2004年版,第161—162页。——译者注

内容相联系,反之亦然。"①然而,在以"移情"为主要创作策略的《小说理论》中,卢卡奇却暴露了一种对任何古典文化都解释力不足的问题:"事实上这是精神先验类型的完全转变,类型的本质和后果当然都是可以描述的,其形而上学的重要性也是可以被解读和领会的,但是,对它而言,哪怕移情心理或仅仅是理解的心理都是不可能被发现的。"②卢卡奇的创作经历是意向性的,他的任务不是"投入"到作品中模仿作者的"心理世界",而是借助语言修复意向性对象的感觉倾向。由于作品形式的存在,作者可以接触到这个意向性对象,而形式源于作品的客体化。因此,青年卢卡奇在自己的论说文中通过对"固定的生活经历"和"客体化(对象化)"(объективация)的理解,把狄尔泰的"迂回策略"和现象学主题结合起来③,而卡洛斯·马查多(Carlos Machado)和克鲁兹·菲舍尔对这种方法作出了真实评价。

正如马查多所指出的,文章并不直接与事实相关,只有当它们已经由形式间接表现出来的时候,它们之间才产生联系。文章的主题——形式,已经事先被提出来了。作为解释这些形式的具体学说,文章可以理解为一种基于生命哲学的解释学。"文章讲述了关于图画、书籍和思想,以及长久以来形成的东西。它在与诗人的对立中表达出了事物的真相,其材料与任何事实均没有关联。对诗歌而言,它是来自生活中的动机,那么对于论说文而言,它就是生活中的模型。卢卡奇完全是在狄尔泰的理论框架下解释这种由于抽象而存在的形式。就像《体验与诗》的作者狄尔泰那样,卢卡奇建构的解释学指向的是'生活'。为了寻求

---

① Lucien Goldmann, „Georg Lukács: Der Essayist", in Jutta Matzner (Hg.), *Lehrstück Lukács*, Frankfurt am Main: Suhrkamp Verlag, 1974, S. 46.
② Georg Lukács, *Die Theorie des Romans*, Neuwied: Luchterhand, 1971, S. 23. 中译文参见格奥尔格·卢卡奇《卢卡奇早期文选》,张亮、吴勇立译,南京大学出版社 2004 年版,第 6 页。——译者注
③ 参见 Wilhelm Dilthey. *Der Aufbau der geschichtlichen Welt in den Geisteswissenschaften*, in Wilhelm Dilthey, *Die Philosophie des Lebens*. Stuttgart, 1961, S. 237-238。

真理,文章最终超越了最初的目标。"①同时,马查多引用了卢卡奇的文章:"如同扫罗(Saul)出来寻找他父亲的母驴,却发现了一个王国,所以,真正有能力寻找真理的论说文家会在路的尽头发现他所搜寻的目标即生活。"②换言之,卢卡奇完成了形式的解释学向存在主义分析的转向。

为了寻找青年卢卡奇无论如何探索却都没有建构出"大写的哲学"的原因,以及为什么哲学化的文学流派对于他而言如此重要,在哲学的现代模式中解释哲学概念是十分必要的。以亚里士多德的实践哲学观点作为出发点。如果采用亚里士多德之前的研究方法,哲学正在以平易近人的方式力求达到真理(与作为科学的真理相区别的是,哲学意义上的真理就像小说中的词句一样),那么,哲学最有可能在"技术"领域被发现。这就是说,哲学与亚里士多德指出的"具体科学"无关,即哲学是必然的、永恒的和不变的。这些概念陷入了合乎逻辑的结论、正确的数学论据和自然法则组成的框架之中。这个情况在哲学中不会存在,现在不会,将来也不会。因此,哲学从未享有特权,它是以自主的、认识论的途径来认识世界,这就要允许哲学认识逻辑学、数学和自然规律,同时它们也要协助哲学以某种方法引导和指示科学认识。因此毋庸置疑的结论是——哲学不是科学,也不是一切科学的科学(наука наук),甚至不是科学之母。因此,正如亚里士多德指出的那样,哲学是一种"创造性的习惯",并且是一种"紧跟在真实理性之后的创造性的习惯"。

同时,无论合理与否,哲学也许是一种司空见惯的存在。对此,亚里士多德的态度是这样的:"理性灵魂由两部分组成,首先,我们需要着重剖析其中不可变的存在原则;其次,还要着重分析哪些是可变的。"理

---

① 参见 Ute Kruse-Fischer, *Verzehrte Romantik. Georg Lukács' Kunstphilosophie der essayistischen Periode (1908-1911)*, M & P Verlag für Wissenschaft und Forschung, 1991。

② Г. Лукач. Душа и формы. С. 57. Georg Lukács, *Die Seele und die Formen*, Neuwied & Berlin: Luchterhand, 1971, S. 22. 中译文参见格奥尔格·卢卡奇《卢卡奇早期文选》,张亮、吴勇立译,南京大学出版社 2004 年版,第 134 页。——译者注

性灵魂的第一部分可以利用柏拉图的思想来加以分析,它是第一哲学(prima philosophia),即形而上学。卢卡奇所期望的哲学,恰恰就是与形而上学有关的。但是,这一部分的理性灵魂却早已在现代人的思想中死去了。至于理性灵魂中的第二部分——"理性",它同给定的但反复无常的"生活世界"接触,因此,这个"世界"也是我们人类自身生活的世界。按照亚里士多德的理论,对于"生活世界"而言,理性以"动机权衡"的方式存在着。因此,哲学在运作模式(modus operandi)上更加接近于道德而非科学。哲学与"推理"或者审查类似,判断哪些能发生、哪些可能发生但不会成为现实。因此,哲学与"生活世界"中的可实现的部分有关,对于人类活动的实现是必要的。

因此,哲学并不是置身于世界之中,而是置身于"认识世界的人的视角之中"。哲学并不是真实存在的镜像,亦不是现实中的摹写,而是稍纵即逝的一瞥。在哲学中,"技术"不是以其自身存在的原则来运作,而是根据"他者"(Другой)的属性来确定原则的属性。就是说,在"哲学化了的人"那里,"生活世界"虽然是主体间性的,但是,这个世界的前景和视野,包括隐去了的真实性部分,都是围绕着"人的存在"这一命题建构起来的。因此,用柏拉图和亚里士多德的观点来回答这个无法回避的问题,就是处在"生活世界"中的"智慧之地"完全能够用下列方式来回答:"生活世界"是在自然存在的、有"原始母语"(《родной》язык)的地方产生的。我们的"生活世界"不具有依靠话语来命名和标记的能力。但这并不意味着话语在"生活世界"中不存在:简言之,"生活世界"的本体是由人类语言(естественный язык)构成的。它处于语言的框架之外,游离于"生活世界"之外,不知其名。我再次重申,这种控制世界的力量来自人类对自然母语的习得。语言依附于哲学,但又不了解哲学。

青年卢卡奇围绕自己的哲学主题建构了类似的思想形态:如果"大写的哲学"这个概念仍然有建构成功的可能性,如果卢卡奇能够成为哲学家,那么他将属于哪个流派?卢卡奇的思想活动表明他陷入了一个自我选择的两难境地：也许是文学创作（Эссе），也许是形而上学（Метафизика）或体系论（Система）。爱玛·利奥托克（Эмма Риоток）非常了解卢卡奇，她猜出了卢卡奇对体系论的着迷态度。在1913年1月17日给卢卡奇的信中，爱玛这样写道："你的作品中的思想需要建立一个体系，而非像现在以散文形式展现在读者面前。"① 库尔提乌斯（Ernst Robert Curtius）在1912年11月11日给卢卡奇的信中也表达了类似的想法："你这本文集中的文章，既不属于艺术范畴，也不属于科学范畴。艺术和科学在形而上学的体系中形成了同样独特和复杂的关系。如果说柏拉图是最伟大的论说文家（这是卢卡奇在《心灵与形式》中确立的结论——作者注），那么问题的实质在于形而上学既未从柏拉图的话语体系中公开化，也非处于核心位置（神秘主义者大概也是如此）。随笔，在我看来是不完善的：就其本质而言它应该是形而上学的，但在现实中几乎总是表现为一种不完善的形而上学。例如，确切地说，我想从你这里知道'形式'到底是什么；它并非是你对'形式'的理解，而是形式存在的方式和原因，以及如何能够想到'心灵与形式'的神会。我在这里指的是这不是一场'偶遇'，而是必然的联系。当您只是把这部论说文集看作先知的话，那它只是通向终点的倒数第二步，显然还缺少一篇通向终点的结论性文章……我清楚地意识到，这部论说文集的确只是形而上学的初始形态。"② 对于卢卡奇随笔式的写作方式，韦伯曾经也表达了不以为然的态度。

由于卢卡奇"不信奉宗教"（неспособность к религии）、对神学缺乏热情以及其他一些原因，他仍然就自己"如何成为哲学家"这一问题作出了虚拟又确定的回答。论说文通过狄尔泰的思路进行迂回，这对于卢卡奇的体系而言就像施洗约翰之于耶稣基督。在《心灵与形式》第一篇文章的最后，卢卡奇将论说文家（эссеист）和哲学家进行了比较："论说文家叔本华就是那样的人，他一边写自己的次要作品（Parerga），一

---

① Georg Lukács, *Briefwechsel 1902-1917*, Stuttgart: J. B. Metzler, 1982, S. 308.
② Georg Lukács, *Briefwechsel 1902-1917*, Stuttgart: J. B. Metzler, 1982, S. 301-302.

边等待《作为意志和表象的世界》的到来,论说文家是到旷野中为即将来到的那个人传教的施洗约翰,他认为自己就是给那个人提鞋都不配。如果另一方不来呢——论说文家不就不用辩解了吗?如果另一方来了,他不就因此变得多余了吗?他如果尝试为自己辩解,是不是就变得完全成问题了?他是纯粹的先行者,但如果一切都取决于他自己——也就是说,不受制于另一个牧羊人的命运,他可以向任何价值或合法性主张自己的权利,那么,这似乎就很成问题了。与那些在宏大的救赎体系中否定他的成就的人紧紧地站在一起,这是最容易不过的:一个真实的渴望总是能战胜那些缺乏超越给定事实和经验的粗俗水准的能量的人;渴望的存在足以决定结果。"①

卢卡奇在致利奥波德·齐格勒的一封信中,把论说文的本质认作是思考哲学问题的方法:"论说文(特指我的论说文)包含讽刺性的教条主义,是利用'补充说明'来表达必然的真理(аподиктичность)。从黑格尔的角度来讲,论说文研究的大概只是一个'瞬间'(момент),因为论说文研究的只是孤立的事件,它是先验的,最初的基础只是直观主义的。而这在系统的框架内却是不可能存在的。"②青年卢卡奇也从未将这个系统建立起来。

此外,对于"为何是论说文"这个毫无争议的问题,阿尔贝特·阿索尔·罗萨给出了最为简短但却讳莫如深的答案:"有关尚未证实的'人的真实状况',大概只有人在照镜子的时候才能看到真相,但这也只是刚刚在镜子中看到人的模样而已。"③

(孙叔文、刘博 译)

---

① Г. Лукач. Душа и формы. С. 62‑63; Georg Lukács, *Die Seele und die Formen*, Neuwied & Berlin: Luchterhand, 1971, S. 29. 中译文参见格奥尔格·卢卡奇《卢卡奇早期文选》,张亮、吴勇立译,南京大学出版社 2004 年版,第 141—142 页。——译者注
② Georg Lukács, *Briefwechsel 1902‑1917*, Stuttgart: J. B. Metzler, 1982, S. 268.
③ A. A. Rosa, „Der Junge Lukács: Theoretiker der bürgerlichen Kultur", in Jutta Matzner (Hg.), *Lehrstück Lukács*, Frankfurt am Main: Suhrkamp Verlag, 1974, S. 67.

《心灵与形式》与《论精神的贫困》中的生活形式与生活批评[*]

[美]凯蒂·特雷萨基斯

卢卡奇常提到他的早期著作和后期著作之间存在"连续性与非连续性的统一",尽管他的文学生涯横跨60多年,囊括了大量的作品并进行了令人惊叹的持续修订,但这一观点依然是成立的。[①] 然而,即使在20世纪卢卡奇研究的高峰期,对其思想中的关键要素的分解却使得人们对卢卡奇的接受程度不断升高。卢卡奇自己的划分方式很可能加剧了误解,部分原因在于,他对自己思想的审视过于夸张(例如《小说理论》1962年的序言称,健全的本能将坚决彻底地否定这本书);另有部分原因在于,他对文学进行的教条主义式处理,同时还有他草率地轻视(如尼采的)复杂的著作集合中的"颓废"(decadence);但也许最重要的原因在于卢卡奇毫不妥协的总体性观念,他坚持认为即便最有见地的

---

[*] 本文出处:Katie Terezakis, "Living Form and Living Criticism", in Michael Thompson (ed.), *Georg Lukács Reconsidered: Critical Essays in Politics, Philosophy, and Aesthetics*, London: Continuum International Publishing Group, 2011, pp. 211 - 228。
凯蒂·特雷萨基斯,罗切斯特理工学院哲学系教授。主要研究领域是18—19世纪德国哲学,同时也涉及批判理论、美国哲学中对德国唯心主义的重估、美学和语言现象学。

[①] 本文受益于一群优秀的读者。我要感谢爱德华·巴特勒(Edward P. Butler)、多瑞斯·博列利(Doris Borrelli)、萨拉·阿门加特(Sara Armengot)、劳拉·谢克尔福特(Laura Shackelford)、劳伦斯·陶塞罗(Lawrence Torcello),他们提供的意见是无价的。
参见前言部分,György Lukács, *Deutsche Literatur in zwei Jahrhunderten*, Werke, Band 7, Neuwied/Berlin: Luchterhand, 1964, S. 7。

批评也是由社会决定并负有社会责任的,因此,批评家的评价既非独立的,也不可转化为超历史的类别。卢卡奇绝不容忍任何伪装成"纯粹历史主义"的创造性作品或批判性作品,或者在缺乏经济和社会背景的情况下研究历史细节,他也不会容忍现代批评家的"反历史主义","从毫无意义的旧时光的瓦砾堆中(自己授权自己)任意挑选出符合当下潮流的碎片,就像从蛋糕中挑出葡萄干一样"①。正如弗雷德里克·詹姆逊(Fredric Jameson)所描述的那样,这种严格的历史唯物主义往往令卢卡奇的西方读者感到不安,证明了"卢卡奇的想法……比现实更有趣"②。

然而,有些人在美学批评中寻求的不仅仅是对类型和影响的编排,不仅仅是用时髦的行话描述一些艺术实验的例子。对于这些人而言,卢卡奇对总体性、类存在、文学形式以及批评地位的独特处理,向他们展示了不可磨灭的洞察力。为了从根本上领悟这种洞察力,重访卢卡奇的早期论文集是值得的,其中他对文学文本与生活经验之间的关系提问,在给出各种可能的答案的过程中,他发展出了一套他后来还会面对的批判雏形。阅读《心灵与形式》,从中寻找影响卢卡奇批判事业的关键点,可证实他的全部作品具有某种动态统一性;我认为,这一总体计划的内容不仅能纠正卢卡奇遭到的持续误读,也为当代文学理论和批评实践提供了指南。在本文的最后几节,我想继续探讨这一指南发挥作用的条件。

《心灵与形式》

论说文集《心灵与形式》首次发表于 1910 年,当时卢卡奇 25 岁。

---

① Georg Lukács, "The Writer and the Critic", in Arthur Kahn (trans. and ed.), *Writer and Critic and Other Essays*, Lincoln: iUniverse, Inc., 2005, pp. 223 - 224.
② Fredric Jameson, *Marxism and Form*, Princeton: Princeton University Press, 1974, pp. 160 - 161.

尽管文集存在着不同观点，但卢卡奇坚持认为，每篇文章都体现了特定的人在特定时期的生活要求的特殊表达；**形式**是凝结生活、表达生活的方式，直到它具有表现力的相关性在时间的前进和环境的变化中再次被耗尽。在这些文章中，卢卡奇想知道形式是如何被命名的，在何种条件下它的表达是准确的，以及它的沟通效能是如何得到发展和受到限制的。他想知道，特定艺术作品的实现形式如何能丧失对人们日常生活的影响力，即使它在智识上还吸引着人们，或者在鉴赏力中得到把握。反过来卢卡奇还想知道，来自"创造形式阶层"（form creating caste）的创造者，是否必须将创造性生活与日常生活相分离——他的牵挂和激情是否必须从属于一个更抽象的现实，这一现实将他的牵挂转化为智力活动的产物。艺术家浪漫的、自我专注的生活能否持续地延伸到整个共同体，这样一来，通过个人的艺术追求，人与人之间的关系会变得更加紧密吗？任何一个出生并成长于特定阶层的人，怎么会想到自己可能过上另一种生活？在能够理解作品的读者出现之前，潜在的读者如何学会阅读一部作品？诗歌形式如何捕捉一种超出它的限度的渴望或者情感？哪种形式能公正地对待现实的丰富性？

卢卡奇用《心灵与形式》中的论说文来检验这些相同问题的不同回答的重要性；他迫使每篇文章去展现生活与作品之间的冲突的某个方面，或评估冲突的后果。正如卢卡奇所说，他想维持的这种张力，不仅存在于"艺术与生活"之间，也存在于这些文章的内部和这些文章之间，每篇文章都以辩论的方式对待这个张力。乔治·马尔库什[①]提到卢卡奇在给列奥·普波[②]的开篇信中，将论说文形式与法庭作一比较：两者的任务都是考察、裁决并开创先例。马尔库什指出，正论反论辩证法构

[①] 乔治·马尔库什，马克思主义布达佩斯学派的主要成员，与赫勒、费赫尔（Ferenc Fehér）、瓦伊达等学者同为卢卡奇的得意门生。长期致力于人道主义马克思主义研究，反对苏联官方"正统的"马克思主义。——译者注

[②] 列奥·普波，卢卡奇青年时代最好的朋友，极具艺术气质。他的病逝成为卢卡奇开始反思自己浪漫主义文学艺术世界观的重要动机之一。——译者注

成了卢卡奇类似对话录形式的论说文,并且,在一些作品中论说文确实让位于对话。① 在检查可能答案的过程中,卢卡奇既检验了他自身立场的逻辑内涵,也检验了这个过程,或者说是论说文形式内在的"问题重重的"结构,它应该能够调和分析哲学与示范性艺术,同时论说这一调和的过程。

浪漫主义的疏离

《心灵与形式》的各种摇摆不定是有目的的;它们也是卢卡奇本人的特点。卢卡奇和他的解释者将这些论说文的基调描述为"浪漫的反资本主义"②。但是,卢卡奇的浪漫主义并不能完全界定为对社会团结和与自然和谐相处的渴望,事实上,卢卡奇曾经偶遇到的马克思主义理论有能力回应这种渴望,从而使得卢卡奇与浪漫主义的联系成为一个开放性问题。卢卡奇在《心灵与形式》中厘清了他在浪漫主义中发现的宝藏后,保留了它的关键要素,这些要素的存在和价值促使人们修正对卢卡奇对象化理论的标准解读以及他对总体性设想的理解。

与浪漫的反资本主义的怀旧情绪不同,卢卡奇将耶拿浪漫派与黄金时代的视野联系在一起,"但是,他们的黄金时代并不是过去时代之

---

① György Márkus, "Life and the Soul: the Young Lukács and the Problem of Culture", in Ágnes Heller (ed.), *Lukács Reappraised*, New York: Columbia University Press, 1983, p. 5.
② 例如,可参见卢卡奇《小说理论》的 1962 年前言: Georg Lukács, *The Theory of the Novel: A Historico-Philosophical Essay on the Forms of Great Epic Literature*, trans. A. Bostock, Cambridge: MIT Press, 1971, p. 19. 对"浪漫的反资本主义"的阐述,可参见 Ferenc Fehér and Jerold Wikoff, "The Last Phase of Romantic Anti-Capitalism: Lukács's Response to the War", in *New German Critique*, no. 10, 1977, pp. 139 – 154; Robert Sayre and Michael Lowy, "Figures of Romantic Anti-Capitalism", in *New German Critique*, no. 32, 1984, pp. 42 – 92; Michael Lowy, "Naphta or Settembrini? Lukács and Romantic Anticapitalism", in *New German Critique*, no. 42, 1987, pp. 17 – 31; Michael Lowy "The Romantic and the Marxist Critique of Modern Civilization", in *Theory and Society*, vol. 16, no. 6, 1987, pp. 891 – 904.

永远失落了的避难所……达到这个目标是每个人的首要义务"①。最纯粹的浪漫主义形式在诺瓦利斯②的生活和作品中表现得最为突出,它希望创造文化,使文化价值成为"不可让渡的财产";这种浪漫主义知道,"文化唯一可能的基础是源于技术和物质精神的艺术"③。在卢卡奇看来,这种浪漫主义是一场积极的、以目标为导向的历险,它对技术和物质环境的要求是现实的。耶拿浪漫主义者们既表达了对统一的渴望,也强调人类的分歧依然具有力量;同化并非源于对平等的浪漫憧憬。浪漫主义者期待的综合仍然是一个约束性的目标,一种被碎片化作品记录下来的东西,以及昙花一现地——仅仅在诺瓦利斯短暂的一生中——在"生活的实践艺术"中实现的艺术与生活的统一④。卢卡奇说,诺瓦利斯是浪漫派的真正诗人,只有这位艺术家将艺术和作品构成不可分割的整体。因为在诺瓦利斯那里,浪漫主义中的瞬间变成了绝对瞬间;单纯的探寻变成了绝对的探寻;浪漫主义冲动中的不安定成了永恒的不安定。卢卡奇发现,诺瓦利斯的耶拿协作哲学家(symphilosopher)概念的错误之处在于,这一概念未能保护那种渴望着非异化交流的不和谐,这种渴望没有得到满足,而只是以浪漫主义的形式被记录下来。耶拿的年轻人忽略了艺术成就与具体成就之间的差别,甚至没有注意到他们在回避这一问题,而是那样狂热地追寻着艺术梦想。当浪漫主义者将艺术完全归结为艺术,将理论完全归结为理论时,他们就再也看不见"物质的精神";他们失去了作者和读者之间可用来交流的东

---

① György Lukács, *Soul and Form*, ed. John T. Sanders and Katie Terezakis, trans. Anna Bostock, New York: Columbia University Press, 2010, p. 65.
② 诺瓦利斯,原名格奥尔格·菲利普·弗里德里希·弗雷赫尔·冯·哈登柏格(Georg Philipp Friedrich Freiherr von Hardenberg),德国浪漫主义诗人、作家、哲学家。著有诗歌《夜之赞歌》(1800)、《圣歌》(1799)、小说《海因里希·冯·奥弗particular根》等。——译者注
③ György Lukács, *Soul and Form*, ed. John T. Sanders and Katie Terezakis, trans. Anna Bostock, New York: Columbia University Press, 2010, p. 65.
④ György Lukács, *Soul and Form*, ed. John T. Sanders and Katie Terezakis, trans. Anna Bostock, New York: Columbia University Press, 2010, p. 71.

西,即文化行为的内容。

卢卡奇对耶拿浪漫主义者们的讨论是一则警世寓言。他在写到耶拿团体时,仿佛他正要从自己曾深爱又失去的企业中退休;又仿佛在讨论自己青年时代的诺言,为了寻回这一诺言,他必须接受这一点:非凡的天赋竟然会变得如此不可救药。有关诺瓦利斯的论说文认为,浪漫派对真实的、未异化的生活的愿景应该以"毫不妥协的、自我意愿的文风"为目标,"这样会在作者和读者之间形成正确又必要的共同体"①。但是浪漫主义者错误地认为,妥协的语言就是妥协的生活;这样一来,他们便失去了创造价值的力量,这种力量存在于艺术和生活在文本中人为产生的对立中。

这种对立正是克尔凯郭尔作品的核心。卢卡奇认同《心灵与形式》中的每一位作家主人公,但没有哪一位能比得上克尔凯郭尔。② 在克尔凯郭尔那里,关于不和谐与不统一的思想被当作典范,同时这种思想保留着对和谐与统一的渴望,并以反讽的形式加以表达。《心灵与形式》对卢卡奇与伊尔玛·塞德勒③——她对卢卡奇来说代表挫败了的生活可能性,那时的他认为,选择"作品"意味着选择僭越并反抗生活——关系的多方面探讨已经成为次要的研究主题。④ 在克尔凯郭尔与里季娜·奥尔森的关系中,卢卡奇认识到自己在直面这种非此即彼时的挣扎。但是,克尔凯郭尔从未忽视那种抉择,它使作品区别于日常生活中的妥协。在他的思想中,不存在妥协,而只有单独的东西、个体的东西和不可还原的差异的东西。在克尔凯郭尔看来,万物都是具体而独特

---

① György Lukács, *Soul and Form*, ed. John T. Sanders and Katie Terezakis, trans. Anna Bostock, New York: Columbia University Press, 2010, p. 67.
② 卢卡奇早期对克尔凯郭尔的认同,以及他在《心灵与形式》中对此给出的理由,与他后来对克尔凯郭尔的批评并不矛盾,尽管需要另写一篇文章来论述这种连续性。事实上,在这篇早期文章中,卢卡奇后来的批评术语已经可以辨认并融入其中。
③ 伊尔玛·塞德勒,匈牙利画家,卢卡奇的初恋,后以自杀结束自己的生命,她的死亡对卢卡奇有重要影响。——译者注
④ Ágnes Heller, "Georg Lukács and Irma Seidler", in Ágnes Heller (ed.), *Lukács Reappraised*, New York: Columbia University Press, 1983.

的,生活看起来似乎只是流动地、无差别地发生的场所,克尔凯郭尔"将那固定的点放置在了生活之不间断地改变的细微差别下面,并在细微差别之融化的混沌中得出了绝对的质的区别"①。

卢卡奇有关诺瓦利斯和克尔凯郭尔的论说文的结尾都是他关于二人的死亡蕴含的空虚性的沉思,这绝非偶然。二人面对死亡都像面对自己的作品一般诚实,每个人都向往死亡而不放弃生命,然而,卢卡奇无法使自己以浪漫派的方式看待他们的死亡:在文章的最后几段,死亡既不是命运,也不是姿态,它使最勇敢的心灵都变成了它的奴隶。作家没有骄傲地死去;他的结局既没有带来完满也没有带来和解,但卢卡奇仍然被一种**浪漫主义的疏离**(romantic disaffinity)所笼罩,这种疏离感是他的生活和思想的一个特征。卢卡奇讨论的这些作家从主题和形式上对待他们自己主观的、没有隔阂的交流的欲求,并用话语记录下内在于他们的尝试中的失败。但是(我所说的)浪漫主义的疏离并没有止于反讽(因为弗里德里希·施莱格尔②已经以同样的方式定义了反讽的、浪漫主义的形式)。浪漫主义的疏离的特征是公开拒绝"解决"主体与世界和解的问题。某个作家可能成功地向读者传达他的欲求和困难,从而成功产生并组织起真正有意义的交流,但卢卡奇关注的那些思想家却拒绝把文学和现实成就联系起来。

正是本着浪漫主义的疏离的精神,卢卡奇测试了对形式有效性问题的不同回答。同样,浪漫主义的疏离描述了卢卡奇为艺术的乌托邦功能所作的辩护——或者说,在异化的社会中,艺术呈现了人类生活的伦理目标,以及对人性和类共有的价值的瞬间性体验,这种体验可以为

---

① György Lukács, *Soul and Form*, ed. John T. Sanders and Katie Terezakis, trans. Anna Bostock, New York: Columbia University Press, 2010, p. 47.
② 弗里德里希·施莱格尔,德国作家、语言学家、文艺理论家。德国浪漫主义文学奠基人之一。曾在柏林和耶拿任教。早年同情法国大革命,后入天主教会,拥护"神圣同盟"。曾与其兄奥古斯特·施莱格尔合办浪漫派刊物《雅典娜神殿》。其论著《断篇集》被认为是浪漫主义美学奠基之作。——译者注

实现这些价值的斗争提供方向——在卢卡奇同时进行的反对撒旦主义的过程中,它被永远地消解掉了——或者认为艺术只能提供一种虚构的价值感和交流感,从而维持并加剧了人类的孤立、异化以及对既定社会现实的顺从姿态。将卢卡奇的这种不协调称为"悖论",带来的风险就是忽视其行动的、争论的本性,因为"悖论"一词并不能界定卢卡奇的尝试中包含的剧烈的摇摆不定,也无法界定他为每一种艺术英雄主义的面像进行祛魅所付出的努力。

在反思鲁道夫·卡塞纳尔[①]的作品时,卢卡奇首先抛出一个问题:坚定献身于伟大作品的生命,是否能使作者获得相匹配的、内在坚定的实存。然而,卡塞纳尔也是浪漫主义疏离的典型,因为就像他所描绘的"柏拉图主义者"或批评家一样,在卡塞纳尔内心深处:"'活跃着某种东西,他永远不能为之注以合适的韵脚':他将一直期盼他永远无法企及的东西。"[②]用卡塞纳尔自己的标准看,他是一个真正的柏拉图主义者,他将他人的作品用作探究自我的素材,但面对"他的生活中不可泯灭的事实"时,他总是无法评说到位,永远无法沉浸在创作的寂静中;他的表达形式仍留有余地,为的是忠实传达出他人的诗歌。卡塞纳尔把形式视为诗歌与批评之间的对立的"真正解决"。他知道——正如卢卡奇说施莱格尔知道的那样——正确的形式使偶然性成为必然性,也使飘忽不定的各种倾向变得具有韵律与和谐。然而,卡塞纳尔也能看到——施莱格尔所不能看到的——一旦有人开始走上"通向普遍的、创造形式的生活的艰辛之路"时,他的存在和作品就将被背叛。[③] 与施莱格尔不同的是,卡塞纳尔明白,他必须通过谈论他人来谈论自己,因此,只有卡塞纳尔仍然立足于现实,并明白他必须工作的理由。富有远见的

---

① 鲁道夫·卡塞纳尔,奥地利散文家和文化哲学家。——译者注
② György Lukács, *Soul and Form*, ed. John T. Sanders and Katie Terezakis, trans. Anna Bostock, New York: Columbia University Press, 2010, p. 37.
③ György Lukács, *Soul and Form*, ed. John T. Sanders and Katie Terezakis, trans. Anna Bostock, New York: Columbia University Press, 2010, p. 39.

诗歌可能需要批评家的治疗，才能在黯淡的时代中发声，但它的远见与那具有批判性的描述之间存在着差异，意识到这种差异是活的、生动的批评的永恒条件。对于卢卡奇来说，卡塞纳尔对坦诚交流的渴望大致是浪漫主义的；然而，他拒绝仅仅以审美的方式转变他生活中的局限，因此他还厌恶形式的支配，他的这种拒绝和厌恶与诺瓦利斯浪漫主义最纯粹的表达以及它在克尔凯郭尔那里的延续产生了共鸣。

在《心灵与形式》中分别讨论斯蒂凡·格奥尔格、保罗·恩斯特以及夏尔-路易·菲利普①的同时，卢卡奇还在一篇论文里论述了这三位作家，里面写到这些人之所以重要，并非是因为他们创造了文化或者新的生活形式，而是因为他们的生活坚持不对那个年代的文化抱有幻想，同时相信他们**好像**(as if)真的能创造出文化："他们并没有创造文化，但他们却过着一种值得拥有文化的生活。用康德精辟的范畴'好像'来形容他们生活的全部氛围是最恰当不过的了……这种谦虚的英雄主义赋予他们的生活以神圣性。"②在指认他列举的作家体现出浪漫主义的疏离时，他继承这一概念并充实了它。当卢卡奇说这些作者必然如此时，他认为他也是反对文化的产物和代言人。这一见解后来被整合进他的整体性概念中，成为卢卡奇美学理论的症结：因为当美学批评的任务是面对现代社会的困难和原子化过程时，卢卡奇却认为，美学批评本身就是被制造出来的现代社会的商品或消费品——一个地道的产品。③卢卡奇从《心灵与形式》的构想开始，美学批评始于一个矛盾的任务，它要在它所批判的社会之中阐明自己与社会相纠缠的起源。相应地，

---

① 斯蒂凡·格奥尔格，德国诗人、翻译家；保罗·恩斯特，德国政论家、诗人、论说文作家、小说家、戏剧家；夏尔-路易·菲利普，法国作家。——译者注
② Georg Lukács, "Aesthetic Culture", in Arpad Kadarkay (ed.), *The Lukács Reader*, Cambridge: Blackwell Publishers Ltd, 1995, p. 158.
③ 费伦茨·费赫尔和阿格妮丝·赫勒在他们的编著中开辟了用此论点讨论有关本主题的论文：Ágnes Heller and Ferenc Fehér (ed.), *Reconstructing Aesthetics: Writings of the Budapest School*, Oxford, NY: Basil Blackwell, 1986, pp. 1-3。

艺术和美学批评被赋予的职责正是批判文化,包括它们自己的抽象的对象化产物,纵使它们想象别的职责,纵使想象的每次努力都被视为当代历史形态的产物。艺术和美学批评的独一无二之处在于叙述自己缺乏的自主性,叙述自己努力将认知论上的局限性转化为对所处的时代的有意义反思。然而,这种"孤独的总体性"也会招致妄想,尤其表现在艺术天才和艺术文化的救赎神话中,因此,批评必须再次介入,以寻求被排除在叙事之外的事物。《心灵与形式》研究并实践了那些"摇摆不定",或者我所说的卢卡奇的浪漫主义的疏离,它们尽力发挥严格的批判作用,以"将固定的点放置在生活不间断的改变的细微差别下面",坚持价值区分,并在反映其时代约束倾向的同时,反思写作和批评的可能性。

精神的贫困

卢卡奇写完《心灵与形式》后并不确定摇摆不定的伦理后果,这表现为两个亟待解决的问题。首先,卢卡奇已经开始推进他的主张,形式作为对生活方式的表达和判断,超越了伦理学的领域。同样,他也承认形式的创造者属于一个"阶层",其责任和最高美德是创造形式的生活,它抵触平凡的生活或爱,抵触伦理义务或人际关怀——如果必须在它们之间做出选择的话。同样地,既然形式创造生活的最终目的是作品,或者用他后来所采用的说法,也就是"对象化",卢卡奇似乎认为,客观作品的价值必然远高于创作它的个人。的确,有时卢卡奇似乎认为"创造形式的人"只是一种工具,而他的意愿,如果可以这么说的话,对创造过程本身来说并不重要,因为创作发生在他身上就像在利用他一样,但前提是他必须竭力避免自己对"日常生活"的沉溺。这是令人犯难的,因为这使得卢卡奇无法解释他最欣赏的作家的独特性和作者意图,这也是卢卡奇在《心灵与形式》整本书中努力解决的一个问题。当卢卡奇认为伟大的作家为了交流会将自我消解为个体时,他将自己定位为反对消解的批评家,将他欣赏的作家们一个接一个复活,以研究他们的全部成就。卢卡奇似乎被困在他明确反对的心理学冲动和一种美学立场之间,这种美学立场因为既拒绝又主张内在的伦理义务,所以损害了它的合法性。

正是针对这种不协调性,卢卡奇完成《心灵与形式》论说文集后,立即开始写作《论精神的贫困》。文中,提出"精神的贫困"一词的年轻人解释道:"作品源于生命,但高于生命;它从人事中来,但自身却是非人的——实际上,它是反人的。结合了作品和产生它的生命的纽带,在同一瞬间,使两者分离,为的是全部的永恒:它来自人类的鲜血。"[1]这位年轻人悲痛欲绝,不仅是因为他没能拯救一个自杀的朋友,也因为他要帮助她的这个意愿,实际上违背了他真正所属于的知识分子阶层。在情感和伦理的逼迫下,他背叛了自己。于是,这位年轻人决心结束自己的生命,在对话中的转变发生两天后,他就这样做了。这个年轻人的范畴、判断和最终的行动都是涉及自我的,也是错综复杂的,但这只能说明他的基本立场:无论是他对朋友的不当对待,还是他的自杀,都无法从伦理上评价或解决。[2] 在这里,卢卡奇体现了自己浪漫主义的疏离。这场对话以《启示录》中的一句话结尾,这个年轻人在结束自己的生命前,标记了这一部分,并将其翻开摊在桌上:"我知道你的行为,你也不冷也不热,我巴不得你冷或热。你既如温水,也不冷也不热,所以我必

---

[1] György Lukács, *Soul and Form*, ed. John T. Sanders and Katie Terezakis, trans. Anna Bostock, New York: Columbia University Press, 2010, p. 209.
[2] 赫勒认为《论精神的贫困》是卢卡奇最重要的文本之一,因为在这篇文章中,他最终承担了生活与作品之间冲突的后果。赫勒还分析了这个年轻人的"真理",或者说他的决定不能用普遍有效的伦理范畴来描述。可参看 Ágnes Heller, "'Von der Armut am Geiste': A Dialogue by the Young Lukács", in Katie Terezakis (ed.), *Engaging Ágnes Heller: A Critical Companion*, Lanham: Lexington Books, 2009.

从我口中把你吐出去"。①

然而,《论精神的贫困》是一篇对话录,尽管它的结尾引用《圣经》的话语表达了浪漫主义的疏离,但它是由叙述者马大②塑造的。作为卢卡奇到那时为止的作品中唯一一位"说话"的女性,马大不仅拒绝了这个年轻人对他自己与她姊妹二人的关系的评价,更拒绝了"阶层"的概念。她认为,一个超越伦理范畴的生存论抉择是一场闹剧。她显然没能说服她的朋友,因为他的自杀和她写给他父母的信是她叙述的对话的文学语境,但事实并非如此,正如阿格妮丝·赫勒(Ágnes Heller)所说,"女人的真理性同主人公的一样无可辩驳"③。因为在为了反对年轻人的自我毁灭而呈现马大的驳论以及她活生生的在场的过程中,卢卡奇揭示了他对自己早期思想的接受和反驳。作为整篇文章的隐性作者,卢卡奇既没有沉溺于年轻人的自我放弃,也没有完全被马大的善意所征服。恰恰相反,在新形式的道德观中并通过其存活下来的,是马大伦理上和情感上投入的结果,还有对某种年轻时注定的立场的典型特征的忠实表达;借助"马大的"信的形式,两者都变得明确起来。

卢卡奇的对话不是超越作者的限度或掏空作者的对象化;相反,这是他人格的现实化,是在写作形式中意识到个体是一个创造者。同样地,当卢卡奇在他后期的美学中谈及客观作品时,特别是一旦他运用了黑格尔辩证法的要点,他就不认为个体的人格在作品中被侵害了,而是认为形式记录了自我克服的过程。只有通过记录个体意识的深化过程,每个形式才能为他所属于的文化群体表达历史中的瞬间,无论他意

---

① György Lukács, *Soul and Form*, ed. John T. Sanders and Katie Terezakis, trans. Anna Bostock, New York: Columbia University Press, 2010, p. 214.《论精神的贫困》收录在最近出版的英文版《心灵与形式》:György Lukács, *Soul and Form*, ed. John T. Sanders and Katie Terezakis, trans. Anna Bostock, New York: Columbia University Press, 2010。
② Martha 又译马大、玛尔大,是《圣经》中的人物,公元 1 世纪时的一名犹太妇女。——译者注
③ Ágnes Heller, "'Von der Armut am Geiste': A Dialogue by the Young Lukács", in Katie Terezakis (ed.), *Engaging Ágnes Heller: A Critical Companion*, Lanham: Lexington Books, 2009, p. 257.

识到还是没意识到,他都是其中的一个部分。当卢卡奇强调作品和形式的实现时,他首先得出结论,即生活与作品之间真正的紧张关系不是发生在艺术家的日常生活中,而是在作品彰显的自我意识中。相应地,当卢卡奇(在《小说理论》中)开始尝试类型学理论时,他起初认为,一系列具有代表性的类型最能体现文明的历史进步。然而,不仅在后来他本人对这一立场的批评中,甚至如詹姆逊所表明的,在《小说理论》自身内部,卢卡奇都已经开始承认,理想的形式只可能表达但绝不直接包含由具体历史细节组成的变化的现实。正如詹姆逊写道:《小说理论》离"放弃那些小说**类型**"仅有一步之遥;卢卡奇即将把伟大的小说作品理解为一种独特的历史现象——"一种不可普遍化的情境组合"。① 正是这同一种运动——与浪漫主义的疏离同时出现的还有对生活和作品间冲突的众多解决方案,随后得出这样的结论:伟大的作品表征了人与人的关系中涌现出的意义,它被个体感觉到——通过他的诸多对象化,并在它们之内得到理解——使得卢卡奇的行动具有批评家的特征。美学批评之所以成为一种具有伦理内核的事业,并不是因为它属于任何开给个体、阶级或制度的伦理处方——事实上,这些都是它经常拒绝的对象——而是因为它的道德观审视对个体提出的所有专制性要求,包括让他成为某个类型的代表或从属于某种形式的审美要求。

尽管关于卢卡奇的文献对这一关键点存在诸多误解,但卢卡奇认为,他的作品一直在理解个体性与对象化的统一。这个概念对卢卡奇而言是辩证的,因为艺术家要想成功地"成为他所是的人",就要把自身沉浸在他的创作活动中,让这种专注的艺术创作行为祛除狭隘的习惯,不然他的个体性遵循的就会是这些习惯。卢卡奇写道,歌德深知这一点,因为:

---

① Fredric Jameson, *Marxism and Form*, Princeton: Princeton: Princeton University Press, 1971, pp. 180 - 181.

如今被称为艺术人格性的东西,歌德称之为"行为方式",[他借以]理解天才中反复出现的、显著的个性特征和元素,他还没受到足够的训练,不能切中主旨,只能为作品增添某些表面的特质。创造的个体性进入艺术,进入真正的创作所体现的突破性,歌德称之为"风格"……歌德知道,由此产生的悖论是一个对艺术至关重要的矛盾:只有通过驯服天性,退一步讲还包括人为培养的主体性,艺术家的真实人格性——同时是人的人格性和艺术家的人格性——才能真正显现出来。①

卢卡奇坚持认为,当天才与审慎同时用来处理作品所创造的客观世界中存在的问题时,真正的人格性便出现了。② 有意义的形式不是创造者自身所服从的现象;它们是个体谨慎对待创造性活动的方式,因此,组织并解释这些形式所依赖的权威,标志着交往实践中意义的出现。通过赋予形式,个体阐明了他或她所属的关系;通过阐释形式,批评家既揭露了有意义的依附关系之间的相互作用,也揭露了个人权威和意识形态权威之间的斗争。因此,无论是对形式的创造者还是形式的读者而言,人与人之间关系的生动性和逻辑性是最基本的关注点。

---

① Georg Lukács, "The Writer and the Critic", in Arthur Kahn (trans. and ed.), *Writer and Critic and Other Essays*, Lincoln: iUniverse, Inc., 2005, pp. 213 - 214. 在1965年撰写并于1970年修订的这部著作的英译本序言中,卢卡奇坚持这里所表达的立场。事实上,他似乎将其与他长期"反对粗俗文学和炫技文学的两面作战"相联系并加以解释,并认为这是他随后被社会主义国家和所谓"自由世界"中的"所有主流运动"所拒绝的原因,在那里,仍有观点认为"文学和艺术真的可被操纵,并且内容和形式可以根据当时的需要而被制造"。Georg Lukács, "The Writer and the Critic", in Arthur Kahn (trans. and ed.), *Writer and Critic and Other Essays*, Lincoln: iUniverse, Inc., 2005, p. 22.
② Georg Lukács, "The Writer and the Critic", in Arthur Kahn (trans. and ed.), *Writer and Critic and Other Essays*, Lincoln: iUniverse, Inc., 2005, p. 213.

总体性与关系中的存在

《心灵与形式》的艰难创作最终归结为一种洞察：批评家遵从的律令是鉴别并评价组织和解释形式所依赖的权威。卢卡奇式的批评家必然要追求艺术与生活之间的关系，卢卡奇之前发现，形式的主要成就正是记录生活实践中的意义的涌现。形式是对某种特定生活方式的记录，也是对它的判断。柏拉图在发展对话录形式以传达苏格拉底的生活和思想时，他既概述了这种生活的愿景，也提出了看待这种生活与当时的社会、政治、宗教和理论的影响间的关系的立场。卢卡奇之所以继续为现实主义辩护，是因为他意识到现实主义的形式能够举例说明人际交往中最重要的时刻。现实主义的形式具备认知上的明晰性，能够描绘出有关人类作下决定的关键点；形式本身是对实践的兴起及其规则的分析。卢卡奇早期对形式记录各种人际交往模式所包含的内容的洞察，贯穿他的作品的始终；这种洞察在他的体裁理论中得到表述，并证明某些对他的立场的理解是错误的，不论这些解读多么专横地把它理解为陈词滥调的模仿说，或说它受到内容分析法的约束，更甚者说它支持某种特定的政治意识形态。①

卢卡奇反对"纯粹基于内容的影响"，他指的是不经形式的认知功能就提出主张的作品。这些作品无法传达出人类意义的涌现，任何"人为使这些作品具有政治含义"的做法也不能避免它们的失败，除此之外，它们还因"同样抽象的形式主义"而犯错。②"形式维持着与内容的

---

① 卢卡奇强调，将作者的政治观点与他的重要程度等同起来的文学和批评"严重阻碍了激进的民主主义文学和无产阶级革命文学的艺术发展……加剧其普遍较低的艺术和知识水平的狭隘自满"。Georg Lukács, "The Writer and the Critic", in Arthur Kahn (trans. and ed.), *Writer and Critic and Other Essays*, Lincoln: iUniverse, Inc., 2005, p.199.
② Georg Lukács, "The Writer and the Critic", in Arthur Kahn (trans. and ed.), *Writer and Critic and Other Essays*, Lincoln: iUniverse, Inc., 2005, p.193.

相遇;从形式与思维的关系来看,形式是一种赋予结构的实践,它必须服从组织原则才能得到传达。就像认知上的推理本身,形式只有在安排和管理经验时才"有意义"。卢卡奇认为,正如认知服从空间和时间的秩序,概念也服从文学实践的需求。① 卢卡奇在这方面的主要见解始于《心灵与形式》中艺术与生活的关系之争,在他借鉴黑格尔的观点后得以表述出始终贯穿他自己的文学批评考察的见解,即形式的组织活动是中介。安排概念就是设定它们的关系;识别各种思想的特征,就是区分它们之间的相互关系。形式体现了(我所称呼的)**关系中的存在**(being-in-relation)。②

关系中的存在是经验的一种认知条件——只要经验是通过具有排列功能的各种形式来理解的,并且,关系中的存在也是经验的内容,只要主体性还存在于主体间的互动以及它创造(因此也是自我创造)的对象化中。即便卢卡奇付出了努力,辩证唯物主义的意识形态承诺被证明是一种空想,但关系中存在的辩证性在文本中彰显,使得与他者的经验和行动的条件的相遇得以达成。当卢卡奇谈及文本的**客观性**时,他指的是它们整理和传达意义的能力;当他提到文本的**普遍性**时,他指的是它们涵盖了最理想的意指范围,尤其是因为它们传达了历史上的和当代的社会问题。③ 一部具有客观性、普遍性的文学作品,是与活跃在其时代的社会关系的图式直接相关的作品,它中介了读者与这些社会

---

① 关于我将康德的感性直观形式作为组织范畴的范例,在此不再赘述。有关卢卡奇对康德的继承,具体可参见我所撰写的后记:György Lukács, *Soul and Form*, ed. John T. Sanders and Katie Terezakis, trans. Anna Bostock, New York: Columbia University Press, 2010。
② 在选择这个描述性名称("关系中的存在")("being-in-relation")时,我不仅受到有关"类存在"文献的启发,也受到莫里斯·布朗肖作品以及其译者苏珊·汉森为《无限的对话》(*The Infinite Conversation*)撰写的精彩前言的启发。Maurice Blanchot, *The Infinite Conversation*, trans. and foreword by Susan Hanson, Minneapolis and London: University of Minnesota Press, 1993.
③ 卢卡奇式的关于文本客观性和普遍性的典型讨论可参见 Georg Lukács, "The Writer and the Critic", in Arthur Kahn (trans. and ed.), *Writer and Critic and Other Essays*, Lincoln: iUniverse, Inc., 2005, pp. 214-216。

关系的相遇。20多岁的卢卡奇可能会说,文本的心灵是它与所处时代的活生生的关系;它的形式本质上是一种关系的、认知的方法,赋予读者抵达那些时代的途径,抵达那些不然就会彻底迷失的、空虚的或异化的时代的生命。所有这些是为了表明,我们凭借形式的功劳体验了我们的类存在。

说得这么多,就是要认识到卢卡奇的思想对我们当代批判实践的影响,因为"类存在"并不(仅仅)是历史垃圾桶中布满灰尘的概念;它是一个批判性事业,是人的欲望、努力和限度的形式,它使共享的时刻得以交流,并导向积极的修正。把握类存在就是要体验关系中的存在,并思考其条件;就是与价值多元性和他者的高度陌生性相遇,并使得自己能够领会到他们如何成为现在的他们。在把握**类本质**(Gattungswesen)概念时,卢卡奇认识到它不能成为一个一元论的标准,因而它不是传教的内容。因此,卢卡奇坚持认为,创造性作家的作品且不管受到他或她在智识上可能施加的何种扭曲,都能保持对现实的、具体的生活的通达性。其次,这是作家用形式记录的"心灵",为的是描绘社会现实的全部特征,关键是我们需要作家的付梓——无论将它公之于众会面临多少批评。当批评扭曲了文学中的社会内容时,比如当它只专注于某些作家、作品的特征或它们之间相互影响的活动和脉络时,它所遗漏的恰恰是通往"社会生活"的路径。[1] 文学形式及其呈现出的它所要分析的社会内容,也许比任何其他人类现象都更为细致地展现了特定时刻下开放的社会现实体系,以及被卷入其中的人的共同的要求、理解和创新。在这里还要说,这些事件不是前定的,并且批判从这些事件中可能获取的类存在的表现,并不是被指派的。

与黑格尔辩证法所描述的日益强烈和日益绝对化的自我意识运动不同,卢卡奇的辩证法把叙事理解为以具体的、历史的方式插入对社会

---

[1] Georg Lukács, "The Writer and the Critic", in Arthur Kahn (trans. and ed.), *Writer and Critic and Other Essays*, Lincoln: iUniverse, Inc., 2005, p. 197.

问题的体验与理解，它不是必须向前的，也不必追求叙事完成时的圆满。正是凭借在此意义上的叙事，我们才得以接近总体性。卢卡奇通过认识到作品可能既使人格性变成现实，又诠释社会现实的一个阶段，解决了他早期的浪漫主义的疏离问题，但他在处理总体性和类存在的根本属性时，仍然对这种疏离保持敌意，这两者都保留了一种调节性、动态性的特征。

卢卡奇称赞黑格尔在歌德的**原现象**（Urphänomen）①中看到了"总体过程的方方面面以及有待解决的方面……揭示其中隐藏的潜力……并转化成随后出现的'形式'"；他赞扬黑格尔将各种典型形式转化为历史命运的反映，转化为"一个民族的生活的外部和内部结构"的各方面。② 但是，对于理解卢卡奇的总体性观念而言，最为关键的是《心灵与形式》论说文集中已经出现的敏感性，即形式是生活的记录，它实现了瞬间的关联，并消解为生活运行过程中的需求。正是基于这种总体性观念以及它的乌托邦因素，类存在才可能作为一种调节目标发挥作用，它能启发人们对一种整体的、非异化的社会现实及其他方面的想象。然而，即使这样一个目标暂时实现，准确表现社会现实的需求仍然像一个民族不断发展的生活一样难以满足，它的自然进程具有永不停歇的活力（卢卡奇称赞耶拿的浪漫主义者认识到了这一点）。因此，卢卡奇所说的"哲学批评家"总是有理由把知识重新导向总体性和支配其变化现象的原则。③

---

① 歌德说："我不免要笑美学家们，笑他们自讨苦吃，想通过些抽象名词把我们叫做美的那种不可言说的东西化成一种概念。美其实是一原现象（Urphänomen），它本身固然从来不出现，但它反映在创造精神的无数不同的表现中，都是可以目睹的，它和自然一样丰富多彩。"——译者注
② Georg Lukács, "The Writer and the Critic", in Arthur Kahn (trans. and ed.), *Writer and Critic and Other Essays*, Lincoln: iUniverse, Inc., 2005, p. 221.
③ Georg Lukács, "The Writer and the Critic", in Arthur Kahn (trans. and ed.), *Writer and Critic and Other Essays*, Lincoln: iUniverse, Inc., 2005, p. 217.

批评的遗产

对于那时的卢卡奇来说,批评家的责任就是从他所考察的叙事中提炼社会现实,并根据由它组成的历史进程来阐明现实。卢卡奇经常从多角度讨论、考察批评家这一角色,这始于他在《心灵与形式》论说文集中决定成为批评家角色这一想法。然而,到了卢卡奇20世纪40年代的文章中,批评家已经明显与资本统治下的现代学术体系相伴而生,卢卡奇对其影响的分析也毫不含糊。卢卡奇描述了社会环境中的作家和评论家,在这个环境中,专注且有才华的思想家可以用标志性的名字在知识精英阅读的场所中发表作品,但他们必须生活在一种狭隘的自我夸耀和个性崇拜的小圈子文化中。他描写了在这样的环境中出现的负面行为,这种行为夸大了艺术或知识上的人格性以及由于文体上的细微改进所表现的个体性,但却使其独立于具体的社会考量之外。对卢卡奇而言,文学界包括哲学、现代语言、艺术、社会学期刊和协会,都沉迷于传记资料、论述技巧,研究思想家的个人影响情况,以及解释各种运动之间的内部对话。在这些纷繁的活动中,他们放弃了文学或任何文字形式的生产力与社会现实生活之间的关系。①

卢卡奇问道,为什么作家和评论家在很大程度上已经不再具有建设性的、进步的关系?他写道,在某种程度上,即使是最专注的思想家在看待彼此的阵营时,也不得不顾及"大量平庸而堕落的笔杆子",他们重复并颂扬当下的主流思想。令人忧心的过量水文是任何真正的批评都无法忽视的背景。此外,无论是创作型作家还是批评家都不青睐在"客观框架"下工作——卢卡奇指的是书面作品从真实的当代社会问题

---

① 这一描述来自 Georg Lukács, "The Writer and the Critic", in Arthur Kahn (trans. and ed.), *Writer and Critic and Other Essays*, Lincoln: iUniverse, Inc., 2005, pp. 195 - 199,我也从中选取了对作家-批评家和哲学家-批评家实践的描述。

出发,向读者传达意义的能力。这种缺乏鼓励而只依照艺术质量、方法或政治内容来评价文本的做法,不再考虑文本如何体现作者人格的激烈强化,对形式的认知、综合功能知之甚少,更无法意识到文字是如何使人信服、感动以及是如何主动参与社会生活的。如果没有客观框架,大多数即使是真诚而睿智的思想家的政治立场也只是肤浅而抽象的。在社会危机中,这种政治姿态无法提供任何重要的分析或抵抗力。更多的时候,这些姿态很容易迁就于现存意识形态的要求。

这种顺从的最终效果是通过日常环境来达到的,在这样的环境中,思想家们不得不争取发表机会和专家小圈子的认可,竞争、阴谋、社会孤立和"温室培养"是常态。① "艺术和社会的虚无主义"是典型的,思想家无论如何都无暇关注大众的理解或判断。卢卡奇认为,当代思想家与过去的严肃哲学家的不同之处在于,后者普遍对他们所处时代的问题感兴趣。(卢卡奇列举的)亚里士多德、伊壁鸠鲁、斯宾诺莎和黑格尔既是社会理论家,同时也是伦理学家、形而上学家或美学家;实际上,他们对理论作出的巨大贡献**源于**"他们具有一般普遍性,这种普遍性起源于社会问题,并以社会问题的研究为导向"②。在时代的要求下,严肃的分析和批判开始以系统的方式努力达到普遍性或与之相关的意义的最大范围,这些都是首先在从事分析的思想家的生活和思想中得到体验的。正如《心灵与形式》的年轻作者所怀疑的那样,批评首先思考的是文化的影响和它在当代的阐明形式以何种方式影响了批评家的分析。

如果说今天卢卡奇给我们提供了什么建议的话,那么最重要的就是,致力于普遍知识的哲学批评必须起步于它的具体环境,而哲学批评家面对的独特的个别现象终将涉及他或她的思想发展,它们必须得到

---

① Georg Lukács, "The Writer and the Critic", in Arthur Kahn (trans. and ed.), *Writer and Critic and Other Essays*, Lincoln: iUniverse, Inc., 2005, p. 194.
② Georg Lukács, "The Writer and the Critic", in Arthur Kahn (trans. and ed.), *Writer and Critic and Other Essays*, Lincoln: iUniverse, Inc., 2005, p. 215.

严格的对待。如同《心灵与形式》的文学批评一样,有效批评的起点必须是确定批评在其所处时代的文化和日常生活中的地位,以及考察各方面的相互渗透。

从所有意图和目的来看,今天的评论家实际上都是教授。即便是来自独立学者、记者、编辑或感兴趣的外行人士的批评,也是为以学术界为主体的读者而写的;对于绝大多数人来说,无论是"作家批评家"还是"哲学批评家",大学教授的职位就是标准。批评家是学术界的专业人士。

虽然许多思想家——他们当中的大部分是学术界专业人士——已经分析并批评了现代大学的官僚主义和行政管理的做法,但是他们仍不清楚而且很容易忽略的是,当代学术文化环境——自身无法被批评影响——是如何影响了批评的发展的。[①] 当这种环境被详细评估,并与它所从属的社会总体性相联系时,它呈现出的生活形式被那些瘫痪或歪曲批评的实践所统治。事实上,如此多的学术界人士早就意识到了当代大学内部日益恶化的状况,并摆明了建设性的批判立场,这一事实应该引起人们对卢卡奇所持整体主义立场的关注,因为它强调理解和实践的具体客观环境。

就目前的情况而言,从事批评的人主要来自哲学、英语、比较文学专业,还有一小部分来自现代语言学科。对于年轻一代的批评家来说,值得注意的是毕业生的人数超过了终身职位的数量,许多思想家从事着不稳定且薪资不足的派遣工作,例如兼职、讲师或访问学者,往往又

[①] 比尔·瑞丁斯(Bill Readings)的作品就是这种批评的一个绝佳范例,他的《覆灭中的大学》也成为当代大学行政管理批判作品的典范。Bill Readings, *The University in Ruins*, Cambridge: Harvard University Press, 1997. 马克·博斯奎特(Marc Bousquet)、弗兰克·多诺久(Frank Donoghue)、斯坦利·阿罗诺威茨(Stanley Aronowitz)、苏珊·雅各比(Susan Jacoby)、苏珊·哈克(Susan Haack)和阿内特·科罗德尼(Annette Kolodny)等人以各种方式促进了这项工作。我并不是说这些思想家都完全坚持卢卡奇的政治或文学立场,而是说他们各自评估的证据都有助于解释当代大学文化扼杀批判性探究的方式。

背负着毕业学校的金融债务。① 相比入职初期的收入,博士学位的经济成本是沉重的,还要面临"要么发表,要么走人"的普遍要求。作品见刊（甚至经常是见刊的通知）可能会等待很久,即使发行量和声誉较低的出版物也是如此。考虑到对发表量的要求,以及为满足这一需求而兴起的无数出版物,大多数发表在人文学科期刊上的批评作品一旦得以传播,它的读者可以预见是很少的;对于年轻学者而言,这些作品必须同时算作在其学科领域内令人满意的"朝向终身职位的进展",要满足规定与主题的所有期待。

当代美学批评忽视了这一背景,忽视了它自身发挥作用的背景,从而也忽视了它在"为了生产力而生产"的浪潮中发出金玉之言的能力。因为当代批评家必须生活在大学文化中,它强调的是开足马力的生产,而不考虑需求或用途。这应该被认为是顺理成章的事情,狂热的生产和基于学术成就的量化标准应该被认为是自然而公平的,不考虑生产的社会条件及其重大影响,而这些正是关于拜物教的定义。

在20世纪中叶,卢卡奇就已经指出,"在资本主义衰落的情况下,哲学家也变成了'专家'"②。如今,无论是哲学家、哲学批评家还是任何学者,他们都无法避免专业化。尽管如此,批评要想富有吸引力,必须用它的专业知识思考它面对的物质条件以及它与社会总体性的关系,必须反思促进学术作品庸俗化的可计算性原则是如何"没有专业化就不能思考的"。卢卡奇告诫道,成果的"可计算性"往往延伸到自我意识;随着学术生产力量化的常态化,"物化的结构以更加深入、更加注

---

① 美国大学教授协会（American Association of University Professor）定期发布"行业经济状况报告"。2007—2008年的报告可参考 http://www.aaup.org/AAUP/comm/rep/Z/ecstatreport2007-08,最近有关大学兼职教授地位的报道可参考 http://americanuniversitieS.suite101.com/article.cfm/the_roads_scholars_of_new_york,以及《高等教育纪事报》发表的若干文章：http://chronicle.com/article/The-Special-Needs-of-Adju/46744/。

② Georg Lukács, "The Writer and the Critic", in Arthur Kahn (trans. and ed.), *Writer and Critic and Other Essays*, Lincoln: iUniverse, Inc., 2005, p.214.

定、更加明确的方式逐渐渗入……意识。"①

换言之,卢卡奇在今天引导学术界专业人士来分析渗透在专业批判小天地中的物化现象,进而复兴批评。学术文化,可能仍旧是社会中最能够鼓励、维持和扩展批判和批判性思维的领域,对它的诚实评估表明,它饱受传统马克思主义的异化和"物化的面纱"的困扰,后者使学术生产具有"虚幻的客观性",掩盖了"人与人之间的关系"。② 它还面对来自社会成见的困扰,这种成见将"教授"与温顺、沉迷抽象等同起来,从而放弃了日常生活和政治生活(在撰写此文时,右派政党用来形容现任美国总统的一种侮辱性说法就是"他就是一个教授,或者他就像是一个教授"③)。同时,我们必须处理来自批评家的成见,即学术生活令人窒息的要求和本真的批评是截然不同的。在考虑过这个问题的人当中,布朗肖(Maurice Blanchot)④的看法似乎具有代表性:

> 现在,大学只不过是一个除了一系列研究计划之外,与时间完全无关的确定的知识体系的总和……有能力的大师面对感兴趣的听众发言,仅此而已。它唤起夷平的关系,即地位略高的讲师在一群温顺的学生面前介绍哲学话语,人们会开始理解,哲学家(如今是教授)是如何把哲学的贫困阐释得如此显而易见,以至于辩证法为了通达相比之下更加严肃的革命斗争中的分歧,不能在与它表

---

① Georg Lukács, *History and Class Consciousness: Studies in Marxist Dialectics*, trans. Rodney Livingstone, Cambridge: The MIT Press, 1997, pp. 88, 93.
② Georg Lukács, *History and Class Consciousness: Studies in Marxist Dialectics*, trans. Rodney Livingstone, Cambridge: The MIT Press, 1997, pp. 83 - 84. 卢卡奇本人在此引用并阐释了马克思的观点,特别是《资本论》(1.4)卓越的一章中提到的"商品的拜物教及其秘密"。
③ 例如,2010 年 2 月,萨拉·帕林(Sarah Palin)在田纳西州纳什维尔的一次茶党集会上,(《华盛顿邮报》报道,"在雷鸣般的掌声中")指出"为了赢得[这场]战争,我们需要一位最高统帅,而不是站在讲台上的法学教授。" http://www.washingtonpost.com/wp-dyn/content/article/2010/02/06/AR2010020603264.html.
④ 莫里斯·布朗肖,法国著名作家、思想家、欧陆哲学家。代表作有《死亡的停止》《文学空间》《未来之书》《无限的谈话》《等待,遗忘》等。——译者注

现出来的唯心主义话语的决裂过程中失败。①

　　批评何为？卢卡奇告诉我们,文学艺术和各学科的语言——或者我们现在都在表达的语言或文本——是使用它们的时代的宝藏和指令,因此,它们的物化是介入式的批判的核心问题。卢卡奇经常重申,如果只关注我们所研究的话语的政治意义,而忽视对其语言形式的研究,那将适得其反。他引导我们将美学作品和针对这些作品的批评看作是有意义的活动的发生场所,并同时看作是对社会和政治权威的强化抑或挑战。批评的任务是确认它所处理的文本是否充分地把握了它们所描绘的复杂人际关系,并明确指出文本的成功或失败所凭借的权威。同样,卢卡奇提醒我们,当代的想象力根植于我们当前的话语中,同时我们还有借助话语来设想或设定另一种关系体系和物化之终结的能力。因此,卢卡奇告诉我们,不能对历史中肤浅的论述不闻不问,更不能容忍主张历史中立论或历史超越论的说法。卢卡奇告诉我们,批评必须再次从自身的具体情境出发,无论对具体情境的逃避有多么吸引人,它注定都是毫无意义的。

（汪琳玥　译）

---

① Maurice Blanchot, *The Infinite Conversation*, trans. and foreword by Susan Hanson, Minneapolis and London: University of Minnesota Press, 1993, p. 8. (最初以法文发表于1969年,题目为 *L'Entretien infini*)

心灵与生活——青年卢卡奇和文化问题[*]

[匈]乔治·马尔库什

> 每一个拥有实体性的人类存在只有一种思想;的确,人们可能会问思想可否是多元的。
>
> ——格奥尔格·卢卡奇

"短短一周内,他[卢卡奇]就从扫罗(Saul)变成了保罗(Paul)。"[①]卢卡奇最亲密的友人之一安娜·列斯奈(Anna Lesznai)[②]在回忆录中这样描述卢卡奇于1918年向布尔什维主义的信仰转向。这一骤然彻底断裂的景象不仅屡屡出现在卢卡奇以前的学生和朋友的回忆录中,而且也是日渐繁荣的研究卢卡奇哲学发展的论文的基本主题

---

[*] 本文出处:György Márkus, "Life and Soul: the Young Lukács and the Problem of Culture", trans. Michael Clark, in Ágnes Heller (ed.), *Lukács Revalued*, Oxford: Blackwell, 1983, pp. 1-26.
乔治·马尔库什(1934—2016),匈牙利哲学家,毕业于莫斯科罗蒙索诺夫国立大学。1965—1966年受福特基金会资助前往匹兹堡大学访问,在奎因和塞勒斯的指导下完成关于维特根斯坦的博士论文。布达佩斯学派成员之一,卢卡奇全集的编者之一。

① 在这里,列斯奈借用《圣经》中的一句话 from Saul to Paul,即从扫罗到保罗的信仰转变,来说明卢卡奇开始信仰布尔什维主义的信仰转变。扫罗原来是一个迫害基督徒的犹太教徒,后来得到耶稣奇妙的异象启示,开始改宗信仰基督,改名为保罗,成为布道的圣徒。——译者注

② 引自 David Kettler, "Culture and Revolution: Lukács in the Hungarian Revolution of 1918-19", in *Telos*, 10, 1997, p. 69.

之一——这是不无道理的。对卢卡奇早期事业经历的考察似乎证实了这一图景。1918年12月,34岁的卢卡奇加入了匈牙利共产党,从那时起,他就把毕生的精力都投入到实现其所选定的观念和理想中。这一信仰帮助他度过历史危机和个人危机。卢卡奇非常突然地就同他的早期著作发生了决裂,中间似乎没有任何转变的迹象。如果考虑到这些早期著作对其同时代人的影响,他就不能简单地把它们贬低为"不成熟的"或"逃避现实的"。不过1918年并不是卢卡奇与既作为问题又作为一种选项的马克思主义和社会主义的首次思想相遇。早在他的第一本重要著作《现代戏剧发展史》(History of the Development of the Modern Drama)中,马克思主义和社会主义就已经出现,而且他认为自己写于1909年的《文学史理论评论》(Remarks on the Theory of Literary History)尝试合乎逻辑地解释了他对历史唯物主义的立场,这一立场"既难解释又很复杂"[1]。最能展现卢卡奇走向马克思主义道路的矛盾性的事实莫过于,直到1918年这个转折点之前,卢卡奇反复的理论冲突表现出他对马克思主义的看法变得越发批判——尤其是涉及马克思主义实践上的重要性——同时也越发顺从。(我们只需将卢卡奇在1909年完成《现代戏剧发展史》中的相关段落与在仅仅一年后写成的《审美文化》["Aesthetic Culture"]相比,或者与1916年《决定命运的青年时代》["Fatal Youth"]中关于马克思主义的论断相比,就可以看出这一点。)

当我们考察卢卡奇思想中影响他的思想转变的重要方面时,这幅图景就变得更加矛盾。如果把卢卡奇1918年发表的文章《作为一个道德问题的布尔什维主义》("Bolshevism as an Ethical Problem")和写于仅仅几个月之后的《策略与伦理》("Tactics and Ethics")(在1919年苏维埃共和国宣布成立之前)作比较,就会发现同样的问题在这两篇文章

---

[1] 1910年给诗人鲍比茨(Mihaly Babits,匈牙利诗人、小说家和翻译家)的信。

中都出现过。类似的思路在不止一个层次上出现，甚至具有完全相同的阐述。但是当第一篇文章断言布尔什维主义的"道德困境"不可解决，并且拒斥布尔什维主义的立场之后，第二篇文章却激动地给自己立下任务，要去寻找解决这一困境的积极的历史方法①。在第一篇文章中，卢卡奇写下"因此两种立场间的选择，像所有伦理问题那样，是一个信仰问题"②。要填补两种立场之间的非理性的鸿沟，似乎的确只能以不可思议的方式，即通过一种非常激动人心的、唯意志论的决定，通过信仰的改变才能实现。

不过，矛盾的是，对两篇文章的比较相当清楚地表明，这种断裂是极为骤然彻底的。这直接表明，仅仅用"非连续性"或者"鸿沟"这样的概念无法充分描述卢卡奇两个创作阶段之间的联系。"是"与"非"是截然对立的，但是由于二者关系的特殊本性，这两种如此明显对立的观点又一定以某种方式密切相连。答案可能是两极对立的，但问题一定是相同的。事实上，对卢卡奇"早期"著作进行更加细致的研究可以发现，它们从一开始就存在着激烈变化的一系列主观主题（正如他自己在晚年回顾自身思想发展的著作中指出的那样）③，我们还可以发现这些著作不论在内容上还是在观念上都与晚期的马克思主义著作具有相似之处。这些相似之处确证了更深层的关联的存在。在这方面，特别重要的是卢卡奇于1912年到1918年写的《海德堡美学》手稿（*Heidelberg Manuscripts on Aesthetics*）。由于篇幅所限，本文无法详细讨论这些仍

---

① 一个更细致的讨论可参见瓦伊达（布达佩斯学派代表人物之一）的《论辩证法的轨迹》。Vajda Mihály, "A dialektika nyomában", in Márkus György, Vajda Mihály (ed.), *A Budapesti Iskola. Tanulmányok Lukács Györgyről II*, Argumentum Kiadó-Lukács Archívum, 1977.

② Georg Lukács, *Történelem és osztálytudat* (History and Class Consciousness), Budapest: Magvető, 1971, p. 17.

③ 首先可以想到他为匈牙利文版的多卷本《卢卡奇选集》所写的序言。

旧没有发表的作品①,但是值得一提的是,这里已经可以发现在《审美特性》(*The Specificity of the Aesthetics*)这部重要的晚期综合性著作中包含的最基本的观念和范畴:对象化(objectivation)概念②、"完整的人"(the whole man)与"人作为一个整体"(man as a whole)之间的差别、同质性中介(homogeneous medium)的范畴、作为一个自我封闭(self-enclosed)的总体的艺术作品观念,等等。还可以发现,卢卡奇把艺术作品世界的特征描述为适合人之需要的乌托邦现实——这也是他晚期著作的基本观点,即马克思主义美学中关于艺术的去拜物教(defetishizing)使命的观点。

指出这些相似之处并不是要片面地强调用卢卡奇思想发展过程中的"连续性"——的确,这甚至是一个更具误导性的观点——来取代已被普遍接受的非连续性印象③。无可置疑的是,1918年的转变深刻影响了卢卡奇的世界观以及他解决个别理论问题的方式。两部美学著作共同的理论前提根植于不同的理论和意识形态背景,正因如此,更加详细的分析会清楚地表明,它们还被赋予了完全不同的解释和功能,并且甚至在某些情况下是彼此截然对立的。一个例子就足以说明这一点:艺术的乌托邦功能能够创造出适合于人之需要的现实,这被青年卢卡

---

① 同时,弗兰克·本泽勒(F. Benseler)和我在德国出版了这些手稿,标题分别为《海德堡艺术哲学(1912—1914)》和《海德堡美学(1916—1918)》,即卢卡奇全集中的第16和第17卷。Georg Lukács, *Heidelberger Philosphie der Kunst. Werke 16*, Darmstadt & Neuwied: Luchterhand, 1974; Georg Lukács, *Heidelberger Ästhetik. Werke 17*, Darmstadt & Neuwied: Luchterhand, 1974.

② 在本书中,objectivation的出现频率很高,它是卢卡奇思想中的一个重要范畴。从基本含义上,它既可以解释为"客观化",也可以解释为"对象化",并且二者之间在意义上相互包含。因此,在本书中,我们根据上下文以及中文表述的习惯,把它有时译为"对象化",有时译为"客观化",而对于另外一个词,即objectification,我们一律译为"对象化"。——译者注

③ 当然,对于卢卡奇的这一印象并不是相关题材的文献中提出的唯一一种印象。尤其是我的评注在很大程度上是以两篇研究成果为依据的,不光在这种联系上,也包括其他方面:Ferenc Fehér, "Balázs Béla és Georg Lukács szövetsége a forradalomig"(贝拉·巴拉兹与格奥尔格·卢卡奇直到1918年匈牙利革命的联盟), in *Irodalomtörténeti Tanulmányok*, 2-3, 1969,以及Andrew Arato, "Lukács' Path to Marxism (1910-1923)", in *Telos*, 7, 1971.

奇解释为艺术的"魔鬼主义"(Satanism)(至少在某些著述中是这样的)。艺术作品创造的和谐与完满先于人类真实的救赎,或者并不伴随着救赎。

鉴于相似与矛盾奇异地交织在一起,尽管个别主题间的相似之处具有特殊的意义,但却几乎仍然没有阐明到底是什么真正连接着卢卡奇的两个重要事业时期。如果想要理解卢卡奇作为一位思想家所选择的道路以及其中的单独阶段,那么尤为重要的就是去考察是什么构成了两种立场的基础,去关注什么是讨论各种问题的相同方式。尽管海德堡手稿与晚期的《美学》(Aesthetics)相隔了近半个世纪,使用了完全不同的概念并得出相反的结论,但它们的真正联系在于都致力于解决同一个理论问题。它们都试图在人类活动的体系内确定艺术的位置和功能,并且力图解释艺术与日常生活之间的关系(用青年卢卡奇使用的术语就是艺术与"体验到的现实"[experienced reality]之间的关系)以及与塑造和把握现实的人类活动及对象化的"普遍"[generic]形式(用他早期的术语表达就是"先验构成"[transcendental constitution]的基本形式)之间的关系。虽然这两部著作设定了同样的哲学目标,但是在这一事实背后存在一个问题,一直以来,它对于卢卡奇来说并不仅仅是一个理论问题(的确,这是一个囊括了他全部生活和著作的问题)——文化的可能性问题。本文致力于从这一观点出发,对他的早期著作进行(哪怕是简述性的)考察。

文化是卢卡奇生命中"唯一的"(single)思想。文化在今天是可能的吗?回答这一问题并同时通过自己的活动去创造和实现这种可能性,始终是他生命中的核心关切。但从一开始,文化概念的内涵远不止高雅艺术或哲学,它远超"高级文化"的边界。对于卢卡奇来说,文化问题同义于**生活**问题,同义于"生活的内在意义"。因为

> 文化……是生活的统一,是统一所具有的提高生活和丰富生

活的力量……所有文化都是对生活的征服,用单独一种力量统一了所有生活现象……所以不论你观察的是生活总体的哪一部分,你都会在它的最深处发现同样的东西。在真正的文化中,每一种事物都是象征性的……①

通过文化,人类与事件变成一个有意义的总体的组成部分。② 文化赋予不同的、不相关的事实以鲜活的意义,每个人都是用同样的方式来理解这种意义,因此文化确保这些事实的阐释和评价始终都是凭借立足于真实生活的世界观。主体与客体、个人与社会、人的内在信念与外在制度(institutions)的统一,只有在真正的文化中才是有可能的——并不是在废除或排除冲突的意义上,而是说文化追寻能够解决冲突的路径,并因此确保"发展不再受制于偶然的妄想"。只有在真正的文化中,"高级文化"形式——艺术、哲学等——才不再与生活相异化,而生活也不再疏远它们,因为在真正的文化中,这些形式只不过是"尚未被赋形的、作为一种模糊的渴望的潜在东西在意识中的出现"③。

换句话说,从卢卡奇作为思想家起,文化问题对他来说就意味着是否有可能过上一种摆脱异化的生活的问题。这个问题背后是他在充满激情地诊断描述现代资产阶级存在特征的敌视文化、"文化危机"的状况,也包含着他对这种状况的坚定拒斥。这种危机意识绝不是卢卡奇独有的。人们也可以举出狄尔泰、西美尔和韦伯(在此只提一下被证明直接影响了卢卡奇思想形成的思想家)。但是卢卡奇的与众不同之处在于他对矛盾的敏感度,他与矛盾抗争的悲剧性的力量,以及在20世纪第一个十年的"幸福的和平时光"里他的哲学研究所具有的"激情"

---

① Georg Lukács, "Esztétikai Kultura"(审美文化), in Georg Lukács, *Esztétikai Kultura*, Budapest: Athenaeum, 1913, pp. 12,14. 该文本身还发表在 *Müvézet és Társadalom*(艺术与社会), Budapest: Gondolat, 1969, pp. 72–84。
② 参见 Georg Lukács, *Die Theorie des Romans*, Neuwied: Luchterhand, 1971, p. 131。
③ Georg Lukács, *Die Theorie des Romans*, Neuwied: Luchterhand, 1971, p. 26。

(pathos)特征。卢卡奇的整个前马克思主义时期是一场持续斗争,为的是准确地从概念上诊断这些矛盾与"危机",并且通过理论手段寻找摆脱矛盾和危机的方式,或至少发现适合解决它们的恰当人类行为准则。

在卢卡奇这一时期的诊断中,人们可以发现两种相似的分析形式,一种是形而上学和生存论的形式,另一种是历史的形式。这两种分析形式在卢卡奇的不同作品中是变化的,二者经常在同一篇文章中结合起来,以至于在某种意义上两种方法的对立只是人们在阐释他的著作的过程中构建出来的产物。卢卡奇几乎周期性地试图从原则和方法论层面阐明它们的关系。[①] 然而,在这两种分析类型之间仍然存在着,至少是隐含着尚未解决、然而又富有成果的矛盾,这些矛盾不只是方法论层面上的问题。(无法找到解决方案也许就是卢卡奇频频"寻求统一"的原因。)因为方法论的"相似性"问题背后潜藏着一个更深层的问题:一种哲学的困境(尽管这二者并不完全相同,其中一种也不能还原为另一种)。这个问题就是他(卢卡奇)所生活的时代状况到底是表达了生存论和本体论的文化悲剧,还是表达了一种存在恢复可能性的历史危机。

正是早期阶段毫不松懈和不求回报的理论抗争,把卢卡奇的著作与同时期其他人的著作区别开来,并且使他思想发展的整个过程都变得如此独具特色和卓尔不群。卢卡奇早期思想的发展之所以难以把握,是因为他给出的积极答案和解决方法在不同的著作之间是变化的。往往每一次解答都是一种被推至极限的思想实验,并常常在另一部著作中又成为无情批判的对象。试举一例:《悲剧的形而上学》("The Metaphysics of Tragedy")是卢卡奇最著名和最常被分析的早期论说文

---

① 仅举最重要的几部著作,Georg Lukács, "Megjgyzések azirodalomtörténet Elméletéhez"(文学史理论评论),in Müvézet és Társadalom(艺术与社会), Budapest: Gondolat, 1969, pp. 31 - 56;《海德堡艺术哲学》第三章;《小说理论》前几章节。

之一。包括吕西安·戈德曼①在内的众多批评家已经相当准确地指出，该文证实了卢卡奇与后来的存在主义思想世界的联系。然而并不广为人知的是，几乎就在卢卡奇形成这一立场的同时，他又在《审美文化》("Aesthetic Culture")一文中对其进行了猛烈批判。在此批判中，"最后的审判前的生活"②被贴上了"最轻率"(frivolity)的标签：

> 当所有人都生活在对伟大审判的期盼之中时，一切都是可以容许的（然而这一天永远不会来临）；因为等到最后的审判那一天，人们发现一切都是简单的，并且共有的悲剧感将会赦免每一种轻率的罪过。③

因此，用卢卡奇本人所理解的术语来说，这篇论说文可以被视为他早期的"代表性"作品。根据《心灵与形式》的引导性研究，它作为一种形式的论说文介于艺术与哲学之间。它使用源自生活的事实或事实的表现，从概念上把一种世界观表达为**体验**，表达为**生活**的问题。但是它却没有给出明确的概念式答案。"论说文是一种裁决，但是事关本质的、决定价值的东西不是判断（就像体系中的情况那样），而是裁决的过程。"④有时候正反辩论的辩证法甚至成为论说文本身的一种结构要素，并决定它的形式。因此，并非偶然的是，一些对于理解卢卡奇哲学思想至关重要的论说文（例如，《心灵与形式》中关于斯特恩的论说文或《论精神的贫困》）是以对话录的形式写成的。

---

① 吕西安·戈德曼，20世纪法国重要的西方马克思主义哲学家，提出发生结构主义和科学人学观思想。——译者注
② Georg Lukács, „Die Metaphysik der Trgödie: Paul Ernst", in Georg Lukács, *Die Seele und die Formen*, Neuwied & Berlin: Luchterhand, 1971, p. 128.
③ Georg Lukács, "Esztétikai Kultura"（审美文化）, in Georg Lukács, *Esztétikai Kultura*, Budapest: Athenaeum, 1913, pp. 22-23.
④ Georg Lukács, „Über Wesen und Form des Essays", in Georg Lukács, *Die Seele and die Formen*, Neuwied & Berlin: Luchterhand, 1971, p. 128。

卢卡奇的"哲学"、形而上学和生存论分析的基本范畴是——我们在这里应该主要关心的是"代表性"论说文中使用的术语——"生活"("日常生活"[ordinary life]①)、"心灵"(soul)(以及与之紧密相连的"真实的"[real]或"鲜活的"[living]生活)和"形式"(form)。首先,生活是"非个人的、机械的力量"的世界②,是与人相异化的僵化形式(习俗和制度)的世界。它们曾经是由**心灵**创造的,受到理性和明确目标的引导,但是它们已经不可避免地转变成外部力量,它们只是存在着,却不再是活着。它们已经变成第二自然,"只能在与第一自然的类比下,被描述为完全已知、却无意义的必然性的总和"。这个"日常生活"的世界是"一些凝固的、格格不入的事物,是一种感觉复合物(Sinngebilde),它无法获得人的内在精神生活的任何共鸣。它是衰落的精神生活的受难地"③,是由不可避免的必然性编织成的天罗地网,然而它"从根本上却是偶然的和无意义的",它是"牢牢陷在由无数的线索、无数的偶然联系和关系织成的网中"④的必然性。

然而,生活概念指涉的现象不仅仅涉及"人际间的"客观层面,还涉及主观层面。日常生活中的经验个体是孤独和孤立的,他盲目地想方设法接触其他个体。但是支配这些社会交往形式的习俗使他不可能找到这样一种方式,这就意味着他只能从外部体验自我。⑤ 在这种生活中,只有两种基本的行为类型是可能的:要么人完全沉浸于习俗世界之中,然后因此丧失了他真实的人格;要么摆脱非理性的、外部必然性的压力,而转向纯粹的内倾。然而,第二种反应,完全放任于(或者说消融

---

① 这里的"ordinary life"是指通常的、平常的、普通的生活,可以译作"日常生活",但是,在 20 世纪后来谈论的日常生活批判中,"日常生活"概念大多是使用"everyday life"这一表达形式。——译者注
② Georg Lukács, „Von der Armut am Geiste", in *Neue Blätter II*, 5-6(1912), p. 73.
③ Georg Lukács, *Die Theorie des Romans*, Neuwied: Luchterhand, 1971, p. 53, 55.
④ Georg Lukács, „Die Metaphysik der Trgödie: Paul Ernst", in Georg Lukács, *Die Seele und die Formen*, Neuwied & Berlin: Luchterhand, 1971, p. 225.
⑤ Georg Lukács, „Die Metaphysik der Trgödie: Paul Ernst", in Georg Lukács, *Die Seele und die Formen*, Neuwied & Berlin: Luchterhand, 1971, p. 224.

于)瞬息的情绪流和感觉经验流,这也意味着放弃自我:

> 因为一切皆来自内部,但任何事情都不可能真正来自内部:只有外部世界的事物才能调动情绪,而享受自己的心灵作为一种审美体验,只不过如同被动地观察那些偶然间闯入人的生活轨迹的事物一样。完全的自由是最极端的束缚形式。①

最终,生活中内部和外部、主观性和客观性的对立尽管相互斗争,但斗争结局绝不是某一方成为主导。

> 用不和谐音来加以表述可能还高估了[日常生活]。不和谐音只有在一个音律系统中才是可能的,也就是说,要在一个已经成为统一整体的世界中才是可能的:沮丧、压抑和混乱甚至还称不上不和谐。②

> 生活是光明与黑暗交织在一起的无序混乱:生活中没有什么是得以全部完成的,没有什么是真正走到结束的。新的、令人困惑的声音总是不断地加入从前人们听到过的合唱队伍中去,所有的事物无遮无拦地闯进别的事物中,混合成一个大杂烩;一切都遭到了破坏,一切都被砸了个稀烂,没有什么东西能繁盛地生长成真实的生命。生命:就是能充分地生活的东西。生活:没有什么东西能充分而完整地生活。生活就是一切想象得出的存在中最不真实、最没有生命力的东西。③

---

① Georg Lukács, "Esztétikai Kultura"(审美文化), in Georg Lukács, *Esztétikai Kultura*, Budapest: Athenaeum, 1913, p. 16.
② Georg Lukács, „Von der Armut am Geiste", in *Neue Blätter II*, 5 - 6, 1912, p. 86.
③ Georg Lukács, „Die Metaphysik der Trgödie: Paul Ernst", in Georg Lukács, *Die Seele und die Formen*, Neuwied & Berlin: Luchterhand, 1971, p. 219。

"日常生活"是"单纯存在"的领域,是非本真存在(inauthentic being)的领域。

本真的存在指的是**心灵**,它有两层含义。一方面,在形而上学的意义上,心灵是人类世界的实体(substance),是所有社会体制和文化作品的创造和形成的原则。另一方面,在生存论的意义上,心灵指的是本真的个体性(individuality),作为一种"核心",它使得每一人格性从根本上成为独特的和不可替代的,并且它赋予人格性固有的价值。无疑,卢卡奇在此方面的概念阐述具有论战的弦外之音,至少在他的"论说文时期"(1908—1911)是这样的。论战的矛头指向德国古典哲学,重中之重是反对黑格尔的精神概念:

> 主观性肯定是有真理性的;个体的事物是全部的存在,个体的人是"人"的理念背后的现实。①

> 只有个体事物、只有被驱赶到界限边缘的个体性,才现实地存在。包括了一切的普遍性是无色、无形式的,因其过于开放而无力,因其单一而空洞,没有化为现实的可能。②

并且只有"真实的"、真正的生活,才能"在对完满和真正的自我的体验中获得,在心灵对自身的体验中获得"③。

这种生活与心灵、本真存在与非本真存在之间尖锐的二元对立,可能构成了青年卢卡奇哲学的最鲜明的特征。我们是在公认的形而上学的意义上使用"二元论"这个词的,因为卢卡奇在断言主体具有塑造人

---

① Georg Lukács, „Das Zerschellen der Form am Leben: Sören Kierkegaard und Regine Olsen", in Georg Lukács, *Die Seele und die Formen*, Neuwied & Berlin: Luchterhand, 1971, p. 39.
② Georg Lukács, „Die Metaphysik der Trgödie: Paul Ernst", in Georg Lukács, *Die Seele und die Formen*, Neuwied & Berlin: Luchterhand, 1971, p. 232.
③ Georg Lukács, *Die Theorie des Romans*, Neuwied: Luchterhand, 1971, p. 131.

类世界及其历史的实质性本质时,他当然不会声称由主体创造的并被拒斥为非人的、机械的客观世界,仅仅是一个被扭曲的幻觉。非本真的存在、日常生活结构的世界是作为一个与心灵相对立的原则而存在的,这一原则虽然不具有与心灵相同的价值,但是却具有同等的地位。它具有自己的力量,而且往往是一种压倒性的惰性力量:

> 所有个体事物一旦进入生活,就有了自己的生活,它不依赖于其创造者和任何预期目标,不依赖于它的有用性或有害性,不依赖于它到底是好还是坏……在这里重要的是存在范畴,作为一种力量、一种价值、一个范畴的单纯存在,在塑造生活整体的过程中发挥着至关重要的作用。……它自己的生活(人类创造的每一种产物的生活)脱离了其创造者的生活,也脱离了所有意图;它具有了自己的生活。它开始发展,或许是以不同于初始意图的其他方式并沿着其他方向发展起来。它或许会转而对抗它的创造者并破坏那些本打算强化和支持的东西。手段变成了目的,并且不管是前瞻还是回顾,没有人能够获知储存在对象和事物里的会影响局面和事态的巨大力量到底是什么。[①]

由此,"日常"生活范畴、非本真生活,对于卢卡奇来说变成了异化的同义词;这种异化遭到了强烈的拒斥,但是却被承认为是人类存在的一种不可避免的**形而上学**的特征。

本文并不是要在卢卡奇的观点与同时代各个流派的生命哲学之间建立或证明某种联系(当然,主要就是他与西美尔之间的关系)。然而,明显存在的联系并不能掩盖同样重要的差异,甚至是彻底的冲突。这

---

① Georg Lukács, *A modern drama fejlödésének története*, Budapest: Franklin, 1911, pp. 100 - 101. 此"单纯存在"的概念后来成为卢卡奇思想体系中一个关键的术语。例如,参见《悲剧的形而上学》,或者《海德堡艺术哲学》的第三章。

直接体现在对心灵概念的不同阐释中。一般而言,生命哲学的一贯拥护者把对立于由物和物质关系构成的机械世界的创造性的主体性(subjectivity),等同于已经清除了概念痕迹的非理性的、不可言传的心灵体验。而这种观点不同于卢卡奇的观点,这不仅仅是因为卢卡奇在写作伊始就非常明显地表现出彻底而明确的反心理主义立场。① 卢卡奇的哲学与生命哲学的对立还有其他更深层的哲学原因。我们已经知道,他始终认为"纯粹内倾"的世界是非本真存在和"日常生活"的典型表征。(他对所有印象主义形式持坚定的轻蔑态度也是源于这一观念。他所拒斥的还不仅仅是艺术的印象主义。)"心灵"是体验(experience),或者更确切地说,它可以成为体验,但是它绝不能等同于个人经验的总和。事实上,"心灵"指的是最大化地发展、最大可能地增强个人意志(will)的力量②、他的能力和"精神活力",也就是每个人为了获得真正的个体性而能够发展并应当发展的独一无二的潜能。可以说,"心灵"是个体的"天职"(vocation),并且这一"天职"是指向外部的,是向着外部世界和其他人的。因为本真性不过就是最大限度地积极发挥自己的能力,就是把发生在自己身上的一切塑造成为一种表达自己最内在本性的个人命运。

我们并不是在讨论中随意卖弄费希特的术语。因为,即使忽略存在直接影响的证明这一点,毋庸置疑的是,青年卢卡奇从开始接触哲学起就已经与费希特(和黑格尔)的辩证法发生诸多关联。卢卡奇也认为,人不是其所是(is),而是其能是(could be)。卢卡奇哲学中的二元论

---

① 典型地体现在他对狄尔泰的悼词中(Georg Lukács, *Obituary for Dilthey*, Budapest: Szellem, 1911, p. 253),卢卡奇把狄尔泰发起的哲学复兴运动的失败原因归罪于心理主义。
② 例如可参见 Georg Lukács, *A modern drama fejlödésének története*, Budapest: Franklin, 1911, pp. 12-13。"人的整体存在只能用其意志中的直接活力和由意志引起的行动来证明自己……因为情感和思想在形式上是短暂和易变的,在本性上远比意志灵活,也比意志更容易受到外部的影响。个人不知道他的情感和思想到底在什么程度上真正属于自己(或者它们在什么程度上已变成自己的)。只有当这些情感和思想出于某些原因而受到考验时,也就是说只有当他需要依据它们而行动的时候,当它们变成他自己意志的一部分并产生行动的时候,他才完全明确地知道这一点。"

始终意味着对立力量之间的辩证斗争。似乎对他来说,不仅异化是"形而上学的"必然,**反抗异化的积极抗争**也是如此。

与此同时,上述对"心灵"概念的阐释也表现出,卢卡奇力图克服生命哲学根本上的主观主义和由此产生的相对主义。如果本真性指的是对个体状态的自恋式自我享受,从个人把他的孤立状态接受为一个不可改变的事实中获得自恋的自我享受,那么,从根本上不可交流的、每一个都不可比较并同等有效的体验流,将摧毁所有价值与价值差异。

> 自我已经涌入了世界,并且经由情绪和感觉,已经把世界吸收进了自身之中。但是这也意味着世界也涌入了自我,因此两者之间的所有界限早就被消除了……如果事物不再是坚固稳定的实体,那么自我也并非如此。并且当事实消失的时候,价值也将隐退。在个体之中或之间,除了情绪与感觉之外一切都荡然无存,某种情绪与感觉绝不比其他的情绪与感觉更加正当或更有意义。①

另外,如果本真的生活作为心灵的一种积极证明,意味着发展独特个体性的全部潜能,这种个体性在行动中体现自身,把生活的一切融合为一个统一体,那么同时,此发展过程就超越了纯粹个体性的东西。这种自我实现的过程是向行动、向事实的转化,其指向的生活方式和人类生活的可能性是无法复制的,但却可以是规范性的,并且能够充当每一个人的范本。

> 心灵之道是剥除并不真正属于自身的一切,使心灵成为真正个体性的,不过其结果却超越了纯粹的个体性。这就是为什么这样的一种生活可以成为范本的原因。这是因为,单个人类个体的

---

① Georg Lukács, "Az utak elváltak"(分离的道路), in Georg Lukács, *Esztétikai Kultura*, Budapest: Athenaeum, 1913, p. 33.

自我实现意味着这种自我实现对每一个人来说都是可能的。①

只有通过这种心灵对生活的激烈抗争,个体才能获得那些将会永远成为人际性的和绝对的东西,并因此是真正普遍的东西——卢卡奇所谓的创作(work)②:"从贫困与限制中诞生了救赎。"③

对于卢卡奇来说,"创作"指的是一种对象性(objectivity)的类型,一种"是什么"的类型,它并不是通过"单纯的生活"的惰性简单地**保持存在**,而是作为意义和价值的来源**保持着有效性**。它指的是从历史中产生,但通过不断展露新的生活和意义而成为永恒的对象化——完美的艺术作品、伟大的哲学和宗教体系、在其不间断的发展中成为整体的科学。(当然卢卡奇重点关注的主要还是艺术作品。)

然而就是在这一点上,青年卢卡奇的哲学与各流派的生命哲学分道扬镳,并与德国古典哲学发生了联系。正如他在1915年发表的一篇关于克罗齐(Benedetto Croce)的文章中明确指出,这一点与"绝对精神"相关,更宽泛地说,是关于对象化的问题。④ 因为,根据生命哲学的观点,原则上纯粹的个体是不可以被超越的,并且这种尝试也毫无意义,而卢卡奇却始终把"绝对精神"在文化上的对象化当作无可辩驳的

---

① Georg Lukács, "Esztétikai Kultura"(审美文化), in Georg Lukács, *Esztétikai Kultura*, Budapest: Athenaeum, 1913, p. 29.
② work 一词也可以译作"作品",特别是在涉及艺术成果的时候。但是,考虑到卢卡奇用 work 不仅指谓艺术创作成果,而且也指谓各种自觉的精神创造活动、文化创作活动,即人的自觉的活动及其成果,与人特有的劳作方式和行为方式密切相关,因此,本书中在广义使用这一词时,一般译为"创作"或"工作",而在具体指涉艺术或其他精神创造的具体成果时,则译为"作品"。——译者注
③ Georg Lukács, „Leo Popper-Ein Nachruf", in *Pester Lloyd*, 19 December, 1911.
④ 这一研究的目的就是要略述青年卢卡奇哲学的基本结构特征。我们无法更详细地讨论其发展中更加复杂的方面。笼统地说,这种发展一直朝向对生命哲学的不断驳斥而前进。作为前马克思主义阶段中最后一部实质上体系性著作,《美学》(写于1916年到1918年间)非常清晰地体现出了一种康德哲学的特征,尽管是一种非常独特的、鲜明的二元论的康德主义形式。当卢卡奇《美学》的第一章中很清楚地提到他的一般观点与李凯尔特和拉斯克观点之间的联系时,他指出了他自己的这一特征。

证据,证明了这种超越实际上是可能的。因为"创作"(以及其存在所必须具备的"形式")提供了一种保证,那就是对抗无意义的、机械的和孤立的经验主义"生活",以及努力为一种有意义的秩序和真正的人际交往而奋斗,不仅是必需的,而且不是注定失败的。

  想要获得解决——形式的救赎力量——就要坚持走到所有路径和所有苦难的尽头,在超越了任何可证明的信念中,心灵的不同路径将在最遥远的时刻和地点重新会合,它们必定重新会合,因为它们全都是从同一个中心点出发的。而形式是此信念的唯一证明,因为形式是此信念的活生生的实现,形式比生活的一切都更加鲜活。①

  不过,创作,更确切地说,卢卡奇视为无比重要的艺术创作,是产生于生活的,这不仅仅意味着它作为经验个体创造的对象化,必然展现出它所处时代的所有特征,还意味着它在本质上只不过是对生活的表现,是一个特殊形式对生活的要求。但是,从这种短暂而无意义的混乱中,如何出现一般有效的、具有普遍意义的事物?如果在生活之内,不存在心灵与另一个心灵交往的方式的话,那么人们如何能够从生活中建造出一道永恒的并且所有人都可以使用的桥梁呢?正是这一问题的终极哲学意义促使青年卢卡奇从此问题出发,写下两部关于美学的系统性著作,即写于海德堡的《艺术哲学》(*Philosophy of Art*)(1912—1914)和《美学》(*Aesthetics*)(1916—1918):"艺术作品何以可能?"

  卢卡奇认为,需要在形式概念中寻求此问题的答案。形式概念比"创作"概念更加包罗万象。对卢卡奇来说,形式指涉的是所有与意义创造相关的功能。它使事实、事件和生活所有其他元素的多样性能够

---

① Georg Lukács, "Esztétikai Kultura"(审美文化), in Georg Lukács, *Esztétikai Kultura*, Budapest: Athenaeum, p. 28.

被安排进**有意义的**结构，即**有组织的意义**模式。（相应地，形式不仅联系着"绝对精神"的领域，还联系着"客观精神"的领域。）每一种独立的形式都是心灵回应生活的一种特殊方式。通过这些形式，一方面，心灵变得纯粹和同质，因为它集中在一种价值之上；另一方面，运用这种单一的价值，心灵可以为生活、"单纯的存在"领域中的混乱建立秩序，并赋予其意义。作为对象化的原则，作为对象化具有有效性的原则，形式还是生活与心灵之间的中介（mediation）原则，尽管它最终永远不能解决它们之间的对抗性，即二元对立。

艺术作品只是为生活"赋形"的多种方式中的其中一种。① 生活庞大结构中的众多线索，朝向千万种不同的方向行进并向无限而延伸。原因与动机构成无尽的海洋，从它们中间，艺术家只能选择其中的少部分，并且他的选择必须认为：这些部分彼此紧密相连并形成一个同质的体系，这个体系本身是自我封闭的、自我完满的，从一点就可以看到它的全貌。艺术品作为一种抽象概念恰恰是一个"中介了体验的图式体系。它是如此完美地自我封闭，以至于它的效果只依赖于其组成元素的内在关系"②。这一图式符合被选择、安排、赋予结构的生活的质料（material），并随着体裁、风格等的变化而变化，这就是**美学形式**（aesthetic form）：

> 形式把生活的质料安排成为一个自足的整体，并且规定其节奏、韵律、波动，密度和流畅度，强度和缓和度；它强调重要的东西，

---

① 各种形式的**多样性**和**自律性**是青年卢卡奇哲学中的基本主题。他的《美学》就涉及了这个问题，这也是使他开始反对黑格尔哲学的重要理论研究之一（手稿中包含着一种详细阐述的对黑格尔批判性的对抗）。黑格尔的一元论和泛逻辑主义基于一种假设，那就是所有先验构成的形式都可以被还原为一种单一的类型，也就是理论的逻辑构成——更准确地说，他假设它们可以在逻辑上按照它的原理演绎出来。与此相反，卢卡奇把他自己体系中康德式的"基本论点"表述为"所有自律的构成形式完全互不依赖，并且其中任何一种形式都完全没有可能从任何其他形式中推导出来"。（《海德堡美学》第一章）
② 《海德堡艺术哲学》第二章的片段最近发表于 *Arion*, 5, 1972, p.39。

并去除不够重要的东西;它要么把事物安排在台前,要么把它们安排在背景之中,并且在此模式内把它们组织为一些群体。①

通过这一塑形的过程,生活无定形的混乱状态在艺术作品中变成了一种井然有序的宇宙,变成了一种新的生活,但这样的生活——在日常生活的对比下——现在变得清晰明确。每一个艺术作品都体现了一种看待和理解生活的方式,因此,艺术是赋予生活以意义并使之擢升入意识领域的过程,是超越混乱生活的过程。它是一种"对生活的审判"②,并且带来了"对事物的主宰"③。艺术的存在就是"日常"生活的异化可以被克服的证明。

然而,这一点不仅对客观性是真实的,对主观性也是如此。每一种形式都体现了一个视角(vision),即对体验到的生活的直接阐释——这种解释不是由脱离了生活的自我作出的主观回应,而是在创造性地排列生活的原始质料的图式之内进行的阐释。这一图式与艺术作品的具体质料是不可分割的,并且它本身就是体验的一个来源。它通过艺术作品的客观结构表现出来。这就是为什么形式也是保证个体之间、艺术作品的创作者与感受者之间进行交流的原则:"形式是文学中真实的社会元素……是创作者与读者之间连接的纽带,是文学中唯一既是社会的又是美学的范畴。"④那些具有真实伟大形式的艺术作品,那些产生了完美的统一整体的艺术作品,**凭借它们的结构**,启发了一个对生活的视角,一种对生活的阐释和评价,甚至就是一种世

---

① Georg Lukács, "Megjgyzések azirodalomtörténet Elméletéhez"(文学史理论评论), in *Müvézet és Társadalom*(艺术与社会), Budapest: Gondolat, 1969, p. 38.
② Georg Lukács, "Megjgyzések azirodalomtörténet Elméletéhez"(文学史理论评论), in *Müvézet és Társadalom*(艺术与社会), Budapest: Gondolat, 1969, p. 39.
③ Georg Lukács, "Esztétikai Kultura"(审美文化), in Georg Lukács, *Esztétikai Kultura*, Budapest: Athenaeum, 1913, p. 17.
④ Georg Lukács, "Megjgyzések azirodalomtörténet Elméletéhez"(文学史理论评论), in *Müvézet és Társadalom*(艺术与社会), Budapest: Gondolat, 1969, p. 36.

界观。不仅如此,它们还具有一种不可抑制的召唤力量,能够用这个视角鼓舞每一个人。这一点阐明了艺术作品的普遍性、永恒有效性和影响力。

但是生活与心灵之间的这种关系,即心灵通过艺术(以及所有其他有效的文化"创作")所表现出来的高于生活的力量以及对异化的超越,本身还无法解决生活本质上的二元性和对抗性所产生的直接问题。艺术能够超越日常生活的异化,但是无法废除它。因为,尽管艺术作品产生于生活,但是它又不可避免地脱离生活,而且是彻底地脱离。这是因为它总体上是自我封闭的,本身就是一个完整的宇宙。它是一种新的生活,正如它自身是自足的和完整的,从开始存在那一刻起,它与自身超越的任何事物都不具有(并且可以不具有)关联。① 因此,艺术作品与生活之间的关系(对艺术的接受),只能是不同领域间的瞬间接触,"非本真的生活"绝不可能通过它获得救赎。人们可以在作品中并且通过作品理解生活中的某种意义,但是并不意味着人们就可以据此安排自己的生活或赋予其意义。

同样,艺术也不能消除使个体孤立的人类交往中的缺陷——不仅是因为艺术交往不可避免的精英特征("天才"[genius]概念是青年卢卡奇的基本范畴之一),还因为其固有的本性。艺术作品在创作者和读者之间打造了一条普遍有效的纽带,因为这条纽带是**专门**由作品中成为对象的形式所创造的。然而,只要考虑到内容,这条纽带绝不可能是充分的,一部分原因在于,客观地体现在、表达在作品形式中的世界观并不必然与其创作者的观点和意图有某种关系(根据青年卢卡奇的美学观点来看,意图与完成的作品之间存在"非理性之跃"),而另一部分原因则是作品唤起的体验本身是接受者自己的体验。这些体验——也就是使接受者感觉到体验的独特性并且使艺术作品产生直接和特殊效果

---

① 这就是贯穿卢卡奇早期著作的批判自然主义的基本起点。尤其参见《现代戏剧发展史》第 7—10 章,以及《海德堡艺术哲学》第 2 章。

的特性——绝不可能与艺术家的体验完全一致。

> 能够通过作品实现自我发现,并在最深处和最私人的层面受到它的影响——这就是作品的永恒重复性发挥其效用的机制,它排除了所有创作者和读者之间产生共有体验的可能。误解的可能性在经验现实中只是一种事实性真理(vérité de fait),在作品中却变成了一种永恒的真理(vérité éternelle)。①

日常交往过程中的缺陷,即"误解"的可能性无法被艺术废除;它只是被永恒固定下来。它从一种经验范畴变成了一种构成性的范畴。

由此,"作品"和"绝对精神"在文化上的对象化所代表的生活与心灵之间的中介,变成了新的悲剧性冲突的起点,其中之一就是卢卡奇详细讨论的"艺术家的悲剧"。我们已经谈到了这一悲剧最重要的方面,也就是艺术家的"不可救赎的状态",也即这样一个事实:

> 他们为作品赋予的所有的圆满,他们为作品倾注的所有的深度体验,都只是徒劳。他们比起日常生活中的人更加缄默也更不擅长表达自我,他们都是把自己封锁起来的人。他们的作品可能达到了人类所能达到的最高成就,然而他们自己却是最不幸的人,也是最不可能获得救赎的人。②

通过这种方式,卢卡奇从哲学上建立起我们在研究之初很容易视为理所当然的东西:文化问题并不等同于"高级"文化问题,并且其危机也不能单独在这个领域中获得解决。伟大的文化对象化提供了一种保证,即不管是从人类还是从历史角度而言,对抗日常生活的异化都不是

---

① 《海德堡艺术哲学》第 2 章,著作前两章最充分和系统地研究了这里谈及的问题。
② 《海德堡艺术哲学》第 2 章,也可参见 Arion, 5, 1973, p. 46。

徒劳,但这一保证实际上是虚假的。但它并不能证明这种斗争的目标可以得到真实的实现。对于文化是否"可能"这一大问题,用青年卢卡奇的哲学语言来说,并不能简单地还原为是否可能从生活的原始质料中创造出永恒有效的、客观的、必然脱离生活的形式;此问题的核心内容是,人们有无可能塑造**生活本身**,即便可能只是以一些在历史中显得转瞬即逝的方式。

这个疑问构成了青年卢卡奇伦理学的基本问题。阿格妮丝·赫勒已经对此进行了彻底的研究。① 显然,我们只能谈及这一问题式中与我们感兴趣的一般问题直接相关的方面。

大体上我们可以说,卢卡奇对文化可能性问题的探讨不论在一般意义上还是在系统分析的背景下,其答案都是否定的。人们可以指出关于这一答案的许多绝对明确的表述。最清楚明确的答案出现在《艺术哲学》中:根据伦理标准来塑造生活是不可能的,因为自我作为伦理意志的产物,既无力改造外部世界的事实,也无法从整体上洞穿心灵。没有一种方法能够把一个个体的内在生活改变成"命运",换句话说,就是改变成由人格性的伦理本质决定的有意义的总体。

> 鉴于这些事实,根据纯粹的伦理标准使生活获得风格的想法不再站得住脚。这样一种风格化既不能摧毁涌入风格的原始质料,也不能赋予它一种伦理学的视角。而且假设它声称它具有一种可以加在生活总体之上的形式的状态,这也将是一种不适合的形式,是一个寓言。②

然而正是在这一点上,卢卡奇在1912年到1914年的手稿中(言之凿

---

① Ágnes Heller, „Jenseits der Pflicht", in *Revue Internationale de Philosophie*, 106, 1973, p. 439ff.
② 《海德堡艺术哲学》第2章。

凿地)提到,早在他关于克尔凯郭尔的论说文(从 1909 年开始)里,就已经表述过这一立场了,并且人们也可以在他的《悲剧的形而上学》中发现相似的观点。在关于克尔凯郭尔的论说文中,同样本真的生活、"真实的生活"似乎"在日常经历的经验世界里始终都是不可能的",因为

> 人们不可能一直生活在最巅峰的状态,最大限度地发挥自身的终极潜能。人们必须回归并遁入最乏味的生存,为了生活,人们必须否定生活。①

命运与生活的统一、自我的内在世界与外在事物的统一、意义与存在的统一,只被赋予少数悲剧性的被选中者,并且对他们来说也只是片刻的赋予:

> 这一瞬间既是开始又是结束。没有后继者,它也不产生任何影响。没有什么能把它和生活联系起来。它就是一个瞬间,它不指代生活,它就是生活,是别样的生活,它排斥日常生活,与日常生活针锋相对。②

人类为文化而奋斗,永恒地、永不休止地渴望"要在自己的生存巅峰过自己的生活,要使其意义成为日常现实的一部分"③,这是悲剧般地毫无希望的。因为尽管这种永远无法被废除的奋斗并非徒然——就像艺术作品一样,伟大的道德范例正是从这种奋斗中诞生。尽管是由人类创造的却拥有永恒的有效性,象征着我们存在和潜能的顶

---

① Georg Lukács, *Die Seele und die Formen*, Neuwied & Berlin: Luchterhand, 1971, p. 219.
② Georg Lukács, *Die Seele und die Formen*, Neuwied & Berlin: Luchterhand, 1971, p. 226.
③ Georg Lukács, *Die Seele und die Formen*, Neuwied & Berlin: Luchterhand, 1971, p. 233.

点并且赋予它们真正人性的维度——但是(原则上)它却无法实现它直接的目标。文化的"危机"只是人类存在的形而上学悲剧的表征之一。

然而,沿着这一观念,卢卡奇早期著作还提供了另一个视角,即**有**可能通过文化塑造生活。一般而言,人们会发现这种解决方案的表述不像上面讨论过的问题那样系统。它要么出现在对某一特别种类的历史或社会学特殊背景的分析过程中,要么就出现在往往不过是暗示性的乌托邦之中,但是这些观点却用许多不同的方式表现了卢卡奇早期著作的意识形态取向的特征。(至于那些明显采用了历史的研究路径的分析,我们将在下面再作研究,但是在这里我们可以用他关于施笃姆①的论说文为例,这篇论说文提供了一种与关于克尔凯郭尔的论说文相对照的范例:设想建立在天职的责任伦理学基础之上的一种资产阶级道德体系对生活的"塑造"。)同样清楚的是,这些乌托邦的实际内容在同一著作中也往往发生变化。② 可以简单地引证一个众所周知的例子,即在他的《小说理论》中和谐共存着两种不同的乌托邦。一方面,存在着一种"威廉·迈斯特"(Wilhelm Meister)式的乌托邦,在那样的世界里人类根据自己的目标,本着内在共同体和和睦协作的精神,能动地塑造客观的社会结构。③ 另一方面,卢卡奇也提到了陀思妥耶夫斯基著作中的"心灵的纯粹现实"这一路径,这是一个超越了所有社会规定性和社会形式,并且在超越一切对

---

① 这里应该指的是德国小说家、诗人泰奥多·施笃姆(Theodor Storm)。——译者注
② 对于关于青年卢卡奇的乌托邦的更多研究,参见费赫尔和赫勒的研究(见本书第 119 页注释①和第 135 页注释②)。
③ 参见 Georg Lukács, *Die Theorie des Romans*, Neuwied: Luchterhand, 1971, pp. 117 - 119, p. 128。

象化的心灵的直接交流中消除自我与世界的二元对立的"新世界"。[1] 不过就实际内容而言,在所有这些差异(人们甚至可能会说是矛盾)背后,隐藏着一个共同因素:它们都相信有可能按照人的本真本性来组织一个世界,在这个世界中,人最深切的需要和渴望与"外部"社会存在的客观结构之间不可逾越的鸿沟消失了,人类将不再遭受无尽的孤独和彼此之间的异化。上述论述是对文化可能性的坚信,这种文化接受并统一了生活的全部,渗透到人类日常存在的方方面面。并且,如果——不考虑明确的否定性答案——这些乌托邦展示出来的内容上的巨大差异作为一种标志表明在事实上,卢卡奇前马克思主义时期的

---

[1] Georg Lukács, *Die Theorie des Romans*, Neuwied: Luchterhand, 1971, pp. 137 - 138. 也可参考 Georg Lukács, "Halálos fiatalság (Fatal Youth)", in *Magyar irodalom*, *Magyar kultura*(匈牙利文学,匈牙利文化), Budapest: Gondolat,1970,pp. 113 - 116. 要想理解"陀思妥耶夫斯基乌托邦"在卢卡奇思想发展中发挥的重要作用,人们应该牢记在心的是战争的爆发导致了非理性主义发展方向上的一个独特转变(尽管是短暂的)。这种转变伴随着早先已经褪色的生命哲学的复兴。对于这一转变的原因很早就出现在他给保罗·恩斯特的信中。例如,1915 年 4 月 14 日,他写道:"形式的力量似乎一直在不断增长,并且对于大多数人来说,它们似乎比实际存在的还要更加真实。但是——对我来说,**这恰恰**就是战争的体验——我不能对此让步。我们必须继续强调,我们和我们的心灵才是唯一真正的本质,甚至它们永恒而先天的对象化(借用恩斯特·布洛赫创造的美丽隐喻)也只是纸币而已,只有能够兑换成黄金的时候才具有价值。形式真实的力量是不能被否定的。但是自黑格尔开始,德国思想界犯了一个致命的思想错误,那就是为所有力量赋予了形而上学的意义。"不到一个月之后的 5 月 4 日,他在回复恩斯特的评论中写道:"如果您认为国家是自我的一部分,那无疑是对的。但如果您认为它是心灵的一部分,那您就错了。我们以某种方式与之相联的一切都是我们自我的一部分(甚至是数学的主题),但是,'创造'了这些客体(在它们被我们的理性所综合的意义上)并且使它们成为自身不可分割的一部分的这个自我,是**一个抽象的**方法论概念,而照此创造出来的客体与自我的合并也是一种纯粹的方法论关系。错误在于把自我当成了心灵来对待。因为在给予主体某种永久而实体性的地位的同时,人们也会自动地给予相应的客体以同样的地位,这样,'形式'就变成真实和形而上学的了。但是,只有心灵能够拥有一个形而上学的真实。这绝不是唯我论。问题是如何发现从心灵到另一心灵的通道。"(信件的实质性部分发表于 *MTA II*, *Osztályának Közleményei*, Budapest, 20, 1972, p. 284, 296)然而,这种对历史对象化的非理性主义的否定不再出现在《美学》这部卢卡奇从 1916 年开始就一直在撰写的著作之中。这部著作是卢卡奇思想发展基本趋势的一个清晰延伸,在这里,卢卡奇在非理性主义的方向上所进行的活动(一部分反映出了历史-哲学的神秘主义的直接影响)被证明不过是一段短暂的插曲。与此相对,关于青年卢卡奇的匈牙利语传记资料,则主要突出了其思想中的这种神秘的、非理性的元素,或者对此作出的某种反应。(重要的来源是贝拉·巴拉兹、安娜·列斯奈和其他人的日记片段,以及卢卡奇早年朋友圈中个别成员的回忆。)不过,似乎在传记资料中,至少这种强调既是卢卡奇圈子成员思想态度的产物,也是对哲学家自身观点的一种反映。

这种信念并不是建立在深思熟虑的社会纲领和具体的历史视角的基础上,那么,这些被用来批判宣称文化具有"形而上学的不可能性"的哲学观点的乌托邦的不断出现,则清楚地证明了他的思想存在另一个颇具特色和一贯性的特征——对异化的、"无文化的"世界的强烈拒绝。不管那些认为卢卡奇阐述了世界状态不可改变的观点有多么可信或表面上可信,上述拒绝使他无法向这种可能性妥协。

到目前为止,我们一直关注卢卡奇对现代生活的异化情况及其对文化的敌视进行的形而上学和生存论的分析。然而我们已经指出,在他早期研究阶段,这一分析自始至终伴随着一种不同的分析方式,它既是对前者的部分补充,又在一定程度上与之相矛盾:它把同样的问题和事实阐释并界定为社会决定的、时间性的、历史的现象,这是一种从社会学或历史哲学的观点进行的阐释,即一种**历史的**阐释。这种分析方法将文化危机表现为现代资产阶级社会的基本特征,并认为它是由社会的经济和阶级结构所决定的。

这种解释的理论背景和框架是封闭的、有机的社会(首先便是以古希腊社会为例)与开放的、然而是机械的资产阶级社会之间的历史哲学差别。这些概念以明确术语出现在《小说理论》中。但是在逻辑结构上,卢卡奇的《现代戏剧发展史》也是以同样的历史对照作为起点的,这部著作的整个基础就是古代戏剧与现代戏剧之间的对比,其解释和阐述就是根据这种区别展开的。一开始,卢卡奇把希腊城邦视为一种社会的历史典范,在这样的社会里文化已经成为日常现实。作为一种有机的共同体,在城邦中,大家"共同相信伦理在关于最重要的生活问题的方面的价值"[①]。它是"一种绝对的意识形态,不容忍任何辩论甚至质疑",它是一种不再被理解为意识形态的统一的世界观,它具有"一种独有的情感特征,好像它不再包含用意识构想的价值"[②]。古希腊人这种

---

① Georg Lukács, *A modern drama fejlödésének története*, Budapest: Franklin, 1911, p.173.
② Georg Lukács, *A modern drama fejlödésének története*, Budapest: Franklin, 1911, p.173.

"单一伦理主义"(monoethism),作为以相当自然和自明的方式渗透并组织日常生活以及人的意识的文化力量,使个人所处的世界让他产生家的感觉。它的实现方式就是从个体与集体的角度,为世界的所有方面赋予一种能够被每个个体获得的清晰并一致的意义与价值。这个世界的秩序"建立在坚如磐石的基础之上"。它可能偶尔被"命运"所动摇,表现在外部事件的不可预测性或个体性特征的非理性之中,但是"它的波浪将平复曾扰乱个体娴静的一切,而表面将再次恢复平稳和静止,好像关于它的一切都未曾改变"①。这也表现出这个世界是"自我封闭的"。希腊人既无法了解精神和物质生产力的持续发展,也不了解由现代资产阶级社会所带来的个体性的程度。它是一个无法超出社会界线的自我封闭的世界,并且在某种程度上被严格的形式所束缚。以优先权和从属关系以及个人在体系中的位置为基础的人际关系体系,已经被历史悠久的传统惰性所建立和强化。但正因为这些关系是有机的,"要求个人的全部人格性",并且不能与人格性相分离,所以个人绝不可能发觉自己是受限制的。与此相对,它们提供了一个稳定的结构,在此之中的个人行动能够获得意义和重要性:

> 简言之……曾经生活本身是个人主义的;而今天人们是个人主义的,或者毋宁说他们的生活所依据的信仰和原则是个人主义的。曾经意识形态是一种纽带,帮助人们认识到自己适合处在一种作为事物自然秩序一部分的关系、体系中。另一方面,生活的每个细节又使他们有机会在自己的行动和身边的事物中表达自身的人格性。这就是为什么那种个人主义可以是自发的和不受质疑的;而今天……它却是被意识到的和有问题的。②

---

① Georg Lukács, *A modern drama fejlödésének története*, Budapest: Franklin, 1911, pp. 195-196.
② Georg Lukács, *A modern drama fejlödésének története*, Budapest: Franklin, 1911, pp. 148-149.

毫无疑问,资产阶级社会破坏了个人关系中的人的维度,随之也消解了封闭社会特有的束缚。毋庸置疑,这样将产生新的价值——从一开始,卢卡奇就相信人类生产力的发展和个体不断增长的内倾性(主观化)包含着价值因素——但是获得新价值的代价却是产生了新的纽带,并且不是个人的而是物化的纽带:个人开始依赖于以商品和金钱关系为基础的非人的、僵死的体制,这种体制将变得越来越复杂,人们不再能理解它的功能。

> 这种新生活把人从众多古老的纽带中解放出来,并且纽带不再是有机的,于是人把每一种联结都视为一副镣铐。同时,这种新生活在人的周围制造出一系列更加抽象和复杂的纽带。①

尽管他"在与他人的关系中感觉到自主性"不断增长②,但是个人"却越来越只存在于外在于他的物的关系中,个人的存在成了他与它们之间关系的总和"③。并且,个人的"问题化"意味着他的世界也变得有问题:他的生活和命运被控制在一张不可穿透的、毫无意义却具有不可抵抗的自身逻辑的物和物化过程之网中。"现代命运"取代了"伦理的世界秩序",

> 它是由事物(体制、对他人和生活的无知、生活环境、承继权,等等)内在联结的、令人感到恐怖的、有逻辑的结合而构成的,但单它们自身看起来则是相对的和偶然的。就算人们认识到个别的部分的无用和错误也于事无补,因为不管它们正当与否,它们作为事

---

① Georg Lukács, *A modern drama fejlödésének története*, Budapest: Franklin, 1911, p. 152.
② Georg Lukács, *A modern drama fejlödésének története*, Budapest: Franklin, 1911, p. 160.
③ Georg Lukács, *A modern drama fejlödésének története*, Budapest: Franklin, 1911, p. 105.

实会竭尽所能地发挥影响力,就像因果链条上的环节一样。①

这个世界被根本非理性的、难以理解的和对人类价值漠不关心的法则所统治。它已不再是人类的家园。

随着似乎是自然秩序的一部分的有机关系的衰退,支配个体之间关系的新原则是一种竞争原则。所有对他人的依赖形式都是个人无法容忍的。他努力通过反对他人来确证自身。如果他的人格性想要确证自身,就必须反对他人而确证自身。而这个他人也一样焦虑地维护自己的自主性。"个人主义最大的悖论之一就是……如果不抑制他人的人格性就无法确证自己的人格性,而别人想要保护自己只能摧毁那个个人。"②这种对抗性的关系不可避免地导致每一个个体越发孤独和孤立。

> 也许无须着重强调,今天的个人比起以往是多么孤独……每个人的真实人格性就是汹涌大海中间的一座孤岛,没有声音能够免遭大海的咆哮扭曲而传到那里。往往这声音完全被吞没,所以人们能做的只是看着他人伸出的手。但最后就连他的手势也被误解了。③

另外,这种持续的意志冲突,不仅彼此对抗而且不断相互误解(因为,无论情愿或不情愿,每一种意图都会破坏另一个),只能导致一个结果,一个任何人都不想要的结果,这一结果不是由个人有意识的目标和利益所决定,而是由他们生活环境的抽象的、不可抵抗的逻辑所决定的。

这并不只发生在个体性与外部物质环境力量不断碰撞的范围内。这些环境还具有夷平(使之一致)个人生活所有方面的作用。稳步发展的、越

---

① Georg Lukács, *A modern dráma fejlödésének története*, Budapest: Franklin, 1911, p. 453.
② Georg Lukács, *A modern dráma fejlödésének története*, Budapest: Franklin, 1911, p. 161.
③ Georg Lukács, *A modern dráma fejlödésének története*, Budapest: Franklin, 1911, pp. 164 - 166.

发极端的个体化过程与完全对立的、越发一致性的趋势紧密地交织在一起，这是现代个体变得"问题重重"的最重要的迹象之一。① 对于由竞争掌控的经济发展而言，它建立在日渐增长的劳动碎片化和分工的基础上。个人的工作变得越来越抽象、越来越脱离自己的个性，越来越与自身相异化。

> 从个人的观点来看，现代分工的一个根本方面可能就是它使工作不再依赖于工人非理性的，因此只能根据质性界定的能力，并使它依赖于与功能性相关的客观因素，这种功能性外在于个体工人，并与他的人格性没有关联。工作与工人之间的关系变得越来越疏远。工人在工作中投入越来越少的人格性，而工作也越来越不需要完成它的工人的人格性。工作呈现出一种分离的、客观的、自我生命，它有别于个人的人格性，由此个人只能寻找别的方式来表达自己的人格性，而不是在他的工作中。②

然而，由于不断增强的个体性不再呈现在真实的活动中，因此它不断被压抑并退回自身。它变成了纯粹的内省，并且甚至不再努力塑造"外部"事件的进程和自身命运的进程。

文化危机是当今世界由历史决定的不可避免的产物。在资产阶级社会内，真实意义世界中的文化是不可能的。它在客观上是不可能的：在"生产的无政府状态"所制造的抽象的、非理性的必然环境里，总体目标和意义不再存在。它的客观规则与人类相异化，不在统一的世界观中与个体发生关系。它在主观上也是不可能的：在这个世界里，除了自己和主观的经验以外，个人不承认任何目标，个体对这个世界不再具有共同的观点和经验。

---

① 参见 Georg Lukács, *A modern drama fejlödésének története*, Budapest: Franklin, 1911, pp. 145 - 146。
② Georg Lukács, *A modern drama fejlödésének története*, Budapest: Franklin, 1911, pp. 146 - 147.

本文建立在对卢卡奇完成于 1909 年的第一部重要著作《现代戏剧发展史》的评论的基础上，我们已经尝试总结出卢卡奇关于文化危机形成的历史和社会原因的观点（必须承认，这些观点的阐释仍未穷尽）。本文希望阐明"哲学的"分析和历史的分析之间存在很大程度的相似性。上述论述运用社会历史的方法解释了卢卡奇通过形而上学和生存论的"日常"概念、非本真生活来分析的同一个问题。两种方法的相关性甚至扩展到了细节。例如，卢卡奇从历史学家的角度将关于"艺术家的悲剧"的问题阐述为现代艺术家使命的历史矛盾性问题，他们被迫要在一个既没有共同体也没有文化的世界里创造出普遍的文化价值。为保证艺术有效性和影响力的统一的世界观的可能性，现在必须通过艺术家独自创作，并仅仅借助于艺术形式工具来不断再创造出来。但是如果他成功的话，他的作品将最终不可改变地从日常世界分裂出来（也因此从他自己的生活中分裂出来）并与之对立，会不可逆转地变得不同并具有超验性。"艺术家的悲剧"恰恰来自这样一个事实："从未成为过并且决不应该变成一个艺术问题的问题确实成了艺术的问题。"①

　　本文只是试图表明，形而上学的和社会历史的阐述，以及把异化过程分析为一种文化危机的看法，自始至终都在卢卡奇整个前马克思主义阶段里以一种兼具相似与矛盾的复杂形式彼此相随。（相似地，无须赘述就可以证明社会历史的分析形式从一开始就体现出了马克思的影响——尽管是透过西美尔棱镜的马克思。）卢卡奇本人常常明确地提出这两种研究和讨论方法之间的关系问题，并且为自己制定了任务，要在一致的逻辑基础上调和二者。确实，这项工作成为他许多著作的主要议题。我们在这里没有空间再详细分析他对这个问题的见解，他的回答虽然在细节上、有时在基本方面上有所不同，但最终却都指向了同一个方向。我们必须把自己限定在这一发现上，那就是这个问题比它出现在卢卡奇早期著作中

---

① Georg Lukács, *A modern drama fejlödésének története*, Budapest: Franklin, 1911, pp. 196 - 197.

的样子要更深刻和普遍。我们之前已经提到的针对这一问题的著作,主要把自身限定于**方法论**的考量上。(这些研究核心的焦点是形式的美学先天观念与形式的社会历史观念之间的关系。)同样重要的是,这两种研究方法之间的矛盾包含着某些更为重要的东西,它们证明了探寻解决文化危机的各种不同尝试(一部分是互相矛盾的尝试);它们暗示了不同的历史前景。当然,人们不能简单化地假设,作为一种历史现象——不同于"形而上学"——的文化危机观念自动假定了一种历史解决方法。这种假设不合逻辑,而且就这种视角的具体实际内容而言,社会历史分析完全不会提供任何不同于在哲学分析背景中已经讨论过的矛盾的解决方案。这些作品的结论也没有比"哲学的"论说文或体系著作的结论更加"乐观",差异只是在于卢卡奇研究问题的方法上。

在"哲学"著作中,关于文化是否可能的问题,关于它是否可能塑造生活的问题,我们可以看到它们似乎是一个伦理问题,一个道德行为的问题——不是积极的就是消极的行为,但是在任何一种情况下都是在自由的、个人的自我决定(self-determination)基础上的行为,或者更普遍地说,这是一个个人引导自己的生活方式的问题。另外,在历史分析中提问的形式,本质上包含着对社会学决定的**社会变革**以及它的生活方式变革的关注,此外还包含对可能引起变革的群众运动及其成功可能性的关注,这些问题至少可以用社会学术语加以界定。

根据没有被完整保存下来的书信往来,大约从 1918 年开始,卢卡奇开始关注伦理学领域,尤其关注伦理学与政治学之间的关系。[①] 然而,如果我们把"哲学的"和历史的分析之间的关系——这时已经被卢卡奇表述为一种意识到的问题——视为他整个早期发展的"限定性问

---

① 最早关于这种兴趣的重要文献是卢卡奇在《社会科学界》(*Társadalomtudományi Társaság, Society for the Social Science*)参与的关于保守的和进步的唯心主义的争论。参见 Georg Lukács, "A konzervativ és progressziv idealizrnus vitája"(关于保守的和进步的唯心主义的争论), in Georg Lukács, *Utam Marxhoz*(我走向马克思的道路), Budapest: Gondolat, 1971, pp. 177-186。

题"的话，也不会有太大差池。已经隐含在他最早著作中的两种不可抗拒力量之间的矛盾，"一种是从内向外没有理由地流出的力量，而另一种则是没有意义地游荡在这个世界上的力量"①，逐渐成为一个明确的和自觉的理论问题。据此来看，1918年卢卡奇转向马克思主义不是一个断裂，也不是他观念演变中一道非理性的鸿沟，而是尝试为这一刺激他整个早期思想发展的问题既寻找理论答案又寻找实际的解决方案。②

(孙建茵 译)

---

① Georg Lukács, „Die Metaphysik der Trgödie: Paul Ernst", in Georg Lukács, *Die Seele und die Formen*, Neuwied & Berlin: Luchterhand, 1971, p.241.
② 因为卢卡奇许多极其重要的早期著作仍然没有发表，而其他一些可以看到的著作都只有匈牙利文版的，因此，最后，似乎很有必要对它们进行简短的介绍，并至少在形式上用它们来详细说明卢卡奇前马克思主义时期这一非常重要的阶段。
从1906年到1907年，卢卡奇一直埋头创作他第一部真正重要的著作《现代戏剧发展史》，并用它参加了基斯法鲁迪学会(Kisfaludi Society)举办的有奖征文比赛。这部手稿获了奖，但是正如人们在第一版几个手写章节中看到的那样，他在1908—1909年又对手稿进行了重大修订。这一修订版发表于1911年。《文学史理论评论》这一研究实质上是这本著作的一种延伸，澄清了其中最重要的方法论前提。
从1908年持续到1911年是"论说文时期"。所有收录在《心灵与形式》(匈牙利文，1910)和《审美文化》(1913)中的论说文都是这一时期写作的，此外还有另一部分收录在关于贝拉·巴拉兹的卷集中(匈牙利文，1918)。分开来看，收录在较早时期论说文集中的作品，按照卢卡奇的编选原则，是一些"回复"，它们在一种论战式的辩证中彼此补充。我们已经在这一研究的过程中指出了这一点，并连带指出了与此问题相联系的许多特殊问题。无论如何，如果想要了解青年卢卡奇的观念和思想，人们必须考察一下收录在卢卡奇不太著名的《审美文化》中的一些论说文(首先是同名论说文以及《分离的道路》)，以及没有收录在任何这些卷集中的对话录《论精神的贫困》，以及《心灵与形式》中那些最重要的论说文。
1912年，卢卡奇开始写作体系性的《艺术哲学》。很明显，写作由于第一次世界大战而中断；1914年时完成了三章(大约450页打字稿)。
1914年底，卢卡奇开始构思关于陀思妥耶夫斯基的重要专著。正如人们从手写大纲中可以看到的那样，他想要讨论许多与主要议题相关的问题(例如宗教和无神论、国家、革命、社会主义和恐怖)。然而在完成了导论性的、理论性的第一章以后，他在1915年停止了这项写作计划。第一章以《小说理论》的标题在1916年发表。
1916年，卢卡奇回归"艺术哲学"，并计划对于这一主题进行一项详细而系统的研究。然而，在一个发生了实质性改变的观念和一个新的结构大纲的基础上，他没有继续这项在战前就已经开始的工作，而是转向了一个全新的开始。之前的《艺术哲学》中只有第二章被并入了新的手稿中，很可能经过了修订。到1918年初，这部新《美学》已经完成了四章(总体篇幅大约相当于他之前未完成的作品)。1917年，其中的第三章《美学中的主客体关系》在《逻各斯》上发表。1918年5月，卢卡奇把这部仍未完成的专著中的五章书稿提交给海德堡大学的教资考试。李凯尔特和麦耶(H. Meier)甚至为该文撰写了报告，但是，它当然从没有进入讨论阶段。

海德堡手稿中的美学与艺术哲学*

[德]伊丽莎白·魏瑟-罗曼

匈牙利批评家格奥尔格·卢卡奇(1875—1971)在1911年凭借两部著作进入公众视野:他的博士论文《现代戏剧发展史》在匈牙利出版并获奖,文集《心灵与形式》也在德国首次出版①。卢卡奇自学生时代起就一直希望将现代戏剧引入匈牙利。然而随着学业进展,他由一个西方文化的爱慕者和传播者变成了一个最极端的批判者。卢卡奇在撰写关于戏剧的著作时,也完成了他学术生涯中第一批文化批判论说文(Essay)。从这些文章中可以看出,此时卢卡奇已经不再想要将西方现代社会文化引入匈牙利了,而是转向寻找能够替代资产阶级生存方式及文明的形式。

---

* 本文出处:Elisabeth Weisser-Lohmann, „Georg Lukács in Heidelberg", in *Deutsche Zeitschrift für Philosophie*, (39) 1991, S. 1253 – 1265.

伊丽莎白·魏瑟-罗曼,德国杜伊斯堡-埃森大学哲学系、哈根大学哲学系教授。曾在慕尼黑大学、波鸿大学学习哲学、日耳曼语言文学与历史学,1991年凭借对卢卡奇《海德堡艺术哲学》的研究获得博士学位,先后任教于波鸿大学、杜伊斯堡-埃森大学、哈根大学。发表过多部关于卢卡奇、黑格尔哲学、德国浪漫主义的专著。

① Georg Lukács, *Die Entwicklungsgeschichte des modernen Dramas*, Budapest: Kisfaludy-Gesellschaft, 1911. Georg Lukács, *Die Entwicklungsgeschichte des modernen Dramas*. Werke 15, Darmstadt & Neuwied: Luchterhand Verlag, 1981; Georg Lukács, *Die Seele und die Formen*, Berlin: Fleischel, 1911.

自 1909 年起，卢卡奇多次短暂到访德国。他曾在柏林上过西美尔和狄尔泰的讲座课及研讨课。卢卡奇也多次自费到意大利和法国旅行。1912 年，他决定到海德堡居住，并计划获得海德堡大学哲学教席。1918 年，为了服务当时的匈牙利共产党，他意外地离开了海德堡，放弃了那时已经开始的所有项目，并终生没有再返回。之后的卢卡奇要么是主动忽视了在海德堡时期对"资产阶级"哲学的研究，要么就是把这些研究成果纳入了他从"资产阶级哲学到马克思主义"的学术转变过程。从这个意义上讲，《理性的毁灭》一书应被视为他对自身过往的一种清算。

与恩斯特·布洛赫的友谊促使卢卡奇自 1909 年起更加投入地研究哲学问题。文集《心灵与形式》明确指出了现代论说文主义（Essayismus）的界限，并尝试将随意的形式进行体系化。卢卡奇在接下来的几年中一直认为"形式的系统"这一概念是真实文化的标志。此体系能够抛弃论说文的模糊性。印象主义式的模糊和多义概念转变为单一明确的概念，这一点也是系统中建立等级架构的前提。① 如何统一现代生活中空洞、无意义的形式，以便建立新的真实的文化？是否可以借鉴古典文化中艺术构建意义及集体生活的功能？要达成何种条件，才能将文化革新至完满状态，且保留其创造性功能？文学及论说文中两个最基本概念"文化"与"生命"表明现代主义的艺术是无法完成上述使命的。此时的艺术已堕落成纯粹的大众体验。艺术构建集体的功能是建立在某一特定世界观之上的。真实艺术造就的世界观，也是真实艺术的根源。

我们应该在上述理论前提下研究卢卡奇在海德堡时期的文本。卢卡奇四年海德堡生涯的核心问题是："艺术作品何以可能？"为何恰巧是这个问题促使匈牙利人卢卡奇远赴海德堡？1914 年的海德堡有哪些主

---

① 参见卢卡奇在 1912 年致西美尔的学生玛格瑞特·冯·本德曼（Margarete von Bendemann）的信件。Georg Lukács, *Briefwechsel 1902 – 1917*, Stuttgart: J. B. Metzler, 1982, S. 171.

流哲学家和学派？我们是否可以从中觅得线索，进而得知是什么因素促成了卢卡奇1918年的决定？卢卡奇是出于什么动机放弃了所追求的大学学术道路，转而投奔共产主义政治斗争？

《现代戏剧发展史》和卢卡奇的论说文中都明显可见西美尔和狄尔泰的影响。那段时间，在哲学界占主流地位的是生命哲学与新康德主义；德国西南部是当时新康德主义文化哲学的中心。弗莱堡大学与海德堡大学交流紧密，斯特拉斯堡大学同样不可忽视。当时，海德堡哲学学派提出了文化史命题，并创立了一套人文学科方法论，这使得他们能与当时的柏林学派叫板。文德尔班、李凯尔特以及约纳斯·科恩（Jonas Cohn）将康德自然科学的理论适用于文化学上。埃米尔·拉斯克、尤里斯·埃宾豪斯（Julius Ebbinghaus）、理查德·克罗纳（Richard Kroner）、弗兰茨·罗森茨威格（Franz Rosenzweig）也相继加入阵营。这一学派首要关心的问题是，能否能用思辨的方式克服自然与文化的分离，新黑格尔理论主义的理论源泉便在于此。尽管德国新康德主义西南学派也关注审美问题，但是美学理论并不是其研究的重点。因此卢卡奇十分盼望他的计划能够得到支持。弗兰茨·费迪南德·鲍姆加登（Franz Ferdinand Baumgarten）也在寻求海德堡和弗莱堡的教授席位。马克斯·韦伯和李凯尔特先后推荐了卢卡奇的教职论文，并在接下来的几年中都努力向海德堡的同事推荐卢卡奇。

卢卡奇在海德堡期间获得的帮助和启迪绝不限于大学院墙内。自1909年，重新建立的海德堡科学院使他受益匪浅，另外还有马克斯·韦伯与恩斯特·特勒尔奇（Ernst Troeltsch）共同领导的关于比较宗教学的伊拉诺斯探讨会，以及众多私人或半私人学术圈也对他帮助良多。这些社交圈也使得卢卡奇能够迅速融入海德堡的生活。卡尔·雅斯贝斯在1928年这样描述海德堡的学术氛围："哪怕是外来人也能感受到这里的学术氛围，不要关注它的现实影响，而是看其纯粹的思想氛围；

海德堡意味着无所顾忌的探索,意味着孤独和个体的独立。"①马克斯·韦伯与恩斯特·特勒尔奇所代表的海德堡自由主义使得不同观点之间能够交流互通。然而雅斯贝斯笔下"从不布道"也"从不怯于责任"的海德堡精神并不是当时的普遍情况②。新一代学者中有很多人不想滞留于这种学术"相对主义"。格特鲁德·冯·勒福尔(Gertrud von Le Fort)在其回忆小说《天使的花环》中将海德堡的这段历史描述为"浪漫派"与"现代派"争夺话语权的斗争。③ 这一斗争导致新的正统观念的出现。年轻一代学者对新道路和新联系④的寻求使得新康德主义陷入与康德追随者、思辨唯心主义以及黑格尔理论体系哲学家的争论中。由此产生的学术小团体都或多或少明确地继承了德意志唯心主义。汉斯·埃伦贝格(Hans Ehrenberg)和弗兰茨·罗森茨威格建立了巴登巴登社团:来自海德堡、弗莱堡以及斯特拉斯堡的年轻学者定期在巴登巴登市举行会谈,会议目的是尝试达到19世纪那一代学者就开始追求的学术一致。其口号为"一个明确有别于19世纪的20世纪"。相较于同时代精致的个人主义,他们认为每个人都应该"自觉地在所处时代或多或少地保持中立,在时代中学会尊敬更高的事物,尊敬在一定程度上在此时此地显现的神祇"⑤。

---

① Karl Jaspers, *Rede auf Heidelberg*. 1928. *Nachlaß Basel*, 文章部分印于:Joachim-Felix Loehard, Walter Engel (Hg.), *Karl Jaspers in seiner Heidelberger Zeit*, Heidelberg: Heidelberger Verlagsanstalt und Druckerei, 1983, S. 21。
② Karl Jaspers, „Philosophische Autobiographie", in: Klaus Piper (Hg.), *Werk und Wirkung*, München: Piper, 1963, S. 50.
③ Gertrud von Le Fort, *Der Kranz der Engel*, München: M. Beckstein, 1946.
④ Diederich 出版社的出版政策也参与和影响了这些文化政治思潮。奥伊根·迪德里希斯(Eugen Diederichs)不甘于只做出版事业,而是将自己视为"教会外宗教活动的组织者"。参见 Gangolf Hübinger, „Kulturkritik und Kulturpolitik des Eugen Diederichs Verlag im Wilhelminismus, Auswege aus der Krise der Moderne? " in Horst Renz (Hg.), *Umstrittene Moderne, Troeltsch-Studien*, Bd. 4, Gütersloh: Gütersloher Verlagshaus, 1987, S. 92 - 114。
⑤ Franz Rosenzweig, *Der Mensch und sein Werk*, Bd. 1, *Briefe und Tagebücher 1900 - 1918*, Den Haag: Nijhoff, 1979, S. 100 罗森茨威格的黑格尔主义思想最终使巴登巴登社团分裂,他题为《当下历史建构》的演讲凸显出社团的分歧——或者反犹主义也是其中一个元素?参见 Viktor von Weizsäcker, *Natur und Geist*, Göttingen: Vandenhoeck & Ruprecht, 1955, S. 25ff。

自1909年起，围绕理查德·克罗纳聚集起了一个哲学"朋友圈"，成员有斯泰普恩(F. Stepun)、梅里斯(G. Mehlis)、赫尔岑(S. Herzen)和布诺夫(N. V. Bubnoff)，这个小团体的观点和理论主要体现在纲领性论文集《弥赛亚》(*Vom Messias*)中。斯泰普恩在1947年对文集中的文化哲学论说文作了如下简述："所有论说文中体现出的是诺瓦里斯、弗里德里希·施莱格尔、谢林(Friedrich Schelling)等人的思想。我们文章中所说的弥赛亚并不是基督教教义中的弥赛亚，而是亟待革新的世界所期盼的那个先知，是一个新的创造性的理念，是一群被选择的人。我们那本年鉴的最主要特点便是与尼采哲学划清界限，他的思想在世纪初吸引了那么多的学者。我们与克罗纳一致，都不认为尼采思想中有上帝的讯息。"①值得注意的是文德尔班对这群青年学者的作为的反应。当斯泰普恩给他展示论文集时，他盯着斯泰普恩并讽刺地说道："您首先给您的小册子起名为《弥赛亚》，现在又想改名成《逻各斯》。您要小心别成了牧师。"②现在回过头来看，文德尔班的这句讽刺不无道理。论文集五位作者中，只有一个人(布诺夫，作者注)忠实地遵守了批判主义的要求。③

1909年，"朋友圈"计划创立一份国际性杂志。④ 将杂志命名为《逻各斯》大概是克罗纳的建议，而正是《约翰福音书》中的"逻各斯"将克罗纳引向基督教。创立者提出了一份蓝图构想⑤：将科学、艺术、社会伦理及宗教融会贯通，以此消减上述领域的孤立状况，并在庞大的体系中展

---

① Fedor Stepun, *Vergangenes und Unvergängliches*, München: Josef Kösel Verlag, 1947, S. 203.
② Fedor Stepun, *Vergangenes und Unvergängliches*, München: Josef Kösel Verlag, 1947, S. 201.
③ 克罗纳传记的作者瓦尔特·阿斯穆斯(Walter Asmus)认为，克罗纳在二战之后思想转为明显的基督教形而上学。参见 Walter Asmus, *Richard Kroner (1884-1974)—Ein Philosoph und Pädagoge unter dem Schatten Hitlers*, Frankfurt am Main: Peter Lang, 1990。
④ 参见斯泰普恩在成立会议上的陈述，Fedor Stepun, *Vergangenes und Unvergängliches*, München: Josef Kösel Verlag, 1947, S. 152-154。
⑤ 此纲领性文件现藏于杜伊斯堡的约纳斯·科恩档案馆(Jonas-Cohn-Archiv)。

现各自领域的意义。杂志摒弃了有损多样性的世界主义和狭隘的民族主义,用"超民族主义"体现其国际化特征。

在世界范围内出版《逻各斯》杂志的计划也得到匈牙利学者的支持。卢卡奇计划在 1910 年左右创立匈牙利自己的哲学杂志。在卢卡奇对《逻各斯》计划的忧虑和威廉·西泽莱西(Wilhelm Szilasis)的斡旋工作中,我们可以看出《逻各斯》国际化计划的局限性。卢卡奇设想中的哲学杂志旨在通过对经典文本的翻译,在匈牙利制造出哲学氛围和哲学文化。卢卡奇认为,德国的文化环境酝酿出的是一份《文化哲学》(Zeitschrift für Kulturphilosophie)杂志。而此哲学层次并不符合匈牙利的需求。在 1913 年法国杂志《奋斗》(L' Effort)的采访中,卢卡奇修订了上述意见。不只是匈牙利,德国也需要一个新的形而上学来克服目前的危机。从这个意义上讲,卢卡奇的意见与以罗森茨威格和克罗纳为中心的海德堡小团体是一致的。此外,透过这一意见我们也可以看出,卢卡奇与同时代文学流派存有差异,并且对海德堡其他团体抱有保留态度。对于当时文学流派反对文学自然主义的现象,卢卡奇显然是更倾向于经典文学的。尽管 1870 年之后已经存在一个相对统一的德国,且歌德、席勒、黑贝尔和瓦格纳(Richard Wagner)都代表了整体德国,然而卢卡奇还是认为德国缺少一个统一的导向。作为德国最后一次统一运动的自然主义在本质上是一个消极的世界观,内在的贫乏使其无力创造一种新的风格。卢卡奇认为,德国在 19 世纪 90 年代之后就已经没有统一的思潮了,其后果便是极端的个人主义。个别团体以"坚定而神圣的信念"试图将自身从个体孤立中拯救出来,这些尝试之所以失败的原因是"历史哲学和形而上学的偶然性以及由此产生的虚无观念"[1]。这些团体都忽略了一个重要事实:"不幸的根源并不是艺术家与大众的隔离",而是"如今德国没有一个全面的、深刻的、有意

---

[1] Georg Lukács, Briefwechsel 1902-1917, Stuttgart: J. B. Metzler, 1982, S. 316.

义的世界观能够囊括艺术家和大众"①。偶然对某些名人的经典化并不能解决缺乏包罗万象的生命感知这一问题。"这些运动必然是关于美学的,然而由于他们将其结构升至宗教维度,也就不能理解纯粹的审美……他们从中世纪崇拜而来,走向掺杂了柏格森的笛卡尔崇拜。"②上述对"斯蒂凡·格奥尔格圈子"(George-Kreis)的批评可以很好地展现青年卢卡奇的理论理想。值得注意的是,卢卡奇反感的并不是对斯蒂凡·格奥尔格的个人崇拜,而只是其"历史哲学偶然性"。对于卢卡奇来说,假如个人主义能够建构一个"包罗万象的生命感受"的话,此类个人崇拜也就是可以理解的了。

卢卡奇并不想革新艺术,而是想"唤醒德国哲学和宗教性,恢复哲学及宗教构建世界观、渗透一切的力量"。卢卡奇认为,向往作为"文化收集者和标志"的体系意志取代了狄尔泰代表的带有"高雅的、论说文式的接受性"特征的"文化哲学"方向。

卢卡奇在1913年对德国文化的定性也是他在海德堡时期研究成果的关键词:生命、正确的生命、艺术作品、伦理学、文化和体系。此命题集合的中心是:"当今人们应该如何或者能够如何生活——当今文化何以可能?"卢卡奇在海德堡的四年时光除了完成了一些书评和小型研究外,主要任务是两个项目。第一个项目是美学研究。此项目残存的章节构成两部著作的构思:1912年至1914年写成的《海德堡艺术哲学》与1916年至1918年写成的《海德堡美学》。③ 在时间上介于两者之间的是卢卡奇另外一个大项目——一部关于陀思妥耶夫斯基的著作。上述著作的草稿表明,卢卡奇在此并不想进行文学理论的探讨,而是想发

---

① Georg Lukács, *Briefwechsel 1902-1917*, Stuttgart: J. B. Metzler, 1982, S. 317.
② Georg Lukács, *Briefwechsel 1902-1917*, Stuttgart: J. B. Metzler, 1982, S. 318.
③ Georg Lukács, *Heidelberger Ästhetik.. Werke 17*, Darmstadt & Neuwied: Luchterhand, 1974; Georg Lukács, *Heidelberger Philosophie der Kunst. Werke 16*, Darmstadt & Neuwied: Luchterhand, 1974. 对上述著作的分析研究请见作者博士论文: Elisabeth Weisser-Lohmann, *Georg Lukács' Heidelberger Kunstphilosophie*, Bouvier: Bonn, 1991.

展出一个形而上学的伦理学和历史构建。然而这一项目也仅存残章,只有其中的导论部分被发表,即广为人知的《小说理论》。①

审美主义和印象主义不符合现代文化增强生命力的功能。海德堡艺术哲学研究的问题是,艺术可否提供补救方式,是否有一种"直达文化的生命审美教育"？卢卡奇认为,大抵有一些包括艺术家在内的模范个体,能够"像在文化中一样生活"。而在当下,真实的文化是否可能成为建立在内容上的共同体？在1912年初,卢卡奇认为这一可能性是十分可疑的。在艺术体验中达成理解的过程,即将分散在自然与人类历史中的一切事物进行本原合并的过程,在《海德堡艺术哲学》中被卢卡奇揭露为"误解"。卢卡奇认为,艺术无法在个体间制造真实的统一;它制造出的只是单纯的表象,这一表象只能使人类更加彻底地指涉自身。只有牺牲个体间质的不同,从体验中抽象出的逻辑和伦理领域才能实现统一。而在个体面前,上述领域是应然(Sollen)的。

对伦理行为的形式主义层面的把握以康德哲学为导向,它的基础是对应然与实然的严格区分。卢卡奇试图用"第二伦理"构想,即纯粹心灵伦理的构想,克服这一区分。第二伦理的法则对于人类来说不是应然。由于人类是由"纯粹的内在心灵价值"确定的,因此人类是以一个整体的形态做出行为的。现存卢卡奇描绘的"陀思妥耶夫斯基著作"②的轮廓也展现了这一行为的前提条件。这一基于纯粹心灵律令的行为是以(俄国)无神论为前提的:"由于恶魔-耶和华(Luciferisch-Jehovaisch)是可能的,因此一切都要被摧毁。"纯粹心灵的伦理非常接近绝对性,因此,为了实现最高理想,解除所有区域性规则(人类和社会的法规)也就是合理的,并且在某些情况下也是必要的。卢卡奇"第二伦

---

① Georg Lukács, „Die Theorie des Romans", in *Zeitschrift für Ästhetik und Allgemeine Kunstwissenschaft*, Bd. 2, 1916, S. 225 – 271, S. 390 – 431.
或 Georg Lukács, *Die Theorie des Romans. Ein geschichtsphilosophischer Versuch über die Formen der großen Epik*. Berlin: Cassirer, 1920.

② Georg Lukács, *Dostojewski Notizen und Entwürfe*, Budapest: Akadémiai Kiadó, 1985.

理"的构想展示出如何在现实中体现价值的纯粹有效性。价值的现实构建使得陀思妥耶夫斯基的作品达到叙事的完满境界。陀思妥耶夫斯基写的不再是小说；他的作品达到了荷马史诗所表现出的完满。陀思妥耶夫斯基的作品是以俄国无神论为基础的，因此也就成为欧洲文学的一个特例。如果"堕落条件"下的艺术无法达到完满，它的作用又在哪里？这样的艺术可以指导人们过上真实的生活吗？谢林认为艺术是达成同一性的手段，正是这一思想成为卢卡奇的海德堡文本中理论定义的标尺。

谢林认为，艺术是绝对同一性的标志，在此，"分离于自然和人类历史之物，以本原结合的方式在同一火焰中燃烧"。卢卡奇在《艺术哲学1912—1914》早期草稿中指出，如果谢林将艺术的本质与神话联系起来的话，那么他对艺术的理解比"任何美学家都更深刻，更具艺术性"。卢卡奇同样认为艺术是这一完满性的标志。谢林柏拉图式地将艺术作品理解为理念的映照（Abbild），然而这一理解使得艺术作品孤立于具体的人和人的体验。因为，为了达成"体验的普遍性"，艺术作品"在内容上应该具有普遍性"[①]。然而上述对普遍性的定义缺乏对美学体验的特殊关照，因为每一个"准备好的"接受者都会将艺术作品转换为对具体的自己的充实（Erfüllung）。卢卡奇认为，决定作品普遍性的，并不是某些特定的普遍性内容，而是这一具体的充实。艺术的内容随着时间变成神话，因此也无法避免自身的毁灭。尽管艺术与神话的根源都在于时间，同时二者也被剥落了时间性。它们具有一种"历史的永恒性"。卢卡奇认为，神话并非是艺术的题材，而是每一个艺术作品都"创造出一个在直接效用和美学本质上都与神话世界类似的世界：一个完满的

---

① Georg Lukács, *Heidelberger Philosophie der Kunst. Werke 16*, Darmstadt & Neuwied: Luchterhand, 1974, S. 207.

世界"①。卢卡奇在《海德堡艺术哲学》中指出,艺术作品是克服人类分裂的"一种可能性"。艺术作品制造此种印象的方式,并不是将神话的内容传递给接受者——而是单纯地通过美学形式。卢卡奇美学分析的对象主要是文学和绘画作品。卢卡奇认为绘画的形式是其核心创作原则,这一想法使他接触到汉斯·冯·马莱(Hans von Marées)的作品。在现代主义中,只有造型艺术能够使自然与人相统一。对神话内容的回溯——如阿诺德·勃克林(Arnold Böcklin)的《浪潮的游戏》("Spiel der Wellen"),并不属于上述任务的范畴。只有形式才有能力按照其不同的体验条件给每一个观察者留下完满的印象。然而,这一孤立的体验并不能构建起真实的统一和人类的团结。

卢卡奇在海德堡后期手稿(1916—1918)中重点讨论了那些将美的概念作为核心的美学理论。此时,卢卡奇的重点是对柏拉图主义及唯心主义美学进行批判性研究。柏拉图及其追随者对美的逻辑-形而上学构想在多大程度上影响了相应的艺术概念,这一问题构成了卢卡奇对谢林艺术哲学批判研究的框架。其中,首要的问题是该如何理解理念世界,该如何维护美学领域的自主性。"在真实与美好中完整地生发出美的观念",借助这一观点,柏拉图的理论体系展现出"理念水平的绝对同一性"②。对理念世界内部细化的不足,使得早期谢林在体系构建方面遭遇巨大问题。谢林在《先验唯心论体系》中认为,艺术的任务与科学的任务是相同的。由于科学的任务是永无尽头的,这也就使得艺术成为科学的榜样:有艺术之处,科学也应往之。谢林在其《艺术哲学》中的出发点,并不是《先验唯心论体系》中所说的真理的先验的出现,而是真理"被给予"(Gegebensein)的形而上学前提。科学对研究对象的

---

① Georg Lukács, *Heidelberger Philosophie der Kunst. Werke 16*, Darmstadt & Neuwied: Luchterhand, 1974, S. 209—210.
② Georg Lukács, *Heidelberger Ästhetik. Werke 17*, Darmstadt & Neuwied: Luchterhand, 1974, S. 142.

构建虽然使得艺术成为领导者和工具(Organon),但最终的领导者和工具是其达成的体系,是以"唯一真实的艺术作品"形式出现的体系。对理念世界内部细化的不足也必然导致谢林将真理等同于美。谢林在《学术研究方法论》的讲课中提到,艺术的形式就是自在之物的形式,理解这一形式的方法就是理智直观。"美学形式的逻辑化"可以阻碍美学对象必然的孤立化过程。柏拉图式美学理论必然将宇宙作为核心概念。"将美学的形式准则纳入理论的形式准则,这一做法在理念世界的构建中得以充分发展,但这一做法也报复了理论对美学的吞噬,因为它将最后一块纯粹理论的领域给美学化了。"这两种准则混合的结果是"一个对于美学和理论来说都很可疑的模仿学说",这一学说在美学上会导致"世俗的、超验的自然主义"[1]。

卢卡奇在自身理论构建中也时刻注意对谢林艺术哲学进行批判。为了避免艺术作品被纳入逻辑的范围,避免宇宙的消解,卢卡奇将艺术作品称为小宇宙。此小宇宙与绝对性、理想之物没有任何关系。艺术作品正是对绝对性的否定。因为艺术作品的小宇宙是自在自为的,指涉外部内容、模仿已存在之物或投身于更高级的事物都将摧毁这个小宇宙。此种意义指涉的封闭性让艺术作品变得孤立了。从作品的角度看,围绕在作品外部的世界是不存在的。作品出脱于它的环境,这也就使得作品的接受体验变得孤立。奥斯卡·贝克尔(Oskar Becker)结合卢卡奇的理论,将艺术作品的出脱称为"尖锐化"(Zugespitztheit)和"尖锐化特征"(Spitzencharakter):"美学领域的结构是'赫拉克利特式的',也就是说,'同一'体验、'同一'主体和'同一'美学对象并不一定能够重复。"[2]汉斯-格奥尔格·伽达默尔(Hans-Georg Gadamer)[3]引用克尔

---

[1] Georg Lukács, *Heidelberger Ästhetik*. *Werke 17*, Darmstadt & Neuwied: Luchterhand, 1974, S. 145.

[2] Oskar Becker, „Von der Hinfälligkeit des Schönen und der Abenteuerlichkeit des Künstlers", in *Husserl-Festschrift*, Halle a. d. Saale: M. Niemeyer, 1929, S. 27‒52, 29.

[3] Hans Georg Gadamer, *Wahrheit und Methode*, Tübingen: C. B. Mohr, S. 91.

凯郭尔的批评来反对卢卡奇和贝克尔:从伦理角度来看,这一主观主义是不成立的。1918年的卢卡奇或许会赞同伽达默尔的批评。他在《海德堡美学》中表示,艺术的形而上学的敌人(柏拉图、克尔凯郭尔和托尔斯泰)对艺术的理解比艺术的维护者们更清晰;审美的形而上学的"地点"实际上是"恶魔般的"(das Luciferische)。艺术作品是主体的自我设定,因此也就是主体性的自我沉醉。在这种情况下,作为人类伦理基础的世界认知便是不可能的。卢卡奇早期手稿(海德堡1912—1914)显示,"诠释学的虚无主义"(伽达默尔)并非一定是以体验为中心的美学结果。原因有二,其一,尽管存在内容上的差异,艺术作品依然可以在美学体验中凭借形式上的完满性完成美学的充实,就此意义上来说,艺术作品应获得"尖锐化特征"。此充实过程需要赞同感,即普遍性,然而与逻辑不同的是,充实并不必然地获得普遍性。其二,这一存有多义性的美学体验与由专业人士作出的有理有据的判定是不同的。

对于现代艺术如何指导人们过上真实的生活这一问题,卢卡奇的海德堡手稿给出了不同的答案。卢卡奇在《艺术哲学》中表示,艺术风格的形成过程在事物上施加了一个具体的救赎维度——一种神义论(Theodizee),并可以改变不和谐的体验的现实。而《海德堡美学》则将艺术作品定义为主体性的纯粹的自我沉醉。在这种情况下,艺术作品的立场和世界观绝无可能解除不和谐。此处追求的"纯粹的体验"仅仅是为了消除所有题材式的体验感(Erlebnisschaft)。

卢卡奇在早期海德堡手稿中还对谢林的艺术理论作出正面评价,而在1916—1918年的手稿中已经对谢林进行批判并保持距离了。这是不是卢卡奇在《理性的毁灭》中对谢林不公批判的源头?《海德堡美学》中对谢林进行批判的理论基础是新康德主义的领域概念及有效性理论。在1952年卢卡奇已经成为马克思主义者时,上述对谢林的批评变成了对早期谢林的正面评价:早期谢林体现出"唯物主义特征"[1],尽管有神秘主义,但谢林对艺术的理解体现出"反映论(Widerspiegelungstheorie)的倾向"[2]。可以看出,卢卡奇海德堡早期工作与如今被评判为非理性的谢林的思想倾向是有亲缘性的,这一点似乎也间接导致了他在《理性的毁灭》中对谢林作出几近严苛的批判。

卢卡奇在《海德堡美学》中将理论、逻辑和美学领域严格地区分开来,并以此方式与黑格尔的美的思辨性-发展史构想划清界限。美学形式不应被真理更高的形式取代,而是在所有其他形式前都保持自主性。领域概念与黑格尔的历史概念是不相容的,因为卢卡奇认为历史概念将先验的历史现象不可分地联系在了一起。卢卡奇在《海德堡美学》中坚信每一价值的自主性,因此,历史现象只是被分派给了纯粹价值。在历史分析的框架中,自主价值变成了衡量所有历史形式的标准。卢卡奇在《海德堡美学》中指出,在绝对价值面前,所有历史形态都是不完满的。这一海德堡后期的构想与《小说理论》中的历史哲学观念是相悖的,卢卡奇在《小说理论》中继承了黑格尔的方式,对美学范畴进行了历史的解读。[3] 我们可以通过艺术作品的历史性问题来解释卢卡奇在海德堡时期的理论转变。

卢卡奇在第一份海德堡手稿中表示,不能从美学角度进行等级排列的,只有那些完满的、无与伦比的作品。在《小说理论》中,卢卡奇放弃了这一纯粹价值立场。他认为,叙事诗(Epos)随着历史发展降格为小说。现代小说永远不能企及希腊史诗。而小说失败的原因并不在于美学,而在于艺术作品之外,在于生活。早期手稿中,先验的概念使得作品能够独立于所处历史环境中的不同体验的物质条件。根据不同条

---

[1] Georg Lukács, *Die Zerstörung der Vernunft*, Darmstadt & Neuwied: Luchterhand, 1952, S. 137.
[2] Georg Lukács, *Die Zerstörung der Vernunft*, Darmstadt & Neuwied: Luchterhand, 1952, S. 136.
[3] 参见卢卡奇在《小说理论》1962年新版前言。

件,作品间的区别仅在于达成完满的方式的不同(事前、事中、事后[ante rem, in re, post rem]),而其美学地位是相同的。而《小说理论》则将作品的完满与经验的生活联系起来。如果叙事的形式想要达成完满,意义就必须存在于生活内部。赋形的创造性力量并不能克服不利的外部条件,真实存在的理想形态在小说中只能以反讽、破碎的方式出现。希腊式的完满形式是所有未来叙事形式的美学标准。① 当卢卡奇在第二份海德堡手稿中否定了黑格尔的思辨性-发展史的美的概念时,他是不是也背叛了自己关于美学范畴的历史化的理论呢? 相对于美学价值的建构,卢卡奇在《海德堡美学》中将单个作品的历史来源理解为新的阐释关联。与黑格尔不同,卢卡奇认为这一新的阐释关联绝对不能建构美学形式,如此,他便将小说理论的历史阐释与先验价值统一起来。结合文德尔班的理论,卢卡奇同样认为历史中现存的价值只是哲学批判的客体。单独的体裁或者单独的时期并不是批判性分析的关键要素,分析要做的是严格地区分"受时代影响的原因和不受时代影响的原因"②。《海德堡美学》表明,《小说理论》中的历史哲学构想只有在形而上学的条件下才是成立的。上述条件无法从以纯粹有效性理论为基础的美学价值中推导出来。这一点似乎也是马克斯·韦伯拒绝接受《小说理论》的原因。③

《小说理论》的核心是寻找新的形而上学。我们必须分清形而上学的历史概念与有效性理论的区别。与有效性理论不同的是,形而上学的历史概念试图建立价值与存在的关系。形而上学关心的问题是,价值是如何在生活中体现的。上述两个理论都对卢卡奇的海德堡生涯产

---

① 史诗的规范性特征打破了纯粹历史哲学的构想和目的论思想倾向:不再写小说的陀思妥耶夫斯基,是这一发展的终点。

② Wilhelm Windelband, „Geschichte der Philosophie", in W. Windelband (Hg.), *Die Philosophie im Beginn des zwanzigsten Jahrhundert S. Festschrift für Kuno Fischer*, Heidelberg: Carl Winter's Universitätsbuchhandlung, 1907, S. 544.

③ Georg Lukács, *Briefwechsel 1902-1917*, Stuttgart: J. B. Metzler, 1982, S. 371.

生了影响：一是在新康德主义影响下坚持有效性理论，二是尝试用形而上学的历史概念将有效性理论重新绑定在存在之上。在此基础上，论证审美理论还应该对现代主义艺术进行阐释。时代问题映照下的现代主义艺术的缺陷，使得海德堡项目规模迅速扩大。为了探究艺术中世界观的根源，为了重构艺术在古典时期的功能，就需要建立一个有体系的整体框架，需要新的形而上学理论。卢卡奇关于陀思妥耶夫斯基的《笔记与草稿》的内容和结构就是针对上述问题的。鉴于当时战争爆发后外部条件愈加困难，卢卡奇想要在形而上学的历史概念中知道，过去与当下的经历是否能够换来未来的幸福。卢卡奇在《笔记与草稿》中构建出的形而上学的历史概念决定了，如果想要达到陀思妥耶夫斯基式的新叙事诗水平，就必须依赖于俄国无神论，就必须对现存的一切进行极端地否定。

卢卡奇将历史概念的核心理论归纳进《海德堡美学》体系的价值结构里。至此，所有艺术都成了主体的纯粹的自我设定。借用克尔凯郭尔的理论，卢卡奇将美学定义为纯粹的、绝对的自我指涉，这一指涉既不对外，也不指向一个绝对的存在。美学的形而上学位置是恶魔般的（das Luciferische）：主体沉醉于自我。卢卡奇在之后的伦理阶段才放弃了对世界的全面否定。行动的人在此只知道对理想化事物的义务。这一义务打破社会规则，并像黑贝尔笔下的犹滴（Judith）那样为了实现理想中的世界而承担罪责。在此有效性构架中，所有存在都是没有意义的。从伦理的应然角度看，只有单独的现象可以被理解为向理想状态的前进或理想状态的实现。在此伦理理想主义中，所有的政治组织都不具备自主价值，它们只是实现理想的方式。卢卡奇认为，真实行动的唯一标准就是"被选中"这一意识（das Bewuβtsein der Auserwähltheit），这使得个体在行动时只遵循自己的才智。在《论精神的贫困》（1912）对话录中，卢卡奇将生活的需求置于创作之下；为了创作，天才必须回绝其他人的要求：人际交往是创作的必然代价。《海德堡艺术哲学》的工作使卢卡奇意识到"真正的艺术"在当下是不可能的。为了从文明中救出文化，就必然需要一个新的形而上学。卢卡奇认为唯一的出路不是艺术作品，而是极端无神论基础上的个体行动。

卢卡奇对个体的强调和对议会主义及所有西方民主制度的抵制态度①构成了他1918年转向布尔什维主义的基础。历史环境决定了个体行动的先决条件，在历史环境中，个体应该准备好承担罪责。在由贝拉·库恩建立的苏维埃政权的政治纲领文件中，个体的良知是具体情况下的行动准则。卢卡奇在蒂萨菲赖德（Tiszafüred）保卫战中以红军部队政治委员身份出现，展示了在革命情形下的历史必然中依然以良知为行动准则。在他的命令下，部队召开了一次特别战争法庭审判，一个叛变营中的八个人以"重建秩序"的罪名在市场广场上被枪决。②个体行动的准则并非来自理想的永恒价值，单是革命情形下的必然性就决定了"该怎么做"这个问题的答案。对历史发展的坚定信仰也使得卢卡奇认为罗伯斯庇尔（Robespierre）的暴政是合理的。几年后，卢卡奇赞同地引用黑格尔耶拿时期的历史概念：对封建专制特权阶级进行清算需要罗伯斯庇尔建立的雅各宾专政；它是"完成这一历史性转折的必然"③。卢卡奇对历史及革命必然进程的信仰没有展示出批判性，因此，卢卡奇也无法与斯大林的"必然性"保持距离。④

（刘健 译）

---

① Georg Lukács, *Gelebtes Denken. Eine Autobiographie im Dialog*, István Eörsi (red.), Frankfurt am Main: Suhrkamp Verlag, 1981, S. 70.
② 参见卢卡奇对这一"事件"的描述：Georg Lukács, *Gelebtes Denken. Eine Autobiographie im Dialog*, István Eörsi (red.), Frankfurt am Main: Suhrkamp Verlag, 1981, S. 105。
③ Georg Lukács, *Der junge Hegel*, Frankfurt am Main: Suhrkamp Verlag, 1973, S. 485.
④ 参见 Georg Lukács, *Gelebtes Denken. Eine Autobiographie im Dialog*, István Eörsi (red.), Frankfurt am Main: Suhrkamp Verlag, 1981, S. 174-175。

《海德堡美学》的结构与历史*

[匈]乔治·马尔库什

"我一开始曾在康德,后又在黑格尔的美学理论中寻找理论支持,从事文学评论和论说文撰写工作。在1911至1912的那个冬天,我在佛罗伦萨第一次萌生了要建立一个自主的系统性的美学体系的想法,1913年至1914年,我在海德堡进行了这项工作。我至今尤记得恩斯特·布洛赫、埃米尔·拉斯克,特别是马克斯·韦伯对我的计划表现出兴趣,并提出了建设性意见。而这项计划完全失败了。……战争的爆发也从客观上让这项计划无法再继续下去。"[①]格奥尔格·卢卡奇在1962年将上文写进他后期最重要的美学著作《审美特性》的前言中,这部作品记述了他转向马克思主义之前的早期思想。在他描述自己思想发展历程的后期短篇文本中,我们也可以找到几乎相同的信息,只是那些文本对早期作品的态度不再那么强硬了。至少从他个人思想发展历程来看,他确实搁置了这一计划的根本性问题,即以"康德的形式"提出

---

* 本文出处:Georg Lukács, *Heidelberger Ästhetik*. Werke 17, Darmstadt & Neuwied: Luchterhand, 1974, S. 255-278. 本文为《卢卡奇全集》第十七卷《海德堡美学》的后记。
乔治·马尔库什(1934—2016),匈牙利哲学家,毕业于莫斯科罗蒙索夫国立大学。1965—1966年受福特基金会资助前往匹兹堡大学访问,在奎因和塞勒斯的指导下完成关于维特根斯坦的博士论文。布达佩斯学派成员,卢卡奇全集的编者。

[①] Georg Lukács, *Die Eigenart des Ästhetischen*. Werke 11, Darmstadt & Neuwied: Luchterhand, 1963, S. 31.

却违背康德主观主义导向的、面向现实的问题:"艺术作品何以可能?"他也在这个时期完善了其美学与伦理学相分离的思想。①

和卢卡奇关系紧密的学生都知道,他早期美学手稿(即《海德堡美学》,这是卢卡奇自己命名的)的零散部分还是存在的,确切地说,这些手稿在60年代由伦敦的阿诺德·豪泽尔(Arnold Hauser)寄回给了卢卡奇。他在1919年将几篇已完成的章节交给豪泽尔妥善保管。卢卡奇曾多次解释说他根本没有好好通读过这些被送回的手稿;这或许会让一些人感到惊讶,但要知道,卢卡奇对自己前马克思主义时期的作品始终抱有消极态度,而且他作为思想家的标志性的内心态度是:正在进行中的工作所提出的问题,才是与自身"思想的命运"始终息息相关的,而那些已经完成并付诸纸面的作品,他完全不屑一顾。

1970年夏天,以匈牙利语出版卢卡奇早期作品集的计划逐渐成形,卢卡奇便将这些打印文稿交给了他的几个学生,即费伦茨·费赫尔、阿格妮丝·赫勒、米哈伊·瓦伊达(Mihály Vajda)以及本后记作者,并且嘱托上述学生判断这些材料是否值得出版。这些打印文稿包含三个互不关联的章节,用此卷使用的专有名词来表述的话,它们是《艺术哲学》的第三章、《美学》的第一章及第五章。上述学生一致认为,这些还未发表的作品残章应该以完整的形式出版,卢卡奇表示同意。由于彼时卢卡奇已身患重病,我们无法在作品结构、创作历程以及《海德堡手稿》等细节问题上得到他的说明。即便如此,编者在与卢卡奇的几次谈话中依然得到了一些关键性的补充信息。卢卡奇部分地证实(他表示为"极有可能")了如下假设:原载于1917—1918年第一期《逻各斯》杂志的《美学中的主客体关系》(Die Subjekt-Objekt-Beziehung in der Ästhetik)(即《海德堡美学》第三章)一文也是这些手稿的一部分。此外他还回忆到,一战爆发后,他只是间

---

① Georg Lukács, *Utam Marxhoz*(我走向马克思的道路), Bd. 1, Budapest: Magvetö, S. 13; Georg Lukács, *Magyar irodlom*, *magyar kultura*(匈牙利文学,匈牙利文化), Budapest: Gondola, 1970, S. 13.

接地中断了《美学》的计划，他在完成了《小说理论》之后又重新开始了《美学》。(之后我们了解到，卢卡奇也以书面方式记录了这一事实，即在前不久发表的1969年写给伊斯特万·梅扎罗斯(István Mészáros)的信中)

当格奥尔格·卢卡奇于1971年逝世时，手稿的编辑工作才刚刚开始。在其遗稿的整理工作当中，我们又发现了一些新的文本。这些文本不仅丰富了已知的手稿，也为我们了解他的思想提供了新的角度。在卢卡奇已逝妻子的文稿中，我们发现了一捆从封面来看十分重要的手稿，这些手稿部分完成于1919年之前，部分完成于1933年至1944年之间。其中有手写完成的现知四章中的三个章节(包含上述《逻各斯》杂志文章)，以及另外用打字机及手写形式记录的三个章节：《艺术哲学》的第一、二章以及《美学》的第四章。我们几乎可以确定卢卡奇本人并不知晓这些手稿的存在；至少他在60年代时已经忘记了它们的存在。

我们又通过另外两个渠道获得了一些与海德堡手稿有关的材料，然而相比之下这些材料并不是很重要。第一个渠道是，我们发现除了豪泽尔之外，卢卡奇还将《美学》部分手稿交于佛罗伦萨的查尔斯·托尔奈(Charles Tolnay)保管，这些手稿被证实是已存章节的副本。另外一个渠道是，几个月前，匈牙利科学院卢卡奇档案馆收到了一个行李箱(期间几经周折)，其中包含了一些信件、手稿和笔记。在从海德堡回到布达佩斯之前，卢卡奇将这个行李箱寄存在德国的一个银行。行李箱中的内容显示，卢卡奇并不想把他《美学》的文稿滞留在海德堡，而是想一并带回布达佩斯。然而在他于1914年至1915年为关于陀思妥耶夫斯基的著作所做的笔记中(其中只有引入的第一章，这一章节后来被纳入《小说理论》)，我们依然找到了《美学》的第五章。此外我们还发现了《论绘画形式问题》("Das Formproblem der Malerei")演讲的所有笔记、草稿，演讲稿同样被收录进了此卷。对此本文稍后再述。

本卷编者直接使用的草稿如下(以本卷使用术语表达)：

艺术哲学1：手稿《作为"表达"的艺术以及体验现实的传达方式》+

一份装订好的打字稿,封面书写《艺术哲学 I》(非卢卡奇手写)。

艺术哲学 2:有明显后期加注的铅笔标题的手稿:《创造性及接受性行为的现象学概略 2》+两份打字稿,一份与第一章装订方式相同,标题为《2》;另一份为散页,第一页上有卢卡奇手写标题《美学第二章》。

艺术哲学 3:手稿,以"第五页"为起始页码,纸张起始有被划掉的断句(缺少句子开头),以及用铅笔书写的标题《艺术作品的历史性与永恒性》+两份未装订的打字稿,两份稿件开头内容相同;一份有铅笔标题《Ⅲ》,另一份没有。

美学 1:无手稿;唯一一份打字稿有用红色铅笔书写的标题《I》。

美学 3:带有标题《Ⅲ.作品自性的概念.1.美学中的主客体关系》的手稿,手稿结尾加副标题"2.可理解的偶然性及艺术的人类中心主义",另附一页(美学,附条 2.)。无打字稿。在 1971 年发现的文稿中有《逻各斯》杂志文章的单独印刷稿,上书卢卡奇手写注释《美学第三章》。

美学 4:主标题为《2.美的概念的先验辩证法》的手稿;大约一页纸后有副标题《1.逻辑-形而上学的美的概念》+一份带有手写注释《美学第四章》的打字稿。

美学 5:带有标题《纯理论性发展哲学观念下的美的概念》的手稿+两份打字稿,其中一份有手写标题《美学第五章(先验辩证法)Ⅱ》。

卢卡奇逝世后,《海德堡美学》的一些未知章节又被发现,编者旋即面临新的问题。卢卡奇在文本中一直提到他在海德堡时完成的规模巨大的《美学》手稿,然而这些隐藏的文献却不是严格意义上单独某一部作品的章节。根据形式和内容,这些材料应当包含两个《第一章》(《作为"表达"的艺术以及体验的现实的传达方式》和《审美设定》),虽然这两部分所涉问题的出发点相同,但内容上却大相径庭。此外,它们还代表了两个在哲学层面上根本相异且无法融合的观点。因此,对这些手稿进行逻辑上和时间上的重构,重现其原本结构和创作环境,就成了当务之急。尤其亟待解决的问题是,卢卡奇在不同手稿上标记的章节序号初看上去并不连贯、一致。本卷中的章节已经为重构后的结构顺序；本后记的首要目的在于，一方面证明本卷的章节结构，另一方面尽可能多地展现手稿创作历程的细节。

每份打字稿都以页码标记"1"开头（另外为《美学》第四章及第五章，上述章节为连续页码标记），与此不同的是，手稿中许多章节均由卢卡奇亲自撰写页码，因此这些章节的顺序毋庸置疑，这也在一定程度上减轻了重构工作的难度。卢卡奇亲自编写页码的章节为《艺术哲学》第一、二章，《美学》第三、四、五章。因此，编辑工作的重心在于建立四份手稿之间的结构和时间关系。

与编者掌握的其他章节不同，卢卡奇在唯一一份《美学》第一章打字稿中以脚注形式标注了引用，这也减轻了编辑工作的难度。如他在第 64 页引用了李凯尔特《认识的对象》的第三版，因此，此章节显然不会在 1915 年之后写成。根据这一脚注我们可以判定，"另一个"第一章（以及在形式上与其相似的《创造性及接受性行为的现象学概略》一章）有可能均在一战爆发前完成。以下事实也显著增加了上述推测的可能性：两个章节均有多处内容指向《心灵与形式》中的几篇论说文，而根据已发表作品中的说法，卢卡奇在 1914 年之后已经摒弃了上述文章中的立场。此外，两个章节中还有多处内容指向 1911 年卢卡奇去世的好友列奥·普波。从信件往来中可以看出，卢卡奇在 1912 年夏天与卡洛里·波拉尼（Károly Polányi）一起尝试编辑并出版其作品。由于第二章开头[①]有一处内容尽管没有明确地引用标注，但也准确无误地指向拉斯克 1912 年初出版的《判决的学说》，因此手稿不可能在 1912 年之前完成。因此有理由相信这两个章节大约是在 1912 年左右完成的。（我们根据卢卡奇往来信件的研究推测，第一章应于 1912 年秋天写成。可以确定的是，两个章节在 1913 年底前已经完成：贝拉·巴拉兹的兄弟

[①] Georg Lukács, *Heidelberger Philosophie der Kunst*. Werke 16, Darmstadt & Neuwied: Luchterhand, 1974, S. 54.

埃尔文·鲍尔[Erwin Bauer]在1914年2月9日的信件中告知上述章节的打字稿已经寄出。）

这样，剩余的问题便是要厘清其余散落于两个手稿组中的四个章节与手稿开头章节的关系。

进一步研究表明，基于结构和内容的考量，《艺术作品的历史性与永恒性》一章应属于一战爆发前的手稿，并大约写于1913年底至1914年上半年。另外三个章节（《主客体关系》一章及《先验辩证法》的两个部分）应被看成一个整体，并且与1916年的手稿相关联，它们应写于1916年底至1918年初。（同样由信件往来可知，卢卡奇应在1916年秋天开始书写这些时间较后的手稿，这时他已在布达佩斯服了一年兵役并回到了海德堡）。参考手稿上的标题，我们认为应将在一战爆发前完成的手稿命名为《艺术哲学》，将稍晚的手稿命名为《美学》，尽管我们不能确保命名绝对准确，因为《艺术哲学》这一标题只出现在一个章节的一份打字稿上，并非是卢卡奇亲自手写。且此命名也不具备概念解释的功能：卢卡奇在1915年常将自己正在研究的项目称为《美学》，然而在1916年之后却开始使用《艺术哲学》这一名称。

作为编者，我们认为对手稿结构和时间顺序进行重构的结果在形式方面也是符合逻辑的。这一点主要体现在卢卡奇对术语的使用上。《艺术哲学》的所有章节都贯穿行为（Verhaltung, Verhalten）概念：卢卡奇使用了逻辑的、伦理的、宗教的、美学的（诸如此类）行为（Verhalten）及行为方式（Verhaltungsarten）等词。这一概念自然在《美学》中也多次出现，但此时已是狭义上的词义了。上述概念被用来表述主体与既定领域的态度和关系，《美学》中也出现了领域的"设定"（Setzung）一词，而这个概念在《艺术哲学》中从未出现过。与上述概念相呼应，卢卡奇在《美学》中使用的词是理论的、伦理的、美学的、形而上学的设定、设定方式及设定的必要性等。再有，卢卡奇在《艺术哲学》中将认知范围（Bereich der Erkenntnis）称作"逻辑"领域（logische Sphäre），"逻辑形式""逻辑客体"及"逻辑主体"中"逻辑"一词的意义相当于《美学》中的

"理论的"(如逻辑的领域、有效性、设定、形式等);"逻辑"一词在此表示(同样大致前后一致)理论领域的某一特定层面。总体来说,《美学》要比《艺术哲学》更加一致地使用了新康德主义有效性哲学的术语——当然也会有一定程度上的意义偏移。(尽管我们可以看出"行为"一词是直接从拉斯克处借来的。)此外,《美学》中的文本,特别是第一、三章在术语方面受到胡塞尔《纯粹现象学和现象学哲学的观念》的深刻影响("加括弧"[in-Klammern-setzen],"还原"[Reduktion],"环境与自然设定"[Umwelt und natürliche Einstellung],"自然现实"[natürliche Wirklichkeit]),而这一点在《艺术哲学》中完全没有得到体现。

编者研究了这些手稿中大量对此前论述的引用及指涉,也得出了类似的结论。《艺术作品的历史性与永恒性》一章中所有类似指涉均与《艺术哲学》中先前两个章节一致。具有特别意义的是,文中有一处对《艺术哲学》第一章十分明确的指涉,涉及一个在《美学》中未曾出现的问题(体验的现实中不可传达性问题)——且鉴于《美学》内容上的调整,《美学》文本也不可能涉及这一问题。《美学》第三章的开头一处也指涉先前的论述(规范性美学行为作为纯粹体验),同样是基于理论的基本准则,我们可以非常明确地断定,这一表达只会出现在《美学》的第一章中。我们也通过这些手稿判定出了卢卡奇写字方式的渐变过程,即趋向于单词书写连续缩小,且他使用的是拉丁文正字法规则。对其书信往来的研究也佐证了这一书写方式的渐变,如推测的一样,书写时间的顺序与书写方式渐变的方向相一致。

主观来看,至少对我个人而言,内容上的考量要重于这些形式上的关联:整理、重构出的两份手稿体现了卢卡奇先后理论立场的根本性区别。这些区别也有助于我们探究为何卢卡奇在1916年将其安排的宏大美学项目推倒重来,而不是在之前的基础上继续进行。这一问题实际上已经涉及对整个作品的阐释了,恕编者在后记中无法对上述问题进行详尽讨论,只作一处说明,《艺术哲学》和《美学》在严格意义上讲均出自同一视角,即对艺术作品美学特征的关照。虽然两部作品基本立场相同,但卢卡奇却通过两套有着根本性差别的哲学理念来论证和解释所涉问题(其结果是,美学领域的"地点"作为整体来说,也有所变化)。我们可以简要描述此基本核心的改变:卢卡奇在《艺术哲学》中试图将生命哲学和康德哲学综合起来,而在《美学》中展现出来的是一个具有极端二重性的、被阐释且逻辑一致的康德哲学。这一点集中体现在他对"体验的现实"(Erlebniswirklichkeit)这一概念的理解上。在《艺术哲学》中,卢卡奇以生命哲学的基础来阐释体验的现实的本质(尽管这一角度并非完全贯穿整个作品),他将其视为不可表达的、主观的、直接的及纯粹的质的领域,认为可以用唯我论的概念描述其内部结构。(在此,我们不再继续论述为何此概念无法与康德哲学中规范领域的概念相融合了。)与之不同,卢卡奇在《美学》中将体验的现实理解为"真实的直接性"的反面,是"客观上次要的"以及"矫揉造作而成"的客体构造,也就是纷繁复杂的、由首要-规范性设定形式而构成的、"成型的"客体化行为,也就是被夺取同质意义关联从而丧失所有目的-理性结构的、碎裂成"单纯的存在"及单纯事实(factum brutum)的客体化行为。其最终结果是,美学领域的普遍性、全体性特征也被迫改变。改变的途径是艺术品的世界被"经验的现实"进一步"疏离"和抛弃。比如,整个对体验的现实的内部可传达性的论述均被省略了。在《美学》中,"误解"概念不仅在美学领域的层面有了一个明确的解释(同样被省略的还有《艺术哲学》中的一个意向,那就是通过将实质性的个体的习惯及日常表达模式进行清理和同质化,即完全通过它们之间的相互关联导出美学形式),一些在《艺术哲学》中描述体验的现实以及审美领域(比如"纯粹体验")的概念在《美学》中则是纯美学意义[1]。然而更重要的是,

---

[1] 例如 Georg Lukács, *Heidelberger Philosphie der Kunst. Werke 16*, Darmstadt & Neuwied: Luchterhand, 1974, S. 23, 31, 87; Georg Lukács, *Heidelberger Ästhetik. Werke 17*, Darmstadt & Neuwied: Luchterhand, 1974, S. 52, 83, 85。

卢卡奇在《艺术哲学》中创造了一种作品结构上的特征，它在后期手稿中以相同的方式反复出现，那是对体验的现实中主体关照的隐藏思考（比如可体验的充足［Erfüllung］的模式、乌托邦式的现实以及各种对立统一等概念），这一特征在《美学》中成了次要的特征元素，这些元素并没有决定作品本身的纯粹美学领域，而是决定了被使用的主体间显然必要-规范性的，然而却又同样必要-不合适的关系（或《审美设定》的理论置换）。①

上述内容并不能全面地展现手稿理论概念上的重要变动，也仍未涉及这些变动背后的世界观的改变。但是，本后记的任务亦不在于此。我们的目的在于说明编者重构的《艺术哲学》与《美学》手稿作为整体文本在内容上展示出了清晰的、根本性的以及有关联性的差异，而这些差异在编者推测出的结构和书写模式的映照下显得更加明显。

至此仍未提到的困难是，根据上述假设，目前展现的作品图貌会变得愈加复杂，我们在讨论卢卡奇文本中指涉先前作品及创作计划时原本也应该探讨此问题。《美学》的第一章为总体性方法论导论，紧接其后的章节所探讨的问题是创造性及接受性行为的现象学，《美学》第三章为在《逻各斯》杂志发表的文章，卢卡奇在脚注中总结了这一章节的核心问题。此外，《美学》文本中有几十处内容指涉《现象学》章节，这一章节与《艺术哲学》同名的第二章在很大程度上可被视为相同的文本。

此第二章文本属于一战前的手稿，这一点毋庸置疑（这倒不只是因为此前提到的形式原因，即此章节与《表达》一章有着连续的页码标记，也在于其内容上的连续性）。基于此，我们有三种可能的解释。第一，卢卡奇完成了另一个《现象学》章节，但此文本丢失了；第二，《艺术哲学》中的第二章也是为《美学》设计的，然而出于某种原因，改写后的章节丢失了；第三，卢卡奇想不改写《艺术哲学》的第二章而直接将其放入

---

① 例如 Georg Lukács, *Heidelberger Ästhetik. Werke 17*, Darmstadt & Neuwied: Luchterhand, 1974, S. 75, 76, 87, 88, 119。

《美学》中。我个人倾向于最后一种解释，尽管也有相当有道理的意见反驳此可能性。

前两种解释的合理性在于内容上的考量。上文简要记述了《艺术哲学》整体哲学理论立场与《美学》的不同，卢卡奇在《艺术哲学》的第一章中就明确阐明了基本立场，《艺术哲学》的第二章又几次重申这一观点，更重要的是，第二章在多处重要位置指涉第一章的理念。此外，我们认为，《美学》第一章阐释的审美现象学的任务和方法并不完全符合《艺术哲学》第二章中的论述，在某些地方甚至不符合其阐释论述过程中的方法实践。在由《逻各斯》杂志发表的文章构成的第三章中，有一处脚注十分明确地总结道："现象学更应按照黑格尔的思想而不是胡塞尔的理论来理解，现象学是'自然的'、体验的人类变成审美的主体（创造的及接受的）的必要途径。"黑格尔的影响在《美学》第一章中得到了明确的具体呈现，卢卡奇在此认为现象学领域的构成应该是"确定的、有等级关系的结构"。然而我们无法证实《艺术哲学》文本中也有强烈的黑格尔印记，原因主要在于《艺术哲学》中根本没有提及黑格尔的名字；卢卡奇在章节开头精炼的现象学方法论前史概括中（"显然，至今为止现象学的方法论研究只在逻辑学中进行"）甚至似乎忘记了还有黑格尔现象学，这一段叙述在内容上也没有对黑格尔的指涉（根据《美学》中有十分明确细致的论述，这一段显然涉及胡塞尔）。更重要的是，《艺术哲学》第二章将现象学定义为"规范性的理性心理学和方法论"（psychologia rationalis normativa et methodologica），这一定义似乎与上述内容并不一致。从章节开头简短的方法论叙述中可以得出，卢卡奇认为现象学的任务在于，以核心价值构建的领域为前提，展现体验的现实中的主体的所有（只是那些能连接起"无关联的断片"的）行为特性。实际上此章节前半段的方法实践是符合此构想的。在此章节的后半段（涉及"纯粹形式"问题），我们无疑可以看出，卢卡奇认为体验的现实中的主体会被主客体矛盾关系所驱动，变成经历了特定改变历程的规范性-审美主体。其"纯粹形式-先验形式-回归的纯粹形式"观点甚至可以说是经典的黑格尔三段论。此处影响卢卡奇的究竟是黑格尔,还是被以独特方式阐释了的克尔凯郭尔,我们在此无法进一步论证了。无论是谁,上文提到的两篇文本的理论差异并不能因此消除。

内容上未经处理的《艺术哲学》第二章几乎无法归纳进《美学》的整体架构中,除此之外,也有证据表明卢卡奇确实对此章节作了新编或者改写。《美学》第三章中写道:"(心理学和现象学强调自然相异于艺术的'更高'或者'更低'的位置)所谓艺术家的'自然'体验并未扬弃创造性行为的内在,这一点在《现象学》一章中有所解释。"然而我却没有在《艺术哲学》第二章中找到能与上述指涉相称的内容。

暂且不论上述内容,我认为我们应该排除《现象学》一章被重写的可能性。据掌握的文稿表明(对此我稍后会作详述),卢卡奇在1918年确实将一个关于现象学的章节(作为第二章)加入了自认为连贯的并且包含《美学》其余章节的手稿中,我认为很有可能他加入的这一章节就是《艺术哲学》的第二章。假设他曾设想修订这一章节(如果他想完善整部作品的话,这一点倒是不难理解),然而在处理手稿时(也就是说直到1918年初),这一想法未能实现。

值得注意的是,卢卡奇并非到了后期的某个时间点,而是在1916年到1917年之间就已经决定将已成型的《艺术哲学》与正在创作的《美学》当成一份整体的手稿并交付打印(显然他在手稿中省去了他认为过时的《艺术哲学》的章节)。他在1916年12月写给保罗·恩斯特的信中还抱怨道"手稿和笔记的数量持续增加",尽管他是在此一两个月前才开始《美学》的创作并于此时大概只完成了一个章节(另外一些信件表明,《主客体关系》一章在1917年3月才完成)。1916年底,他就已经提到想要"去除"一部分材料的计划,他想将这些文本放进一个单独的文集中,并以全集第一部分的形式出版。同样值得注意的是,除上述例外情况外,《美学》文本中众多(前置或后置的)对《现象学》章节的指涉都与《艺术哲学》第二章中相应的内容一致,这些指涉囊括了第二章的大致内容和精髓。按照各章节主题设置和内容来看,上述指涉描绘出的《现象学》章节的轮廓无疑与《艺术哲学》的相应章节是一致的。鉴于此,我认为,卢卡奇重新撰写了一个全新的章节的说法是不成立的。

出于以下两个论据,改写的假设也同样可能性不大。其一,我们根据对卢卡奇手稿的研究可知,如果手写稿被转录为打字稿之后,卢卡奇也会对手写稿再进行修改(在手写稿的每一页纸上都留出了供修改意见的空白)。以《美学》第三章为例,在《逻各斯》杂志发表此文本前,卢卡奇对其做了微小的修改。手稿中可见两处不同时间完成的作者的修改以及对文稿进行二次打字录入的指示。但是《哲学艺术》第二章几乎没有任何修改的痕迹。

其二,1917年初之后,卢卡奇在书信中表达出地想要完成"第一卷"的急迫想法;由于那时卢卡奇想要在海德堡大学获得教职,因此出版一事就显得更加紧迫。几乎每一封信都带着一个新的完成工作的"最后日期"。然而,原本想作为教职论文的《美学》一书却最终没能按照计划完成。《美学》中多次提及的未来要完成的论述康德的第三章《先验辩证法》,最终也没有写完;1918年3月,卢卡奇递交了没有这一章节的不完整手稿。鉴于上述情况,我们有理由高度怀疑卢卡奇是否有时间对先前手稿中的《现象学》章节进行修改,这一任务对他来说显然是一个巨大的负担。

即便抛开《美学》第二章的问题,本卷中收录的材料是否是完全完整的手稿也是值得怀疑的,或许海德堡手稿的其余章节还隐藏在某处。但从1916年至1918年的手稿来看,上述问题的答案是否定的。虽然我们没有找到卢卡奇提交的教职论文全文,但海德堡大学档案馆却收藏了卢卡奇的教职申请书(海德堡大学档案馆 III,5a,186,223—253)。档案中还有李凯尔特撰写的包含论文简要内容的意见书。意见书写道:"论文第一部分进行了深入的方法论阐述。这一部分的首要任务在于阐明一个能够导出美学意义构造之原本价值理论的美学现象学。本文第二章概括出了创造性及接受性行为现象学的全貌。在此基础上，第三章进行了核心美学概念的论述，并引入主客体关系的问题。在接下来的章节中，论文没有继续系统性地延伸讨论，而是转向探讨美的形而上学问题，这一问题的研究在所递交的论文中没有得到结论。理论体系的整体构架形态尚未可知。"由意见书可知，卢卡奇所递交的论文没有超出我们已掌握的材料内容的范围。由于1918年后卢卡奇停止了手稿撰写，我们可以断定不存在仍未发现的《美学》残章。

尽管论据并非无可辩驳，但是我们仍有理由相信，同样问题的同样答案也适用于《艺术哲学》。在《现象学》与《历史性》两章之间有一个或几个章节的可能性微乎其微。《历史性》章节中包含的众多对前述内容的指涉都与前两章内容一致。同样不具有可信性的推测是，卢卡奇在《历史性》章节之后又写了一些内容。显然，这一章的撰写工作在1914年上半年就已经开始了。（出于仍待考究的原因，《论绘画形式问题》演讲稿的草稿在1913年底之后才完成。草稿囊括了《艺术哲学》第三章最后一部分的思想过程，尽管形式上还不成熟）。卢卡奇在1914年秋天最迟冬天就开始撰写关于陀思妥耶夫斯基的著作。因此，本卷中录入的材料极有可能是完整的。一个合理的推测是，在《艺术哲学》项目开始之前，卢卡奇由于另外一个项目而开始写作关于美学的著作，而这一著作只是完成了开头部分。如果这一推测成立，那么可以说，上述著作残章至今仍未找到。

要对作品结构进行重构，就不可避免地要回答另外一个问题：《艺术哲学》和《美学》的手稿是没有结尾的，那么，现有材料在整体文本架构中应处于一个什么位置？

很遗憾，我们没有发现卢卡奇亲自给出的在写作过程中或许逐渐明了的全部作品的轮廓。在将近半个世纪之后，卢卡奇应伊斯特万·梅扎罗斯的要求，在上文提到的1969年12月2日写给他的信中尝试回答这一问题。信中写道:"就旧的审美理论而言,重构以前的计划是很困难的。原本计划的第一章是《审美设定》。《逻各斯》杂志的文章应作为第二章的导引,然后是《艺术作品的永恒性和历史性》。按原计划,后面还应该有两个章节——《艺术作品的个体性和普遍性》与《已完成的作品作为形式的集合》。第三章则计划讨论不同类别的接受形式。然而这些都只是不太确切的回忆,因为创作计划在写作过程中经历了好几次变动。"

我们从作者本人的"后期重构"中可以得到一个重要的信息,即卢卡奇本人写作的时候也认为海德堡手稿只有四个部分,且之后也没有再通读过这些文稿。显然上述计划构想是有众多问题的。构成《艺术哲学》和《美学》第二章节的《现象学》一章根本未被提及;卢卡奇在信中表示要将《历史性》一文归入《美学》手稿中,然而我们知道,在卢卡奇把《美学》一文作为教职论文递交给海德堡大学时,并未在文中加入这个《艺术哲学》中的章节;同样未被提及的是《先验辩证法》的两个章节,尽管此时卢卡奇已经完成了其中论述黑格尔的第二部分。然而更有趣的问题是,信中提到的从未见诸纸面的论述"艺术自身"问题的"第二部分"文本集合。我们不能排除这样一个假设,即信中提到的《艺术作品的个体性和普遍性》一章在内容上可能与被收入本卷《美学附条 2》的残章《可理解的偶然性及艺术的人类中心主义》是一致的。

至少从作品计划的结构上讲,我们掌握的手稿中的指涉关系要比上述的回忆内容可靠许多。这些指涉关系在《艺术哲学》和《美学》中(两个文本在此方面的一致性也证明卢卡奇整个写作计划的基本结构在写作过程中并未改变)一致地展现出如下大体结构:在作为整体哲学理论和方法论导引的第一章(《表达》及《设定》章节)之后应还有三个部分:现象学—作品理论—后结构心理学(Nachkonstruktion)(最后一部分虽然在《美学》第一章中以"先验心理学"一词出现,但后来又变成了

"后结构"这一概念),此三分结构正好是"审美世界三分的原始结构"①。这一观点的理论映照和展现是:"这是通向审美设定的途径,这些设定既是符合自身要求的设定,也是规范性主体中体现出的设定。"②。"主观"领域的现象学处于作品"之前",是"作品暗示性的前一阶段",而后结构则是"由作品导出的方法性结果,处于作品之后"③。手稿中多次阐释三个部分的相互关系,其中最清晰(同时也是符合卢卡奇后期成熟思想)的一处为《美学》中的如下内容:"……现象学从概念上来说是'先于'作品的,它展示了审美设定的可能性条件,因此也就具有实现审美设定的意图,而概念本身同样决定了先验心理学是在作品'之后'的,因其展示了作品对象性的规范性先验调整,这些调整根据主体相关的有效性程度而必然产生。也就是说,现象学是狭义体验意义上的与存在相关的体验的变形过程,而先验心理学的任务是对作品中各种体验的可能性进行类型学研究;前者是一个过程,是顺序,而后者是类型学研究,前者以未成形作品为导向,将各个变化阶段以等级顺序的方式排列,而后者则不认可阶段和等级顺序,只认可相互并列的、先天的诸多可能性。"④同时,手稿中的论述表明,现象学中占主要地位的是创造,而在后结构心理学中是接受。⑤ 按照卢卡奇的设想,他未能着手撰写的第三部分的基本概念范畴应该是关于创造者的设计勾画和接受者的

---

① Georg Lukács, *Heidelberger Philosphie der Kunst. Werke 16*, Darmstadt & Neuwied: Luchterhand, 1974, S. 52.
② Georg Lukács, *Heidelberger Ästhetik. Werke 17*, Darmstadt & Neuwied: Luchterhand, 1974, S. 70.
③ Georg Lukács, *Heidelberger Philosphie der Kunst. Werke 16*, Darmstadt & Neuwied: Luchterhand, 1974, S. 61.
④ Georg Lukács, *Heidelberger Ästhetik. Werke 17*, Darmstadt & Neuwied: Luchterhand, 1974, S. 68.
⑤ 参见 Georg Lukács, *Heidelberger Philosphie der Kunst. Werke 16*, Darmstadt & Neuwied: Luchterhand, 1974, S. 67; Georg Lukács, *Heidelberger Ästhetik. Werke 17*, Darmstadt & Neuwied: Luchterhand, 1974, S. 69。

感知。①

在上述两个关于主体行为的章节中还应该包括对审美领域自身以及对"单纯存在的"审美价值的分析,即对作品自性的分析。根据《美学》中的论述方式,这一部分的论述延伸至对"主客体关系"的研究;我们有理由推测,卢卡奇计划的这一大部分内容会在两部手稿中占据好几个章节。我们也发现,在卢卡奇撰写两部手稿的时候,他原本的计划似乎确实经历了变动,尽管两本手稿的重心原本应该是研究作品中不同形式层面的对立关系。然而两部手稿均无法给出让我们按照此种方式重构"作品自性"章节的信息;我们掌握的最准确信息不过是上述提到的1969年12月的信。

然而,对整体作品框架的重构依然无法使我们能够将剩余手稿进行准确的逻辑定位。依然不清楚的是,或者至少不十分明确的是,《艺术哲学》第三章(《历史性》一章)及《美学》的后两章在整体计划构架中的位置是怎样的。

对于《历史性》章节来说,如上文所述,《艺术哲学》中前两个章节完成之后,这一章节也撰毕。时间上的顺序并不能证明它们逻辑上的前后关系。我们有理由推测,卢卡奇出于某种未知原因提早开始了这个逻辑上位置应该靠后的章节的撰写工作。由于卢卡奇出于某种未知原因在打字稿之前先用手写的方式完成了前4页,所以文中的论述看上去是直接开始而无引入的(media res),即与前两章情况不同,这一章并没有提及其在整个问题研究中的逻辑地位。因此我们要通过内容研究来判定。这一章节的内容无疑是属于"作品自性"这一问题的,卢卡奇十分明确地强调文中涉及自在性作品的新意、永恒性、历史性及概念范畴。同时这一问题又显得十分独特,它必要地扬弃了艺术作品的基本特征,即绝对内在性和封闭性。实际上这一章节多次讨论了艺术作品的可能性条件,然而与《现象

---

① Georg Lukács, *Heidelberger Philosophie der Kunst. Werke 16*, Darmstadt & Neuwied: Luchterhand, 1974, S. 177.

学》一章不同的是,这一章讨论的不是主观条件,而是客观条件;确切地说,此章节从"客观的作品意义"角度研究客观条件[1]。正因为如此,这一章中出现的用来对创造性及接受性过程进行分析的概念(这些概念也是现象学及后结构心理学的概念)才如此重要[2]。这一章节的过渡作用是毋庸置疑的,它可以将讨论从现象学过渡至作品理论,或者从现象学过渡至后结构。第二种可能性体现了在这一章节中作为基本方法论的类型学方法,然而这一点并不能排除这一章向作品理论过渡的可能性,若是如此,《历史性》作为第三章便在逻辑上讲得通了。

《美学》第四、五章则是另外一种情况:《先验辩证法》无法融入本文勾勒的作品整体框架。李凯尔特在意见书中正确地指出,文中先前系统性的论述在《先验辩证法》中被打断,取而代之的是历史-批判分析,然而这一章节在计划框架中未被提及。

最新发现的卢卡奇材料显示,卢卡奇在撰写《艺术哲学》之前就设想过对美学史进行类似的批判性分析;我们甚至可以说,这一设想便是其美学项目第一个具体的计划构想。在新发现的材料中,有两份内容基本一致的概述,根据其外部特征可以断定,这两份文本是在1911年底至1912年初写成的。由于这两份文件与海德堡手稿有着历史和逻辑上的紧密关联,本文将其细节整理如下:

论审美的形式问题
(形式哲学的历史批判性引言)

Ⅰ. 形式流入理性主义的过程

  1. 艺术哲学在理性主义体系的位置

---

[1] Georg Lukács, *Heidelberger Philosophie der Kunst. Werke 16*, Darmstadt & Neuwied: Luchterhand, 1974, S. 173, 176.

[2] Georg Lukács, *Heidelberger Philosophie der Kunst. Werke 16*, Darmstadt & Neuwied: Luchterhand, 1974, S. 175, 177.

2. 形式与形而上学现实

3. ［普罗提诺(Plotinos)］(方框中显示的词为原稿中删除的内容)希腊理性主义与模仿的问题

4. 作为观念具象化的艺术

Ⅰ.［谢林］艺术与神话

5. 作为观念具象化的艺术

Ⅱ.［黑格尔］世界进程的问题

Ⅱ. 经验主义取代形式

1. 新心理学的产生

2. ［莱辛与赫尔德(Johann Gottfried Herder)］创作者与欣赏者的心理学

3. 现代心理学与艺术的问题

Ⅲ. 形式从批评主义的产生

1. 康德理论体系中的形式概念

2. 判断力批判

3. 附章：诗人与艺术家的美学经验主义

4. 美学作为形式哲学的可能性和问题

卢卡奇往来书信中的一些迹象表明，他在1912年春季或夏季已经开始着手实现此计划。然而可以确定的是，这个计划在短时间后被搁置了；卢卡奇在同年秋天或者冬天极有可能已经开始着手撰写《艺术哲学》手稿。然而，批判性分析美学史这一计划并没有完全被放弃，在《艺术哲学》文本中可以看到相当数量的内容暗示在此著作框架内的历史批判研究[①]，然而我们也不能完全保证上述推测准确无误。

一个十分明确的事实是，当卢卡奇1916年着手修订和继续撰写

---

① 例如 Georg Lukács, *Heidelberger Philosphie der Kunst. Werke 16*, Darmstadt & Neuwied: Luchterhand, 1974, S. 34, 36, 61。

手稿时,有此性质的大部头著作的书写及结构计划已经成型。《美学》第一章的开头①有一处对《美的概念的先验辩证法》的直接指涉,根据此指涉,其第三部分应该详细讨论伦理学和美学关系的问题。而这一指涉明显符合卢卡奇后来表述的计划②——他计划此历史批判文本由三个章节构成,其中题为《实质-伦理性美的概念》的第三部分应当讨论康德美学理论。众所周知,卢卡奇并不赞同康德美学理论将美学伦理化,他认为康德因此陷入了自身理论的矛盾并剥脱了美学的自主性。

不管我们认定卢卡奇是什么时候想要撰写历史批评论述的,有一点毋庸置疑:先前章节中系统性论述所体现出的有机且紧凑的结构,几乎不太可能允许之后出现一个与先前章节规模相当的附章。因此,这一论述的逻辑地位在整个文本中是无法保证的。然而,另一个事实也是准确的,即卢卡奇确实中断了文本中的系统性论述,而转向撰写"历史性"的部分;毕竟,他递交的教职论文确实是上述形式的手稿。

显然是外部原因造成了上述事实——当时时间紧迫。因此,《美学》目前的结构远非先前所构想计划的实现形态,而是对已有章节的滞后排列,而按照原有计划,这些章节应处在与现在不同的位置。我们目前掌握的卢卡奇资料无法解释为什么文本中的系统性论述中断了,连一处明确的暗示都没有。编者只能按照(极其不可靠的)猜测进行编辑。然而这一问题不能避而不谈。一个关于美学的作品,在其应当涉及艺术作品自性的核心内容部分总是中断且应有的论述总是残缺,这一现象确实是值得注意的。

如果这一现象不是巧合的话,那么可能的解释便是卢卡奇作品构

---

① Georg Lukács, *Heidelberger Ästhetik. Werke 17*, Darmstadt & Neuwied: Luchterhand, 1974, S. 33.
② Georg Lukács, *Heidelberger Ästhetik. Werke 17*, Darmstadt & Neuwied: Luchterhand, 1974, S. 136.

想本身在内容和方法层面上存在的困难过于巨大。卢卡奇在1911年冬天将其尚在构想中的美学理论称为"谦卑的否定性神学"(日记,1911年11月23日),这一描述实际上也确实是十分准确的,其对《美学》的构想尤为适用。在《艺术哲学》中,作品的完成仍被视为生命基本矛盾的解决,即便此解决或者说拯救是"恶魔般的"(luziferisch)——"拯救前预借出的完美与和谐"(贝拉·巴拉兹在写日记记述与卢卡奇的对话时,将艺术之恶魔性的观念进行了如上总结),因为它在一个完全脱离生命的领域被实现为应做之事,且因此并不触及生命本质的矛盾性。然而根据《美学》的理论构想,即便是对立统一(coincidentia oppositorum)的,那也只是表现了美学有效性的理论置换及创造者、接受者与作品间不相称的关系;作品的自性是"超越"(jenseits)所有矛盾的,是"单纯的、超越差异的统一体"。综上所述,考虑到哲学史上屡见不鲜的理论-方法难题及悖论,与"作品自性"这一概念类似的对应概念,显然是对于人类理性来说无法认知和表达的"空"的"否定性神学"的神。卢卡奇是明了上述所有问题的,在《美学》第一章中的一个重要部分,就是他想在普遍方法论的层面解决上述难题,这当然需要另作叙述了。

不管内容上的困难与原本计划不断被打乱有何种关联,我认为,"主观"因素在这件事上起到了更加重要的作用,且这一解释也更加有说服力。我们注意到,海德堡手稿的7个完成的章节中,只有1个章节(《艺术哲学》第二章)在严格意义上讲是"美学理论"的。其他6个章节都并非(至少从直观上看)美学领域的内在分析研究,而是或在哲学层面,或在方法论层面,抑或在思想史层面讨论美学的"地点"或者美学与其他自主设定、体验的现实以及历史构建的关系。尽管卢卡奇多次强调自己的研究并非探讨审美设定与其他领域的关系,但其作品的绝大篇幅显然是在探讨这一问题的,即展现艺术的生命意义。这一点也适用于其理论构想:卢卡奇早期美学的悖论——或者若他的主观意见是成立的话——它的意义在于,这一构想以十分严格的方式将艺术作品的绝对自主性和艺术作品的内在性分离开来,并且认为作为"事实"的艺术的前提和"解释"的首要任务是"非艺术性人类对艺术的深度需求"①,基于作品完全封闭性和无穷特性范畴的概念对于作品结构有决定意义,比如乌托邦现实、充足的模式、完美的世界、对立统一(或者纯粹的统一)、意义与荒谬等,它们也最终是建立在作品存在的、人的(existenziell-menschlich)意义上的,并且能够解释这一意义。或许如下论断也不无道理:卢卡奇这一充满创造性的计划的原本核心是,明确地将作品视为形式集合加以研究,而作者本人内心深处的兴趣在于探究艺术对于生命的必要性以及艺术在生命总体性中的作用,因此该计划的初衷与卢卡奇本人兴趣之间始终纠葛矛盾。

当然,这一论断已经远离我们重构手稿的初衷了,所涉及的阐释问题也超出了本后记内容的范围。

在此,我对编辑文本的核心任务——重构文本创作历程和结构——之外的工作稍作叙述:编者首要的任务便是将文本编辑为可读、精准、忠于作者原文的出版物。编者对仅仅作过微量修订的打字稿与掌握的手写稿进行了——校对、整理和修改。

编者对部分手稿中的少量内容作出了必要的微调。显然卢卡奇并未对文本进行最后的审阅,因此文中可见一些明显的、对文章理解性有损的错误(比如句子结构)。编者已尽力修改类似问题。

出于便于阅读理解的考虑,编者不得不对全部手稿中极少数句子(少于几十处)进行较大幅度的修改。比如通过上下文可知句子缺少一个否定词;由于句中套入太多从句和插入成分,使得句子整体不符合语法规则或意义不明确,诸如此类。在这些情况下(只有当句子完全错误或不可理解时),编者按照意义对句子进行了适当的改写。由于此卷并非编者评论版,且编者作出的上述修改数量极其微小,故并未在卷中单独标出。

---

① Georg Lukács, *Heidelberger Philosphie der Kunst. Werke 16*, Darmstadt & Neuwied: Luchterhand, 1974, S. 38.

对于文本的重构和修订工作,仍有两点尚未记述。部分手稿(主要集中在《艺术哲学》第二章)是大段、长达二三十页的无分段或提纲的文本。参考整个手稿可以断定,这些无分段的文本并不是有意为之的写作风格,但却影响了阅读体验,因此我们将文本按照内容进行了分段。

然后是正字法的问题。如上文所述,当文中出现拉丁语词源单词时,卢卡奇使用的是拉丁语正字法,但这一做法在全文并非一致。有些手稿有同一个单词以两种甚至三种形式出现的情况(比如"Complex"和"Komplex")①。在由打印机转录的打字稿中,由于时间和录入人的差异,书写方式也显然根据个体好恶而有所差异。由于还原卢卡奇原本的正字法书写方式是一项浩大的工程,且与本卷出版工作并无实质性关联,因此编者采用前后一致的正字方式,此方式仅能间接体现卢卡奇原本正字法的痕迹。

编辑工作的另一项内容便是核对、整理文中引用。除去一个章节外,卢卡奇从未在文章中给出引用注释(尽管一部分手稿中有铅笔标注的引用页码)。显然他是靠记忆引用的,一部分引用文本不是十分准确。除去几处例外,引用标注已经整理完成(也标注了卢卡奇引用的出版物为第几版本)。不准确之处已根据原文修改,引用注释以脚注形式出现。编者给出的脚注均用方框标示。

相比于手稿中的核心文本,《论绘画形式问题》演讲稿给编者提出了一个新的且更复杂的难题。其 34 页打字稿在卢卡奇逝世后不久便被发现,它被存放在包含了《艺术哲学》及《美学》手写稿(部分打字机打印)的一扎早期文稿中。粗略阅读后,我们发现这是一份明显事后记录且未经修正的演讲内容的速记稿。此文本虽然在内容上与海德堡手稿中的问题和思想紧密相连,但显然并非其组成部分,而应当被视为独立文本。在 1973 年发现的卢卡奇文本中,我们发现了整 7 页关于这次演

---

① 此单词意为集合、群体或情节,为心理学用语。——译者注

讲的笔记。鉴于这些笔记也具有研究价值，因而亦被录入此卷。此卷未包含的笔记内容为参考文献和引用注释。根据参考文献，我们可以相对准确地确定演讲的时间。卢卡奇在文中两处引用《逻各斯》第四卷中沃夫林(Heinrich Wölfflin)的文章《论绘画的概念》，因此演讲应在1913年底之后。此外如上文所述，这些笔记应是在《艺术哲学》第三章完成之前，也就是1914年夏天之前写成的。

虽然有人(非卢卡奇)对打字稿做了微量的修改(主要是修改了一些明显的理解错误和誊抄错误的外来词)，但文本依然充满了明显的误解，其程度已经远远超出了脱稿演讲导致的语言不规范的范围；编者第一次通读文稿时发现有几句话完全没有意义。记录演讲内容的人显然跟不上演讲人的节奏，很多句子都是残破的，语法上也不完善。其他地方则完全是对原句的错误理解，比如本应是"好奇"一词，却被记录成了无意义的"新来"[1]，"文化"被记录成了"雕塑"[2]，"相当"被记录成了"意义上的"[3]，这些记录错误都使得句子面目全非。因此，编者只能借助笔记和耐心细致的检索试图恢复原文的本意。方框中文字是对残破句子的补充假设以及对误解段落的解释。然而尽管如此，文中依然有很多地方需要改正，因此无法在不影响整体阅读体验的情况下标记所有不尽明了之处了。

文章开头提到的卢卡奇在发表《海德堡手稿》前曾征询意见的朋友们，在编辑工作中给予了我极大的帮助。在此，我特别要感谢的是阿格妮丝·赫勒，她与我一起通读了所有手稿，哪怕是关乎细小的技术细节，也向我提出中肯意见。没有她的帮助，我完全不可能完成此项工作。

(刘健 译)

---

[1] 德语"好奇"的名词为 Neugier，"新来的"为 neu hier，断词错误造成了词义的变化。——译者注
[2] 名词 Kultur(文化)与 Skulptur(雕塑)，发音相似。——译者注
[3] 副词 ziemlich(相当)与形容词 sinnlich(意义上的)，发音相似。——译者注

卢卡奇论说文时代的艺术哲学[*]

[德]乌特·克鲁泽-费舍尔

卢卡奇认为强调性(emphatisch)艺术作品具有统一性,它与具有双重性的论说文是不同的。非同一性对于论说文来说具有建构性意义,而此双重性则在理想的艺术作品中被扬弃了。相反,只有持有质疑目光的论说文家(Essayist)才能在艺术作品的和谐中洞见不和谐,论说文家试图将艺术家在塑造时的向内聚拢之物拓展开来。对于卢卡奇来说,艺术家始终是诗人,他认为艺术家并没有丧失是或否的明确性,因为他并没有像柏拉图主义者那样变得问题重重,因此,"诗始终生发出柏拉图主义者永恒的向往的客体:安全感,教条。"[①]

对于卢卡奇来说,理想的诗人是一种能够内在宁息的原型,他能够**实现充满意义的时间**。这并不是说诗人可以表达出对于论说文家来说始终是问题的事物。如果是那样的话,论说文家只是在对抗个体局限性时误入歧途的诗人,他的问题也就只是心理学的问题了。卢卡奇对

---

[*] 本文出处:Ute Kruse-Fischer, *Verzehrte Romantik. Georg Lukács' Kunstphilosophie der essayistischen Periode* (1908 - 1911), Stuttgart: M & P Verlag für Wissenschaft und Forschung, 1991, S. 36 - 60。

乌特·克鲁泽-费舍尔,德国汉诺威大学博士,其专著《被消耗的浪漫主义——卢卡奇论说文时代的艺术哲学 1908—1911》(1992)为卢卡奇研究领域重要研究著作,被众多研究文献引用。

① Georg Lukács, *Die Seele und die Formen*, Neuwied & Berlin: Luchterhand, 1971, S. 38.

二者的区分并非如此肤浅。对于卢卡奇来说，诗人更像是这样一类人，他们可以直接说出事物，不用说出事物的内容，而是通过其特有的表达方式就可以展现事物的本质。而对于论说文家来说，艺术的形式则是一个谜团，是"迸发出的呐喊的通透性，是释放直接能量的运动"[1]。通过领会意义关联，他看到自身被证明，然而却向往通过体验性的批判来理解所领会的内容。

卢卡奇在《海德堡艺术哲学(1912—1914)》中用康德式的提问开篇："艺术作品何以可能？"[2]与此相一致的是，卢卡奇早期论说文的基础也是艺术作品和谐性这一不可动摇的事实。论说文家的美学经验供养着他对未来完美性的期待。他认为艺术的形式是过去黄金时代的见证者，并尝试在形式中寻找生活问题的答案。在美学中，灵魂与形式达成和解，青年卢卡奇对此坚信不疑。但同时他并不掩饰，理想艺术作品中的统一性并不能扬弃世界的裂痕，而只能在主客体分离的历史哲学时代昭示着一种理想形态。诗学确实为完美的封闭性提供了避难所："诗人的世界（他从未抵达生活的世界）确实是绝对的世界。"[3]卢卡奇既不满足于原则上可以升华至诗意世界的可能性，也不满足于保持诗意世界的纯洁无瑕，他的悖论式的、反讽的形式概念和他对批评家二元分裂的角色定义均可证明这一点。他认为，诗学的统一性只存在于稍纵即逝的片刻，在这些瞬间，那些革新的希望接近可能，即将不和谐的悲剧性变得更为可知。文学只能向其读者保证天堂的存在，却不给出通向伊甸园的大门，它始终将读者带回到生活的散文(die Prosa des Lebens)中，却无法兑现它最具魅力的诺言：幸福生活的说明书。

人们可以创造出艺术作品的和谐，在接受所创造之物时却无法用

---

[1] Georg Lukács, *Die Seele und die Formen*, Neuwied & Berlin: Luchterhand, 1971, S. 165.
[2] Georg Lukács, *Heidelberger Philosophie der Kunst. Werke 16*, Darmstadt & Neuwied: Luchterhand, 1974, S:9.
[3] Georg Lukács, *Die Seele und die Formen*, Neuwied & Berlin: Luchterhand, 1971, S. 34.

相同的方式创造和谐,即无法回溯性地复制和谐,这便是美学观点创造性的基础,也是任何一种美学理论的悲剧性出发点。艺术与哲学的矛盾同时解释了为什么卢卡奇式的论说文家悖论性地依赖于文学:他认为文学不容置疑的同一性是完美和谐的绝对尺度。历史哲学的断裂促使他开始反思,为了保持真实性,论说文家必须反思性地使用文学的形式法则。卢卡奇在这一不可调和的矛盾的顶点,搭建出一个符合历史哲学的并不稳定的美学构架,这一理论构架其实只能描述过去的艺术。他谨慎地将其艺术概念置于印象主义与他当时的自然主义之间,以便让这一概念不至于距离他所论述的完美艺术作品的理想形态太过遥远。

从批评家的立场来看,诗人与论说文家之间最核心的区别在于,前者使用象征,而后者则具有无法避免的反思性,他只能通过语言展示他的所思和他妄图克服的双重性,但他同时又复制了这一双重性。作为批评家的卢卡奇是这样评价文学的:"对于文学来说,一切都变成了象征,一切也都只是一个象征符号,一切都有一个意义,但却无法为自己声明价值。"[1]论说文家在象征中看到文学对本质与表象统一的理解,此统一依赖于语言的装扮,因为除此方式之外没有其他表达统一性的可能性。象征的艺术手段中蕴含着早已丢失的单纯性,在其直观性中,对现实的直接洞见得以表达出来,在此洞见中,对象无法与其意义分离。文学通过象征的方式向读者展现所要表达的内容,由此展现出,在丧失了语言与对象的直觉关系之后,文学无法非媒介性地表达。

卢卡奇以抒情诗式小说(lyrischer Roman)为例(如歌德的《少年维特之烦恼》、荷尔德林的《许佩里翁》和夏尔-路易·菲利普的作品),详细论述了他关于表达清晰形象的理想文学类型:"诗歌的叙事化意味着内在战胜了外在,意味着生活超验的直观化。形式的精确性在于保持

---

[1] Georg Lukács, *Die Seele und die Formen*, Neuwied & Berlin: Luchterhand, 1971, S. 74.

叙事体裁,在于内在与外在同样精确地保持若即若离的关系,在于现实的真实性没有被消解,也没有被玷污。"①

无法语言化的超验,被限制在某一事件的象征性构型中,并被局限为庸俗化和物化的情绪图像。据此,卢卡奇设想的文学的功能与歌德的象征直观的诗学理念是一致的。歌德在《斐洛斯特拉图斯画像》中写道:"象征是指,不成为事物而表现事物,它是在思想的镜子中组合而成的同时也与对象保持一致的形象。""象征的关键是无法言传的。"②歌德表达的观点是,象征在具体的对象中表现更高级的、具有普遍性的和有意义之物。表象不可言说的内涵并不会在无限的宇宙中蒸发,而是由诗人推向某一直接时间的边际。意义带着这样的吸引力融入表象中。它已不再是语言表达的客体了:它获得主体性并自主地使用言语。③

卢卡奇在上述象征理论基础上建立了他的文学形式概念,因为这一概念同样可以用来对抗现实消解为印象的危险,即变成一种"模糊的、无形式的渴望诗歌",变成"放纵的感情泛神论"④,如同自然主义的教条将文学限制为再现现实那样。象征形式的精确性迫使事物展现其本质的真实性,同时依然将其保留在现实中。

卢卡奇认为歌德象征理论的现代变体是"气氛性(das Atomsphärische)的发现"⑤,即文学化体验世界的主体性。在气氛中,抒情诗(lyrisch)与叙事(episch)文体的混合被扬弃了,这一特殊表达方式有力地回击了主观主义的、夸张的印象主义。卢卡奇认为,印象主义并没有为无限的、含糊不清的情感与隐秘提供合理的形式依靠,而只是停滞在心灵的无形与内在表达的无距离感中:"气氛将一切都消解为情

---

① Georg Lukács, *Die Seele und die Formen*, Neuwied & Berlin: Luchterhand, 1971, S. 152.
② J. W. Goethe, „Über Philostrats Gemälde", in J. W. Goethe, *Gedenkausgabe der Werke, Briefe und Gespräche, Bd. 13*, E. Beutler (Hg.), Zürich: Artemis-Verlag, 1948, S. 868.
③ 参见 Christiaan L. Hart Nibbrig, *Rhetorik des Schweigens*, Frankfurt am Main: Suhrkamp Verlag, 1981, S. 72.
④ Georg Lukács, *Die Seele und die Formen*, Neuwied & Berlin: Luchterhand, 1971, S. 153.
⑤ Georg Lukács, *Die Seele und die Formen*, Neuwied & Berlin: Luchterhand, 1971, S. 153.

绪和含糊。由此,一切隐藏之物也都消失了:沉默不语变成了大声和急促地说尽一切,深刻变成了庸俗,充满光辉和内涵的瞬间变成了暗淡的自言自语。"①与此相对,卢卡奇认为气氛的潜力在于,它可以如歌德的象征性表达那样,让表象与本质产生互动。此"神秘的若即若离"②形成了一种前提条件,它使得"事物背后的本质不必从背后跳脱出来才能被表达,而是可以在事物之中、之间,在事物的表面与缝隙中呈现出来:不可言说之物可以保持不可言说的状态。"③

上述引文也表明,卢卡奇坚定地反对太过明确而肤浅的表达,反对将艺术与经验现实等同起来,反对将世界限定在其不一致性中。卢卡奇认为真实直接的表象之间存在本质性的关联,因此反对当时以客观主义为核心的自然主义。他关注的主要问题是如何保留超验的纯洁性,因为牺牲超验的纯洁性也是艺术自觉反对的倾向。自然主义对事实的信仰攻讦艺术家主体性的自由思辨空间,也攻讦美学的形式:二者似乎都有用先入之见干预真实,并将真实理想化的嫌疑。因此,它们似乎都应该将表达的权利让位于某种客观—科学的视角,分析科学想要通过这种方式入侵艺术的事实。卢卡奇认为这是将文学出卖给科学。他认为艺术与实证主义科学不同,可以窥见必然性,而这一窥见又必然依赖于其美学形式。卢卡奇论说文理论的对象是相当丰富的,对伦理学、美学和生命哲学的跨学科研究也跳出了正统范围,但他在论述中始终坚持艺术与科学作品的严格区分:"艺术作品与科学作品最显著的区别应该是:一个是有限的,另一个是无限的;一个是封闭的,另一个是开放的;一个是目的,另一个是手段。从结果来说,一个是无法比较的,是首要和最终的,另一个则会被更优秀的成果所取代。简而言之,一个有

---

① Georg Lukács, *Die Seele und die Formen*, Neuwied & Berlin: Luchterhand, 1971, S.153.
② Georg Lukács, *Die Seele und die Formen*, Neuwied & Berlin: Luchterhand, 1971, S.153.
③ Georg Lukács, *Die Seele und die Formen*, Neuwied & Berlin: Luchterhand, 1971, S.153.

形式,另一个则没有。"①

上述引文展示了艺术与科学的极端对立,科学完全取决于内容,与现实一样是暂时的,充其量只能通过"新事物的刺激"②激发兴趣。实证主义以升华经验为基础,自然主义同样以此为导向,卢卡奇相当蔑视自然主义,认为它完全是平庸的陈词滥调。与实证主义和自然主义不同,卢卡奇的文学理念并不关注现实的宽度,而是关注其深度。文学应穿透事物的表层,直达本质,它可以展现出:"在物理和无差别的现实中,心灵的内部——即便是以陌生的无名的朝圣者身份——可以改变纯粹的渴望"③。

卢卡奇认为文学具有认识理念的意义之间的关系的能力,因此走向了与自然主义截然不同的道路:自然主义试图抹去现实与文学再现的差异,因为自然主义质疑艺术的理念性(Idealität),并致力于精确表现外在事物的因果关系。而卢卡奇——正如之后的本雅明和阿多诺——则在现实与文学再现的差异中看到了可以成功抵抗外部干涉的可能性。创造性的想象从经验的压迫中解放出来,旋即又被要求为"现实的真实性"负责,"气氛性将事物从其僵化的轮廓中解救出来,并不是为了将其投入无本质的情绪中,投入无状无形之中,而是要赋予其新的硬度和重量"④。

卢卡奇不赞同所有真相只存在于既定事实之中的观点,他将诗人从日常的狭隘中解放出来,并相信他对世界的个体化的艺术构建,这一构建表现他物,展现多样性并允许"希望原则"的出现。由此可以看到,卢卡奇关于当下艺术作品形式的理论已经接近现代主义了。它处在两个极端之中:一个极端是已极度负重的艺术理想,即成为"启示性的自

---

① Georg Lukács, *Die Seele und die Formen*, Neuwied & Berlin: Luchterhand, 1971, S. 109.
② Georg Lukács, *Die Seele und die Formen*, Neuwied & Berlin: Luchterhand, 1971, S. 109.
③ Georg Lukács, *Die Seele und die Formen*, Neuwied & Berlin: Luchterhand, 1971, S. 152.
④ Georg Lukács, *Die Seele und die Formen*, Neuwied & Berlin: Luchterhand, 1971, S. 153.

然语言"①,另一个极端是毫无意义却又需要表达的实际生活。卢卡奇的形式概念既不倾向于主观主义的印象主义,也不倾向于客观主义的自然主义,而更多地体现了卢卡奇当时一种绝望的尝试,即在"先验的无家可归"(transzendentale Obdachlosigkeit)②的时代,设置一个可信的生活态度的尺度,同时并不强调这一尺度的永久有效性。处在不完满的、等待解救的时代,艺术作品无法给出最终极的回答,尽管这样的绝对性十分诱人,但青年卢卡奇没有陷入这样的幻觉中。卢卡奇在论述中必须尽力降低艺术的生活意义,因为它是暂时的。因此,他在关于理查德·比尔-霍夫曼的论说文中写道:"形式最深刻的意义是:通向伟大静默的时刻,并将无目标的多样性构建为以此为导向的。"③在心灵与形式不一致的历史哲学时代,艺术作品统一性的理念在美学经验的时刻得以展现。在论说文家的静默中,这一观念得以实现意义。

艺术作品统一性理念最显而易见的象征,便是人类身上所体现的理想艺术与真实现实的裂痕,即柏拉图主义者与诗人这两种类型之间的不协调,卢卡奇认为这一裂痕的出现是"随着发展所不可避免的"④。人类的柏拉图主义特性面向的是生活的散文;而诗人的特性则浮于生活之上,它在诗歌中直接地通向意义的认知,在诗歌中得到表达;而在充满体验的瞬间,艺术作品的形式能够使上述人的两面性变得和谐。卢卡奇认为,诗歌(Poesie)与散文(Prosa)⑤的对应关系正好映射了自

---

① Georg Lukács, *Die Seele und die Formen*, Neuwied & Berlin: Luchterhand, 1971, S. 165.
② 本文相关段落中文翻译参考格奥尔格·卢卡奇《卢卡奇早期文选》,张亮、吴勇立译,南京大学出版社 2004 年版(下同——译者注)。参见 Georg Lukács, *Die Theorie des Romans*, Neuwied: Luchterhand, 1971。
③ Georg Lukács, *Die Seele und die Formen*, Neuwied & Berlin: Luchterhand, 1971, S. 164.
④ Georg Lukács, *Die Seele und die Formen*, Neuwied & Berlin: Luchterhand, 1971, S. 35f.
⑤ 本文多次使用 Poesie 与 Prosa 的对立概念,Poesie 指有固定格式、格律要求的、诗歌体的文本,故译为"诗歌",但应与狭义的 Lyrik(抒情诗)概念区分开来;Prosa 指无固定形式规则的文本,即形式"散"的文体,故译为散文,需要与卢卡奇语境中论说文(Essay)概念区分开来。但需要指出的是,Poesie、Prosa 概念与现代中文中"诗歌""散文"概念的常用意义并不完全对应。——译者注

然与人类精神的对立关系,两者有机的整体关系如同艺术的封闭形式一样,可以调和个体与整体的关系。此类比也让卢卡奇矛盾地将艺术与生活混合起来,并将其作为论说文的生命哲学维度:"只有这样书写的艺术才能拥有意义,因为它能给予我们这个伟大的时刻。也只因为如此,艺术才能像森林、山川、人类和我们的心灵那样成为对于我们来说有生命意义的东西,只是它更复杂、更深刻,比其他事物更贴近我们,而又离我们更遥远,它用更冷酷的客观性审视我们的生活,却趋向它自身的永恒性。这些都是源于它是人性的,且它只是在特定程度上是人性的。"①

心灵的诗歌和生活的散文是矛盾的两个方面,青年卢卡奇试图用论说文的方式透过这一矛盾,为当下艺术制定纲领。然而,艺术对他来说只能表现成疑的东西,不能表达不和谐性的内部,只能表现其外部。因此,卢卡奇被迫将历史哲学时代原本相互联系的特性再分割开来:即艺术与艺术批判,创造性行为与接受性行为。论说文的先决条件却让诗歌与散文的关系再次变得富有动力,使二者相反的运动不停地相互融合。对于卢卡奇来说,处于理想的中间地带的,则是当下的艺术,它的艺术目的与批判目的是无法清晰界定的,因此当下的艺术变成了一个单纯的临界概念。以艺术家的形式,将有限性与无限性、同一性与多样性统一起来,在这一形式的本质中,柏拉图主义者与诗人也能够相遇,站在诗歌与散文的交界处,且不与其中任何一方混为一谈:"只有在艺术家的形式中,柏拉图主义者的沉重与诗人的轻盈才能达到平衡;在艺术家的形式中,才能在文学中孕育出柏拉图主义者始终隐藏着的渴望:对安全感和教条的渴望,而柏拉图主义者也将生活的丰富多彩带进诗人神圣而单调的诗歌中。"②也就是说,艺术家使得艺术作品的形式成为可能,而柏拉图主义者则将其从无意识中解救出来。柏拉图主义者

---

① Georg Lukács, *Die Seele und die Formen*, Neuwied & Berlin: Luchterhand, 1971, S. 165.
② Georg Lukács, *Die Seele und die Formen*, Neuwied & Berlin: Luchterhand, 1971, S. 38.

鄙视艺术的艺术性,这使得艺术虽然在历史哲学层面变得更为合适了,却丧失了对于柏拉图主义者而言最重要的完美性特质,而艺术的完美性特质本该是对抗生活无意义的最好手段。因此,对于青年卢卡奇来说,批评家无法离开艺术,艺术也无法离开批评家。

卢卡奇之后转向了展现个体发展轨迹的小说范式,但依然坚持不彻底分离诗歌与散文的态度。论说文是存在裂隙的,它正是艺术与批判的界限。卢卡奇认为论说文正是小说的先驱,而不和谐以美学的方式被保留在小说中。可以看到,在《小说理论》中,诗歌与散文在历史哲学层面被更加决绝地分隔开来,而在《心灵与形式》中,诗歌与散文形式还是不可分割的,这表现了卢卡奇对早期浪漫主义的一种实验性探究方法,他之后对小说的研究同样回溯了这一理念。

早期浪漫主义者施莱格尔和诺瓦利斯均反对启蒙主义式的美学描摹理念,而是以人类精神有机的统一为榜样,强调诗性的统一。早期浪漫派作家借助费希特的自我自由概念,创造出一个虚拟的现实,自然与精神、自我与非自我在其中合而为一。通过这种方式,诗人预支了理想的未来,正如施莱格尔的《哲学笔记》(*Hefte zur Philosophie*)所说:"文学的黄金时代永远是当下的。"[1]此预测性的特质将千禧主义的救赎期望带进艺术作品中,但早期浪漫派和卢卡奇均不认为这是对现实的反映,而是一个艺术的构建,它受到费希特主观唯心主义的影响,强调艺术创造的主观层面。内部与外部相互渗透,文学穿透经验生活的界限以及小说化的叙事手法,凭借上述手段,诺瓦利斯给出了主体对现实进行美学建构的一种方式:"世界必须被浪漫化(romantisieren)[2]。……我赋予普通之物以更高意义、习惯之物以神秘的形象、熟悉之物以陌生性、有限之物以无限的表象,我就将其浪漫化了。对于高级、陌生、神秘和无限

---

[1] Friedrich Schlegel, *Kritische Schriften und Fragemente*, Studienausgabe in 6 Bänden, Bd. 5, Ernst Behler und Jochen Hörisch (Hg.), Paderborn: Schöningh, 1988, S. 87.
[2] romantisieren,也包含"小说化"的含义。——译者注

的事物,则需要相反的操作。通过这样的连接,它们成为彼此的对应物。这便是常用的表达方式。"①

早期浪漫派的艺术作品也是双重性的:它想要统一现实与理想,并声称统一并非已经现实存在,它想要完满,也想要成为无限完满的对象。弗里德里希·施莱格尔在《雅典娜神殿断片集》的第297篇中论述了这一双重性:"当一部作品对外有着明显的界限,对内却是无垠、无限的话,当它忠实于自身,却又能超越自身的时候,这部作品就完成了。"②由此可以看出,施莱格尔认为浪漫派的宗旨便是要求多种文学类型融合,他竭力试图将断章、格言和论说文定义为浪漫派的艺术作品形式,并消除古典与浪漫、诗歌与散文的界限,但他的努力并没有实现。浪漫确实无法脱离古典,散文也无法脱离诗歌。然而,施莱格尔反复重复的论述却依然是以界定界限为基础的:"所有的散文都是诗。如果把诗歌与散文对立起来,那么只有逻辑才是散文。"③"现代诗歌有成为科学的企图。目前散文还不是艺术。"④更有如下极端例证:"在浪漫主义的散文中,所有组成部分必须以最大程度相互融合。"⑤"所有的诗歌都应该变成散文,所有的散文都应该变成诗歌。所有精神的作品都应该浪漫化,都应该近似于小说。"⑥

施莱格尔执着于用诗歌定义散文,并在阐释中限定意义的多样性,这便是混合的本质所在。浪漫主义的艺术作品源于创作行为与接受行

---

① Novalis, *Werke, Tagebücher und Briefe*, Bd. 2, Hans-Joachim Mähl und Richard Samuel (Hg.), München: Carl Hanser Verlag, *1978*, S. 334.
② Friedrich Schlegel, *Kritische Schriften und Fragmente*, *Studienausgabe in 6 Bänden*, Bd. 2, Ernst Behler und Jochen Hörisch (Hg.), Paderborn: Schöningh, 1988, S. 133.
③ Friedrich Schlegel, *Kritische Schriften und Fragmente*, *Studienausgabe in 6 Bänden*, Bd. 5, Ernst Behler und Jochen Hörisch (Hg.), Paderborn: Schöningh, 1988, S. 187.
④ Friedrich Schlegel, *Kritische Schriften und Fragmente*, *Studienausgabe in 6 Bänden*, Bd. 5, Ernst Behler und Jochen Hörisch (Hg.), Paderborn: Schöningh, *1988*, S. 190.
⑤ Friedrich Schlegel, *Kritische Schriften und Fragmente*, *Studienausgabe in 6 Bänden*, Bd. 5, Ernst Behler und Jochen Hörisch (Hg.), Paderborn: Schöningh, 1988, S. 211.
⑥ Friedrich Schlegel, *Kritische Schriften und Fragmente*, *Studienausgabe in 6 Bänden*, Bd. 5, Ernst Behler und Jochen Hörisch (Hg.), Paderborn: Schöningh, 1988, S. 212.

为的张力,因此它无法以概念的形式限定其实质性特征。就其本身,浪漫化是富有动力的行为,它要超越所有已完满之物,并将其带到更高层级。施莱格尔要求,所有精神作品都应在此意义上近似于小说,在小说中,近似性已经达到完满。

这一特殊细节,即施莱格尔艺术哲学思考中主体—创造性的、主动的特性,也涉及那些摆脱主体干预的绝对性艺术作品,它限定了所有定义性行为的绝对界限。施莱格尔在对康德和费希特的论述中阐明了这一点:费希特将康德的自由概念极端化了,因为他打破了认识的主体对"物自体"的最后一丝依赖。与此相对,在科学理论中,我被绝对化了。在认识的过程中,我生产出我的对象,即非我。在绝对性中,认识的主体和客体合而为一。康德用"物自体"的概念描述我与被认知的世界的差异,而费希特则扬弃了这一差异,并强调我的自由具有绝对性。现实丧失了所有客观的特性,它被贬低为唯心活动的产品。现实被无限地消解为设定,费希特为了不让自由的自我也被消解,他将他人的自由与之相对,用以限制自我的自由,然而这并不能避免被绝对化了的自我进行自我扬弃。后期费希特将自由的起源归于上帝,其实施莱格尔早已洞察费希特理论的不一致:"费希特哲学中还潜藏着不是自我的东西,它源于自我,但又不完全是非我。先是不满,后又成为一种根源性的偶然性,这与'物自体'概念是相似的。"① 费希特掩盖了自身理论中自我与非我同一性的任意性,因此施莱格尔对他教条主义的批判是合理的。② 与费希特相对,尽管康德只是"半个批判家"③,但他却没有跨越认知的界限,认知已经内含了反思,认知的根源只是在形式层面上是统

---

① Friedrich Schlegel, *Kritische Schriften und Fragemente*, *Studienausgabe in 6 Bänden*, Bd. 5, Ernst Behler und Jochen Hörisch (Hg.), Paderborn: Schöningh, 1988, S. 12.
② Friedrich Schlegel, *Kritische Schriften und Fragemente*, *Studienausgabe in 6 Bänden*, Bd. 5, Ernst Behler und Jochen Hörisch (Hg.), Paderborn: Schöningh, 1988, S. 1
③ Friedrich Schlegel, *Kritische Schriften und Fragemente*, *Studienausgabe in 6 Bänden*, Bd. 5, Ernst Behler und Jochen Hörisch (Hg.), Paderborn: Schöningh, 1988, S. 1.

一的。康德确立了纯粹理性的范畴，便也确立了认识主体和客体的界限。康德不认为认识的彼岸包含一个先天的绝对知识，也就为批判提供了可能，而在费希特的理论中，由于自我的绝对性，认识的彼岸便在此岸消解了。施莱格尔想通过既是也是的方式调和康德与费希特不同的认识论立场，这一点明确地体现在《哲学笔记》中："如果不在此岸或彼岸，就无法界定界限。即，如果我们不通过某种方式（即便是无知的）抵达彼岸的话，就无法界定认知的界限。"[1]施莱格尔在此既是要求为认知设定界限，也是寻求克服界限的可能，而只有费希特的知识学可以回答这一问题。与康德不同，施莱格尔不认为界限是绝对的，而是可以跨越的：自我并不是完全凭借设想而创作世界，而是世界内含一个独立的现实，并可以影响到自我的认知过程。在此基础上，施莱格尔确立了他的先验化理论（Transzendentalisieren）："先验化就是要理想化和现实化。"[2]施莱格尔的认识论就存在于两个极端之间。他认为认识无法达到最终的真理，因为在边界处，怀疑就是认识最内部的经验，也是推动认识前进的原因。这一点与康德哲学的批判性不谋而合，也与诺瓦利斯的观点相似："非限定性之物要求对物自体必要的理性，也要求条件的顺序是完满的。非限定性之物带我们超越现象界的边界，或者说带我们走出自身。"[3]

施莱格尔将认识论中界限和界限跨越的概念引入艺术理论中：我们只能在某一艺术作品自身界限的此岸或者彼岸理解艺术作品。而理解认知界限的方式，就是跨越界限。因此，施莱格尔并不认为古典主义艺术作品与浪漫主义艺术作品之间泾渭分明。他认为，"所有浪漫主义

---

[1] Friedrich Schlegel, „Philosophische Lehrjahre 1796 - 1806, Zur Logik und Philosophie 1796 (in Jena)", in Friedrich Schlegel, *Kritische Friedrich-Schlegel-Ausgabe*, 35 Bände, Bd. 18, Ernst Behler (Hg.), Paderborn: Schöningh, 1963, S. 521.

[2] Friedrich Schlegel, *Kritische Schriften und Fragmente*, Studienausgabe in 6 Bänden, Bd. 5, Ernst Behler und Jochen Hörisch (Hg.), Paderborn: Schöningh, 1988, S. 31.

[3] Novalis, *Werke, Tagebücher und Briefe*, Bd. 2, Hans-Joachim Mähl und Richard Samuel (Hg.), München: Carl Hanser Verlag, 1978, S. 219f.

的研究都应该变成古典主义的,反之亦然。"①对上述观点可以做如下补充:古典主义在浪漫主义的此岸和彼岸,反之亦然。从这个意义上讲,施莱格尔对自然变化的论述也适用于艺术作品:"自然并非是无限的,但它会变得无限。"②

某一艺术作品古典意义上的完满并不排斥整体的推进性,因为它的古典性是在与推进性的对峙中被建构出来的。施莱格尔意识到,"与自我的确立相对立的,是对自我的超越。而确定则是在两者之间,确定永远的相互的关系。不确定的某物只是似乎存在的,而不确定的存在又与其自身对立"③。早期浪漫派的认识论和美学都关注界限的确定,关注自我确定与自我复制。正如诺瓦利斯在《花尘》(*Blütenstaub-Fragemente*)断章中所说:"所有美的事物都是自我启示的,是完满的个体。"④这也就解释了诗歌和散文难解难分的关系,确立与反确立是通向更高阶段的和谐的前奏。施莱格尔从未掩饰其哲学思想的暂时性:"只要人们还在寻求绝对的诗歌、绝对的哲学或者绝对的批判,那么人们就永远不会被一部作品满足。"⑤

与早期浪漫派作家一样,卢卡奇的艺术哲学思考的核心问题也是过渡现象、中间状态和暂时性问题。卢卡奇借助早期浪漫派作家关于古典主义与浪漫主义共识性的论述,从这些问题中引出他对艺术作品以及论说文封闭形式的赞赏。在前黑格尔时代的认识论中,卢卡奇与早期浪漫派思想的亲缘性已经初见端倪,至此,此亲缘性逐渐发展为对

---

① Friedrich Schlegel, *Kritische Schriften und Fragemente*, *Studienausgabe in 6 Bänden*, Bd. 5, Ernst Behler und Jochen Hörisch (Hg.), Paderborn: Schöningh, 1988, S. 199.
② Friedrich Schlegel, *Kritische Schriften und Fragemente*, *Studienausgabe in 6 Bänden*, Bd. 5, Ernst Behler und Jochen Hörisch (Hg.), Paderborn: Schöningh, 1988, S. 50.
③ Friedrich Schlegel, *Kritische Schriften und Fragemente*, *Studienausgabe in 6 Bänden*, Bd. 5, Ernst Behler und Jochen Hörisch (Hg.), Paderborn: Schöningh, 1988, S. 79.
④ Novalis, *Werke*, *Tagebücher und Briefe*, Bd. 2, Hans-Joachim Mähl und Richard Samuel (Hg.), München: Carl Hanser Verlag, 1978, S. 272.
⑤ Friedrich Schlegel, *Kritische Schriften und Fragemente*, *Studienausgabe in 6 Bänden*, Bd. 5, Ernst Behler und Jochen Hörisch (Hg.), Paderborn: Schöningh, 1988, S. 194.

美学的结构性思考了。为了给暂时的"绝对罪恶时代"[①]做出回应,卢卡奇又回溯了早期浪漫派的核心观点:界限界定(Grenzziehung)。与施莱格尔一致,卢卡奇认为界限是认识的界限,是有限的诗歌与无限的散文的界限,是艺术与生活的界限,且界限具有绝对性。界限只能在瞬间以直觉的方式暂时被理解,但可以用反思的方式重复这一体验,并用方法论予以弥补。卢卡奇在 1910 年的论文《文学史理论评论》中明确地论述了他在论说文中隐含表达的观点:"我们将稍纵即逝的瞬间视为是真实的,这是我们使用了直觉的力量洞察了人类或者某一问题的本质,而不是运用精确的、'概念性的'、'科学性'的论断。我们几乎无法理解这些瞬间,也不清楚它们的内容。我们只需要知道这些方法,并真地将其发展为方法,而不是全然依赖偶然性,即不能只依靠狄尔泰所说的'天才的关照'。"[②]

卢卡奇试图探究语言与对象性的统一关系的不可言说性,试图在不使用概念、并知晓心灵与形式和解的前提下,用语言表达这一不可言说性。卢卡奇用生命哲学的方法将早期浪漫派的智识认识的目标拓展到生活的领域:他认为重要的是认识、艺术作品和心灵的自我意识,心灵通过这样的方法应该找到自己的形式,也找到自己的界限。卢卡奇对心灵与形式的统一性体验做出了如下论述:"对界限的体验是心灵的意识,以及自我意识的觉醒;心灵存在,因为它有局限性的;它之所以存在,是因为且在一定程度上是有局限性的。"[③]卢卡奇认为,"形成统一性的唯一途径"就是"划定界限",是"时间在循环中的变换"[④]。卢卡奇认为强调性的艺术作品可以形成诗人的心灵,借助生命哲学艺术与生活合一的理念,他从强调性艺术作品概念中提取出心灵意识自觉的方式:

[①] Georg Lukács, *Die Theorie des Romans*, Neuwied: Luchterhand, 1971, S. 137.
[②] Georg Lukács, „Zur Theorie der Literaturgeschichte", in *Text und Kritik*, Heinz Ludwig Arnold (Hg.), Heft 39/40, München: edition text + kritik, 1973.
[③] Georg Lukács, *Die Seele und die Formen*, Neuwied & Berlin: Luchterhand, 1971, S. 231.
[④] Georg Lukács, *Die Seele und die Formen*, Neuwied & Berlin: Luchterhand, 1971, S. 227.

艺术作品是被赋予形式的，也只有被赋予形式，它才是完满的、统一的以及完成的。卢卡奇认为此前提不可动摇，只有在此基础上，诗人才能生存于"严格安全感的法则结构"①中，此法则结构才能在历史哲学的不和谐中获得一个"内在完满，完成，却确立为艺术作品的形式"②。因此，诗人与正在消解着的生活处于矛盾之中，面对其无意义性，诗人不合时宜地被限定在自我封闭性中。与此类似，尽管柏拉图主义者与历史哲学背景相符，变得与现实一样破碎，但却始终与自我产生着矛盾，且必须堂而皇之地超越自我。前者的无历史性以及后者的未来指向性其实都是无家可归的③：前者只能在形式的此岸，而后者只能在形式的彼岸，在这一形式中，诗人与批评家的原则的争斗已经一劳永逸地解决了，理想与现实在原则斗争中相交，批判的问题与艺术的答案在现实中彼此相连。④ 艺术家确定形式，而批评家则用无形来对抗。绝对性的艺术作品是调解彼此不和谐的生活态度的手段，它离两者均一渠之隔，它的绝对性是不可传达的，尽管绝对性艺术作品的"自在生命"⑤的基础是对作品进行的创造性或者接受性的行为。艺术作品的形式将统一与分离、和谐与不和谐视作界限概念并扬弃。形式描述界限，且就是此界限："界限的双重意义在于，它既是满足也是失败。"⑥

尽管卢卡奇认为艺术作品的古典性从历史哲学角度来说不合时宜，但他却没有对其进行无限制地质疑，艺术作品的古典性更多地成为卢卡奇艺术哲学批判的绝对尺度。在论说文理论中，卢卡奇矛盾地试图让论说文和谐的封闭性去适应业已改变的条件，去适应心灵与形式的二元对立。卢卡奇试图借助特殊性从普遍性的剥离，借助

---

① Georg Lukács, *Die Seele und die Formen*, Neuwied & Berlin: Luchterhand, 1971, S. 34.
② Georg Lukács, *Die Seele und die Formen*, Neuwied & Berlin: Luchterhand, 1971, S. 156.
③ Georg Lukács, *Die Seele und die Formen*, Neuwied & Berlin: Luchterhand, 1971, S. 34.
④ Georg Lukács, *Die Seele und die Formen*, Neuwied & Berlin: Luchterhand, 1971, S. 40.
⑤ Georg Lukács, *Heidelberger Philosophie der Kunst. Werke 16*, Darmstadt & Neuwied: Luchterhand, 1974, S. 41.
⑥ Georg Lukács, *Die Seele und die Formen*, Neuwied & Berlin: Luchterhand, 1971, S. 232.

从特殊性普遍性差异衍生出的整体的进展性，创造出一种新的形式。此新的形式应是诗歌，应是艺术：此形式毫无疑问地反对艺术作品许诺给出真理。在通向现代化的道路上，艺术似乎不可避免地要逃向哲学。以浪漫派的姿态，卢卡奇巧妙地将与哲学有着必然联系，却又必须保持距离的和谐的艺术作品变为了完满的疑难（Aporie）。以绝对的整体性为前提，"诗学的诗学"变成了自身消解的纲领性蓝图。如果艺术哲学可以放弃它如此渴望的美学难题的答案，那么艺术则可以安然回到对真理的找寻，那么艺术也只是假象，只是无法达成的同一性的伪装。

卢卡奇不认同作品统一性的破裂，也不愿脱离他的古典主义的艺术理想，因此，他认为无限性是将艺术出卖给哲学，是黑格尔哲学的"艺术的终结"，或者是确立一种新的艺术理念。卢卡奇论说文的哲学性要使得艺术表现出的同一性原则，即绝对真理，再一次用客观的方式呈现出来：哲学性应出于无意识的直接性，并加上意识的最高完满性。哲学服务于艺术的直观性，因为哲学并不信任自身的强制性系统性。由此，艺术与哲学进入了相互依靠的关系，在以绝对真理性为目标的前提下，此依靠关系是无法分解的。在历史哲学的不和谐时代，哲学与艺术在各自领域相互界定，他们的相互关系通过展示对立的原则，也阐明了它们各自的内核。但和谐的艺术作品的非媒介的直观性也面临着一种危险，即被误解为对异化进程的幼稚或者意识形态式的反映。而对于哲学来说，如果被特定意识反映的教条设定了限制，那么逃避系统性的僵化便不再可能。

艺术无法不借助哲学，哲学也不能脱离艺术，只有这样它们才能以合适的方式对"先验的无家可归"的历史哲学时刻做出回应。卢卡奇要求批评家利用艺术的感性维度，使哲学带上艺术性，从而超越哲学的界限来解释哲学。由此，他便不会受到任何概念同一性的永久性局限，也不会被论证为无效。论说文家在艺术中获得意义关联的经验,并借此批判封闭性哲学体系的成果。为了保证持有真理性,即保证逻辑的内在性和阐释的完整性,批评家必须承担得起放弃,才能不被自己的判决反噬。与早期浪漫派一样,卢卡奇认为艺术应该干预哲学,并反对哲学的绝对化,艺术应该对自身思想中的矛盾保持警觉,也提醒理性不要依赖情感。如果艺术无法进行自我抽离的反思,并陷入多愁善感之中,如果哲学忽视了多样性和可变性,那么哲学体系便会异化于生活。在关于克尔凯郭尔的论说文中,卢卡奇是这样论述生活的纯粹理性的:"在逻辑的思想体系中,生活从未有过一席之地,因此,思想体系的出发点从来都是任意的,它的建构是内向封闭的,从生活的角度看去,它只是相对的,只是一种可能性。生活是没有审美体系的。"[1]

卢卡奇式的论说文家从艺术与哲学的绝对分离中吸取了经验。他用描摹的方式调和生活的矛盾性和生活内含的不可通约性,并赋予艺术以不可让渡的权利。另一方面,他并非无条件地信赖独特性,也没有忽略归纳的必要性,因为归纳可以避免落回压制性的自然状态。由于艺术的真理不再是直接给出的,而是在孤独的瞬间出现,论说文家便使用哲学的概念。卢卡奇致力于创造一种与诗意语言不通的通用语言,它必须以沉默,也就是语言的否定为终点,并保证艺术对绝对性的优先权。此语言生成于对艺术描摹功能的不满,生成于对精神统治地位的隐藏信仰。在理想化的未来,精神的统治地位可以实现。

卢卡奇对美学对象的选择有任意性,他简直差劲的艺术品位或许证明了他对艺术首先是范畴性的兴趣,也证明了青年卢卡奇试图建立一个美学体系。在其哲学思想发展过程中,他越来越接近解决前黑格

---

[1] Georg Lukács, *Die Seele und die Formen*, Neuwied & Berlin: Luchterhand, 1971, S. 49.

尔时期的辩证法问题,通向体系哲学①的倾向也更加明显,对论说文疑难的论述也更加直言不讳,也更加二元对立。美学的认识论优先地位降到了最低,而哲学则在表达的模态中赢得了优势地位。比如,对《海德堡艺术哲学(1912—1914)》中定理的分析可以完成对对比性的揭示,并证明在论说文中没有完成的尝试。论说文集《心灵与形式》不仅在内容上探讨艺术与哲学的界限问题,文集本身就是在尝试揭示如何克服此界限,《海德堡艺术哲学(1912—1914)》则更系统性地、明确地论述了《心灵与形式》中隐藏涵盖的问题。

《艺术哲学》论述的核心问题是,创造性和接受性行为为何是接近艺术"本真"的唯一手段,而早期论说文的美学立场由于缺乏哲学内涵和一致性,则没有将上述问题作为重心。相反,在特定的不可确定的空白处,在艺术与批判的结合处,论证的智性锐度才能显现出来。在《艺术哲学》中,不可用概念限定的作品的形式的讨论,同样激发了卢卡奇的美学思想。用卢卡奇的术语来说,《艺术哲学》将作为界限的形式的矛盾性潜力称为"误解":"在创造性层面,表达的异质性是无法被扬弃的,在接受性层面亦是如此。以作品为目标的意图的异质性是作品思想的必要前提,即误解。只有当此误解成为认可为唯一可能的直接的表达方式时,作品的存在才能清晰地被理解:那时,作品就不再是一个亟待解决的问题,不再是不可被理解的,从双重的误解(表达的误解和理解的误解)中生成了一个领域,这一领域对于表达和理解来说都是不可触及的,但它们与之又有着必然的规范性的关系。"②

创造性误解和艺术作品的绝对自主性理念让青年卢卡奇的强调性

---

① 恩斯特·罗伯特·库尔提乌斯在 1912 年 11 月 11 日对卢卡奇的信中,对新出版的《心灵与形式》作了如下评论:"我在您的书中明确看出,论说文只是形而上学的一种初期形式。这与卡塞纳尔不同。他没有能力实现。他只是暂时的应急措施。而您却要追求一种教条主义。"(Georg Lukács, *Briefwechsel 1902 - 1917*, Stuttgart: J. B. Metzler, 1982, S. 302.)
② Georg Lukács, *Heidelberger Philosphie der Kunst. Werke 16*, Darmstadt & Neuwied: Luchterhand, 1974, S. 40.

艺术理想免于受到不和谐的现实的解构,也不用在意识形态层面为其正名。尽管卢卡奇对其历史哲学背景做了分析,但正是非历史性使得完满的艺术作品成为可能:"它们所有的满足都只是个体海洋中的小岛,它们努力获取统一性。"①它们的存在孕育着对革新的期待,直到达成普遍的和解。这一思想可以关联施莱格尔的一处论述:"与整体相比,个体始终是古典的,而整体则是进步的。"②

卢卡奇认为艺术占有绝对的真理,因此艺术哲学必须涉及艺术原本的对象领域。正如卢卡奇所言,"就其概念而言,作品是主体和客体完满的统一,或者说,是对这一对立关系的扬弃。"③这一先验的定义表明,作为哲学家的卢卡奇在艺术中试图确认自身目标以及自身反思活动的意图。卢卡奇在《艺术哲学》中证明了,哲学完全有能力比肩创造性行为,即便是在"作品得以完成的界限领域"④;也证明了,界限的确认必须依赖艺术家的天才,也必须与之保持距离。在作品的愿景中,事物看起来比现实中"更加真实",因为它们的本质变得可见了,因为它们并不仅仅呈现为事实性。这一切的原因是艺术家无意识的洞见:"天才洞见,是诺瓦利斯对哲学提出的那种要求:回乡的冲动。事物通过此思乡病得以理解,只有当被分配的家乡等同于为它们的解救而创造的作品时,思乡病才能被治愈。"⑤

艺术家对回乡的浪漫主义渴望使得作品成为可能,作品也以同样的方式作用于接受的主体,主体带着哲学问题阅读作品,将作品当作是

---

① Georg Lukács, *Heidelberger Philosphie der Kunst. Werke 16*, Darmstadt & Neuwied: Luchterhand, 1974, S. 16.
② Friedrich Schlegel, *Kritische Schriften und Fragemente*, *Studienausgabe in 6 Bänden*, Bd. 5, Ernst Behler und Jochen Hörisch (Hg.), Paderborn: Schöningh, 1988, S. 32.
③ Georg Lukács, *Heidelberger Philosphie der Kunst. Werke 16*, Darmstadt & Neuwied: Luchterhand, 1974, S. 140.
④ Georg Lukács, *Heidelberger Philosphie der Kunst. Werke 16*, Darmstadt & Neuwied: Luchterhand, 1974, S. 136.
⑤ Georg Lukács, *Heidelberger Philosphie der Kunst. Werke 16*, Darmstadt & Neuwied: Luchterhand, 1974, S. 130f.

一种可能的满足的现实,是对"模糊的末世和解的理想"①的前瞻。卢卡奇用"创造性误解"概念解除了作品绝对真理性的神话,将真理性作为一种近似性解释的潜在对象,并让哲学为其所用。由于哲学思想暂时的不可靠近性以及洞察与概念的非同一性,卢卡奇为作品又加上了相对抽象性这一附加属性:"由于绝对和谐和纯粹的特征,由于缺乏特定的具体事实,以及因此产生的多重指涉性(即便这一指涉性只是主观—反思的),所生成的世界只能是对所有可想见的和渴望得到的乌托邦的描摹,也就是可能得到的满足的一种模式。"②从哲学的角度看,艺术的无内容性现象逐渐积累,哲学试图具体地确定美学的内容,而不是让美学将作品的界限当成自身概念的界限。就其本质而言,艺术既不是"先验地被确立的"③,也不是模式化的或者抽象的。与哲学关照相一致的是,卢卡奇想要为这一概念的空白处,即绝对性的意义模态赋予一个认识论的基础。为此,卢卡奇借用了康德的模式概念,模式可以为被分离之物居中调解,而不必将被分离之物混合或者偏向某一方。艺术作品体现了模式的辩证法特质:在创造和接受层面起作用的,要么是概念的普遍性,要么是忽略的特殊性,而"艺术的独特实质正是模式的这一本质特性。模式及其表达方式的辩证法独立于意志与效果,模式的表达方式让以内容合理性为目标的传达变得模糊,而模式的辩证法则是纯洁的,且达成了完整的、内在宁息的均质性。模式引起的既接近又隔离的临近状态变成了一种明确的双重性,它的两面分别是孤傲地立于生活之上的艺术作品和人类充满渴望的、熟悉的行为。"④

---

① Rüdiger Bubner, *Ästhetische Erfahrung*, Frankfurt am Main: Suhrkamp Verlag, 1989, S. 79.
② Georg Lukács, *Heidelberger Philosphie der Kunst. Werke 16*, Darmstadt & Neuwied: Luchterhand, 1974, S. 95.
③ Georg Lukács, *Heidelberger Philosphie der Kunst. Werke 16*, Darmstadt & Neuwied: Luchterhand, 1974, S. 95.
④ Georg Lukács, *Heidelberger Philosphie der Kunst. Werke 16*, Darmstadt & Neuwied: Luchterhand, 1974, S. 40.

卢卡奇试图用绝对真理这个他律的概念定义艺术,这从一开始就隐含了艺术被扬弃于哲学可能:论说文中艺术与批判的混合就是等级化哲学体系的前奏。纯粹的艺术就是绝对知识以意义的非媒介性表达的本源内容。黑格尔将美定义为观念的意义显现,此处可以明显看到黑格尔这一定义的印痕。青年卢卡奇还惧于触及黑格尔哲学中美学与哲学的等级关系,他让两者的界限不那么明晰,尽管如此,仍无法掩饰他思想内在逻辑的体系性导向。卢卡奇以他律的方式对美学进行的论述是反对艺术性的:对于卢卡奇来说,值得赞赏的并不是艺术的自我认识或者是艺术家,而是哲学的自我认识以及批评家。他在《艺术哲学》中明确论述了这一观点,并强调其正确性:"之前分离的如今必须统一,艺术的完满是思考实现其乌托邦目标的指路人,但真正实现乌托邦的,是哲学。然而在这一过程中,艺术实现了自我扬弃,尽管这违背了思想家的意愿,但却是符合问题的内在逻辑的。"[①]

卢卡奇在《艺术哲学》中用简化的方式论述了艺术在绝对性中的消解,而在其论说文中,实现艺术与批判的自我理解还是一个不可实现的目标。艺术用论说文的形式服务于哲学,它应将哲学的批判动力引向对自身的探讨,即对自身基础,也就是对哲学反思的条件的探讨。由于这一基础是外在于哲学的,且在反思过程中常常滞后于哲学,因此,哲学需要在艺术中寻找这一他者。在艺术和哲学中都无法实现观察与对象的统一,因为思考无法达成同一性。因此,卢卡奇的论说文致力于达成理性与感性的相互指涉,只有在美学中,它们才能到达自身的真理。这一美学并不排斥对作品做出限定性的定义。由于心灵与形式的历史哲学的不和谐缺少对立性纲领,对于论说文来说,美学就成为批判性哲学思考的最后可能性,美学就成了推动论说文批判力增加的关键因素。

青年卢卡奇将哲学思考置于美学范式中,他沿袭了早期浪漫派传

---

① Georg Lukács, *Heidelberger Philosphie der Kunst. Werke 16*, Darmstadt & Neuwied: Luchterhand, 1974, S. 16.

统,也为后来以本雅明和阿多诺为主角的美学批判做出了铺垫性工作。他们的美学批判以极端的断念为特征,批判美学的方法早已变成了目的。阿多诺在《美学理论》中论述道,"美学并不是应用哲学,而是哲学本身"①。美学批判的质疑是广泛的,它唯一认可的真理是艺术神秘的缄默不语。美学批判以撤退的姿态,对抗日益增长的理性统治。美学想要达成充满意义的社会,而它显而易见无法达成这一理想,因为它面对现实的强权时是失语的,以至于它逐渐蒸发,直至普遍性地丧失实质,这便是本雅明与阿多诺的经验视域:他们的向往是面向过去的。由于他们的期待已经牺牲于历史中了,因此,他们对于能够绝对地突破特定形式的局限这样的论断,是十分谨慎的。阿多诺的乌托邦只能存在于不可穿透的昏暗中:"对于艺术来说,它的乌托邦是被黑暗遮蔽的,因此,艺术通过所有表现所能达成的只是一种回忆,一种能够反抗真实的回忆。"②

青年卢卡奇的美学批判是一种解构的工具,它要解构似乎是不可变化的现实图景,且这一尝试是不可阻止的,因此,美学批判的乌托邦的避难所就渐行渐远了。美学批判既不想走入现实,又无法脱离现实,便只能被迫变成自身的目的,且给予此结论以永恒有效性。尽管是不情愿的,但卢卡奇论说文理论的美学批判本质上已经脱离了这样一种观念,即存在一个根本性的形而上学原则,它能被哲学发现,并能促使哲学创造出新的普遍的必然性。美学批判无法承诺对综合法的拒绝,而是固执于自身的乌托邦维度,这也就揭示了它的宗教属性。

与本雅明和阿多诺不同,青年卢卡奇依然充满希望地、急切地等待着基本的问题得到解决:青年卢卡奇美学思想的核心,不是断念式的回

---

① Theodor W. Adorno, *Ästhetische Theorie*, Frankfurt am Main: Suhrkamp Verlag, 1970, S. 140.
② Theodor W. Adorno, *Ästhetische Theorie*, Frankfurt am Main: Suhrkamp Verlag, 1970, S. 204.

忆,而是固执的确信。他最希望批判家获得坚实的基础和积极的出发点,在此基础上用认知能力检验自身的能力和有效性。与施莱格尔一样,卢卡奇坚持认为艺术哲学有能力揭示真理,且这一真理是符合现实的,也可以作为神话的替代者团结世界。正如卢卡奇所说:"临界状态是距离正确认知最遥远的,它只不过是自鸣得意而已。"①论说文理论将哲学转化为文学批判,即终止了哲学的认知功能,因此,卢卡奇只能采取一个形而上学的基础,却无法理解此根基。美学批判作为认识方式,阻碍了卢卡奇"完成伟大的、救赎性的体系"②的目标:美学批判表达出的中间时代,其实就是最终的时代。

卢卡奇认为,完满的艺术作品不断证明了他对绝对真理坚定不移的信仰,卢卡奇对心灵与形式真正和解的不懈追求在完满的艺术作品中得以安歇。它们的完美和谐使其成为绝对真理之地,因此拒绝了一切自身改变的可能性,并将这个负担施加于哲学,因为哲学想要进入这一神圣的殿堂。只要哲学还无法达到完满的自我认知状态,自主的艺术作品便是其无法触及的乌托邦的化身。只要哲学在艺术面前还要沉默:"那么就存在一个问题,它是生活的中心,那么就存在沉默,在其周围是噪音,是音乐,是日常的歌声:这就是形式。"③

(刘健 译)

---

① Georg Lukács, *Die Seele und die Formen*, Neuwied & Berlin: Luchterhand, 1971, S. 29.
② Georg Lukács, *Die Seele und die Formen*, Neuwied & Berlin: Luchterhand, 1971, S. 29.
③ Georg Lukács, *Die Seele und die Formen*, Neuwied & Berlin: Luchterhand, 1971, S. 165.

论卢卡奇的《小说理论》*

[匈]费伦茨·费赫尔

19世纪是小说繁盛的时期,"市民阶级史诗"把它所有陈旧的竞争者远远抛在后面。同时,还不遗余力地尝试复兴叙事诗体裁,即一种非小说的体裁,而且艺术判断(甚至通常是**伟大的小说家**自己的判断)对获胜的新体裁充满疑惑。在现代世界中,人们不断探索史诗的素材。因而,弗兰克·诺里斯(Frank Norris)确信,他已经在美国荒芜的西部找到了它们。批评家对托尔斯泰小说的评价是通过将其与史诗进行对比来进行的,这位俄国小说家越来越喜欢这种批评方式,因为他同黑格尔一样,喜爱伟大史诗作品中的《荷马史诗》和《旧约》。

卢卡奇的《小说理论》(*The Theory of the Novel*)诞生在19世纪"真正结束"的一战的疮痍中,此书揭开了这个时代的隐秘。《小说理论》最充分地吸取了歌德、席勒和黑格尔时代的哲学和美学成果。这项研究对比史诗与小说,以此为基础将史诗时代和现代市民阶级社会对立起来,而前者得到了卢卡奇的坚决支持。当然在这样的研究中,对古

---

* 本文出自:Ferenc Fehér, "Is the Novel Problematic: A Contribution to the Theory of the Novel", in *Telos*, 15, 1973, pp. 47 – 74。

费伦茨·费赫尔(1933—1994),匈牙利哲学家、美学家、艺术批评家。1967—1970年担任卢卡奇的助手。布达佩斯学派重要成员。著作主要涉及马克思主义理论、诗学理论、陀思妥耶夫斯基、现代性理论、生命政治等。

典时期的超越会更具问题;通过矛盾推动进步的辩护被改造为一种浪漫主义的反资本主义思想,虽然这也包含着特别革命的视角。

《小说理论》重新发现了异化的观念并把它重新整合到欧洲哲学中,异化概念被遗忘了几乎四分之三个世纪。《小说理论》在美学和历史哲学层面的基本命题是,史诗时代及其艺术生产比资本主义及其史诗,即小说,具有更高级的秩序与更伟大的价值。评价的标准、参照的基础是一个异常独特的哲学混合体,它立足于黑格尔和生命哲学之上,探索70年前马克思称为"人的本质"(human essence)的东西,而卢卡奇在写作《小说理论》20年之后才亲眼见到了马克思的这个文本。史诗的时代特征是它的"自我的确定性",**生活和本质其实是同一的**[1]。同样,史诗的宇宙是同一的,人的关系和创造物与他的人格一样都是实体性的[2]。另一方面,小说的形式是先验的无家可归的表达[3]。小说是这样一个时代的史诗,对它来说,总体性(即主导的世界同质性、人类的实体性和其产物的实体关系)无可奈何地成为一个问题和渴望。[4] 因而小说在双重意义上是问题重重的:第一,它表达了其时代结构和人的问题重重的特征;第二,因而它的表达模式,它整个的建构也完全充满着未实现的(根据卢卡奇的观点,是不可能实现的)任务或问题。这位毫不退让的法官在《堂·吉诃德》(*Don Quixote*)到《情感教育》(*L'Éducation Sentimentale*)中几乎没有找到经典性的解决方案,这不是因为他的批评过于严厉,而是他的历史哲学逻辑推演的结果。恰恰由于这些冷酷无情的结论,《小说理论》才是一部经典著作。后世或许会质疑它的基本观念,以及它做出的价值判断和分类。然而不可否认的是,这是唯一一部触及问题核心的论著。它指明了如今市民阶级文明潜在的关于艺

---

[1] Georg Lukács, *Die Theorie des Romans*, Neuwied: Luchterhand, 1965, p. 23; Georg Lukács, *The Theory of the Novel*, Cambridge: MIT Press, 1971 p. 30.
[2] *Die Theorie des Romans*, p. 26; *The Theory of the Novel*, p. 33.
[3] *Die Theorie des Romans*, p. 35; *The Theory of the Novel*, pp. 40 – 41.
[4] *Die Theorie des Romans*, p. 53; *The Theory of the Novel*, p. 56.

术现象的糟糕信念,而这种现象本身就是市民阶级社会结出来的果实。

然而,本文的立场与卢卡奇的完全不同,因此一种矛盾的状况产生了。根据卢卡奇的理论,小说是问题重重的体裁,因为创作它的世界在其结构上是问题重重的。这是符合19世纪早期反对派的观点的,它以顺从或愤怒来看待新生的市民阶级存在及其文化形式,但又不能摆脱资产阶级提出问题的方式。实际上,从马克思主义的视角来直陈市民阶级存在及其文化形式的"问题重重"的特征将会是悖论的。不过,关键点不是去发现和谐和"实体性",因为卢卡奇的考察已经完整揭示出一系列的重要困境。相反,我们必须修改**标准**。

主张小说是问题重重的,这意味着我们会拥有一个没有问题的东西作为标准,甚至在乌托邦梦想的例子中,它在某种程度上从过去向我们走来。虽然不可能把歌德、席勒、黑格尔和卢卡奇置于相同的浪漫主义范畴中,但是我们在所有小说的怀疑者和有敌意的批评家身上找到了**一个共同模式**:他们都设定一个由非中介的、有机的、同质的共同体组成的世界,并将其理想化为史诗这一"完美"形式的源泉。与此模式有关的各种立场,如同对史诗世界的空间—时间定位一样,很有可能是根本不同的。没有任何一位德国古典主义伟大人物相信这种模式具有复兴的可能,而卢卡奇的著作也只是为其消逝所作的挽歌。虽然不同时期的人们认为,史诗完美性的根源可以在古代"城邦"或者在日耳曼、东方或法国的英雄时代中找到,但是艺术经典的基础始终是对各种社会的比较。我们在此又看到那个古老的话题:认为有机共同体比非有机共同体的社会拥有更高的优越性。

马克思对此并不陌生。他的著名论断[①]就暗指了《荷马史诗》,并且

[①] "但是,困难不在于理解希腊艺术和史诗同一定社会发展形式结合在一起。困难的是,它们何以仍然能够给我们以艺术享受,而且就某方面说还是一种规范和高不可及的范本。"Karl Marx, *The Grundrisse*, ed. and trans. David McLellan, New York: Harper and Row, 1971, p.45.(参见《马克思恩格斯选集》第2卷,人民出版社2012年版,第711页。——译者注)

具有明显的价值判断和规范特征,因为它涉及"高不可及的范本",它的人类基础被描述为人类"正常的"儿童时代。在马克思的历史哲学中,这种模式得以具体化。一方面,他合理地根据"人的本质"的范畴来解释这种典型的"正常",将之视为从人类社会开始就被赋予的动态的历史潜在性(即使其全面展开也只有随着异化的消除才能到来,那时,整个历史运动的每一个构成性元素便能够——原则上——被每个个体使用)。因而,人的艺术经典不再作为由理性创造的模式漂浮于历史之上空,而将成为历史创造的具有完整性的产物。另一方面,虽然马克思维护不同的历史可能性的存在,但是他是一个"进化论者",因为他认为每一个发展了类力量的进化序列形成了价值的基础。因而,人的本质的实现领域变得丰富了,即使它的手段是消除以前和谐的领域和对象化,这些领域和对象化可被正确地视为(至少在有限领域**之内**实现了的)人的本质的实现的预先建构。因而,对马克思而言,古希腊的发展及其创造的史诗与悲剧都是不可企及的范本,因为它们实现了"有限领域"内的自由个体的"实体性",即它们显示出,这些个体有可能掌握在它们那个时代历史地展开的"人的本质"。然而另一方面,由于自身方法论的要求,他不能承认城邦及其文化形式比之后出现的人类进步具有更高的价值**等级**,不认为它们不存在问题。

下面,我们将从这二重角度阐述作为一种体裁的小说。这将会为否决《小说理论》中的价值体系奠定基础。在根据与人类实体性的关系所建立的艺术形式的规范等级中,小说没有因其具有的"无形式性"、"散文"本质和缺乏固定规则而处于劣等的地位。如果这只是因为小说是它的时代的"充分"表达,它以陈旧的史诗不能运用的手段来完成资产阶级社会的自我表达,那么我们就会局限于社会学相对主义所能给出的答案了。兰克(Leopold von Ranke)显然是错的,所有时代并非同样地接近上帝。另一方面,小说作为由市民阶级社会原创的艺术体裁,它的独特完美性在于其实质结构包含着所有来自资本主义的范畴,而资本主义社会是第一个立足于"纯社会的"而非"自然的"生命形式的社会。

小说的"无形式"和"散文"特征从结构上对应着混乱进程的无序性,在此过程中,资本主义社会毁灭了第一次能够实现人类实质的领域,同时资本主义社会也空前发展了内在于人类的力量。因而小说不仅在内容上——即其范畴所建构的集体性观念,也在形式上表达了人类解放的一个阶段。没有"纯社会的"社会范畴的出现,小说的形式就不可能存在。即使考虑到这种社会产生的不平等的演化,它的诞生也是一种丰富。

小说不是问题重重的,它是**矛盾的**。其整个结构包括对**具体的**"社会性社会"(资本主义是其根源)的特有结构进行**模仿**而带来的特征,以及所有类型的社会性社会都具有的特征。在其起源之初,这种矛盾不具有特殊意义。只要"纯社会的"社会还在与半自然的封建庄园和家长制的"自然"共同体做斗争,只要产生一种**不同类型的**"纯社会的"社会还不具有可能性,那么新生的资本主义范畴就不会阻碍迅速崭露头角的新形式的出现。资本主义的建立与巩固清楚地说明这种社会不是人类解放的最终阶段,市民(bürgerliche)社会和"人性"社会之间的新冲突就爆发了。这种对抗使人们第一次开始检视,小说的某些形式特征不适应"合适地言说"人类的尊严,这些特征日益不被信赖。在史诗之后,天真的自信与带有这种自信的粗野的体裁拥有了宇宙,人们到最后才回过神来,这种自信是市民解放的自信,它从它的敌人的压力中获得自由,又被转变为地位稳固的资产阶级的自立性。实现后的资产阶级社会的普遍的小说式生产充分证实了这种变化。短语"先验的无家可归性"与小说极为相关。随着产生小说形式结构的社会运动的广泛发生,这些形式结构的强行应用损害了更古老、传统的文化形式,小说便越来越不可能达到更高更丰富的水平。作家对既定形式—结构的有效性丧失信念,就是小说危机的开始。主观的艺术态度的变化绝不是危机的**原因**。当马克思注意到资本主义敌视某些智识生产(特别是诗)时,他既指日益增长的拜物教使艺术家更加难把握到总体性,也指大多数被物化的民众所特有的人类空虚。但是相反的观念也同样真实:所有渴求人类实体的真正艺术必须敌视资本主义。就小说而言,这意味着,前文提及的矛盾被提升到意识高度(始终存在于作家特有的世界观的语境中)。结果是无情抛弃随着资本主义运动产生的这种原创的艺术形式,代之以另一种形式,以便更好地适应设想的或者真实的人类解放的方方面面。在绝大多数情况下,这种危机导致一种困境,导致原初形式完全无规则的转型。在别的情况下,它会诱发对旧形式中的广阔可能性进行特殊的再创造,创新出能够超越第一个"社会性的社会"的史诗体裁。从方法论上说,所有这一切都把小说普遍分析为等同于古典史诗的一种新型史诗体裁,促使小说向"两个前沿"发展。首先,它在具体面对古典史诗时必须证明,小说包含了**更多的人类解放的可能性**,尽管它丧失了史诗的特殊性与对称形式。其次,它必须显示出矛盾,努力追求那些在资产阶级社会体系的框架内不能达到更高艺术成就的要素的自律性。因而我们能够证实,小说纯粹起源于资产阶级,也能证明它的动力指向了对市民社会的超越。

小说诞生在一个没有共同体的社会,其世界的结构不是共同体的。小说的世界不是实体的(借用《小说理论》的术语体系来表达),它被**自我和外部世界的二元性**支配着。这种二元性意味着,个体不是小说描绘的存在领域中的普遍力量的直接人格化,也不是以可被挪用和使用的形式直接出场的主人公的自我对象化。这是困境的根源,但它的"问题重重"并不是根本上的。相反,当普遍物化**开始**时,小说中表达的物化情境提供了史诗不可比拟的动力。它揭示了史诗不具备的可能性。首先,主人公的"自然"趋势——即**构建**他自己的宇宙的内驱力,不管这宇宙是虚幻的还是真实的——在史诗中是不可设想的。卢卡奇正确指出了史诗主人公的内心信念的来源,即虽然他们与其世界是统一的,并与后者处于一个同质的统一体中,但他们还是"被引导"至一条预先为他们制定的道路上。这种引导,这种神圣的上帝将生机(用黑格尔的概念来说)赋予主人公的所有行为,但是原则上排除了违背、转变或重新创造他们的世界边界的可能性。小说主人公的**上帝缺失性**(Gottverlassenheit)是《小说理论》中多次提出的一种观念,起初它根本没有绝望的痕迹。早期小说的主人公怀有与资产阶级一致的自信,资产阶级生产正是带着这样的自信在过去的废墟基础上,开始一步步构建它的世界。即使要构建的世界是一个先天虚幻的世界,就像在塞万提斯(Cervantes)那里那样,但这个世界在一开始时并不会引发幻想的破灭。《堂·吉诃德》是第一部**小说**,因为它的主人公拥有史诗在原则上不可设想的自由:用不同的、仅仅可能实现的经验在现实经验中反抗现实经验的能力。(这并不是说要逃避至幻想世界。)如果上帝已经抛弃了小说的主人公,那么上帝也赋予他们自由。这个决定性的结构要素表明,"纯社会的"史诗体裁包含了比古典史诗更高层次的解放性。其次,鉴于上述原因,史诗的世界—历史方向在新兴资产阶级"实践"动力的影响下发生了改变。同所有之前面向过去的构型相反,资本主义面向一种由资本主义生产的"无限过程"而产生的未来。这种面向未来的定位是小说的首要趋势,它与主人公构建自己世界的活动是匹配的。在史诗中,不仅宇宙的普遍框架一开始是由奥林匹斯神的意志所决定的,行动也是如此:主人公只会实现他**被赋予**的使命。虽然我们无法知晓古代民众体验史诗的方式,但显然,它不可能使观众以及后来的读者唤起与小说完全相同的情感张力。譬如,很显然,赫克托耳(Hector)的命运犹如其征服者一样是预先注定的。除了极具拜物教特征的庸俗文学以外,小说主人公不是根据"上面"发出的命令,而是根据他们自己的目的论决定而行动的。因此,他构建了自己的宇宙,更准确地说,他努力根据自己设想的目的进行构建。这种目的论设定的结果就是形成小说结构的因果系列。在小说史早期,这种个体的目的论带着天真而自信的幻觉主义,努力从一个单一的目的论假设来构建**总体**世界(这个世界与资产阶级哲学一致,立足于普遍个体的观念)。笛福(Daniel Defoe)的《鲁滨孙漂流记》(*Robinson Crusoe*)是这方面最好的例子。后来,本体性的视角更加强化了。在巴尔扎克的《人间喜剧》(*La Comédie Humaine*)中已经可以看到黑格尔的"理性的狡计":不同个体的努力相互冲突、彼此诋毁,结果产生了一个超出任何个体主人公想象能力或初衷的宇宙。

然后,随着资产阶级世界日益增加的物化,自我与环境的二元性日益成为小说结构的主导元素,这最终看来是不可超越的、令人不安而具有破坏性的元素。《小说理论》正确强调道,小说的经验主体,即小说中的人物,在他自己那里、在他的设想中、在他的行动中越来越不具有主导宇宙的力量,而外在世界变成了规矩,变成了比第一自然更难征服的第二自然。结果,小说的解放征程与普遍的资产阶级解放具有相同的命运:随着日益增加的物化贬低了市民社会引以为傲的产物,即自由的资产阶级个体,把他们贬低为类似财产的对象,剥夺了他与自己世界的对象化的"正常"关系,小说的表现领域也就萎缩了。

这在**生产和经济**领域中表现得特别明显。黑格尔雄辩地描绘了史诗中工具的创造与消费的重要性,以至于我们只需用任何现代小说中的对象化领域来与之对比,就可以看到两个时代的史诗文学的差异。不过,认为小说在表现最基本的物质生活领域的方面劣于史诗,是错误的。这里我们必须纠正一个相当普遍的错误,即史诗能够表现生产,而小说则不能,这是不准确的。的确,在史诗中,人与自然直接进行的物质交换从未占据决定性地位。[①] 史诗是**从工作中解放出来**的自由人的艺术,远远胜过精心营造出的普遍民主性的小说。不过,英雄时代的史

---

① 赫西奥德(Hesiod)是一个例外,但是农民长篇小说重新建立了现代史诗体裁这边的平衡。的确,每当我们描写这样一个物质交换成为唯一活动或至少是一种主导活动的存在领域的时候,史诗的结构都有必要围绕这个领域来进行组织。

诗立足于精思妙想的主题发明之上：典型的主题是**战争**或者**与大自然的抗争**——后者也通常把自己表现为一种战争。这两种主题都不意味着史诗表现的领域的萎缩。马克思在《政治经济学批判大纲》(*Grundrisse*)中说，在有机的共同体时代，战争是形成集体性的基本活动之一，人们与自然的直接抗争表现了最基本、最显著的自我保存活动。另一方面，战役与迁徙把史诗共同体组织成为"自主的单元"，它不得不通过他们自己的手段，重新提供已经丧失的、捣毁的或耗尽的一切东西。因此，史诗还是能够表现出一些典型的**生产能力**，就算不是那个时代的现实生产。

　　但是值得注意的是，小说一开始就有更多的机会去表现人类的生产能力——最基本的生产能力。笛福的《鲁滨孙漂流记》就是一个典型的资产阶级奥德赛，它证明了小说较之于史诗的优越性，而不是不足。黑格尔给我们优美地分析了史诗及其发展阶段，从宇宙起源一直讲到以单一主人公为中心的史诗。在这种意义上说，笛福的小说是资产阶级生产能力的宇宙起源论，同时也是具有单一主人公的史诗。小说比它的原型具有更优越的解放性，这表现为上帝的遗弃所具有的积极特点。在小说中，人只能依靠他自己，他根据自己的力量执行自我创造的计划。当笛福在无人孤岛上依然保持了英国人的固有偏见时，人们可能会嘲笑笛福表现出英国资产阶级的狭隘性。但是从《鲁滨孙漂流记》到《精神现象学》的道路是直接的，即使"鲁滨孙"模式逐渐式微。恰恰就是这种自我创造的理想赋予了笛福的小说——原则上所有小说——以纯**艺术的优越性**，它优于它的古代对应者。在史诗中，生命的物质再生产只是英雄存在的次要因素，尽管也是不可或缺的因素。在小说中，这种再创造要求能量的最大化，也不止一次地要求英雄主义的最大化。在表现中丧失的崇高得到重新恢复，因为存在领域走向了普遍的人性化。此外，这在小说体裁历经三个世纪的历史中并非一个罕见的插曲。巴尔扎克的小说集合也是一种特殊的奥德赛，尽管其主人公们只是在第二自然之中驾驶船只艰难航行。然而小说全集中的人物大多远离直接与自然进行物质交换的过程，但是在巴尔扎克那里，我们仍然能够最清楚地认识到人的生产能力的走向，它体现在资产阶级稳固的帝国中，也体现在为了普遍实现鲁滨孙史诗的价值所必需的人类能力中。

上文的论述达到了资产阶级小说能够因其解放性而获得成果的时代节点。总体说来，在巴尔扎克之后，甚至在他之前，小说体裁发展出了一种新的趋势。在艺术层面，新的史诗抛弃了生活最根本、最基础的维度，故意将它驱逐出自己的表现领域。人类生产的制度和过程已如此被物化，以至于它们似乎与活生生的表现原则相互冲突，也排斥与它们联结在一起的、变得完全"没有实体"的个人。尽管直接的需要和满足仍然在小说中出现，但它们出现的频率越来越小。它们日益只表现为作为一种**特殊职业**的回报的**金钱输送**。对生产和经济领域的管制只体现在对客观活动的**道德反思**中。《小说理论》悲哀地注意到伟大小说的主题是不适应而带来的失败。这不仅意味着小说已经失去了"主题领域"，表现的范围已经缩小了，而且意味着主人公也丧失了坚实的根基。困境出现了：小说要么必须描写事实上不再与任何基本活动领域产生联系的人，要么只得把它的人物写得愈来愈缥缈，只在脱离物质生产与再生产的那些功能中展现人物。这必然导致**人造环境**的产生。而这样的人造环境在史诗中是不存在的：迁徙与战争是面向自我保存的活动形式。特别是在古代史诗中，"幻想的"社会环境对那时的人来说是完全"自然的"，正如神话是那时的人的道德准则的一部分，延续了他的正义和管理国家的感觉。因而在史诗中，幻想与经验现实之间的差别不涉及价值维度（这个问题在中世纪史诗中以稍微不同的面貌呈现出来）。在小说领域，人造的与经验的"自然"环境之间的差异具有显著的价值意义。此差异产生了资产阶级平均化的存在与人类价值可能的实现领域之间的张力。这显然引起了巨大的艺术困难，因为这要求运用不同寻常的艺术想象来为这种卓越的环境创造人们可以相信的氛围。这也使小说变得矛盾。一旦小说离开了直接关涉人的维生活动的范围，它便预示了——尽管很难实现，但至少考虑到了可能性——一种社会环境的氛围，在这种氛围中，维生活动就被降低到次要位置，而工作变成了目的本身。

我们能够在**各种制度的表现**与**小说**的关系中发现类似的倾向。我们可以发现，最初的小说中同样具有我们在评价经济和生产的过程中所发现的更高的解放阶段。黑格尔十分正确地否认了表现普遍性的史诗制度的存在，它与人相分离，并反对人的特殊性。我们所说的史诗中的各种"制度"，只可能是一种先天的、命定的和不可改变的"秩序"，我们可以很清楚地在奥林匹斯山找到它们的对应点。正如卢卡奇在《小说理论》中指出的，这是英雄时代"生机"的另一面，对黑格尔来说是史诗主人公的那种幸福的"被指引的存在"的另一面。人在自然的共同体中拥有其自然的位置，这种事实实际上给予了他完整的维度：随着赫克托耳的死去，大量无声的情节再次结束了，存在的结构始终没有改变。另一方面，小说实质上拒绝每一位奥林匹斯神的权威性，关注人的制度，不管其好坏与否它们都是人的创造。

因而，资产阶级的"史诗"成功地把其表现的可能性扩展成为准史诗维度的宇宙。它不仅能够理解并权威地拒绝封建制度的结构，而且能够在**历史**小说中记录自己制度的重要维度——人的创造的维度。卢卡奇拒绝把历史小说看作一种特殊的**体裁**，他是正确的。不过，就表现而言，我们在这里能看到一个完全不同的**维度**，这个维度让我们能够看到史诗中晦暗不明的人类制度起源的全景。起初，它在沃尔特·司各特那里表现为一个自然的过程。历史小说的重要性不在于征服一个崭新的"主题领域"，也不在于更透彻地描绘作为个体的人类的性格。巴尔扎克已经注意到司各特的女主人公是未被定义的、没有生命的。我们用不着时代错乱地预想一些现代心理主义就能够看到，在司各特那里，人的内心世界不可置疑地萎缩了。历史小说以极为不同的方式提供审美享受。每当我们看到个人独特的激情和行为消解或形成了人类制度,我们就重新体验到解放,体验到人自己创造自己的制度,它们独立于作者笔下的这些制度,也独立于我们对作者对这些制度的判断的感觉。人类空间的人本化、自然社会向纯社会性社会的转变,塑造了历史小说的主导氛围。这是小说真正超出史诗的来源。不过,只要法布里奇奥(Fabrizio del Dongo)从滑铁卢回来,只要巴尔扎克被迫把司各特的写作方式移入自己作品中主人公的私人战斗,小说延伸的巨大过程就停止了,这种运动就逐步逆转了。显然这与作家对生产领域进行描写时出现的情况一样,皆非偶然。资产阶级生产日益拜物教、日益物化的特征本身可视为一种普遍性,只要资产阶级社会本身变得普遍。自我与外在世界的分裂最清晰地呈现在那种表现的维度中,起初,这种维度最强有力地表现出新史诗较之于旧史诗的优越性。小说中的人物不再知道如何应对世界的制度,对他们的经验存在而言,制度是日益超验的(因而深刻地感受到卡夫卡的真理),他最后简单地忘记了制度,或试图忘记它们。

在第三个表现维度中,我们可以观察到自我与外在世界之间日益增加的敌意,该维度是由**小说抛弃公共领域**所产生的后果。在这一方面,可以将简化的程度作为基准,对这两个叙事体裁的伟大时期进行比较。最优秀的分析家能够把他们的起点定位于市民社会这一无可争议的维度,雅各宾以及马克思的分析(《论犹太人问题》)无疑会批评这个维度:古代共同体的公共特征被毁坏了,资产阶级与市民分离了。过去的结论一贯是,史诗表达了一个族群的精神,而小说只涉及私人逸闻。这一结论虽然正确,但哈贝马斯(Jürgen Habermas)的重要著作已经终结了这种过分简化的解释。[①] 他对比了封建宫廷时期的公共领域的代表性特征与资产阶级兴起的第一个世纪中取而代之的公共领域:建立

---

① 参见 Jürgen Habermas, *Das Strukturwandel der Öffentlichkeit*, Neuwied: Luchterhand, 1966。

在作为亲密领域基础的家庭之上的公众舆论。这种公众舆论的目标是总结出集体的、人道的理想，用以建构一个理想的、人道的公共领域。当然关键在于，这是一个**虚幻**的公共领域。立足于这种基础上的资产阶级个人是一个"卷入商品生产的私人领域的个人"，他激烈并毫不妥协地与市场中所有其他人相对立，这是因为他只能**以其他人为代价**来创造他自己的私人领域。另一方面，直到市民社会普遍化，这种虚幻的公共领域才是真实的。只有创造出一种认可亲密领域的人性价值的公共舆论，作为一个阶级的资产阶级才有可能反对封建时期代表性的公共领域世界。关于早期小说，哈贝马斯从亲密领域的公共特征中得出了十分有趣的结论。在本文研究语境下，哈贝马斯的论述可以概括为以下几个要点。

无疑，史诗的"显而易见"的公共领域已经被捣毁，这使小说的创作极为困难，下文还会对此方面进行详细论述。考虑到它的起点，小说面临的最普遍的危险是沦为平庸之物。即便最乏味的史诗也是集体精神的产物，整个人类群体能够从中认出自己的问题、经验和命运。但是小说始终有纯粹成为私人故事的危险，且是在最具贬义的私人意义上。不过，在理查森（Richardson）、哥尔德斯密斯（Oliver Goldsmith）、青年歌德和卢梭的小说中可以看到，具有普遍化倾向的亲密领域的小共同体所预示的不仅仅是结构转型，而且是普遍历史的转折点。

从小的共同体的冲突与交互中产生的力量场域具有更高的等级，因为它是一个比有机集体的同质性更能激励人类个体性多元化的机制。显然，市民社会（因而也有资产阶级史诗）不能实现它自己的动态机制。一方面，立足于商品生产的孤立主体之上的亲密领域只能以虚幻的方式概括它对人性的理想。另一方面，恰恰因为其**亲密**性质，它与对象化的世界形成了矛盾关系。不过，这不是**所有**社会的问题，它只属于完全社会性的社会。

然而，在亲密领域建构小说宇宙的背景中，有许多潜在的矛盾，这些矛盾导致自我与外在世界的截然分裂。**原则上,家庭**并非不可避免地是亲密领域的独有框架。但是,市民社会的"经验"自然规定了这样的状况。在资本主义社会,家庭是初次的、也是最重要的一种**分配经济单位**,而**不是生产经济单位**。同样,它从来不是一个**政治**单位,即构成新社会模式的最小的政治共同体单元。这导致小说主人公更加坚决地脱离对象化领域的活动范围。这导致了亲密领域价值的先天局限,并导致它们本身不适合被总结为资产阶级公共领域所要求的人文理想。每当小说要努力表现存在的这些层次,并且此存在的主要人类价值就存在于生产性活动之中,小说就会迷失在无助的狭隘之中,例如大多数所谓的农民小说就是如此,否则它就不得不抛弃它自己的"自然"氛围和相关手法。第二,家庭虚幻的集体和公共特征,大多立足于它针对可怕的外在世界所提供的保护。在资产阶级兴起的过程中,这样的保护是真的。在理查森或哥尔德斯密斯那里,家庭是遭受贵族暴政与猜忌之人的天堂。之后,这种保护有了更广的意义。19世纪末到20世纪初,所谓的家族小说(genealogical novels)呈现出对精心塑造的家庭传统的认可,认为这是对**资产阶级共同体**的承袭,也是将资产阶级呈现为一个共同体所能采用的唯一形式。不过,一夫一妻制资产阶级家庭的逐步瓦解是20世纪最显著并得到最多分析的现象之一——虽然其结果直到现在才变得明显。这个过程首先呈现在家庭的**经济**功能的逐步消失或下降,直到家庭不再是能确保稳固的终身纽带。① 家庭的价值甚至遭到更深的动摇。在18世纪的小说中,家庭阴谋已经成为行动的驱动力,这个主题成了19世纪小说的一种核心主题。显然,亲密的家庭领域能够保护人性的理想,反抗贵族价值,但是不能防范外在世界不断加剧的竞争。黑格尔已经清楚地把现代个体,即小说的主人公,指认为市民社会而非家庭的产物。他的这一定义起先展现的是自信而非顺

---

① 恩格斯直言,工业无产阶级在哪里都没有一夫一妻制的婚姻,只要婚姻不再由继承财产所捆住,一夫一妻制婚姻就会普遍瓦解。

从：他相信，家庭的微小共同体较之于整体化的教育和人性化的力量是有限而不充分的。不过黑格尔之后，这句格言具有完全不同的意义。为了成为时代之原型，小说的主人公日益被迫毁掉亲密领域的价值。狄更斯的伟大尝试将亲密的家庭领域重建为人性避风港，但他必须为他的实验付出怪异性和荒诞特殊性的代价。

这里我们也能发现小说的矛盾性：家庭纽带的断裂同时是人类解放的一个阶段。马克思认为，资本主义社会的扩张对血缘纽带的破坏总体上是一个积极的成就。只有这样，人的类意识才能从"人类动物的物种动物学"中被创造出来。不过，一夫一妻制的资产阶级家庭本身具有伪血缘纽带的类似网络，因而成为人类解放的障碍。它不得不被克服，因为人类发展中存在进步。进步不取决于人的意愿。脱离传统生活方式与继承体系后，接着就是自由选择的小型人类共同体的创造，但这种情况很少见。在绝大多数情况下，需要经历一个可被称为主人公的匿名性日益增加的过程。我们对主人公的出身、家庭和过去知道得越来越少。令人惊讶的是，在最开始的小说中，**名字**具有概括特点的力量，而在小说发展后期，名字失去了这种力量，不再与其所指代的特点有密切的联系。最终一个人物叫作 K. 或者 A. G.，这只不过是长期发展的结果。这种匿名性使得 K. 或者"陌生人"的身份不确定，它意味着小说扎根于亲密领域的公共维度完全消解了。**这样一来**，相比史诗的公共特征，这里存在着某种退步：只是后来——并且通常伴随着消极的结果——人们才能够看到，这种匿名主人公的行为是否具有更广的人类意义。另一方面，我们带着积极的价值内容达到了"消解"过程的终点：小说本身已经从所有的自然或者准自然的链条中解放了出来。它已经撕裂了自由的假象，现在的问题是创造真正的自由。

史诗的公共领域及其瓦解必然影响另一种表现领域：小说对日常生活和非日常生活的描绘。史诗从来没有遇到过这种困境。既然有机共同体的日常生活都围绕着集体原则进行组织，那么显然，生活的这两个方面的分离只是相对的。因而,就其同质性而言,描绘一场军官会议,或是其中一个主人公帐篷里的盛宴,这在史诗中区别不大。对它们而言,史诗有同等充分的手法来描述它们。在史诗中,氛围、韵律、习俗传统和集体事件都以同样的方式被规定,无论背景是家里还是(比喻意义上的)公共广场。而就小说主人公而言,房屋以及后来的公寓真的是一个堡垒,使他与邻居隔离开来。因而,需要其他技巧来表现这个背景,而不是所谓的公共场景。在小说中,把日常生活等同于非公共的领域,以及把非日常生活等同于公共领域,显然均是粗浅的简单化。我们刚刚已经论述,紧密的资产阶级领域如何通过把它的价值普遍化,努力去建构一种新型的公共领域,从而使家庭的日常活动成为亲密领域的重要元素。不过,双重的困难也因此产生,小说必须依靠矛盾来解决这一困难。工业文明的诞生**客观上**扩大了日常生活的范围。那儿产生了有机共同体中的人所无法想象的许多行为形式。因为他们不依附于社会原则或惯例,所以无限多样的个体习惯便被建立起来。这两个领域表现了一个沉重的任务,从史诗的描述中可以发现,以前的史诗并不熟悉它。绝非不言自明的日常功能必须要得到展示,更重要的是复杂的个人关系网络也必须被展示。小说很少具有像《鲁滨孙漂流记》一书中那样可以掌控的便利环境,在这部小说中,日常生活本身不得不在与自然的日常对抗中产生出来,并且由于它的情景和演进极不寻常,所有日常生活形式及其戏剧性特征的发展便具有普遍的人类意义。总体来说,有两种方法来解决这种困境:要么作者尽力覆盖无限延伸的生活范围(包括描绘无限多样的习惯),这种情况下,细节在平实的描绘中急剧增加,不可能被读者吸收;要么他抛弃所有表现的尝试,这就提出了被描绘之物的**逼真性**问题。当涉及道德和人性意义时,古老史诗诗性复合物的所有元素似乎平等地针对听众或读者。但是读者和批评家不断肤浅地指控小说的"不现实",当我们耐心对待这些抱怨时,我们发现它们的标准是日常生活的刻板印象。自然主义运动的纲领甚至要求,小说要赋予日常活动形式一种完整的、科学上真实可信的目录，以取代想象力放飞带来的"非真实"和"浪漫"特征。这种对比暗含着一种思想，即相比于对"不真实"进行描述的尝试，"科学的"猫叔更能忠实可信地表现人类生活的本质。即便这样的问题能在古代史诗那里被提出来，它在那时也无法得到回答。另一方面，在资产阶级史诗中，日常生活与非日常生活的两极分化使得这两个领域最终复制了公共领域和私人领域的对立，而不关注这两个领域中到底哪一个能更忠实地反映人的本质。那些倾向日常生活或"逼真性"的作家，尽管更为细致地描绘了日常生活范围，却减少了作品的人类普遍性：被描绘的行为的范式性和公共性特征。偏爱第二种解决方案的作家**只有**通过对关于生存与再生产活动的领域进行抽象，才能创造出一种公共氛围，才能为行为和习惯赋予公共的、因而普遍有效的特征。

无疑，对现代社会结构的客观说明激发了资产阶级史诗中坏的唯物主义与坏的唯灵论的二元对立。在这种意义上，这种现象的呈现是"必然的"。但是由此产生的困境并非不可解决。成功表现日常生活，也即解决二元对立，从根本上牵涉亲密领域的命运。如果资产阶级的原初希望得到实现，如果亲密领域的人类价值在理性领域中得到普遍化，那么，**拥有社会普遍性**的日常生活活动的组织原则，就会从日常生活本身的习俗和习惯中产生出来。这在菲尔丁（Henry Fielding）、哥尔德斯密斯、简·奥斯汀（Jane Austin）、歌德和托尔斯泰的小说涉及纯粹"日常性"场景的情节中，得到了充分的展现。这种解决办法显得不具可行性，因为日常习惯和行为体系具有无限的、价值中立的多样性，而这是由把亲密领域的价值进行普遍化的失败尝试所导致的。在最好的情况下，也只有**一系列冒险**或**历史行动**的氛围才能创造一种**暂时**的解决办法。不过，在这种情况下小说也暴露出自身是矛盾的。在克服异化的斗争中形成了一个起关键作用的观点，此观点认为非日常生活形式的本质意义是，一旦我们回归到"正常"生活，它便能让我们在人道的框架内组织日常生活。《战争与和平》(War and Peace)的尾声虽然不是唯一的,但也是这方面最好的例子。别祖霍夫家族(Bezukhovs)在经历伟大历史风暴之后的家庭生活,暗示了人的丰富性(以及这种观念在托尔斯泰那里暗含的所有问题),也暗示了为一个非日常活动的新阶段所做的准备。戈德曼指出了矛盾的另一面:资产阶级小说愈来愈被"本真"和"非本真"生活的价值的二元论所支配,在这种分裂中,在非本真性领域中始终可以找到日常生活的"散文性"。

戈德曼也提出了第二种问题式:价值在小说中的地位。他的理论立足于以下思考:小说本身是由被社会忽视的价值所支配的一个宇宙。它含蓄地把社会中不存在的"本真"价值表现为一种明显的现实。① 与此相关的是,小说形式和市场经济体系中的交换结构是明显同构的。② 最后,戈德曼认为,只要交换价值把使用价值贬低为隐匿的背景,那么本真价值也被贬低为小说背景。这一点完全使得**中介**在资产阶级存在和与之同构的形式中具有超乎寻常的重要性。③

这种思想存在诸多反对意见。首先我们能够注意到,戈德曼未加批判地采纳了海德格尔的"本真性"范畴。④ 但更有问题的是,他把马克思**经济**价值观念扩展为**普遍**价值观念。在马克思的理论中没有这种概念操作的基础,因此只有无视这一事实,戈德曼才能主张使用价值是本真的,交换价值是非本真的。戈德曼所主张的使用价值的隐匿性观念也是有问题的。马克思的确指出,在交换行为中被交换之物的具体、特有的质性(因此是使用价值)消失了,被考虑的只有其量的方面,它被普遍的价值尺度变为同类事物。除此之外,用"隐匿"这个术语来形容使用价值也是很尴尬的,因为,如果商品不表露出它特有的使用价值,那

---

① Lucien Goldmann, *Problèmes d'une sociologie du roman*, p. 232.
② Lucien Goldmann, *Problèmes d'une sociologie du roman*, p. 232.
③ Lucien Goldmann, *Problèmes d'une sociologie du roman*, p. 237.
④ 戈德曼把这一概念的发明权归属于卢卡奇,称海德格尔纯粹是紧随后者的脚步。

么它就不可能参与交换过程。最后,在使用价值和人类"本真性"的呈现之间可能存在着什么样的同构关系呢?

尽管如此,戈德曼的提问还是具有两个重要意义。一方面,虽然"市场同构"理论被夸大了,但是它指出了小说形式中存在的一些结构性特征,这些特性可能形成一种新的理论解释。另一方面,这个理论第一次显示了价值论与文学体裁理论之间的关系。我们可以简要表述这种关系:每一种独特的艺术形式不管是普遍的还是偶然的,皆联系着世界历史或其中一个特殊时期,艺术形式的历史性,即其再生产能力取决于其发展人类价值的能力,即它在多大程度上展现了它所处时代的价值。①

从这个角度看,人们能同时看到史诗和小说中的世界历史性和普遍性特征,也能看到它们之间的完全对立。古代史诗与有机共同体的内在结构是一致的,在古代史诗中,价值的**牢固而稳定的体系**占主导地位。正是共同体的伦理(Sittlichkeit)惯例以不可改变的形式承载着价值:因而,亚历山大大帝以阿喀琉斯(Achilles)为典范确定了他的价值等级。个体能够改变习俗的时刻是超凡绝伦的(例如,荷马展示了食人行为是如何从英雄价值观中消失并成为野蛮的标志),但即使在这里,相对于在当下的叙述中被唤起的给定伦理,它只是遥远的过去。建构作品所需的严格价值等级,带来这样的结果,在史诗中,只有少部分极具辨识度的那类人物才能承担组织中心的角色,黑格尔对这种体裁的角色的要求是:只有最英勇的、最英俊的和最聪明的人才能完成这种使命。人物的安排、史诗的结构秩序,彻底立足于价值等级。小说激进地与这种传统决裂,但是保留了价值表现的普遍性。这最重要地表现在,小说已经在它的形式变化中(因而不仅是内容变化)吸纳了资产阶级时代的伟大冲锋:价值体系**灵活而动态变化**的特征。戈德曼肯定错

---

① 对此的阐述,参见 Agnes Hellet, "Towards a Marxist Theory of Value", in *Kinesis*, Fall 1972。

认了巴尔扎克是"**这种**"资产阶级价值秩序的典型小说家:他作品的建构、人物的设置与安排始终与资本主义发展的"**一个**"特定时期(当然取决于作者个人的选择)相适应。在小说发展的初始阶段,**行动中的人**是典型的主人公:鲁滨孙、经典的流浪者、那些对历史施加行动的人。① 在19世纪,导向开始发生转变;一场思想斗争开始了,它事关带有价值内容的行动的可能性和意义,而在堕落时期,活生生的体验(Erlebnis)原则上比"非本真的"行动更加重要。我们与不同时代的价值等级的关系是变化的:我们能够轻易地责难资产阶级天真而自信地相信其行为的全能,也能轻易地责难对活生生体验的消极的、贵族式的态度。不过,我们几乎不可否认,固定价值等级的瓦解以及替代它的不断变化的价值秩序是小说比史诗更具解放性内容的一个方面,这一点我们之前已经提及。因此,小说原则上是**价值多元主义的**,它并非认可仅仅几种有限的行为模式、仅仅几种基本或独特的美德。歌德评论说:"只有人类的总体性才能代表人性。"这可以作为每部小说的警句。之后,在危机时期,这种值得称颂的多元主义变为一种感伤的相对主义。卢卡奇经常谈及,许多当代作家对其主人公倾洒了虚假的感伤,这与早期主人公充满解放性的无情截然对立。在无情与感伤的对立背后,是价值多元主义向价值相对主义的变化。尽管如此,价值多元主义才是这种体裁的形式和结构之实质,表达并激励了这个新时代的伟大征程:个体的价值选择。与之相似,多元主义原则上让描绘人类心灵的空间更加丰富和广阔,这在史诗的严格价值等级中是不可能达到的。最后,戈德曼正确地强调(尽管他的结论并非十分正确),单纯按照小说结构的本质来说,小说是一种反对性体裁。它再一次表现出这一方面,正是源于它的价值取向。即使小说对应着市场结构,它也从不**接受**市场的价值观念。尽管金钱在小说中发挥普遍交换手段的作用,但它从来不处于价值体

---

① 当然,第一个反对意见也有相当早的例子支撑。塞万提斯的人物在行动中看到的只不过是价值的坟墓,斯威夫特的主人公从行动退回到顺从。但是这些对立的观点也是对主导框架的回应。

系的顶峰：它不能置于那里，因为这将摧毁一种"活生生的"表现的可能性。由于商品拜物教，人与人之间的关系被物化，但小说必须——至少相对地——消除这种物像肌理，或者仅仅把自身消减为一种形式。这种"消除"愈来愈不成功，这成为小说危机中的决定性元素。不过，小说恰恰**不同构于**市场体系的结构，因为在主导性的市场结构的背后，小说让"本真的"人类价值显露出来，而这些价值（尽管越来越少见地）指向了"人类实体"的丰富性。

像史诗和小说这样普遍的艺术形式，必须以某种方式表现**普遍**取向的体系。就史诗而言，这容易得多。亚里士多德能够表达希腊人流传千年的经验和道德信条，宣称"命运的恩赐"也是生命的道德平衡的一部分。在史诗中，这些奖赏是纯伦理美德的客观（即在对象中的）发展结果，每个领域反映着其他的领域。因而，黑格尔为展示史诗的客观生动性所描述的使用与消费的丰富领域，绝不带有物化的标志。对象和人类之间"活生生的"联系极大地被史诗情节、战争或迁徙的独特背景所强化，根据史诗体裁的价值标准，从敌人或敌对自然中获得的物品，本身就是英雄具有人之完美性的证据。

因为资产阶级史诗是一种具有反对性的体裁，并且资本主义精神（正如韦伯所概括的特征）从来不能支配它，所以它一开始就模糊地呈现了这种统一。18世纪的英国小说（笛福的绝大多数作品）仍然反映出洋洋的乐观主义，在人类发展的语境中，这种乐观主义没有重视曼德维尔（Bernard Mandeville）提出的问题："私人的恶，即是公众的利益。"斯威夫特（Jonathan Swift）和塞万提斯等第一批伟大的批判者，以及菲尔丁在《艾米利亚》（*Amelia*）中抨击"咖啡馆的霍布斯"（Hobbes des Kaffeehauses）时都论述了这一问题。就对比"物质价值"与伦理价值而言，小说的特征犹如马克思在道德的政治经济学与政治经济学的道德之间阐明的冲突一样。如果我们根据小说的结构思考这一哲学格言，那么我们能够说，关于这一点，小说也站在防御的一方：如果它想表现具有

道德价值(使用**任何**的伦理价值体系)的人物,那么它就更必须摆脱**物质商品**与置业的**宇宙**。实现这一目标的过程直到19世纪才得到充分展开。上文提到的主人公的匿名性被加强了,因为读者几乎不知道主人公所生活的客观世界,除非这个世界的环境为了达到营造特殊氛围的目的而得到描写。结果,空间的表现不仅在广延意义上(即作为一种维度)而且在强度方面都萎缩了。当作者排除了借以获得对象的活动时,他被迫抛弃对人的亲切描绘过程中所需要的重要工具。但这里也出现了这种体裁的矛盾。史诗世界作为人类的外延,它的客观性是"首要的直接性",而它必须崩解,这样,建立在数世纪以来的斗争基础上的生产的无限过程才可以开始。史诗世界与自然和敌对人群的关系——后者表现为自然的一部分——属于"有限的满足"的领域。在此领域内,主人公从外在世界获取物质产品后获得的满足感,从属于这样的有限的小范围。此外,在有机共同体中,财富(财富、自由和依赖等)商品是由于**出生的偶然**而被个体获得,因而马克思认为这种决定关系次于个体对于存在的权力的偶然关系。小说主人公的不安生和不和谐远高于史诗有限的和谐,这体现在三个方面。首先,小说主人公始终**渴求无限**——对占有新对象具有无法满足的欲望——构成了面向未来的社会所具有的人的优越性,它高于封闭的史诗世界。其次,即便小说放弃表现与道德价值相对的物质价值时,它也仍然引入了富有成效的维度:它把对象世界作为一个**问题**,并强迫以这样的方式思考世界。真正重要的小说始终在类意识层面展开:它不仅懂得还彰显出对象化的增加和拓展意味着人的力量的延伸,而且一部重要的小说也清楚地表明,只要这些对象化作为"外在的"、陌生的力量与人对立,那么它们也就成为非价值,成为人类能力展开的障碍。针对小说中的非本真性和价值的消减,《小说理论》正确地把异化视为资产阶级史诗的核心主题。再次,在小说中,"命运的恩赐"是通过个体的偶然"技巧"和活力获得的,这可以与出生背景的优势进行比较。甚至在这种技巧与活力以令人反感的形式呈现自己的时候，它也代表了进步。

戈德曼的成就还在于凸显了当代"问题重重的个体"，而卢卡奇在五十多年前认为这一点是小说的主要特征。《小说理论》把现代个体以及与其相对应的文学体裁（小说），都指认为完全问题重重的，这与它的浪漫的反资本主义前提是内在一致的。在这一困境中，一方面形式上自由的个体的确具有解放性，另一方面，缺乏共同体的社会中存在特有的、普遍的价值冲突。如果我们要坚守我们的起点，我们就不能明确地承认史诗中人的表现的优越性，或者小说主人公"问题重重的特征"。史诗和谐宇宙总体上有限的小范围尤其鲜明地表现在其主人公的准个体性质上。黑格尔和卢卡奇认为史诗主人公是集体性的典范，超越了简单的个体性。史诗中个人的集体性质意味着，每一位主人公并非在表达一个不能复制的唯一实体，他更多表现的是一个**民族德性**。马克思利用反讽拒绝根据人的唯一性来判断人的个体性的本质。他的反讽是完全合理的：这种"唯一性"与一片树叶的唯一性别无二致。另一方面，完全不受任何个体性制约的古希腊瓶式绘画所体现的对称性，以及敌人（阿喀琉斯和赫克托耳等）的可互换性，比任何理论论证都更好地显示出，史诗人物只是有尊严地履行天赋分工中分配给他们的功能。这里不可能有超越自然的唯一性，也不可能有通过努力工作塑造自身独特"唯一性"的个体性。

"集体的个体性"为史诗表现提供了巨大优势。首先，它没有**私人化的威胁**：阿喀琉斯的愤怒既是私人的，也是公共的。第二，由于史诗主人公的功能性和"非唯一性"特征，某些人**如何**具有完成一个又一个任务的能力，这从来不是一个问题。史诗中提出的问题始终是这样的：存在完成某种功能的人吗？只要愤怒的阿喀琉斯不完成他的功能，古希腊人就是脆弱的，当没有人完成赫克托耳的功能时，特洛伊的失败就显而易见。抛开其他视角，史诗的直入主题的开端也具有更加深刻的**个体**意义：主人公的描绘从不包括他的发展，至多是涉及他的出身。最后,史诗从来不触及平淡之事,因为个体是重要力量的集体的、普遍的体现,因而类与个体的关系是非中介的、直接的。

我们从马克思关于现代人是**偶然个体**这个观念出发,就能理解小说中个体描绘的优点与悖论。这主要意味着,赋予主人公的姓名或出身并不有助于我们对他的认识,也意味着背景不再直接证明他的性格。只有有机的共同体才能提供这种直接证据,它确定其存在的必要功能——一眼就能看出来的功能——并规定履行这些功能所必需的人的类型。这就是为什么在史诗中,**行为与性格协调一致**。在古代的主要体裁中,下述经典格言是不适用的:**尽管两人做的事相同,但结果并不相同**。史诗英雄的行为从来不是相同的,这就是为什么我们可以借助他们的行为直接判断他的性格。偶然的个体依赖自己的唯一性,脱离这些巨大的集体的一致性,至少获得自由的表象,随之他就明确成为小说中问题重重的个体。对小说家来说,最重要的问题就是对主人公的分析,甚至分析该分析的可能性或不可能性。

因而,在小说对人物的刻画中,我们遇到了许多死胡同,在这里只能简单一提。在资产阶级史诗中,自我与外在世界总体上的二元对立在人物描绘中经常会导致一种先天枯燥乏味的选择。当作者试图从"客观世界"、从他的对象化中"推演"出偶然的个体时,他会把性格还原为一大堆社会学元素。但是当作者设法描绘个体的偶然性格时——非常难以解释的朦胧实体——他要么忽视要么违反"世界"有效的客观性,把他的主人公抛入他的偶然个体性的自由中。显然,史诗排除了这种二律背反,在那里,对象和人是一个东西,阿喀琉斯的盾只能从这位英雄的存在的角度加以表现。从这一切可以明显看出,小说对人的本真呈现需要极为复杂的技巧和一种独特的个人创新,特别是因为动机始终不确定、不清楚,无论什么时候,行为和性格都不协调一致。当小说家在对主人公的描绘中强调世界和客观社会背景时,现代读者一直对此加以反对,他们认为这缺乏心理真相,这只是意味:我相信主人公的行为对应着社会力量的相互作用，但是我怀疑，主人公的行动并不对应着这个特殊的个体。另一方面，如果性格的偶然性（这在描绘中等同于他的行为的隐藏动机）变成表现的焦点，那么他的行为从人的角度而言是不可信的，人们也不再对此感兴趣。最后，我们早就从一个不同角度讨论过这一切所导致的结果：偶然个体的描绘要求创造一种**人造环境**，以便确保显而易见的刻画个性的条件。《小说理论》的作者十分深刻地说，心理学（在现代小说意义上）是行动的**人造替代物**。但是每一个人造环境都如此必然，以至于现代作家的创造被迫要消除他作为偶然个体的人物的所有矛盾，并使这些人物看起来很自然。

另一方面，正是这些后果导致了**成长小说**的诞生，这是资产阶级史诗伟大的人本主义征程。这里我们谈的不仅仅是一种既定的严格小说类型，它包括《汤姆·琼斯》(*Tom Jones*)、《威廉·迈斯特》(*Welhelm Meister*)、《绿衣亨利》(*Der grüne Heinrich*)和《约瑟和他的兄弟们》四部曲(*Joseph Tetralogy*)等经典杰作。这些小说不同于其他小说，它有意将教育过程本身作为行动的目标（歌德通过创造一种特殊的"机制"来强调这点）。此类型的每一部作品都创作于民主活跃、充满希望并呼吁创造"新人"以取代旧人的时期，就连那些次要作品也不例外。不过，事实上，直到小说危机的开始，小说一直在描绘教育过程——自我教育过程（这也正确适用于后来小说还未屈从于拜物化的时期）——即便其主旨的直接意义是"逆向教育"和幻想的破灭。这里，小说历史的开端明显又一次表现出二元对立：鲁滨孙充满信心地学会了如何为了资产阶级的生产和消费来掌握自然，而格列弗(*Gulliver*)在他教育旅行的结尾无可奈何地认识到，与聪慧的马群的标准相比，他深爱的国家的制度和传统没有真正的人性。不过，两者**必须经历自我教育**，原因有二。第一，因为世界不是已然完成的，不具备有机共同体的自然特征，而是处于持续的转型中。当然，有机共同体也有教育：每一个开始生活的个体必须直接或间接地学会与其自我保护相关的实践。但是每个人运用知识的同时都坚信知识对他以后的生活是有效的：阿喀琉斯的价值抵御了时间的流逝，不会像堂·吉诃德那样惊愕。市民阶级史诗的主人公必须掌握的是能力，而不是完成的知识，因为在其生命中，他所处的环境可能急剧变化。鲁滨孙在岛上不得不面临和威廉·迈斯特或吕西安·德·吕邦泼雷（Lucien de Rubempré）一样不可预料的任务。而且，作为偶然个体的小说主人公不断地超越存在领域：社会层级和要求新能力的每一种新的改进。这种持续的转型不仅是小说兴起时期的特征；在很大程度上，导致幻想破灭的是，青年一代在进入资产阶级社会的兴旺阶段时带有的伟大英雄梦想不可避免地被揭露为幻想；因而人们为了继续生活，必须重新教育自己。从法布里齐奥、拉斯蒂涅（Rastignac）到莫罗（Frédéric Moreau），我们拥有了整代人的教育史。日益拜物化的资产阶级社会更加让人难以理解，对某些人而言，它变得完全不可理喻。狄更斯作品中最好的人物恰恰就是那些不切实际的人，他们在黑暗中摸索，其谦卑的可怜来自他们完全不理解并漠视周围的世界。在史诗宇宙中，也有不可预测的因素，或者至少以前极罕见的事情：来自奥林匹斯或瓦尔哈拉的意志。一个英雄对神的旨意一无所知，然而其他某个人知道，并通过预测事件来让自身服从他的命运。不过，即使神具有人的形式，天国的意志也暗含着普遍的不可预测性以及超越共同体有限性的宇宙权威。这是"有限成就"的世界必须自我退位的事实，因为它的平衡与和谐恰恰立足于它无力超越生活的领域。不过，无论在生活领域中存在什么东西，它都可以被所有人获得并指认出来。同时，卢卡奇在《美学》中讨论的艺术总体上具有去拜物教的功能，这一点清楚地呈现在小说之中。行动本身只是对世界的拜物教特征的抗争，其结果要么突破了拜物教的限制，要么在它的围墙面前绝望地偃旗息鼓。

　　由于世界以及世界内的行动个体的内在结构，资产阶级史诗免不了要面临自我教育的问题。就个体而言，自我教育涉及一种漫长、痛苦并且先天难以理解的运作，在这个过程中，偶然的个体调整自己，适应资产阶级社会的"自然规律"，顺流而下或是逆流而上地找到他的出路。而且，自我教育主题的曲线是一条下降的曲线。虽然在小说史最初的几个世纪，小说忠实地模仿资产阶级进化论，它在双重意义上把每个个体视为道德上可完善的，但是在法国大革命之后的数十年危机中，小说表现出一种人和世界的对比，个体似乎仍然有能力实现自我，而世界不给他实现自我的机会。19世纪后半叶生发出一种至今仍流行的模式：个体的偶然特征以及世界向"第二自然"的转型都被视为是确定且不可逆转的。

尽管自我教育的主题衰落了，但在小说兴起的期间，小说**作为一种形式**表达了它无法在资本主义社会中灭绝的观点，它也不随体裁的堕落就名声扫地。在马克思看来，"个体的偶然特征"可以意味两种完全不同的事情：它用来暗示个体通过竞争和拼搏中的偶然事件实现了自己或者没有实现自己；但是它也意味着，个人在现实秩序或阶级中的位置，以及他身上整合程度或高或低的品质，都不再是他个人的质性，而是他自己活动的结果。个体的偶然性在第一种意义上是既定经济形态的产物，在第二种意义上，它成为人性持久的遗产。当然，小说广泛涉及偶然个体的竞争（巴尔扎克的系列小说专注于这些内容），但是它的实质倾向是表现自我实现。每一部名副其实的小说都提出这样一个问题：**人能创造出什么样的自己呢？**这一提问不受作者的意识形态影响，不论这一意识形态是启蒙了作者，还是给予其动力或者蒙蔽了他。答案也许充满希望，也许令人灰心丧气，最终结果也许会标志人性的胜利或失败，但是人发现自我或迷失自我、创造自我或消灭自我的过程本身，表现了一种人本主义价值，这种价值远远超越了史诗所履行的功能。而且，正是因为小说的起点是偶然的个体以及虚幻自由的主体，所以教育过程的结果才是矛盾的。其真实性不仅体现在具体的例子中，也体现在原则中。因此，与史诗的预先命定不同，**可能选项**（alternative possibilities)是小说世界的一部分。在陈述这种对立时,我们必须避免现代的偏见。自从马克思的历史理论使人们视历史为一种可能选项的过程,并且自从这种视角支配了部分马克思主义学界,抛弃这种观念的任何形式都似乎是退步的。不过,这种现代观点的视角不能随意用于古代史诗。显然,当史诗主人公接受并实现他的命运时,他的命运、他的旅行都是被预先注定的,不管他知不知道这一点。但是,根据这种体裁的拟人化宇宙的标准,史诗主人公把自己提升到神的高度,并在那个宇宙确定了人的尊严。最初的公众能够按等级区分人和奥林匹斯神,这正是由于史诗表现的特点,但后辈读者就无法感觉这种等级制。尽管如此,这种体裁的氛围排除了一个观念,即阿喀琉斯能够成为瑟赛蒂兹(Thersites)或者反过来;至于喜剧性史诗,它的效果如今大幅减弱了,它立足的情景似乎在那时看来很荒诞,而现在却成为我们喜剧图书中的常见技巧之一:卓越与伟大被置于脚踏实地的环境中。在市民社会以及小说中,个体根据选择但独立于所有共同体进行发展,这经常足以导致阿喀琉斯降格到瑟赛蒂兹的质变。尽管付出这样的代价,但人类有了"收获",因为小说的人物转向了未来——他们自己的未来——而不是从过去的特殊视点投射出他们不可改变的存在境况。

目前为止,我们的分析可以回答关于**小说结构和创作**的诸多问题:关于形式的本质和理解的问题,这些问题经常被提出来以贬低这种新体裁或显示其优越性。这些问题涉及形式的实质性理解。最重要的一个问题关涉小说中人际交往的形式。

在史诗中,人物都是熟人,要么也是可能的熟人。这一方面是由于他们的生活领域始终具有极为稳固的**血缘纽带**,另一方面是主人公活动于**有限而明确的空间**,最后是因为空间表现了"制度"或"功能",它们的可能变化是受限的。不仅仅是因为个体在单一的共同体中就彼此熟知;我们只要看看瓶式绘画的对称就会明白,其他集体性活动都根据相同原则加以组织,具有相同的代表性人类功能;所有完成这些功能的人即使不熟悉也彼此知晓。

相反,在小说中,人际关系的起点是众多的私人领域的资产阶级个人,这些人居住在房子或公寓里,彼此隔绝,互不认识。最初,从亲密的家庭世界中建构公共领域的愿望缓和了这一情景。不过,家庭内的联系从来不具有史诗中的血缘纽带那样广泛的影响力。在此,黑格尔的评述具有重要意义:个体并非脱胎于家庭,而是首先脱胎于市民社会。在史诗中,关于友好祖先的记忆足以避免人际关系中所有的摩擦,或至少把摩擦维持在有礼貌的交流(参见格劳康[Glaucon]和狄奥墨得斯[Diomedes]的事件)的层次,然而在小说中,仅提到亲属关系根本无法揭示真实的人际关系。而且,即便像**家庭小说**(Romans de famille),也不能仅**单独**关注**一个**家庭,并且资产阶级个体彼此之间的匿名性,完全决定了不同家庭之间的关系。一开始,小说尽力虚幻地表现**整个**社会——即便在其表现领域后来被迫受到限制时,它也没有抛弃这种目的原则。很显然,现代社会的单位的特点是空间的扩展,人的彼此熟知是不可能的;除此之外我们还注意到的是社会阶层和阶级的相对隔绝。

这些都只是资产阶级史诗中阻碍和谐关系生成的冷冰冰的事实性障碍。我们已经给出了实质性的原因:个体的偶然特征以及短暂的关系揭示的仅仅是人格性的表层,而不是"实质性"的人类特点。只要对共同体的归属感也是个体的特性,那么这种人格的实质就会在每次与他人的联系中直接呈现出来。如我们在《奥德赛》(Odyssey)中经常看到的那样,只有在英雄有意误导别人时,例外才产生。因而对所有人来说,仅凭他最个人、最实质性的存在是不可能领会自身的。再看看喜剧性史诗。当我们不再去寻找被英雄光环笼罩着的阿喀琉斯而是注意到他最亲密的活动时,他便不再属于史诗的范围,而是属于此体裁的戏仿。无论我们对布鲁姆先生意见如何,我们都不能用同样的内容说他。在某些类型的共同体中,举止、习惯性姿态以及着装准则有助于辨识个人的本质。这一切意味着在有机的共同体世界,集体性活动以及集体行为举止的形式始终揭示出人的实体性方面。相反，在小说中，人们得努力认识这种实质性；人们的多次努力只不过是人们寻求克服匿名性的障碍以认识彼此的相互努力。而且，小说不再倾向于在客观活动中呈现主人公，这是人际关系形式难以表现的另一个原因。根据恩格斯对费尔巴哈的反对意见，我们能够概括人际关系的障碍：资本主义社会中的人的存在（不仅仅是无产阶级的存在，恩格斯说）不等同于他的本质。

为了克服这些困难，小说发展了一种特有的关系结构：宿命**通过偶然事件把自身强加到人际关系之上**。小说以偶然事件和偶遇开始，它们取决于作者的意愿，因为这适合描绘私人的、独立的人格性。两个主人公通过一个街头事件、某种"无意的"邀请、偶然评论等从而相遇，这最充分地概括出孤立的私人个体的关系特征。但是这些偶遇必须在以后得到宿命的证明，换句话说，它们必须暗示出主人公所走的道路**不得不遵循既定的方向**。这种宿命几乎在每部小说的结尾都会强力确证自身，理论上说，"这本该是别的样子"的不明确性就在结尾被排除了，在这时，通过实现可能王国中最可能发生的变化，小说对象的可信性得以建立。

为了厘清宿命（fatality）的意义，我们必须在这里讨论这个词语含义的**三种细微差别**。第一，此词不能被视为哲学意义上真正的"宿命"。一旦作者任意设定了人物的关系，它指的就是人物"**必须**发生的事情"。关系**必须**在他们之间得到建立，要不然故事就会像怀尔德（Thornton Wilder）的故事一样没有意义。这只是这种形式的**必要条件**（conditio sine qua non）。（当然这种形式不像史诗，只能产生于随机和偶然的相遇。）第二种细微差别带有常见的**拜物教**内容：每一个偶然事件背后都潜伏着意义重大的"宇宙规律"，换言之，就是资产阶级社会的自然法则体系。小说一开始就被赋予的确定秩序，必须根据预先注定的宿命论来证明自身。第三种微妙差别类似于斯宾诺莎的"自我决定"：人自身影响着他是什么以及成为什么，并且回过头来看，结果是不可避免的，如果你喜欢，那就是宿命。这经常被用在爱情故事中——想想科波菲尔（David Copperfield）和艾妮斯（Agnes）之间的关系。男女主人公一同生活了几年，并没有察觉他们潜在的爱情，最终他们的结合是**因为他们自己的行为和性格的演变**。发生什么事，这取决于他们：这是他们自己的作为。但正是在其构建中，这件事如此确定，以至于它不仅能够呈现为一种必然性，而且呈现为宿命。

在这方面，戈德曼关于小说形式与市场结构的同构理论意义最为重大，因为它能够合理地解释偶然与宿命的范畴。市场上人们的邂逅完全是出于偶然，在于它只有把产品当作商品进行交换的欲望，没有其他的"理性"和"动机"。这种欲望不告诉我们相关人物的"实体"、起源和能力，因此，**即便对他们而言**，这种欲望也是**纯粹偶然的**。他们的共同存在也是不可预见的：马克思在《1844年经济学哲学手稿》中的分析给我们提供了自我与他者偶遇和偶然接触的现象学，这是无与伦比的。就相遇之人的人格而言，时间与地点也被证明是偶然的：要推断一个人的人格，既不依靠他成为交易行为的一部分的时刻，以及他的产品变作交易对象的商品的时刻，也不依靠这种运作展开的环境。相应地，当人思考着上述一切——人、他们的存在、他们的实体与资本主义"永恒的自然法则"，这些法则在每个方面似乎都是不可改变的，并决定着个体的各种行为——它们是许多偶然行为的构成的总和。显然，当我们谈及市场行为与小说形式的结构相似性时，我们并不是在指有意识的模仿。马克思的分析指出，商品拜物教首先在市场上实现，它以自己的样貌同质化了所有的社会生活，也渗透了那些看似最亲密的领域。因而，即使在艺术家作品中，作为市场或商品的"普通的"现实力量没有出现，如果根据商品交换的结构，更准确地说，根据与之类似的艺术表达来安排人物及行动，那么，这就是普遍化的拜物教的同质化力量的结果。

较之于史诗预先命定的"线性"路线，偶然与宿命的两极对立在某种程度上体现了一种退步。一方面,对偶然事件和对特别私人的、因而是平庸的事件的表现,低于史诗中的人类普遍性。另一方面,对人们身后起作用的命运的各种力量的表现,则增加了"小说的散文性"。然而就形式而言,我们必须注意一个**新的方面**:从偶然和宿命的两极性中产生的**行动的张力**。立足于不可预见性与期待之上的这种张力,源于这样一个事实,即我们不能预先知道"偶然的"主人公的相遇,也不知道他们的命运将决定他们自己的意志与谁交织在一起,以及他们自己命运的本质。在古代史诗中,人的功能得到了执行,而且命运对角色的分配已经通过流行的神话传递给读者,读者看到功能被执行时,他的兴奋感取代了从不可预测和期待中产生的悬念。确定这两种印象的等级,的确很困难。但是,很显然,功能被执行时所催生的兴奋是一种指向过去的经验,正如史诗英雄的整个情感宇宙一样。愉悦感的唤起是因为,已经为读者所知的东西以一种典范形式复苏了。这也把单纯的"认知"转变为震惊,转变为自我认识,转变为自我审视,转变为"净化"。而小说的读者尽管紧随主人公的脚步,但他不在伦敦的雾霾中摸索,至少这不表现在一些重要作品中。同样真实的还有,小说的结尾从它不可见的焦点,把光明和阴影投回到主人公的脸上。不过,从读者角度看,这里不可能有预见,至多是一种在偶遇和偶然事件的模糊中形成的预感。这样的预感也使读者在理论上有权质疑作者(在结尾处)终止主人公旅程的方式。另一方面,在普遍接受的神话语境中,要想在特洛伊历史的进程中怀疑赫克托耳死亡的"合理性",显然是无意义的。偶然事件先天具备一个指向未来的角度,它提供了另外的可能性。在不止一部小说中,这种可能性被"自然法则"的先在的、拜物教的逻辑捣毁了。在每一部作为艺术作品的小说中,这个问题仍然保持着开放性:最终形成的普遍语境是人物自我决定的结果呢,还是拜物教世界的自然法则的坏的客观性的结果呢?相应地——这也是一种选择——张力能够产生于对提高了的人类情感的预测,以及读者想要体验这些印象以及在这些印象中丰富他的生活的欲望,但是正如穆齐尔所注意到的,张力能够下降到技巧的层面,仅仅以偶然的复杂图案奴役和迷惑我们,而没有丰富我们的生活。小说这种意识结构的创造,认识到了选择,也面临关于它自身可能性的选择。意外和宿命的两极性是小说的结构元素,最深刻地扎根于它的时代中,最紧密地联结着市场社会:未来的史诗形式将必须超越它。每一个历史进步时期都会发生的是,自由的自我决定的史诗体裁,将取代建立在拜物教必然性基础上的小说结构,但是新的史诗仍然保持在原初模式的范围中。毫无疑问,既然人性不再是**单独一个**有机共同体,那么,在主人公之间纯客观的相遇以及他们的关系将具有偶然的起因。不过,在两个重要方面,小说的结构似乎是可以被超越的。首先,人类不必再缓慢地掀掉笼罩在其他人周围的物化外壳。其结果是,人的实体,他们相互适应或排除的本质,将能够无须中介地直接显现自身,这将自动消除意外和宿命之间的摆动。其次,在人类所有可能性之中,那个已被**成功实现**(我们所称的实现是自我实现)了的可能性,比单纯被给予的可能性具有额外的分量和本体性地位。不管它是借助于主人公可能的命运的平行展开,还是使某些潜在性保持开放,还是使用人物对照,这些**人物在自我实现中表达了他者的一种可能性**,这种新的史诗体裁将会表达有关更重要的选择的观念,远超那些迄今为止最好的小说。

这里就引入了小说对时间的处理。在这方面,《小说理论》同样展现了一种非常激进的方式:小说被视作和时间过程做斗争的体裁,这种斗争在福楼拜的《情感教育》中达到了高潮,该作品赫然发现,**绵延**(durée)是人类唯一"本真的"时间。这一观念同卢卡奇对小说的整体判断一样是有争议的、夸张的,但是它包含的对比性要素是有效的:在史诗中,没有严格意义的时间流,而小说抗争着时间过程的重负。然而,甚至就史诗而言,我们必须避免仅从字面意义上接受以下陈述:每个系列行动本身都是一个时间过程,比如从阿喀琉斯和阿伽门农之间的冲突直到赫克托耳之死的过程。不过,这种连续性的特征并不是**我们随着时间的变化而变化**(tempora mutantur et nos mutamur in illis)。卢卡奇正确注意到,不论从开始到一系列事件的结尾流逝了什么样的"有效"时间,阿喀琉斯始终是年轻的,内斯特(Nestor)始终是年老而智慧的,海伦始终是美的。这是合乎逻辑的,因为只有在**人的变化**在作品中具有意义的条件下,转瞬即逝的时间能够改变人的力量才能在艺术中发挥作用。史诗恰恰排除了这种转变:命运是预先注定的,为未来发挥人类功能的人物所经历的教育至多只是一种背景性插曲;如果英雄不能充分地发挥其功能,那么英雄的形象受到损害要么只是一个插曲(像一些骑士求爱过程中的愚蠢),要么只是英雄执行功能所做的准备工作(比如阿喀琉斯)。开始和结束显示一个人物的两个不同阶段(只有在这里时间才能发挥作用,并被作者所利用),因而,所有的过程都在理论上与史诗结构相违背。歌德和席勒在比较史诗和戏剧时指出,与戏剧不同,所有史诗形式都强调行为的**方式**,他们事实上发现了古代史诗的本质特征。使用极其通俗的表达来说,**方式**基本上揭示了我们称之为"执行某人的功能"的东西;从这个角度看,时间流仅仅是一个中介(一个中性领域),人物在这里能够迈出命运规定的步伐。另一方面,小说的主人公是偶然的个体,意外和宿命的两极性是这种体裁的基本结构原则,这一事实把这种形式向未来敞开。因而,时间过程及其转变人的力量的价值和特征问题,成为每个时代必须要加以解决的重要形式问题。

　　小说拥有许多模式来表现时间流的问题式,我们只能简要总结几种。"倒叙"揭示的是一个被荒废的生活的时间过程,成长小说展开的是一个功成名就的生活的时间维度,这两者是对立而又互补的时间流模式。两者的共同特征是,主人公不管是从开始还是在其生命中的某个时刻,他们总是意识到时间过程及其重要性,并且他们根据时间组织他们的命运,或者至少对时间过程抱有评价性态度。成长小说的模式一般建立在这种事实上,即《汤姆·琼斯》或《绿衣亨利》的主人公起初不知道浪费时间是什么意思;但是当他从他自己或他人的这种危险状态中觉醒之时,便开始安排自己的人生节奏。我们称之为评价态度的东西在小说演变中的退败时期最为流行;卢卡奇认为,莫罗就是这方面的经典例证。但甚至对只是记录着展开过程之空虚性的经历的消极崇拜,以及任意选择的特殊时刻被赋予的价值,也在迫使时间流进入意识领域,并将之置于人类自我意识的中心。另一模式是**历史的时间过程与个体生命节奏的不协调性**,换言之,在过去几个世纪中日趋典型的体验就是,在个体生命和历史过程之间有一条巨大的鸿沟。这种矛盾导致了小说特别丰富的跌宕起伏的运动,它来自梦,来自艰难的觉醒,来自突然疯狂地努力去弥补丢弃的时间,来自早熟的进步所导致的孤立,并来自时间滞后产生的心理惊诧。当然,小说中有持续的运动:主人公犹如沿着他的生命赤道航行的航海家,永远不能登上与他起航时相同的那个世界。最后,由于偶然事件相互作用的逻辑结果,某个**瞬间**在小说中具有决定性的重要性,这便是抓住或失去机会的瞬间,一旦小说从现实行为退却到内心体验的领域后,瞬间就呈现为它取代了整体生命,取代了时间飞逝,或至少表现为取代了现实行动的经验对象和原材料。

  这些模式的共同元素是,时间都成了问题,换言之,时间成为一个**未完成的任务,一项需要人来解决的计划**。这就是在小说、在**所有小说**、在这种形式本身中极富人性的东西。因为事实是,人从来不是一个喑哑的物种,用马克思和费尔巴哈争论时的短语说,人不是**无声的类**(stumme Gattung),但是某种"喑哑性"和非常小而有限的东西仍然以未加反思的、和谐的、消极的方式存在于阿喀琉斯、赫克托耳、齐格弗里德(Siegfried)的极其有限的、封闭的生活存在之中。恰恰是伦理问题遭到了忽略,即感觉到人对他自己来说其实是一个道德问题,并且也许是一个待解之谜。相反,小说这种形式揭示了人类生活的主要伦理张力,即"时间的缺乏",这一事实意味着我们的存在具有一个终点,因而我们不得不利用以这样的方式被给予我们的时间过程，以期获得瞬间的实现和更高的人类发展的总体性。虽然不同的小说对这种困境提供的答案可以完全不同，并且经常是不清楚的或误导了人性，但是这种形式突破了消极被动的和谐，因而促进了人类发展。

本文建立在不平衡发展的历史—哲学观念之上，因此本文的结论拒绝小说的"问题重重"的特性。我们已经发现这种新的史诗体裁的**矛盾**在于它兴起于第一个"纯社会"的社会（资本主义），又依赖于这个社会，因而它在维护它的原初结构并获得充分发展的过程中不得不同资本主义拜物化的所有问题作斗争。与此同时，小说做出的创新无法被已成为社会的社会所抛弃。预言或尝试勾勒这种史诗体裁的新发展，不属于美学的任务。但是从本文论述中可以得出，古典史诗的任何复兴之梦都只不过是一种浪漫的幻觉，产生史诗并传播史诗的有机共同体一去不复返了。前进之路就是要维护资产阶级史诗成果，同时也进行转型。结构的本质对应着一个功能性使命：即便在小说最拜物化的示例中，小说也强化了读者脱胎于"社会性的社会"的意识；在小说所有非拜物教的典范中，小说传授给读者关于这种社会能够实现人本主义的最大可能性的知识。小说作为一种形式清楚地显示了人本主义在这个社会中的运作界限，对善解人意的读者而言，这是最有益的"净化"。

（傅其林　译）

作为退化原则的时间——《小说理论》对柏格森时间理论的继承与发展及其当代回响[*]

[德]维尔纳·荣格

在把他的著作按照一定观念编为全集版的背景下,马克思主义者卢卡奇迫于德国编辑的压力,忧心忡忡地再版了他在30岁时完成的著作《小说理论》。1962年7月,77岁的卢卡奇在新版序言的开篇中写道:"这项研究草拟于1914年夏天,写于1914到1915年的冬天。"随后,他向读者指出这本书是"精神科学倾向的一个典型产物",并且有明显的黑格尔主义痕迹:"本书第一部分的大多数段落基本上都采用了黑格尔的理论,例如史诗和戏剧艺术的总体模式比较、史诗和小说在历史哲学观念上的异同,等等。"尽管如此,卢卡奇反复提到一个"失败的尝试",尝试综合两种无法统合的元素:"左的"的伦理和"右的"的认识论。由此,他指出他的反资本主义思想汲取了浪漫主义和乌托邦主义的营养,同时带有"对现实的完全传统的理解"的特征。在自我评价的最后,

---

[*] 本文出处:Werner Jung, "Time—The Corrupting Principle: A Short Apology for Georg Lukács' Poetics of the Novel", in Michael Thompson (ed.), *Georg Lukács Reconsidered: Critical Essays in Politics, Philosophy, and Aesthetics*, London: Continuum International Publishing Group, 2011, pp. 99 - 109.
维尔纳·荣格,杜伊斯堡-埃森大学人文学院德国研究专业教授,弗吉尼亚大学荣誉教授。研究领域为18—21世纪的文学。出版过3本关于卢卡奇的著作:《格奥尔格·卢卡奇——其人·其作》《非纯粹理性批判——格奥尔格·卢卡奇》《格奥尔格·卢卡奇——总体性、乌托邦和本体论》。目前主要从事德语文学研究与卢卡奇全集的编纂工作。

他引述了阿诺德·茨威格(Arnold Zweig)对此书的阅读印象:"青年作家阿诺德·茨威格读《小说理论》时希望它能够帮助他指明方向;他健全的本能正确地让他彻底否定了本书。"①

晚年卢卡奇对他早期作品的这一评价有几点值得考虑:一方面,卢卡奇完全误用了背景,使得他在将《小说理论》理解为碎片化效应的同时,却没抹除自身思想发展的线性和必然性;另一方面,也正是由于这一体系所必需,他不得不去贬低他的小说诗学中具有引导性的、能够继续拓展的思想。这是因为它们几乎不匹配——并且只是悄声提到——《小说理论》的历史—哲学倾向和后来能够与唯物主义的肉身及世俗家庭相关联的马克思主义思想。

这样一来,卢卡奇无疑助长了反对者的气焰,他们在新版序言中寻找资源,并立即发现他们的成见在里面得到了证实,并把这些成见扩展成关于马克思主义者的令人不快的陈词滥调:如古典主义者的取向、现实主义的传统、有关一部有机的和谐的封闭式艺术作品的概念,等等。

让我们深入讨论。——青年卢卡奇的初衷是撰写一本关于他非常敬重的陀思妥耶夫斯基的大部头专著。事实上,大约在1914—1915年期间,卢卡奇就产生了这一打算。1915年3月,卢卡奇在给他的作家朋友保罗·恩斯特的一封信中写道:"我终于快构想出我的新书了:论陀思妥耶夫斯基(暂时搁置了美学)。该书将不仅仅局限于陀思妥耶夫斯基的思想;它还将包括我的形而上学伦理学和历史哲学的一个重要部分,等等。"②然而不久之后,卢卡奇又在1915年8月2日给恩斯特的信

---

① 卢卡奇:《卢卡奇早期文选》,张亮、吴勇立译,南京大学出版社2004年版,第I—XV页。(译文因引用部分的片段性与《卢卡奇早期文选》原文有所不同,下不赘述)——译者注
② 卢卡奇:《卢卡奇早期文选》,张亮、吴勇立译,南京大学出版社2004年版,第185页。——译者注

中写道："我已经放弃了陀思妥耶夫斯基的论著；它太庞大了。"①《小说美学》这篇大论文就出自此，最初发表在《美学与一般艺术科学期刊》(*Zeitschrift für Ästhetik und allgemeine Kunstwissenschaft*)上。与它同期出现的还有一本综合性的文集，包括计划中的关于陀思妥耶夫斯基专著的笔记、大纲和摘录，它在1985年之后才由克里斯托弗·尼里（Christoph Nyiri）在匈牙利编辑整理出来。尼里已经基本断定，已完成的部分和陀思妥耶夫斯基笔记之间呈现出"明显的矛盾状态"，这可能与"理论上的内在原因"有关。和卢卡奇的学生费伦茨·费赫尔一样，尼里进一步认为，卢卡奇的想法不得不走向失败，因为他无法调和他的形而上学-元心理学（metaphysical-metapsychological）维度与历史-哲学维度。另一方面，他认为卢卡奇相信在陀思妥耶夫斯基的作品中发现了新时代和新社会的预兆，但尽管如此，"历史现实与历史-哲学建构之间的中介"还是缺失的。

更明确地说，虽然关于陀思妥耶夫斯基专著的笔记显示出卢卡奇这位马克思主义者在1919年后将会追求的方向，这一点也在关于陀思妥耶夫斯基的小册子《贝拉·巴拉兹和那些不喜欢他的人》(*Béla Bálazs und die ihn nicht mögen*，1918年匈牙利文版的标题是 *Balazs Bela es akiknek nem kell*) 中得到额外的证实，但在《小说理论》的结尾涉及陀思妥耶夫斯基的著作是否，以及如何表现了"这个被纯粹当作现实的……新世界"的问题时，卢卡奇不再坚持所有的"历史-政治迹象的解释"。卢卡奇对自己仍有所怀疑，在已出版的文本中，他将这一问题留给了现代小说的理论和类型学，并且严格地将现代小说归结为自己时代的局限。

与《小说理论》的开放式结尾相反，卢卡奇在这部作品广为人知且

---

① 卢卡奇：《卢卡奇早期文选》，张亮、吴勇立译，南京大学出版社2004年版，第195页。——译者注

饱受诟病的开头表明了自己的观点:"在那幸福的年代里,星空就是人们能走的和即将要走的路的地图,在星光朗照之下,道路清晰可辨。那时的一切既令人感到新奇,又让人觉得熟悉;既险象环生,却又为他们所掌握。世界虽然广阔无垠,却是他们自己的家园,因为心灵深处燃烧的火焰和头上璀璨之星辰拥有共同的本性。"①卢卡奇不受干扰地在德国唯心论保护的历史-哲学图景中论述了一个理想化的、完全田园诗歌般的希腊形象,并将论述延伸到他自己所处的时代。在这一图景中,神秘的、历史上没有确切地位的当代被视为一个堕落的、冲突的世界和一个先验意义上无家可归的时代。紧接着——在与黑格尔的对话中——出现了总体性的范畴,卢卡奇将其定义为:总体性"意味着封存在它自身内部的某些东西是完整的;它之所以是完整的,是因为一切都发生在它的内部,没有东西被它排斥在外,也没有任何东西能指向比它更高的外部……只有在一切在它被形式包容之前就已变得同质的地方;只有在形式不是一种强制,而是向着意识的转化、向着潜伏着的(作为模糊的渴望静卧在必须被赋形的事物最深处的)一切事物的表面的到来的地方……存在的总体性才是可能的"②。他在黑格尔美学的延伸意义上表达了这一观点——古代史诗是世界结构的典范形式。

与古典时代的古典性相比,现代性中不存在一个先验的家园,也就是说,由于人以一种受到限制的方式进入(生命)时间,人又一次失去了自己的家园。现代人发现自己处于一种自相矛盾的境遇中,其中世界、环境和现实不仅在规模上,而且在当代理性主义和资产阶级的资本主义经济相辅相成的持续发展中积蓄自身,其地位越发牢固,但这些却使它们越来越丧失了引领人生的可靠含义。卢卡奇使用了**生命哲学**、存在主义、古典理念主义话语以及社会学反思的术语集合来对此进行表述。我认为,在这里存在着——虽然很隐秘——卢卡奇《小说理论》的

---

① 卢卡奇:《卢卡奇早期文选》,张亮、吴勇立译,南京大学出版社2004年版,第3页。——译者注
② 卢卡奇:《卢卡奇早期文选》,张亮、吴勇立译,南京大学出版社2004年版,第9页。——译者注

主旨。因为小说这一资产阶级的史诗在它的发展——正如当代理论家指出的那样,这是一种永久性的生成——中表现出反映历史和现实条件的艺术-文学形式,而不仅仅是它的镜像形式。艺术是一种建构——小说就如此,卢卡奇在他的文章中反复论证这点。它只是"一个编织出来的总体性,因为那种形而上学领域里的自然统一已万劫不复"①。此后不久,他坚决拒绝了乌托邦思想;所有创造真正乌托邦意义上的史诗的尝试都一定会失败,因为它们源自经验主义。

对于卢卡奇而言,在现代世界的总体性失去价值的过程中,总体性附带的一个概念是"问题重重的个人",也就是说在建构"自我"的过程中,我不再知道该如何意识到自身并主宰自身,也不再知道该如何在世界中定位自身,因此必须不断证明自身,审视并发现自身。小说中的人物是以探寻者的身份出现的。小说是一个时代的史诗,在这个时代里,生活那广阔的总体性不再可感地被给予,意义的内在性成了问题,但人们却还有一种对总体性的追求。这一系列问题产生了新"我"的两种典型显现方式,即要么是罪犯,要么是疯子。卢卡奇大胆且凿凿地将其视为小说的发展趋势;因为在这一基础上,有很多被排斥者、受压迫者和失败者可被归结在疯子和罪犯的类型学范畴中,其根据是一直到启蒙运动结束后的各国文学史:从让·保罗(Jean Paul)、E. T. A. 霍夫曼(E. T. A. Hoffmann)、克莱斯特(Paul Ludwig Ewald von Kleist)到巴尔扎克、狄更斯、欧仁·苏(Eugène Sue)再到左拉、陀思妥耶夫斯基,他们都正好处在卢卡奇划定的时间框架内。事实上,对于这两种人物——在纯形式上,可以说——史诗是一无所知的,因为正如卢卡奇所言:"史诗描绘的纯粹世界要么是以孩童的视角",要么是以"完满的神义论(Theodicy)"来反对那个世界,在其中疯狂和罪愆是"先验的无家可归的客观化";"在人的社会关系的秩序中行动的无家可归性,在应该

---

① 卢卡奇:《卢卡奇早期文选》,张亮、吴勇立译,南京大学出版社2004年版,第12页。——译者注

存在之物的秩序中人的心灵的无家可归性,这一秩序是由超个人价值体系构成的。"①

在这里,卢卡奇将论述推进到史诗个人的起源问题,史诗个人也可以说是小说的主人公,他被"外部世界的陌生性"所束缚②。就个体性而言,这还意味着它必须在自身中反映自身——正如卢卡奇曾在其他地方指出的那样,主人公应该吸收弗里德里希·施莱格尔的观点,凭借他自己的自我性塑造自身。这也解决了现代资产阶级个体的孤独问题,卢卡奇由此提到了"迷失的孤独个体的自我反映性(self-reflectiveness)"③。最后它可以被总结为:"偶然的世界和问题重重的个人是相互制约的现实。如果个人没有问题,那么,他的目的就以直白的方式被给与,依照这些被给与的目标所建构的世界,在其实现过程中可能会遇到妨碍和困难,但决不会遇到任何危及内在生命的严重威胁。只有当外部世界不再适合个人的理想,并且这些想法成为人们心灵中的主观事实——**观念**——的时候,这种威胁才会产生"④。

* * *

以上论述大致勾勒出了卢卡奇在《小说理论》的第二部分起草的小说形式的类型学的概貌。我和世界之间的关系,即问题重重的个人和预先存在的社会环境之间的关系,可被重写为"实然和应然之间的对立",这最终是一个永远无法消除的问题。卢卡奇写道:"能够达到的只是由人的生命意义带来的一种最大程度的弥补,一种深刻而强烈的辐射。"⑤在这一认识成熟并占据主导地位的地方,它获得了现代小说的艺术表现和构成原则。自19世纪弗里德里希·施莱格尔和索伦·克尔凯郭尔开始与任意性和主观性联系在一起,"作家的反讽"的现象便受

---

① 卢卡奇:《卢卡奇早期文选》,张亮、吴勇立译,南京大学出版社2004年版,第37页。——译者注
② 卢卡奇:《卢卡奇早期文选》,张亮、吴勇立译,南京大学出版社2004年版,第42页。——译者注
③ 卢卡奇:《卢卡奇早期文选》,张亮、吴勇立译,南京大学出版社2004年版,第42页。——译者注
④ 卢卡奇:《卢卡奇早期文选》,张亮、吴勇立译,南京大学出版社2004年版,第52页。——译者注
⑤ 卢卡奇:《卢卡奇早期文选》,张亮、吴勇立译,南京大学出版社2004年版,第54页。——译者注

到广泛而激烈的争论,卢卡奇将其定义为"无神时代的消极的神秘主义。它是面向意义的一种'**聪明的无知**'(docta ignorantia)的态度……在它那里有深藏的确定性,只有通过赋形才能被表达,在这种不想知道和没有能力知道之中,他遇见了终极,瞥见了真实的实体,把握到现实中不存在的上帝。所以,反讽是小说的客观性"①。在《小说理论》第一部分的最后几行,卢卡奇赋予小说最高的神圣性,因为小说具有使它成为"我们时代的典型艺术形式"的反讽性,因为"小说的结构类型与今天世界的状况本质上是一致的"②。

尽管《小说理论》的第一部分总体来说在后来几十年的哲学和文化批判反思中发挥了重要作用,但文学家和叙事学家都特别受到第二部分的启发。卢卡奇的思想——在极其明显的柏格森主义的意义上——是一种基本直觉,即有两种连续的"纯粹形式",在这两种形式中,现代小说的发展得到了反映,并且它基于——用黑格尔的术语来说——主体与客体、心灵与外在世界,继承了世纪之交的术语。正如卢卡奇所说,有一个所谓的"界限"(a limine),一种"不可逾越性":心灵"与一个被心灵当作它的行动舞台或基础而被扬弃的外部世界相比,要么过于逼仄,要么过于宽绰"③。这一点可以在小说的形式上得到进一步的类型学表达,卢卡奇将其分别定义为"抽象的理想主义"和"幻灭的浪漫主义"。历史上第一个出现并具有持续影响性的抽象的理想主义的原型是由堂·吉诃德提供的,而冈察洛夫(Gontscharow)的《奥勃洛摩夫》(*Oblomow*)以及特别值得关注的福楼拜的《情感教育》则是 19 世纪出现的"幻灭的浪漫主义"的典型。

卢卡奇指认的模式首先包括主人公的"心灵"——即精神、智力和人格的综合概念——以抽象的、不足的、受历史影响的(理想的)概念来

---

① 卢卡奇:《卢卡奇早期文选》,张亮、吴勇立译,南京大学出版社 2004 年版,第 63 页。——译者注
② 卢卡奇:《卢卡奇早期文选》,张亮、吴勇立译,南京大学出版社 2004 年版,第 65 页。——译者注
③ 卢卡奇:《卢卡奇早期文选》,张亮、吴勇立译,南京大学出版社 2004 年版,第 66 页。——译者注

行动并意愿参与到外部世界的事件中,他的表现荒谬般地不协调,比如堂·吉诃德大战风车或巴尔扎克的主人公没完没了地尝试使金壶重生。在这种例子下,心灵过于狭隘,然而在幻灭的浪漫主义那里,心灵却过于宽广。这个情况体现在意见"迟到"时——尤其是有关教育、培养和发展的小说中显露出的朴素经验迟到时——产生的顺从-沮丧的态度,这些意见事关在事件发展中积极影响事物和改变(真实)历史的不可能性。"奥勃洛摩夫无助地呆卧在病榻上"①是它的夸张的感性表达。

我们接着要谈的是《小说理论》开拓性的、持久性的贡献。卢卡奇强调了福楼拜特别是他的《情感教育》的重要意义,并援引了柏格森的时间理论,这使得卢卡奇恢复了黑格尔所摒弃的艺术,并重新建立了它对于现代小说的最高意义。卢卡奇将他的基本理论反思延伸到对福楼拜的阐释中:"理念和现实之间最大的差异是时间:作为绵延的时间流程。主体性之最深刻、最感耻辱的无能,并不存在于它与无理念的社会诸形式及其人类代表的无望斗争之中,而是存在于它不能抵挡滞重但持续的时间的流程,存在于它必须从艰难登上的高峰缓慢而无可遏制地下滑;存在于时间——这不可理喻的、在无形中运动不止的实体——逐渐地夺走了主体所拥有的一切,并且在不知不觉中将异质的内容强加于它。所以,只有小说,这种理念的超越的无家可归状态的文学形式,把真实的时间,也就是将柏格森的**绵延**(duree)概念归入了它决定性的原则之列中。"②

卢卡奇与柏格森的关联体现在他的获奖专著《现代戏剧发展史》(1910 年于匈牙利出版;在他去世后,1981 年在德国出版)和他的文学社会学思考《文学史理论评论》(*Remarks on the Theory of Literary*

---

① 卢卡奇:《卢卡奇早期文选》,张亮、吴勇立译,南京大学出版社 2004 年版,第 88 页。——译者注
② 卢卡奇:《卢卡奇早期文选》,张亮、吴勇立译,南京大学出版社 2004 年版,第 88—89 页。——译者注

History，1910年于匈牙利出版；在他去世后于1973年在德国出版）。柏格森当时的演讲收录在题为《变化的观念》(The Perception of Change)(1911)的讲演录中，其中他反对关于时间的一般观念，而把内在时间当作绵延："只有一件事能向我们提供内在生命的本质旋律——这种旋律使我们的存在从始至终都不可分割，并不可分割地持续，将来还是会这样持续，那就是我们的人格。"这种内在时间据说是"人们口中的时间，但它作为时间却又被感知为不可分割的"。通常"在空间"中存在着"前"和"后"，意味着"在彼此绝对分离的部分之间有着清晰和明确的区别"。在柏格森看来，我们"一般""在空间化的时间"中认识了自身。但是真正的绵延存在于"我们生命更深处的不间断的噪音"之中。

因为卢卡奇在这里确切指出了典型的幻灭的浪漫主义的要害，人们可以浓缩和明晰柏格森的时间形而上学——至少根据卢卡奇对它的解读——将其解释为主观的、体验性的时间和客观的、可测量的时间（时间序列）的平行并列。已经大致得到证实的观点是，"只有当时间与先验家乡的联系终止之时，时间才是由部分构成的。"[1]当我们失去了我们的天堂——无论在什么地方——自19世纪中叶以来，这一形势明显加剧了。当卢卡奇与黑格尔关于小说的观点相一致时，他说道："小说的整个内部情节无非是一场针对时间权力（Macht der Zeit）的争斗。"[2]因此，幻灭的浪漫主义中的时间形成了后黑格尔和柏格森的"退化的原则"[3]。福楼拜看到了这一原则的重要性——正是出于这个原因，一篇真正的"现代性散文"（皮特·比格[Peter Bürger]）发轫于他，普鲁斯特、乔伊斯、伍尔夫（Woolf）、穆齐尔和托马斯·曼随着他的步伐进一步前进——因为他将情节放回到或安置在主人公的内在性中，在

---

[1] 卢卡奇：《卢卡奇早期文选》，张亮、吴勇立译，南京大学出版社2004年版，第90页。——译者注
[2] 卢卡奇：《卢卡奇早期文选》，张亮、吴勇立译，南京大学出版社2004年版，第90页。——译者注
[3] 卢卡奇：《卢卡奇早期文选》，张亮、吴勇立译，南京大学出版社2004年版，第90页。——译者注

内在时间中,在向外流溢的方式中——一种"不受限制、无间断的流动性"①和一个正在崩解为"异质的、脆裂的、片断化的部分"②的外部现实,然后用"希望"和"回忆"这两个存在主义的表述来提出反抗。也就是说,这些显然是主观的"时间体验"——进一步说,它们是"对时间的胜利:把时间看作**先于实在物**(ante rem)的牢固的统一体的统观,以及以**后于实在物**(post rem)的方式对它的综合把握"③。据此,我们应该立刻补充说,卢卡奇并没有尝试去结合顿悟-思考(epiphany-thinking)的一般传统——充其量只是以**消极的方式**(modo negativo),启迪了卡尔·海因茨·博雷尔(Karl Heinz Bohrer)去反思现代-后现代文学中的重要时刻,或者像博雷尔一样把它称为开始登场的"黯淡的表象"。因为卢卡奇也认为,借助福楼拜的例子,这关系到平庸的情绪(最美好的体验因为"受教育"的主人公的不断炫耀,实际上成了一种非体验)在活生生的瞬间突然闪现:"绵延超越了瞬间,悄然而去,但绵延留下了财富,虽然瞬间想在有意识的沉思的闪现中短暂地滞留住和紧握住它,这种财富把已经成为过去和已经结束的一切变得丰富起来:用活生生的体验的价值美化了当时未曾被留意发生了的事件。因此,在奇特而忧伤的荒谬之中,失败的时刻就是拥有价值的时刻;对生活所拒绝的事件的理解和体验,就是富足的生活所由以流出的源泉。作品描绘的是任何意义的实现都是完全缺席的,但是,作品反而达到了一个真实的生活总体性的丰富而完全的实现。"④

一个瞬间,从它开始并且在它之后没有任何东西跟随,只是安顿了大多数处在知觉意识的阈值之下的日常。卢卡奇凭借一种非常灵性的远见卓识,洞察了福楼拜小说中的瞬间,这些瞬间在为大范围的阅读创

---

① 卢卡奇:《卢卡奇早期文选》,张亮、吴勇立译,南京大学出版社 2004 年版,第 92 页。——译者注
② 卢卡奇:《卢卡奇早期文选》,张亮、吴勇立译,南京大学出版社 2004 年版,第 92 页。——译者注
③ 卢卡奇:《卢卡奇早期文选》,张亮、吴勇立译,南京大学出版社 2004 年版,第 91 页。——译者注
④ 卢卡奇:《卢卡奇早期文选》,张亮、吴勇立译,南京大学出版社 2004 年版,第 93—94 页。——译者注

作出来的体裁的发展脉络中是非常明显的。普鲁斯特以**非意愿记忆**（memoire involontaire）的概念总结他以哲学为指导的时间研究,托马斯·曼在以达沃斯山脉为原型的与世隔绝的魔山世界中,拒绝了所有流行的时间话语,而早在这之前,卢卡奇的《小说理论》就已经从诗和体验的方面,澄清了现代性的核心特征,其关涉时间和结构的感知问题以及主观时间和客观时间不同步的问题,这里要提一下卢卡奇在柏林的老师威廉·狄尔泰最有影响力的论文集的标题（《体验与诗》[Das Erlebnis und die Dichtung]）。也就是说,具有塑造作用的体验,卢卡奇在他的论说文集《心灵与形式》中通过对斯蒂凡·格奥尔格的讨论所试图追溯的体验,其实就是孤独——特别是敏感知识分子的孤独,也是异化的孤独,是集体化过程中的、偶然性和神经衰弱的孤独,是"客观文化"的迅猛发展（格奥尔格·西美尔）和主体在自己身上发现差异的能力的孤独。

现代的**时代小说**（Zeitroman）具有最重要的地位,它可以说是建构社会存在的基点,在此基础上的主体和现代资产阶级个体在尝试了历史上所有记载过的游戏和所有形式的可能性之后,回忆起自身,并撤退到对内在性的被动体验之中。事实上,从喜剧的诸形式到文体学技巧的反讽（起源于托马斯·曼,或经穆齐尔的改造）,再到如石头般冰冷的诸现实主义（从"新小说"到科隆学派的"新现实主义"）之间存在着无数的叙事可能性,它们足以——不论它们的美学表现力的程度如何——回应对时间的破坏。例如米切尔·恩德（Michael Ende）为儿童和年轻人写的现代童话《毛毛》（Momo）,讲述并展开了一个"时间窃贼和一个孩子把被偷的时间归还给人们的奇怪故事"（此为副标题）,以及施腾·纳多尔尼（Sten Nadolny）在同样广受欢迎的历史冒险小说《发现缓慢》（Die Entdeckung der Langsamkeit）中给出的答案是：必须把迅猛的加速过程看作现代性的主要特征,随后必须回归到一个人自己的时间中（"本己时间"[Eigenzeit]）,正如社会学家赫尔嘉·诺沃特尼（Helga

Nowotny)所述。

人们可能希望倚重别的概念,例如西尔维奥·维埃塔(Silvio Vietta)在他的先验文本理论中区分了六种不同的文本,并指出一种"反映的文本",它"依靠体验到自我危机(Ichkrise)的人物,体验到形而上学的沦陷的人物,体验到自然的对象化的人物,体验到理性的至高无上性的人物",塑造了"文学现代性"。然而它的核心问题仍然与时间性密不可分;更确切地说,在主体探寻和重新定位的过程中,主体必须首先与他"分散的**自我经验**"(decentered *Icherfahrung*)达成一致。最后,在维埃塔的文章中,对"仍然是非教条主义的青年卢卡奇"的《小说理论》的意义的论述被可耻地流放到脚注之中。

卢卡奇的影响默默地延伸,他的影响通过较新的和最新的著作在一些领域内得到完全的揭示,比如叙事学、文艺理论、对诗学类型的思考,以及有关小说历史的文学史专著。

1988年,科隆作家迪特尔·韦勒肖夫(Dieter Wellershoff)——在回顾自己在帕德博恩大学和埃森大学所作的诗学讲座的基础上——解读了他眼中的现代小说的历史,其具有纲要性的标题是《小说与世界的经验性》(*Der Roman und die Erfahrbarkeit der Welt*)。在此书中,他将人们的观念逐渐解放的过程揭示为打破人类诸种经验空间的禁忌和探索的过程。他以多种方式提到了卢卡奇及其对普鲁斯特研究的关注,从而拓展了卢卡奇对幻灭小说以及艺术和文学的解释范畴,把它们看作"唯一能与消亡之迅猛——时间——相抗衡的力量。因为只有在那时,'当下'才能在'非当下'中存在,它抗拒时间流里致命的衰退"[①]。

1991年,生活在奥斯纳布吕克的德语学家、文学理论家尤尔根·H. 彼得森(Jürgen H. Petersen)出版了一部面面俱到的专论,题为《德国现代小说——基础、类型与发展》(*Der deutsche Roman der*

---

① Dieter Wellershoff, *Der Roman und die Erfahrbarkeit derWelt*, Köln: Kiepenheuer & Witsch, 1988, p. 174.

Moderne. Grundlegung—Typologie—Entwicklung），它介绍了——和副标题相符合的——体裁的诗学及其自 1900 年以来的历史。此书的论题是从那些有关现代性到后现代性历程中的广泛的基础事实和无数具体的阐释发展而来的，用彼得森的话说，**有关现实性的小说**（Roman der Wirklichkeit）进一步发展成完善的**有关可能性的小说**（Roman der Möglichkeiten）——它具有"一种变化的开放性"①。虽然与卢卡奇没有什么明显的关系——相比之下，法兰克福学派和青年卢卡奇提得多一些——虽然皮特·伯格之流的作家可能会遭到彼得森的明确反对，但从本质上讲，诊断的出发点是完全相同的：彼得森在书中的"基础"部分写道，"人不能再确信自己了"②。在他看来，世界的真理更在于"纯粹的可能性"③。

同样令人印象深刻的专著是维克多·兹麦葛茨（Viktor Žmegač）在 1990 年出版的《欧洲小说及其诗学史》（Der europäische Roman. Geschichte seiner Poetik），这本书在介绍卢卡奇的黑格尔背景之前花了几页的篇幅来介绍青年卢卡奇，兹麦葛茨否定了"持久性的影响"——尤其鉴于偶然性概念的可行性，它可以恰当描述现代的、资产阶级的、资本主义的世界的状况。④

出于介绍的目的，克里斯托弗·伯德（Christoph Bode）的《小说》（Der Roman）总体来说对体裁进行了一种叙事学描述，在主旨为小说的终结与成为泡影的未来的最后一章中，提到了法兰克福学派的代表成员和卢卡奇的《小说理论》。伯德特别重视小说被赋予的一个功能

---

① 参见 Jürgen Petersen, *Der deutsche Roman der Moderne. Grundlegung—Typologie Entwicklung*, Stuttgart: J. B. Metzler, 1991, p. 43。
② Jürgen Petersen, *Der deutsche Roman der Moderne. Grundlegung—Typologie Entwicklung*, Stuttgart: J. B. Metzler, 1991, p. 16。
③ Jürgen Petersen, *Der deutsche Roman der Moderne. Grundlegung—Typologie Entwicklung*, Stuttgart: J. B. Metzler, 1991, p. 17。
④ Viktor Žmegač, *Der europäische Roman. Geschichte seiner Poetik*, Tübingen: Max Niemeyer, 1990, p. 142ff。

是，使事物在一个先验的无家可归的世界里具有意义，他将这种能力应用到当下的状况和后现代的反思中。因此，有意义的世界不是一个关键条件；叙事需要的"只是去理解某事（不一定是整个世界）的动力"[①]。更为激进的是，在现实与生活中体验到的并且一直面对的偶然性越显著、越不可否认，伯德就越认为小说的形式重要，因为小说形式关注的是"世界如何具有意义"的可能性。对于伯德来说，小说形式一直在重建"**偶然性和'根据'（foothold）之间的矛盾关系**，这种矛盾关系指出，渴望通过叙事来获得稳固的存在感只是一种幻觉，它是不稳定的，同时也承认这种努力是完全合法的"[②]。伯德的研究结论认为小说的目的有如下几条："在把自身的权力让渡给他人的中介过程中与自我邂逅，**体验**；为了被理解，以及理解那种被嵌入在一段叙事中的需求。"[③]伯德称之为**对新事物的体验**（Neuheitserfahrung）[④]，这一概念可以投射到卢卡奇最初的思想上，即构建一个审美的先验家园，也就是一个（尽管十分讽刺地讲，一个破碎的）总体性，它代表了美学的传统，用迪特尔·韦勒肖夫的话来说，是对"一个开放的、扩张中的世界"中的情形的回应。

杜塞尔多夫大学的汉斯-格奥尔格·波特（Hans-Georg Pott），一位与卢卡奇有明显联系的文学理论家，在雄心勃勃地尝试寻找一个新的"小说理论"后，认为《小说理论》仍然"代表了对现代小说最先进和成熟的理解"。——实际上，这一新理论除了与卢卡奇，还与四位作者相关：斯特恩（Sterne）、让·保罗、乔伊斯和阿尔诺·施密特（Arno Schmidt）。这位文学理论家乐于与卢卡奇的观点（以及经波特弱化后的历史哲学）保持一致，谈到了"生活诸形式和小说诸形式之间的联系"，而且，"每一种有意义的小说理论……同时融入了一种受时间影响的'世界理论'，

---

① Christoph Bode, *Der Roman : Eine Einführung*, Tübingen und Basel: UTB, p. 312.
② Christoph Bode, *Der Roman : Eine Einführung*, Tübingen und Basel: UTB, p. 323.
③ Christoph Bode, *Der Roman : Eine Einführung*, Tübingen und Basel: UTB, p. 326.
④ Christoph Bode, *Der Roman : Eine Einführung*, Tübingen und Basel: UTB, p. 326.

因为小说是与世界关系最广泛的散文形式；也就是说，一切都可以用小说中的语言来表达，不管现在、过去、未来以及可能的情况是什么。"在波特看来，小说"创作了一个（主观的）想象的世界"——它始终是新的，有差异的，正如最博学的批评者之一海因茨·史腊斐（Heinz Schlaffer）在他最近的一篇文章中所表达的那样，因为小说总是"面对当下"；"它的出现总是一种新的出现"。借用米哈伊尔·巴赫金（Mikhail Bakhtin）的表述，一个伟大的"关于时间的传统主题"据说是主人公的"日常生活方式"，凭借这一观点，波特——提到了胡塞尔的思想——认为他可以将自己与卢卡奇区分开。此外，波特还放弃了"问题重重的个体"概念和最重要的"总体性"的概念，他认为这两个概念"与生活没有实际的联系"。更糟糕的是，他将其视为彻头彻尾的"死亡范畴"。波特抨击了现象学的不费力的主体性（effortless subjectivity）观念，为的是将现代-后现代小说的努力和成就纳入其中。总而言之，他关注的小说理论是一种所谓的"纯粹现象学"主义。

除去一些困难，比如该如何为某种理论选择一种纯粹的现象学主义，波特放弃卢卡奇的中心范畴是完全可以理解的，虽然它们在斯大林主义（以及社会主义的现实主义理论）歪曲运用的大背景之前就已经存在了，但这种放弃肯定不是强制性的或必要的。因为波特把小说中的世界理解为主观想象的看法，不也是一种创造意义和连贯性——从而创造出一个有限范围的总体性——的（必不可少的）尝试？它可能严格地以自身为限，并具有一个未经中介的世界-中心。传记（自传性）散文的蓬勃发展——不仅在德国文学中——通常在结构上与诗学中的时代小说相一致，这只是加强了这个假设。

《小说理论》最重要的洞见之一，无疑是后来最尖锐的批评家之一、马克思主义者的卢卡奇所指出的他早期文章的成就：对时间作用的界定。关涉幻灭的小说类型、福楼拜幻灭的浪漫主义式的"教育"，以及"基于柏格森的'绵延'所发现的小说中时间的新功能"，这些内容构成了卢卡奇观点的基本框架,它使我们能够更好地理解小说在世界文坛中的后续发展,卢卡奇的观点至今依然是有效的。

或者换句话说,以更具论战味道的一针见血的方式来表达:幻灭的小说有理由是并且依旧是——无论怎么被修改——现代-后现代小说的最后一种类型,它有能力对我们长期处在的"绝对罪恶的时代"(卢卡奇借助了费希特的观点)给出一个切合时宜的表达。这是我们需要记住的东西,因为我们有权对未来抱有希望。卢卡奇对此会如何回应?"发生的一切都可能是无意义的、破碎的、充满哀伤的,但也总是被希望或记忆照亮。"①

(王钰涵 译)

---

① 卢卡奇:《卢卡奇早期文选》,张亮、吴勇立译,南京大学出版社 2004 年版,第 93 页。——译者注。

小说,资本主义史诗还是资产阶级史诗,具体还是现实抽象?*

[英]戴维·坎宁安

> 她的声音里充满了金钱的气息。
>
> ——杰伊·盖茨比(Jay Gatsby)

今天,我们该如何阅读卢卡奇的《小说理论》?[①] 更确切地讲,卢卡奇在后来研究小说的马克思主义著作中,根据马克思将黑格尔本人的唯心主义"颠倒过来"的雄心壮志,试图凭借自觉的唯物主义重塑《小说

---

* 本文节选自:David Cunningham, "Capitalist and Bourgeois Epics: Lukács, Abstraction and the Novel", in Michael Thompson (ed.), *Georg Lukács Reconsidered : Critical Essays in Politics, Philosophy, and Aesthetics*, London: Continuum International Publishing Group, 2011, pp. 49 - 64.

戴维·坎宁安,英国威斯敏斯特大学现代与当代文化研究所副所长,英国文学和文化理论准教授,研究兴趣是现代主义、美学、城市理论和小说。作为《激进哲学》杂志的编辑集体成员,同时也是《城市》《视觉文化与新形式》杂志的编辑顾问委员会成员。文学和理论兴趣主要集中在现代主义和小说理论方面,长期以来对建筑和城市理论有浓厚的兴趣,并在这一领域发表过大量的论文。

① 本文借鉴了之前一篇短文中的材料,参见 David Cunningham, "Very Abstract and Terribly Concrete: Capitalism and *The Theory of the Novel*", in *Novel : A Forum on Fiction* 42. 2, 2009, p. 311 - 317. 感谢提摩太·贝维斯(Timothy Bewes)递送这篇文章的邀请,使得该论文能够发表于 2007 年 11 月罗得岛州普罗维登斯市(Providence, Rhode Island)由《小说:小说论坛》举办的当今小说理论会议上。也感谢《小说》的编辑允许我在此处重复使用这部分材料。

理论》中的黑格尔范畴,这样一来,我们该如何重新理解它们之间的关系?① 世界无产阶级革命的视域在每个方面都影响了卢卡奇后来对现实主义和现代主义小说的看法,而在这一视域明显消失后,《小说理论》的可能意义会发生怎样的变化? 我们能在卢卡奇对小说的理论思考中找到新的生命力吗?

卢卡奇关于小说的所有著作总地回答了伊恩·瓦特(Ian Watt)②在1957年的经典研究《小说的兴起》中提出问题:

> 小说是一种新的文学形式吗? 如果我们像通常那样,假设它是的……它与过去的散文体虚构作品(prose fiction)有何不同……? 这些差异为什么会出现在某时某地?③

从这个意义上说,卢卡奇对小说的理论把握也是对现代性的理论把握,以及对小说与文学形式的特殊关系的理论把握。尽管玛格丽特·杜迪(Margaret Anne Doody)④及最近的弗朗哥·莫雷蒂(Franco Moretti)⑤呼吁要"使文学领域变得更久远、更广泛、更深刻"⑥,但是从根本上讲,瓦特的问题依然无法得到回答。虽然大卫·特罗特(David

---

① Karl Marx, "Afterword to the Second German Edition", in *Capital : A Critical Analysis of Capitalist Production*, trans. S. Moore and E. Aveling, London: Lawrence and Wishart, 1974, p. 29.
② 伊恩·瓦特,早年曾在剑桥大学圣约翰学院任研究员,后来到美国斯坦福大学担任英语教授。他对18世纪英国文学,尤其对笛福、理查逊和菲尔丁作了大量的研究工作,在这一领域具有权威性声誉。——译者注
③ Ian Watt, *The Rise of the Novel*, Harmondsworth, UK: Penguin, 1972, p. 9.
④ 玛格丽特·杜迪,圣母大学文学教授。对多种语言和文化富有兴趣,她的职业生涯扎根于对18世纪的研究,重点研究小说作为形式的诸多发展,关注故事的功能和性质。——译者注
⑤ 弗朗哥·莫雷蒂,斯坦福大学人文学科名誉教授,著有《奇迹的标志》《现代史诗》等,曾创办"小说研究中心"和"文学实验室",常为《新左派评论》写作。——译者注
⑥ Massimo Fusillo, "Epic, Novel", in Moretti (ed.), *The Novel*, Volume Two, Princeton, NJ: Princeton University Press, 2006, p. x.

Trotter)①提出"小说的基因的痕迹"②在文学文化史中随处可见,这可能是正确的,但对于小说的兴起这个问题,无论其"多源性"如何,某些具体的历史因素仍然非常关键。正如本雅明在20世纪30年代写道,小说的某些特征"可以追溯到古代",这也许是事实,但只有小说邂逅了"充分发展的资本主义"中"不断发展的中产阶级",它才发现了真正"有利于其繁荣"的那些"元素"。③ 该论断预示了20世纪和21世纪众多界定小说的批评:它是一种(a)——或**唯一的**(the)——现代特有的文学形式④。

这种现代性的性质被一些或多或少"带有神话色彩的"(因而是可解构的)不同方式加以理解。但是,如果它具有一种主导形式,正如本雅明的论述所表明的那样,可能它会把小说理解为文学的伟大资产阶级形式:表达了"中产阶级作为一个整体的自信"中的某种"新重心"⑤。然而,这种概念的根源——与个人主义的兴起、具体的日常生活和世俗生活,或者与某种预先存在的体裁等级制度的消解,都有或多或少的联系——与任何对小说本身的完备论述没有太大关系,而是消极地出现在黑格尔《美学》有关史诗部分中的一两页概论中,卢卡奇论述小说所使用的概念工具在很大程度上来自于此:

> 小说,即现代资产阶级史诗,是完全不同的。在这里,利益、情境、人物、生活关系、整个世界的背景以及对事件的史诗般的描述

---

① 大卫·特罗特,剑桥大学英文系教授,主要研究19世纪和20世纪英国文学,文学和电影中的自然主义以及媒介理论。已出版著作包括《英国小说史》《20世纪诗歌》等。——译者注
② David Trotter, "Into the Future", *London Review of Books*, 22 March, 2007, p. 31.
③ Walter Benjamin, *Selected Writings*, Volume 3, 1935 – 1938, Cambridge, MA: Belknap Press, 2002, p. 147.
④ David Cunningham, "After Adorno: The Narrator of the Contemporary European Novel", in D. Cunningham and N. Mapp (eds.), *Adorno and Literature*, London: Continuum, 2006, p. 199.
⑤ Ian Watt, *The Rise of the Novel*, Harmondsworth, UK: Penguin, 1972, p. 65.

中蕴藏的丰富性和多面性再一次呈现在我们面前。但是,史诗赖以展开的原始的诗意的总体情况是缺失的。一部现代意义上的小说的前提是一个已经处在散文秩序中的世界……因为当今世界的整体状况处在散文式的组织形式中……与真正的史诗所要求的条件截然相反。①

作为试图恢复史诗的多面性和"整体性"的现代文学形式,按照黑格尔的说法,小说必然缺少的是"一种行动的可能发生,这种行动必须在其环境和关系的总体视域中,作为一个与国家和时代的整个世界相联系的意义深刻的事件,进入我们的思辨中"②。因为在艺术作品(而不是哲学概念)以中介的方式潜在地表达现代性的过程中,现代性的一个结构性特征就是它拒绝被理解为一个总体。就如同所有个别的"故事",它可能追求普遍意义,继而表现或体现出总体性,但总是会回到偶然性和"无休止的特殊性"。正如卢卡奇在百年后对黑格尔的总结和延伸,小说绝不可能是"一个时代的史诗,在这个时代,生命的外延总体性不再直接地被给予……但这个时代依旧拥有总体性信念"③。这些形式"彼此不同不是因为作者的基本意图,而是因为作者所面对的历史哲学的现实"④——也就是说,它们从本质上表现(因此也是衡量)了古代与现代社会"现实"之间的差异。

---

① Hegel, G. W. F., *Aesthetics : Lectures on Fine Art*, 2 vols, trans. T. M. Knox, Oxford: Clarendon Press, 1975, p. 1092, 1109.
② Hegel, G. W. F., *Aesthetics : Lectures on Fine Art*, 2 vols, trans. T. M. Knox, Oxford: Clarendon Press, 1975, p. 1044.
③ Georg Lukács, *The Theory of the Novel : A Historico-Philosophical Essay on the Forms of Great Epic Literature*, trans. A. Bostock, Cambridge, MA: MIT Press, 1971, p. 56.
④ Georg Lukács, *The Theory of the Novel : A Historico-Philosophical Essay on the Forms of Great Epic Literature*, trans. A. Bostock, Cambridge, MA: MIT Press, 1971, p. 56.

现代史诗

尽管这种从消极的角度看待史诗与现代性关系的观念持续存在，但它并非没有问题。毫无疑问，《小说理论》在这方面还有许多需要改进之处，因为它显然缺乏任何有关社会、技术和经济方面的具体历史细节。作为对现代性的界定——最广为人知的是他借助费希特对"绝对罪恶时代"①的描述——《小说理论》在形式上的"神秘性"似乎并不亚于它设想一个不复存在的古代，这个"幸福年代"具有完美的、不可思议的完满性。尽管如此，或者说我想说的是，去掉它浮夸的唯心主义包装后，我们可以不去从历史编纂学要求的严格的精确性意义上理解卢卡奇对过去的史诗的总体性的论述，他的论述更多表达了一种对具有历史差异性的社会诸形式的具体自我意识，从这些社会形式出发，这种丧失了的总体性得到了"神秘主义式的"构想：那种抗拒自身被消解的坚实性得到了阐明。这一点很重要，因为不完全承认这种自我意识的危险就在于，小说形式的社会条件实际上会被简单地消解为超历史的现象组合——个性化、世俗性、企业家精神、日常性等等——从而使自身逐渐脱离历史的差异和变化，用马西莫·富西洛（Massimo Fusillo）②的话来说，"可以或强或弱地活跃于不同时期、不同作品中的跨文化常量的非历史性的'捆束'"③。因此，如果今天的任务是"重新定位卢卡奇的文本，使其摆脱对前现代文学形式中的时空的怀旧"，那么，这绝不包含

---

① Georg Lukács, *The Theory of the Novel : A Historico-Philosophical Essay on the Forms of Great Epic Literature*, trans. A. Bostock, Cambridge, MA: MIT Press, 1971, p. 152.
② 马西莫·富西洛，拉奎拉大学（University of L'Aquila）文学批评和比较文学系教授，欧洲文学课程的主席，文学流派博士课程的协调人。他的主要兴趣领域包括：古代叙事、古典文学的现代接受、电影与文学。——译者注
③ Massimo Fusillo, "Epic, Novel", in Moretti (ed.), *The Novel*, *Volume Two*, Princeton, NJ: Princeton University Press, 2006, p. 40.

完全搁置"其中有关分期（periodising）的那些方面"①。恰恰相反：它应该与《共产党宣言》中的著名描述联系起来，一种文化的状态是它自身体验到的"永远的不安定和变动"②。

当然，如果《小说理论》很大程度上回避了具体描述现代性在社会层面上的体验的尝试，那么，卢卡奇从20世纪20年代起给自己设定的任务正是为小说的兴起提供一些更具历史具体性的唯物主义解释。因此，我并不只是碰巧引用马克思的话。马克思写道："资产阶级除非对生产工具，从而对生产关系，从而对全部社会关系不断地进行革命，否则就不能生存下去。"③如果说小说就是那个现代独有的时刻，这一时刻被本雅明描述为文学诸形式（如故事的形式）被"融化"的过程④，那么这是因为在这种观点看来，小说既反映又参与进了全部社会关系正在发生的变化。

然而，从卢卡奇著作的发展来看，这提出了两个问题。首先，在后来的著作中，《小说理论》中本质上是黑格尔主义的范畴——尤其是将小说理解为一种（本质上不可能的）现代的史诗形式——究竟如何在卢卡奇后来的历史唯物主义框架中重新发挥作用？这一框架在紧随《小说理论》之后的第一部伟大的马克思主义著作《历史和阶级意识》中得到阐述，后来还得到了发展。在此情况下，围绕着小说作为现代资产阶级独有的史诗的新理解，范畴重新发挥作用的过程是怎样被组织起来的？更具体地说，撇开黑格尔的术语所提供的合法

---

① Timothy Bewes, "Paul Auster's Cinematographic Fictions: Against the Ontology of the Present", in *New Formations*, 2006, p. 87.
② Karl Marx and Friedrich Engels, *The Communist Manifesto*, trans. S. Moore, Harmondsworth, UK: Penguin, 2002, p. 223.
③ Karl Marx and Friedrich Engels, *The Communist Manifesto*, trans. S. Moore, Harmondsworth, UK: Penguin, 2002, pp. 222-223.（《马克思恩格斯选集》第一卷，第403页，北京：人民出版社，2012年版）
④ Walter Benjamin, *Selected Writings*, Volume 2, Part 2, 1931-1934, Cambridge, MA: Belknap Press, 1999, p. 771.

性，为什么在任何卢卡奇受马克思主义启发而对早期著作进行的"重写"中，小说被理解为是资产阶级的史诗，而不是资本主义本身的史诗？

奇怪的是，这一问题不仅在卢卡奇后来的作品中，而且在范围更大的主流小说理论中都无人问津。这一问题的提出并不意味着，把小说与资产阶级，特别是与资产阶级主体持有的个人主义（对立于本雅明的讲故事的人的群体形式而言）相联系是错误的。答案远非如此。然而需要指出的是，正如弗雷德里克·詹姆逊①观察到的那样，这种理论化在运作的过程中，可能会绕过本应被视为"马克思著作的核心，即对资本主义历史起源的结构性分析"②。詹姆逊继续说道：

> 马克思主义文学批评较少从资本和价值的角度或资本主义制度本身入手，大多是从阶级的角度来分析它的对象……比较容易的做法是在工商阶级和它展露出来的阶级文化，以及伴随着的各种形式和文本之间，建立起更直接的中介关系。货币在刚进入分析视野时，仅仅被当作交换、商业活动和类似的东西，后来被当作资本主义的萌芽，这些决定了历史上最初的一些市民或城市商人的资产阶级生活的出现。③

对于马克思主义以及其他主流小说理论来说，情况确实如此。然而，推动对"全部社会关系"进行革命的可能是全球资本主义，而不是资

---

① 弗雷德里克·詹姆逊，美国文学批评家、马克思主义政治理论家。他最著名的是对当代文化思潮的分析，他曾将后现代主义描述为在有组织的资本主义压力下的文化空间化。代表作有《政治无意识》《马克思主义与形式》等。——译者注
② Fredric Jameson, *The Cultural Turn*, London: Verso, 1998, p. 145.
③ Fredric Jameson, *The Cultural Turn*, London: Verso, 1998, p. 145.

产阶级或无产阶级,在这样的背景下如果我们要重读《小说理论》,问题就变成,小说——与卢卡奇自己的重新解读背道而驰——不是作为资产阶级"人民"(people)的史诗,而是作为对"资本主义制度自身"的无家可归的叙述,如此,这本书对小说不可能的史诗形式的讨论可以在今天得到最恰当的理解。

资本主义、现代性与小说

瓦特的最后一个问题——"这些差异为什么会出现在某时某地?"——使人想起发生过的关于**资本主义**现代性起源的一个争论。在瓦特本人看来,小说在 18 世纪的发展,首先可以追溯到封建的提挈互惠关系被市场、出版商、书商和"阅读大众"之间日益强大的、自由的经济关系所取代。本尼迪克特·安德森(Benedict Anderson)[1]认为,与小说的兴起相关的不仅有资产阶级文化出现的"朝向地方语言化的革命性冲刺"[2],在物质层面上还有他所谓的"印刷资本主义"的兴起,以及书的生产在"相当特殊的意义上"是"第一种现代式的、大规模生产的工业商品"[3]。因此,该如何界定"小说的诸要素"与小说的兴起之间的区别,这一问题可能会富有成效地反映出关于资本主义自身历史发展的类似问题。因为,如同特罗特对小说基因的追溯,这样我们可以清楚地发现"资本主义"在经济和社会方面的关键的"诸因素"——货币、商品等

---

[1] 本尼迪克特·安德森(Benedict Anderson),爱尔兰政治学家和历史学家,曾在美国生活和任教,最著名的是他于 1983 年出版的《想象的共同体》一书,该书探讨了民族主义的起源。他是历史学家佩里·安德森的兄弟。——译者注
[2] Benedict Anderson, *Imagined Communities* (Revised Edition), London: Verso, 1991, p. 39.
[3] Benedict Anderson, *Imagined Communities* (Revised Edition), London: Verso, 1991, p. 34.

等——跨越了远比狭义的资本主义更长的历史。① 然而,"作为调节人类社会新陈代谢的众多形式之一的商品,与作为普遍建构原则的商品之间"仍然存在着明显的"质的区别"。②

尽管这一切都很有趣,也很重要,但我个人关心的与其说是文学社会学本身,不如说是文学社会学与卢卡奇作品中纯理论的"形式史"一类的东西之间的关系。核心问题不在于小说成为商品后的地位,它与印刷资本主义的关系,甚至也不在于它对资本主义现代性发展的持续"反思"[比如说,《摩尔·弗兰德斯》(*Moll Flander*)③是对"商业精神的经典表述"④],而在于我们如何能将小说清楚明白地把握为资本主义现代性的一种有效的"模式",把握为在某种层面上对应其社会存在的形式等价物。卢卡奇写道,作为一种史诗形式,小说"将世界结构的碎片

---

① 这一点引发了一些有趣的历史定位性和地域定位性的平行话题,进一步探讨这些问题将是有益的。例如,这二者间有一些令人信服的对称性,一方面,瓦特关于18世纪英国起源的独特观点,其中关于小说兴起的主张可与艾伦·梅克辛斯·伍德(Ellen Meiksins Wood)关于"资本主义起源"的主张相对称,同时还有阿里基(Arrighi)或瓦尔特·米格诺罗(Walter Mignolo)关于资本主义起源的另一种说法,即更早一些、更零星的"大西洋主义的"和/或城邦主义的开端,此历史阶段从中世纪晚期以意大利城市为基础的地中海贸易网络而起,直至16世纪葡萄牙和西班牙殖民帝国,塞万提斯和《小癞子》(*Lazarillo de Tormes*)就诞生于此阶段。卢卡奇认为但丁"代表了从纯粹史诗到小说的历史哲学过渡",在这里"仍有真正史诗的完美的、内在的无距离感和完满性,但他的人物已经是个人"(Georg Lukács, *The Theory of the Novel: A Historico-Philosophical Essay on the Forms of Great Epic Literature*, trans. A. Bostock, Cambridge, MA: MIT Press, 1971, p. 68.)——这种"历史哲学的过渡"也可以理解为意大利城市国家的原始资本主义贸易网络所标志的过渡,此过渡处在希腊城邦和现代大都市(狄更斯、巴尔扎克、乔伊斯、多斯帕索斯、多布林、品钦等)之间,在这个过渡中,"完满性"的可能性最终泯灭在逐渐全球化的世界市场体系中,它充满无限的"礼物和危险"。

② Georg Lukács, *The Theory of the Novel: A Historico-Philosophical Essay on the Forms of Great Epic Literature*, trans. A. Bostock, Cambridge, MA: MIT Press, 1971, p. 85. 因此,瓦特提出,法国现代小说以司汤达和巴尔扎克为标志的据说是"迟到的"兴起,可能与法国大革命后资本主义霸权在那里迟来的成就相对应,正如一个多世纪后,魔幻现实主义被典型地解释为不平衡发展的文学表达,以及前资本主义的、以农民为基础的文化形式与新生资本主义在后来的全球资本主义发展时刻的相遇。

③ 《摩尔·弗兰德斯》是《鲁滨孙漂流记》的作者笛福的另一部独特的杰作,被英国作家沃尔芙誉为"英国不多的伟大小说之一"。小说以第一人称的手法书写,极具震撼力。——译者注

④ Ian Watt, *The Rise of the Novel*, Harmondsworth, UK: Penguin, 1972, p. 105.

化本质"带入了"诸形式的世界"①。无论人们是否接受为了表达《小说理论》中的碎片性所使用的或多或少的神秘主义术语,问题依然是,文学形式在何种程度上可以被理解为**社会**形式的某种中介,即社会形式以某种方式出现在艺术形式本身之内所凭借的那种手段。

值得注意的是,撇开要么消极要么积极这种无法说服人的简单理解,黑格尔和卢卡奇对小说的"形式问题"的理解都表现为马克思的术语"全部社会关系"的复杂性、距离和客观程度的增加。如果小说是一个世界的矛盾的史诗形式,那么在这个世界中"事务和活动被分割成无限多的部分,以至于个人可能获得的只是整体中的一丝一毫"②。卢卡奇写道,这是一个"变得无限大的世界,它的每一个角落都蕴藏着远比希腊世界更丰富的礼物和危险"。正是这种财富,凭借其无尽的丰富性,才"消除了积极的意义,即他们赖以生活的基础——总体性"③。

对于早期卢卡奇来说,小说,任何小说,都因此是"把异质的离散成分佯谬地熔铸成一个一再被废止的有机总体"④。借用阿多诺后来的术语来说,作为史诗形式的小说只能是某种消极的或反史诗的形式。这一形式上的例证表达了它自身与追求(无论以多么神秘的方式)赋予史诗的总体性的可能性之间存在的消极关系。对于《小说理论》中的卢卡奇来说,这种消极性有两种可能的表达方式:

> (如果一种)可以被简单接受的整体不再被赋予艺术的诸形式……它们必须或者将任何待赋形之物进行压缩、挥发,这样它们

---

① Georg Lukács, *The Theory of the Novel: A Historico-Philosophical Essay on the Forms of Great Epic Literature*, trans. A. Bostock, Cambridge, MA: MIT Press, 1971, p. 39.
② Hegel, G. W. F., *Aesthetics: Lectures on Fine Art*, 2 vols, trans. T. M. Knox, Oxford: Clarendon Press, 1975, p. 149.
③ Georg Lukács, *The Theory of the Novel: A Historico-Philosophical Essay on the Forms of Great Epic Literature*, trans. A. Bostock, Cambridge, MA: MIT Press, 1971, p. 34.
④ Georg Lukács, *The Theory of the Novel: A Historico-Philosophical Essay on the Forms of Great Epic Literature*, trans. A. Bostock, Cambridge, MA: MIT Press, 1971, p. 84.

就可以承担这赋形之物,或者他们只能被迫辩证地阐明它们不可能抵达它们必须获得的客体对象,和它们自身的方法的内部无效性。①

在"压缩"和"阐明不可能性"这两种可能性中,从史诗的总体性的角度来判断时,作品都是由失败构成的;然而,消极性的这两种基本形式是截然不同的。在第一种情况下,史诗总体性的幸存只能通过例如"脱离近代各民族的大事迹,逃到私人的家庭生活的狭窄范围内"②。跟随这些术语我们可以理解本雅明的构想,即小说的"诞生之地"是"孤立的个人"——无论是作者、读者还是文学人物(本雅明特别提到了成长小说)——是把它与"表征人类经验时不可逾越的东西"作为一个整体联系在一起的东西③;这种不可逾越性也是资产阶级个人主义打破封建束缚和等级制度的过程中看重的自由。在这种方式中,小说的特点就是黑格尔所说的个人(资产阶级)主体的"心的诗和对立的外在情况和偶然故事的散文"④之间不可抗拒的碰撞,这种碰撞在其更具批判性的形式里,充其量只能作为一种消极的手段,要么用来将艺术作品本身构建为非同一性抵抗总体施加的暴力封闭的时刻,那个总体本身被理解为本质上是压迫性的。⑤(相比之下,在

---

① Georg Lukács, *The Theory of the Novel : A Historico-Philosophical Essay on the Forms of Great Epic Literature*, trans. A. Bostock, Cambridge, MA: MIT Press, 1971, pp. 38–39.
② Hegel, G. W. F., *Aesthetics : Lectures on Fine Art*, 2 vols, trans. T. M. Knox, Oxford: Clarendon Press, 1975, p. 1109.
③ Walter Benjamin, *Selected Writings*, Volume 3, 1935–1938, Cambridge, MA: Belknap Press, 2002, p. 146.
④ Hegel, G. W. F., *Aesthetics : Lectures on Fine Art*, 2 vols, trans. T. M. Knox, Oxford: Clarendon Press, 1975, p. 1092.
⑤ Theodor W. Adorno, *Notes to Literature*, *Volume One*, trans. S. W. Nicholsen, New York: Columbia University Press, 1991, p. 32. 正如阿多诺所言,小说在这种方式下直接说出了"所有关系的物化"的名字。重要的是,这在阿多诺看来并不完全是20世纪的现代主义进程,至少可以追溯到18世纪和菲尔丁的《汤姆·琼斯》(*Tom Jones*)(Theodor W. Adorno, *Notes to Literature*, *Volume One*, trans. S. W. Nicholsen, New York: Columbia University Press, 1991, p. 32.)。

黑格尔看来,任何史诗英雄或史诗作品都不可能与它的世界发生**冲突**。)

在卢卡奇陈述的第二种可能性中,对真正的史诗总体性的意愿并没有被放弃,而是"辩论式地"表达了它的不可能性,这样一来,消极性便采取了一种类似于反讽的形式来表达"全部社会关系"内发生的转变。它还没有完全成为(资产阶级)个人异化的——在这种情况下,"个人碰到了既定的价值体系并发现它们有所缺失"[1]——直接、具体的见证,它只是传达了那个不可能完成的任务,即不可能以任何有限的文学形式,来把握个人遭遇到的"全部(资本主义的)社会关系"的完整性和复杂性,而这些关系越来越多地被对象化为本质上**超个人的**(supraindividual)、甚至成为非人的形式——行政管理、国家法律,特别是世界市场。

简而言之,用《小说理论》的术语来说,如果作为"压缩"的小说是为了从世界的"庞大规模"中逃离,从而(批判地或以其他方式)在总体内找到一个可以孤立出来的"原子"——例如,一个或多或少有些自我封闭的地方性共同体或在个别日子里的个体意识——那么,作为一种表达了"辩论式的不可能性"的小说则指**向**了这一"庞大规模",由此小说成为一种手段,用来记录反映这个世界现代性本身的变化本质的某些事情。用詹姆逊作品中的术语来说,它的主要对象不是个体的自由和差异(或其局限)的展开过程,它作为史诗的形式,其对象**仅仅**是那种不可能性,即对任何"总体的"世界进行充分的"认知图绘"都是不可能的,"更为困窘的标志和类似的事情是,至少在当今,我们的头脑没有能力绘制出更为庞大的全球的、多国的和去中心的交流网络,而作为个体,

---

[1] Nancy Armstrong, "The Fiction of Bourgeois Morality and the Paradox of Individualism", in Moretti (ed.), *The Novel*, *Volume Two*, Princeton, NJ: Princeton University Press, 2006, p. 349.

我们又发现我们深陷其中。"①

逐渐抽象化

聚焦并处理这些问题的一种方法是，批判性地审视 1917 年之前和之后卢卡奇著作中明显的抽象问题式——或者，更准确地说，著作中发生的某种抽象与具体的关系。因为从根本上说，詹姆逊将小说的总体性问题改写为更普遍的认知图绘问题，即只是现代的抽象自身的问题。

关于抽象的论述是卢卡奇早期分析小说本质的核心。因为界定小说意欲成为史诗的雄心壮志的特征是，在小说内部"总体性只能在抽象的术语中组织起来"②。因此，在《堂·吉诃德》诞生的那一刻，威胁"骑士小说"的因素被赋予了更为普遍的意义：

> 骑士小说曾一度屈服于那些史诗的命运，在历史哲学辩证法已然否决了它们的先验存在条件之后，它们还试图通过纯粹形式的方式来维持和永恒化一种形式；但是，它已经失去了先验存在的根基和不再能够发挥任何内在功能的形式，逐渐枯萎和抽象化。③

这是一个历史性命题。因为如果每一部小说都必须冒着卢卡奇以黑格尔的口吻称之为"坏的抽象"的风险，这就不是一种偶然可能性，而是由

---

① Fredric Jameson, *The Cultural Turn*, London: Verso, 1998, p. 16. 当然，大多数小说都体现了这两种对消极史诗的理解（乔伊斯的《尤利西斯》和巴尔扎克的作品都是这方面的典范）。这种区分虽然在阿多诺自己的理论体系里几乎没有，但它似乎是值得坚持的，如果只是因为它提供了一个不同的视角来看待我们通过小说的现代性来理解的东西，小说本身是一种史诗的——或反史诗的——形式。

② Georg Lukács, *The Theory of the Novel: A Historico-Philosophical Essay on the Forms of Great Epic Literature*, trans. A. Bostock, Cambridge, MA: MIT Press, 1971, p. 70.

③ Georg Lukács, *The Theory of the Novel: A Historico-Philosophical Essay on the Forms of Great Epic Literature*, trans. A. Bostock, Cambridge, MA: MIT Press, 1971, p. 101.

内在于小说面对的"给定现实"中的某种抽象所产生的必然的发生逻辑。

当然,这个论点是卢卡奇在 1962 年为此书写的自我批判性序言中的主要目标之一,该序言试图以"具体的社会历史现实"为依据,在适当的"马克思主义基础"上阐述和论证其论点的后续发展,并借此诊断出他早期理论中存在的致命弱点,他称之为**抽象主义**(abstractionism)。但这里包含的抽象与具体的对立比早期作品中的任何地方都更加直白。① 这明显表现在他把黑格尔对所谓的"抽象"和"具体"的潜在性②之间的区分,作为区分现代主义和现实主义的手段,还有 1962 年他对"抽象主义"的批判,该批判抹杀了小说本身的"历史和美学的丰富性"③所具有的特殊性。他在那里写道:

> 《战争与和平》的结语实际上是对拿破仑战争时期思想的真实总结,从一些角色的发展中我们已经可以预见到 1825 年的十二月党人起义。可《小说理论》的作者……在这里,能发现的就只是……"比最成问题的幻灭小说的结局更为令人忧郁"。④

然而,这就把早期作品中的两个不同的抽象问题式并置在一起了:一方面,在批判或理论方法层面的抽象主义,把丰富的特殊性还原为一般化的模型或类型;另一方面,在现实主义的例子中,内在于文本本身

---

① 不可否认,《艺术与客观真理》一文提出了一个略加复杂的抽象与具体的关系,它认为在(反对自然主义的)现实主义艺术的(亚里士多德式的)"普遍化"行为中提供了一种"好的抽象",如果可能的话,这一点值得更长篇幅的研究。参见 Georg Lukács, *Writer and Critic*, trans. and ed. A. D. Kahn, London: Merlin, 1978, pp. 45 - 48。
② Georg Lukács, *The Meaning of Contemporary Realism*, trans. J. and N. Mander, London: Merlin, 1963, pp. 21 - 24.
③ Georg Lukács, *The Theory of the Novel: A Historico-Philosophical Essay on the Forms of Great Epic Literature*, trans. A. Bostock, Cambridge, MA: MIT Press, 1971, p. 13.
④ Georg Lukács, *The Theory of the Novel: A Historico-Philosophical Essay on the Forms of Great Epic Literature*, trans. A. Bostock, Cambridge, MA: MIT Press, 1971, p. 14.

的抽象主义受到现实主义所主张的"本真"具体性的反驳,这种具体性现在被视为根植于某种"真实"的社会历史。从这里到一种分析的距离仅一步之遥,在这种分析中,具体与抽象逐渐被转译为越来越简单的积极—消极的对立,这样就能逐步在本质上与现实主义和现代主义之间形式上的(而不是显著的历史上的)区分联系起来,这样,"抽象"的含义不外乎是直白的"对外在现实的否定"或"对现实的取消"本身。①

针对这个问题我想说的是,如同成熟的马克思借助黑格尔唯心主义的(尤其是《逻辑学》中的)范畴,产生了对资本主义的某些解读,那么,或许我们也可以对早期卢卡奇作品中的"抽象主义"做类似的尝试——这也是后来的卢卡奇坚决抵制的。至少,人们通常认为卢卡奇后来的作品中表现出的一些问题,是由于他对自己早期的黑格尔术语的"翻译"方式存在问题。大致说来,1917年后的卢卡奇将以现实主义的名义,通过将阶级意识或"视角"与准黑格尔的"历史主体"的表达相结合,积极地寻求恢复史诗的总体性,而他将因此而放弃的——或者说,至少是将其打发给所谓"现代主义"的一般局限性——是小说与它自身的抽象形式之间的"史诗的"联系,这种抽象形式抗拒"只能在抽象术语中得以系统化"的总体性。我认为,最好把这种总体性理解为资本主义制度本身的总体性。

如果说某种抽象的观念在这里仍然是重要的,那是因为马克思的成熟作品对黑格尔的抽象的关键处理,并不是(像早期关于宗教和哲学的著作那样)简单地要求把以前思想家曾以"抽象的"或"神学的"术语表述的物质材料真实地呈现出来,而是马克思自己对社会诸形式的详尽叙述,他称之为**现实**抽象(*real* abstraction)。那些形式在资本主义的现代性中,获得了实际的(因而是矛盾性地具体的)客观社会存在。正如阿多诺所说的那样,如果后来的马克思明显以黑格尔的方式强调

---

① Georg Lukács, *The Meaning of Contemporary Realism*, trans. J. and N. Mander, London: Merlin, 1963, p. 25.

总体性——强调"弥漫整个社会的以太"——对于马克思来说,"这以太绝不是虚无缥缈的;而是本体的实在(ens realissimum)。如果它看起来抽象,那这不是敌视事实的幻想和任性的过错,而在于客观抽象,其主体是生活的社会过程——交换关系"①。对于早期的卢卡奇来说,小说之所以被定义为史诗形式,是因为它仍然是从总体性的角度来思考的,因此,小说在资本主义现代性中面对的"客观的"现实必须是这样一种现实,在此现实中,社会总体性自身只能以抽象的方式被理解。但是这对于现代"史诗形式"的理论建构意味着什么呢?

历史的主体

在回答这个问题之前,我们有必要回顾一下卢卡奇如何发展了黑格尔把小说当作现代资产阶级史诗的描述。表面上看,这一论断的含义似乎很简单:小说是资产阶级作为统治阶级本身**的**史诗。当然,这就是卢卡奇用以理解经典的"现实主义"小说的方式。然而,黑格尔的命题同时也是一个矛盾的命题。因为他先前在《美学》上的论述的主要目的是证明,史诗只有在特定的非现代世界的"历史哲学"的现实之内才是可能的。如果将黑格尔(以及早期卢卡奇)的论点完全贯彻下去,严格说来,"现代史诗"是不可能的,无论是资产阶级的还是其他的。

解决这些显而易见的全部矛盾的方法可能有一个,用南希·阿姆斯特朗(Nancy Armstrong)②的话来说,就是把小说中的资产阶级个人

---

① Theodor W. Adorno, "Late Capitalism or Industrial Society?", trans. R. Livingstone, in *Can One Live After Auschwitz? A Philosophical Reader*. Stanford, CA: Stanford University Press, 2003, p. 120.
② 南希·阿姆斯特朗(Nancy Armstrong),杜克大学英文系教授,《小说论坛》(*Novel: A Forum on Fiction*)的常务编辑和《英国文学史大百科全书》(*Encyclopedia of British Literary History*)的共同编辑。——译者注

看作"追求普遍不被承认的个性"①的代表。正是通过把这种"追求"视为"普遍的",小说将个人主义转化为一种社会进步的集体(阶级)意识,从而提供了一种矛盾的、具体的"统一性",从中可能建构出一种史诗视角下的总体性,尽管它具有内在的矛盾性。"个人经验至上的主张"②,意味着从封建秩序的共同体式的总体性中割裂出来,在把"我"从"你们"中分离出来的过程中,它的割裂过程使得任何对史诗形式的追求都是不可能的,因此至少在一段时期内(1848年之前),它成为某种普遍的价值体系的基础。

最直白地讲,卢卡奇在重构他早期的、广义的黑格尔主义的小说论述时,从马克思那里得到的算不上是对资本主义现代性的思考,更多的是一种在具体的"历史唯物主义"的视角上把小说重思为史诗的方法,这一视角属于两个据说在相继发生的革命中发挥作用的阶级:资产阶级和无产阶级。这两个阶级都可能在不同的时刻彰显出其广为人知的术语,即历史主体的地位——作为一个整体的那种历史——这一观点反过来使得对总体性的史诗视角得到应得的恢复。1917年之后,小说的重要性体现在它以何种程度从形式、"从内部"③表达这种世界历史"主体"的视角。

这样一来,卢卡奇为什么坚持黑格尔的看法,将小说当作史诗形式的延续,但同时以反阿多诺的方式,放弃以消极的方式理解这种延续性(因此也是与现代性自身的关系),其原因应该是显而易见的。在1962年的《小说理论》序言中,卢卡奇把写这本书时的状态描述为在俄国革

---

① Nancy Armstrong, "The Fiction of Bourgeois Morality and the Paradox of Individualism", in Moretti (ed.), *The Novel*, *Volume Two*, Princeton, NJ: Princeton University Press, 2006, p. 349.
② Ian Watt, *The Rise of the Novel*, Harmondsworth, UK: Penguin, 1972, p. 15.
③ Georg Lukács, *The Meaning of Contemporary Realism*, trans. J. and N. Mander, London: Merlin, 1963, p. 93.

命发生前的几年里,"对世界局势的永久绝望"的心绪①。但是,1917年改变了一切。正如米夏埃尔·洛维(Michael Löwy)②所说,"卢卡奇把社会主义革命看作一种文化的复归:有机文化再次成为可能"③。因此,小说中的史诗因素不再是辩论式地说明不可能抵达它必须获得的客体对象,而是一种积极的可能性,即《小说理论》中"只能用抽象的术语系统化"的东西可能具有新的具体实现④。因此,马克西姆·高尔基凭借与"革命工人运动"的关系,有能力呈现出"一种新人类,读者透过他们可以直接而具体地体验到新生活的内容"⑤。这就是卢卡奇所说的"新社会主义视角的具体性",这种具体性"包含了一种对作为一个整体的社会的发展、结构和目标的意识"⑥。"社会主义现实主义的立场是……无中介地描绘一个社会的总体性,揭示它的发展模式。"⑦

通过这种方式,社会主义现实主义采用了"进步"视角,它源于1848年之前的小说,它的史诗形式反映了卢卡奇所说的"资产阶级革命时期为了成为完整的人而进行的英勇斗争"⑧。当然,"经典的"资产阶级小

---

① Georg Lukács, *The Theory of the Novel: A Historico-Philosophical Essay on the Forms of Great Epic Literature*, trans. A. Bostock, Cambridge, MA: MIT Press, 1971, p. 17.
② 米夏埃尔·洛维(Michael Löwy),法国国家科学研究中心社会科学的名誉研究主任,并在高等社会科学学院讲学。著有关于马克思、卢卡奇、本雅明等的著作,1994年获国家科学研究中心银质奖章。——译者注
③ Michael Löwy, "Naphta or Settembrini? Lukács and Romantic Anticapitalism", in J. Marcus and Z. Tarr (eds.), *Georg Lukács: Theory, Culture, and Politics*, New Brunswick, NJ: Transaction, 1989, p. 192.
④ Georg Lukács, *The Theory of the Novel: A Historico-Philosophical Essay on the Forms of Great Epic Literature*, trans. A. Bostock, Cambridge, MA: MIT Press, 1971, p. 70.
⑤ Georg Lukács, *Writer and Critic*, trans. and ed. A. D. Kahn, London: Merlin, 1978, p. 99.
⑥ Georg Lukács, *The Meaning of Contemporary Realism*, trans. J. and N. Mander, London: Merlin, 1963, p. 96.
⑦ Georg Lukács, *The Meaning of Contemporary Realism*, trans. J. and N. Mander, London: Merlin, 1963, p. 99.
⑧ Georg Lukács, *Writer and Critic*, trans. and ed. A. D. Kahn, London: Merlin, 1978, p. 96; Georg Lukács, *The Meaning of Contemporary Realism*, trans. J. and N. Mander, London: Merlin, 1963, p. 100.

说对普遍性的主张,因此还有对真正的总体性视角的主张,在某种意义上仍然是"虚假的",因为这些主张仍然局限在阶级分化的基础上,因此对于卢卡奇来说,它们必然是要崩溃的。但它们从来都不是完全虚假的,相反,在特定历史时期,它们构成了一种英雄主义的"真实的假象"①,它至少能够在感觉到的或"诗意的"体验的层面上,制造一种"直接感知到的个人与普遍的统一"②。只有在这种"假象"存在的条件下,小说本身作为史诗形式的意义才能得到积极的理解。

然而——这也是我的核心观点——卢卡奇对资产阶级的概念式构建,以及推及至对无产阶级的概念式构建,都是建立在一些值得商榷的前提之上的。因为我们今天并非处在某个新的社会主义时代的临界点上,而是处在全球资本主义的统治下。如果说马克思的《资本论》中确实存在一个与黑格尔的绝对观念相对应的"历史主体",那它既不是资产阶级,也不是无产阶级,而是自我价值化的(self-valorizing)资本本身③。这里的一些困难源于,马克思在19世纪40年代将资产阶级和资本合并起来的方式无法继续发挥作用。④ 但是,如果说卢卡奇写道,在现实主义中,如同在史诗中那样,每一个"叙事细节"都是"有意义的,因为它表达了作为个体的人与作为社会存在的人之间的辩证关系"⑤,那么根据《资本论》的逻辑,在这里,现代性的"现实的"社会存在就是马克思借黑格尔主义表达的"自我运动的实体"的实际抽象,也就是"以金钱

---

① Georg Lukács, *Writer and Critic*, trans. and ed. A. D. Kahn, London: Merlin, 1978, p. 96.
② Georg Lukács, *Writer and Critic*, trans. and ed. A. D. Kahn, London: Merlin, 1978, p. 38. 凭借这种方式,卢卡奇将现实主义和"诗性"联系起来,因为它反映了"世界的诗"——与自然主义相反,自然主义反映了黑格尔的散文世界:"资本主义散文支配了人类经验的内在诗歌……所有这些都是资本主义发展的客观事实"。(Georg Lukács, *Writer and Critic*, trans. and ed. A. D. Kahn, London: Merlin, 1978, p. 127; Georg Lukács, *The Meaning of Contemporary Realism*, trans. J. and N. Mander, London: Merlin, 1963, p. 125).
③ 参见 Christopher John Arthur, *The New Dialectic and Marx's Capital*, Leiden: Brill, 2002.
④ Peter Osborne, *Philosophy in Cultural Theory*, London: Routledge, 2000, pp. 75-76.
⑤ Georg Lukács, *The Meaning of Contemporary Realism*, trans. J. and N. Mander, London: Merlin, 1963, p. 75.

的外观出现"①的绝对主体。这无论如何都不同于《共产党宣言》的观点,资产阶级和无产阶级的阶级集合体实际上是这场运动的手段,而不是它的源头。②

矛盾的是,正是卢卡奇早期的黑格尔主义"理论"中的唯心主义,其中他还以更加复杂的方式论述了现代性是一种受抽象支配的文化,使他能够以后来的"唯物主义"著作所不具备的方式,把握住了与小说(作为"物质的"生活)所折射出的现代社会关系相对应的现实唯心主义的内在性——因为小说与资本主义的关系似乎在后者那里凸显为一个核心问题。如果小说是试图恢复史诗的多面性和"整体性"的现代文学形式,那么,资本的"社会存在"难道不是在任何现代史诗中都是这样定义总体性:"渗透到整个社会中的"以太(ether),但又"不是虚无缥缈的(ethereal)"?如果小说是"已经变得无限广大的"世界的史诗,到处都是"比希腊世界更丰富的礼物和危险"③,那么,这种无限丰富性的"形式问题"的因素,肯定不是由作为"历史主体"的资产阶级或无产阶级产生的

---

① Karl Marx, *Capital*. Vol. 1, trans. B. Fowkes, Harmondsworth, UK: Penguin, 1976, pp. 255 - 256.
② 这个问题不是要取消阶级问题,对任何想要全面理解作为一种系统的资本主义的尝试而言,阶级问题仍然是一个关键。阶级分化和对立,就像对劳动的剥削一样,仍然非常活跃——活跃在全球范围内,比以往更活跃——尽管还不清楚它会不会伴随着在"阶级意识"层面上的扩张,卢卡奇可能会这么理解。然而,可以说,卢卡奇赋予阶级(或更具体地说,阶级意识)优先地位,把它当作思维一种"总体性视角"的手段,这一优先考虑忽视的是,是资本而不是资产阶级或无产阶级,它借助交换的普遍化带来的抽象的统一力量,最有可能成为当代社会中对应于任何类似黑格尔的主体的东西。问题是,本质上抽象的资本主义社会,由于其生产的相互联系的形式越来越复杂和广泛,构成了"集体的"意义,但资本主义社会只是以一种客观的、"非人的"形式体现了主体的结构,与集体工人(或"古典"资产阶级)被认为有的那种社会主体性的形式大相径庭。从**整体性**问题式的角度看,根据《资本论》的逻辑,是资本,而不是阶级,占有优先地位,即使后者对前者的运作和自我再生产仍然至关重要。卢卡奇继承了在《共产党宣言》中提出的主张,无产阶级作为一种新兴的阶级,以某种方式置身资本"之外",这种说法既低估了劳动在某种程度上也是一种"**可变资本**",而且,从当代的角度来看,严重低估了资本吸纳劳动的能力,因为它在实践上"阻挡"集体的"阶级意识"的形成。关于小说作为一种现代史诗形式——仍然从总体性的角度思考——那么,最恰当地构成小说的"史诗"主体的一定是资本,而不是阶级意识。
③ Georg Lukács, *The Theory of the Novel: A Historico-Philosophical Essay on the Forms of Great Epic Literature*, trans. A. Bostock, Cambridge, MA: MIT Press, 1971, p. 34.

"总体性视角"所构成的,而纯粹是由资本本身不可能的"总体性"所构成的。

最终问题变成了如何恰当理解小说的现代性,究竟是从它与资产阶级时代的具体关系加以理解最为恰当,还是说,只有从资本主义时代出发才能最为连贯地界定小说的历史定位和形式。这两个命题不能简单地互换。相反,它们为小说本身的发展开辟了截然不同的视角。

抽象的艺术

我想以亨利·列斐伏尔(Henri Lefebvre)[①]在《日常生活批判》第三卷中提出的观点作为总结:"抽象在现代艺术中的主导地位,伴随着充满商品的世界的扩大,商品自身成为一个非常抽象而又非常具体的世界,一同扩大的还有金钱和资本的无限力量。"[②]我们不习惯将小说当作一种"抽象艺术"来思考。事实上,对于大多数人而言,小说的特点是一种新的具体性:这是新兴资产阶级的经验主义和世俗主义的必然结果,它忠心于瓦特所谓的"此时此地"。不出所料,瓦特认为小说的兴起伴随着"追随特殊性的审美倾向"和反对"抽象和一般的术语"的出现[③]。然而,更准确地说,正是抽象与具体之间矛盾式的结合和对抗,使小说成为现代艺术形式的典范。正如卢卡奇早期写道:如果"小说的要素"是"完全抽象的",那么正是它对它遭遇的"社会结构"的抽象,使小说"作为小说人物的活生生的体验,呈现出感性",从而变成"一种创作的

[①] 列斐伏尔,现代法国思想大师,在其六十多年的创作生涯中,为后人留下了六十多部著作、三百余篇论文这样一笔丰厚的精神遗产,是西方学界公认的"日常生活批判理论之父""现代法国辩证法之父",区域社会学、特别是城市社会学理论的重要奠基人。——译者注

[②] Henri Lefebvre, "The End of Modernity?", in *Key Writings*, London: Continuum, 2003, p. 94.

[③] Ian Watt, *The Rise of the Novel*, Harmondsworth, UK: Penguin, 1972, p. 17.

工具"①。

因此,这个关键的问题是一个最终无法解决的问题,即如何"以可感知的形式描绘出一个已经变得抽象的社会"②,这个问题在阿多诺喜欢引用的布莱希特的一段话中得到了最好的诠释:

> 情况变得如此复杂,因为纯粹的"现实的再现"对现实的描述比以往任何时候都要少。一张克虏伯(Krupp)工厂或德国电器公司(AEG)的照片几乎不能提供任何关于这些企业的信息。真实的现实已经变成了工具性的现实。人与人的关系的物化,即工厂,不再向我们传递人与人的关系③。

这一点并不局限于"现实主义",它也被20世纪初的现代主义所放大。阿多诺写道:在巴尔扎克那里,"人们通过看得见的粗暴行为,试图从别人那窃取已经被无形地侵占过了的剩余价值,这些行为构成了恐怖的画面。"正如卢卡奇所定义的,在现实主义和现代主义中,小说都在挣扎着如何"以可感知的形式描绘出一个已经变得抽象的社会"④。这个问题切中了小说的具体倾向与抽象倾向之间的关系,因此,它也涉及小说的两种表现形式之间的冲突,作为资产阶级史诗——这是一个英勇的企业家、破产的金融家、傲慢的家庭教师和感到异化的艺术家的世界——或者是资本主义的史诗,它的世界是由货币、流通、普遍交换和"工具性的现实"的抽象世界构成的。

---

① Georg Lukács, *The Theory of the Novel: A Historico-Philosophical Essay on the Forms of Great Epic Literature*, trans. A. Bostock, Cambridge, MA: MIT Press, 1971, pp. 70 - 71.
② Theodor W. Adorno, *Notes to Literature*, *Volume One*, trans. S. W. Nicholsen, New York: Columbia University Press, 1991, pp. 122 - 123.
③ Theodor W. Adorno, *Notes to Literature*, *Volume One*, trans. S. W. Nicholsen, New York: Columbia University Press, 1991, p. 128.
④ Theodor W. Adorno, *Notes to Literature*, *Volume One*, trans. S. W. Nicholsen, New York: Columbia University Press, 1991, pp. 122 - 123.

为了以别的方式发展《小说理论》论述的抽象与具体,我们可以参考本雅明对卡夫卡的简评。本雅明在 1938 年写给肖勒姆(Gershom Scholem)①的信中写道:卡夫卡的作品是从"现代城市居住者的体验"中呈现出来的社会现实本身的"确切补语"。② 从这个角度来看,抽象的各种方式不是对现实的逃离,而是记录了各种社会形式的"现实抽象",它们构成了现代性自身的那种(在感性层面)"无法表现"的总体性。然而——卡夫卡显然是一个独特的例子——不应该对此产生误解。因为,尽管阿多诺的预言更具有启示意味,但资本主义作为一种社会形式,从来不可能被还原为仅仅由资本和价值形式决定的可多可少的"纯"抽象的社会关系。事实上,资本主义积极要求其他形式的社会关系成为具体的诸形式,这样一来,这些形式就可以在资本积累的驱动下被重新加工并重新运作。就像小说一样,没有这些形式它就什么都不是。这种抽象和具体的辩证法,在每一部作品中都是独一无二的,因此它作为一把钥匙,开启了对当前的小说国际化浪潮所产生的各种新的矛盾的形式混合体的研究,这一浪潮的根据是那些社会经济过程,通过这些过程,非资本主义的和前殖民地文化各种程度不同的"具体"社会形式逐渐融入跨国资本主义体系的累积性结构。

在小说的"被创造的现实"中——它的"整个结构"只能以"抽象的系统建构"为基础——"系统化与有形生活之间的距离逐渐可见"③。然而,与其对这一点表示哀叹,不如把这种"可见性"——它使这种距离变得可见的能力——看作小说的独特的"史诗"模式;小说将现代社会存在所固有的各种抽象形式与黑格尔所称的"无止境的特殊性"——"事物"和个体经验的具体性——之间无法解决的鸿沟变得可见,小说便历

---

① 肖勒姆,犹太哲学家、神学家,本雅明最亲密的朋友。——译者注
② Walter Benjamin, *Selected Writings*, Volume 3, 1935 – 1938, Cambridge, MA: Belknap Press, 2002, pp. 325 – 326.
③ Georg Lukács, *The Theory of the Novel: A Historico-Philosophical Essay on the Forms of Great Epic Literature*, trans. A. Bostock, Cambridge, MA: MIT Press, 1971, p. 70.

史地与它联系了起来。阿多诺写道:在巴尔扎克那里,小说在其对史诗的"整体性"和集体的"命运"的反讽性重复中,已经描绘出了"社会利益,特别是经济利益对私人心理的优越性",这表现在"作为流通媒介的形式,即货币中,资本主义进程影响了人物,塑造了人物的行为模式,小说形式试图捕捉的就是这些人物的生活"。①

就此意义而言,小说的抽象倾向与具体倾向之间辩证式的"无法综合",正是小说现代性的持续状态。因为资本主义现代性实际上是由抽象构成的社会世界。正如早期卢卡奇所理解的那样,小说既非常抽象,同时又极度具体,它必须高于它所面对的现代文化的社会历史现实。

(汪琳玥 译)

---

① Theodor W. Adorno, *Notes to Literature*, *Volume One*, trans. S. W. Nicholsen. New York: Columbia University Press, 1991, p. 130, 132.

《小说理论》的症候阅读法解读*
——兼论小说与电影的相似性与解放性

[美]提摩太·贝维斯

为什么文学批评家又开始关注卢卡奇？这当中有很多原因，包括历史上的原因。自从苏联解体后，关于现实主义的争论在政治上似乎不再像以前那样棘手了；仅仅因为它们与某些狭隘的政治承诺有关，就攻讦卢卡奇在《历史小说》(The Historical Novel)和《欧洲现实主义研究》(Studies in European Realism)等作品中阐明的立场[1]，也不再那么容易。随着最近"后现代主义"缩减为一种文学和美学风格——从其他美学理论对它的反应可以看出，这种发展包含向现实主义小说模式的回归——卢卡奇的著作作为一种指导，似乎又一次严格地与小说的形式特质产生关联，而不局限于它形式内存在的任何暂时的调整。

---

* 本文节译自：Timothy Bewes, "How to Escape from Literature? Lukács, Cinema and *The Theory of the Novel*", in Michael Thompson (ed.), *Georg Lukács Reconsidered: Critical Essays in Politics, Philosophy, and Aesthetics*, London: Continuum International Publishing Group, 2011, pp. 36 - 48。

提摩太·贝维斯，布朗大学英文系教授。他是《犬儒主义与后现代性》(*Cynicism and Postmodernity*)、《物化或晚期资本主义的焦虑》(*Reification, or The Anxiety of Late Capitalism*)的作者。他的文章曾在《新左派评论》(*New Left Review*)、《新文学史》(*New Literary History*)、《文本实践》(*Textual Practice*)等期刊上发表。1998 年起担任《新形式》(*New Formations*)编辑委员会成员，2005 年起担任《小说》(*Novel*)编辑。

[1] 《历史小说》(*The Historical Novel*)写于 1936—1937 年，卢卡奇于其中深入分析了历史小说的起源、特征与主题；《欧洲现实主义研究》(*Studies in European Realism*)是卢卡奇于 20 世纪 30 年代撰写的一组研究法、俄等欧洲国家现实主义文学的论文集。——译者注

这种"历史的"思想的基础是，产生作品的那一历史时刻和作品被阅读的时刻是相对分离的，作品的"相关性"问题加剧、沟通又维系了这种分离。我将在这篇文章中采用的方法，是将作品的"历史"维度理解为作品不断超越它的背景和时刻，进而延续到**我们**对**它**的提问；要认识到历史对作品的本质有所影响，因此不要考虑任何有关作品的"相关性"的波动问题，因为这样的问题明摆着将作品从历史中剥离出来，是对作品（相应地，对"历史"）的本体论还原。按照这种方法，我们可能会从那些削弱卢卡奇影响力的批判和理论倾向中抢救出卢卡奇的解读方式。随着形式与意识形态的联系——它常与卢卡奇本人的思想相关——不断被侵蚀，被阿多诺称为"庸俗唯物主义"时期的卢卡奇的作品，甚至可能从其政治上的自我束缚中解放出来①。一些外部力量和政治压力曾迫使卢卡奇依照意识形态构建自己的方法，那么，现在是否有机会从那些外部力量和政治压力中提取出卢卡奇的方法内核？

如果是这样的话，最近有关文学方法的贡献和争论表明，我们还有很长一段路要走，因为尽管在这种可以说是比较宽松的意识形态氛围中，卢卡奇仍然被许多文学批评家和文化理论家顽固地视为20世纪的批评理论中无疑过时的"教条主义"或"意识形态"的典型派别。克里斯托弗·尼伦（Christopher Nealon）②发表于《表现》(*Representations*)的文章《我们如今的阅读方式》("The Way We Read Now")中，显然继承了弗雷德里克·詹姆逊③的《政治无意识》(*The Political Unconscious*)一书中的观点，在这本书中，卢卡奇与阿尔都塞（Louis Althusser）相左，他"主要体现了文本本质上被当作社会整体的寓言模式，社会整体

---

① Ernst Bloch, Georg Lukács, Bertolt Brecht, Walter Benjamin and Theodor Adorno, *Aesthetics and Politics*, London: NLB, 1977, p.153.
② 克里斯托弗·尼伦，约翰·霍普金斯大学英文系教授，主要研究美国文学、美学理论以及诗歌的思想史，经常开设探讨人文学科如何看待资本主义的课程。——译者注
③ 弗雷德里克·詹姆逊，美国文学批评家、马克思主义政治理论家。他最著名的理论是对当代文化思潮的分析，他曾将后现代主义描述为在有组织的资本主义压力下的文化空间化。代表作有《政治无意识》《马克思主义与形式》等。——译者注

的象征和组成因素……在某些其他的层面上被理解为一些因素的'类型',尤其是被理解为代表不同的社会阶级和阶级团体的人物……"①。尼伦写道,对于卢卡奇来说,"工业工人阶级是历史变革的引擎,而现实主义小说是其出场的表现形式,因为无论现实主义小说作者自身的政治倾向如何,现实主义原理需要一块广阔的社会调色板"②。他继续说道,"后卢卡奇式的"理解把形式的"异质性"甚至形式的失效视作"一个悬而未决的问题的表现,即作为历史引擎的工人阶级没有显而易见的继承者"。尼伦此处的论证很熟悉,卢卡奇一直研究的问题就关注这种历史"失败",即无产阶级无法发现自身的时代角色。相比之下,尼伦认为批判传统中最有可能产生的是一种"友好的阅读",它以阿尔都塞对马克思《资本论》的阅读为蓝本,在詹姆逊的作品中体现为他对萨特(Jean-Paul Sartr)和阿多诺等作家的"不合时宜的辩护",就在"那些思想家看似名誉扫地或行将被取代"③的历史时刻,辩护开始了。

尼伦与卢卡奇的争论是反对"以理论的方式"阅读文学文本——该方式认为理论作为"行动主义者"的真理内容的载体或容器,必须"被从上到下地添加"到作品中④。相比之下,尼伦的文章支持的是富有同情心的方法,它预设了文学文本"脱胎于斗争史、解放史、劳作史"⑤。任何把文本描述为它"指出"了什么,以及它"没指出"什么的尝试——或者用美学的术语来表达,它成功在哪和失败在哪——都因为它把文本当作文档而失效。理解文学的"内容"不是简单地提一提它的创作背景,而是要从它的现实性来理解,其现实性是"人类争取自由的斗争"⑥的遗产或产物。

---

① Fredric Jameson, *The Political Unconscious: Narrative as a Socially Symbolic Act*, Ithaca, NY: Cornell University Press, 1981, p. 33.
② Christopher Nealon, "Reading on the Left", in *Representations*, 2009, 108, fall, p. 25.
③ Christopher Nealon, "Reading on the Left", in *Representations*, 2009, 108, fall, p. 25.
④ Christopher Nealon, "Reading on the Left", in *Representations*, 2009, 108, fall, p. 43.
⑤ Christopher Nealon, "Reading on the Left", in *Representations*, 2009, 108, fall, p. 43.
⑥ Christopher Nealon, "Reading on the Left", in *Representations*, 2009, 108, fall, p. 44.

这种方法的先例可能确切地出现在阿尔都塞《读〈资本论〉》(Reading Capital)的开篇中，在那里，他形容马克思对古典政治经济学的解读开辟了一种方法，这种方法不仅以评价的方式区分了如亚当·斯密(Adam Smith)和大卫·李嘉图(David Ricardo)著作中"看到的"和"疏忽的"部分，还把"可见领域和不可见领域之间看不见的必然关系"，理解为"可见领域的结构的必然结果"①。阿尔都塞的发现直到现在看来都十分激进，它标志着在方法论上抛开被自己的话语、自己的主观性以及自己的观点的"结构"所限制的立场的可能性。历史唯物主义的功绩——马克思在阅读政治经济学的过程中发明的方法——是"在文本的纯粹状态中"②处理文本的可能性，而不是将它放在外在于文本的某个"标准"或视角下进行处理。

然而，在尼伦对近期和当前批评立场所做的有趣调查中，令人惊讶的是，**正是在这种阐释中**，卢卡奇拒绝了这种阅读方式。卢卡奇因善于掌控材料而著称，他的作品不是在"斗争、解放和劳作"的背景中产生的；阿尔都塞认为的"初次"阅读，即以"建构性主体"的话语为框架的"概念化"或经验主义的"阅读神话"，充分有效地符合这位作者。③ 在这种独特的处理方式中，尼伦或许只是在追随阿尔都塞本人，他几次提及卢卡奇，基于"历史主义"和"有罪的黑格尔主义"④否定了卢卡奇的努力。

相比之下，本章试图将尼伦（和阿尔都塞）关于我们如何阅读的方式——对尼伦来说，这些方案表明了我们当代人与卢卡奇的距离——扩展到卢卡奇本人。我们面临的挑战在于避免区分一个早期的、前意识形态的卢卡奇，他可以清晰地"看见"；以及一个后来卢卡奇，他"无法"去看到——反过来说，也要避免区分一个陷于康德唯心论的早期卢

---

① Louis Althusser and Étienne Balibar, *Reading Capital*, trans. Ben Brewster, London: Verso, 2009, p.20.
② Louis Althusser and Étienne Balibar, *Reading Capital*, trans. Ben Brewster, London: Verso, 2009, p.22.
③ Louis Althusser and Étienne Balibar, *Reading Capital*, trans. Ben Brewster, London: Verso, 2009, p.4, 29.
④ Louis Althusser, *For Marx*, trans. B. Brewster, London: Verso, 2005, p.114n.

卡奇,与后来把唯心论扬弃为布尔什维主义的列宁主义卢卡奇。更好的处理方式是:把握他的思想中这些阶段之间存在的联系中的**必然性**;根据两个可见"领域"之间的关系,把握前马克思主义时期的浪漫主义唯心论者到莫斯科高官之间的发展轨迹,这两个领域中的任何一个都只有在内在于它的看不见的条件下才能被看见。

第一个重点将放在卢卡奇早期著作中的内在性承诺上,这一承诺此后因其唯心主义和乌托邦主义而广受排斥,甚至卢卡奇本人也排斥它。然而,内在性,根据其定义,只能作为一种承诺而**实存**;也就是说(用尼伦的话说),它是一种"斗争"、一种过程。那么,在这种模式下,我们可以从卢卡奇早期著作《小说理论》中的两个著名段落入手:开篇中对史诗世界令人回味的描述,以及我们在书的末尾处发现的对"新世界"的期待。这两个时刻都充盈着文学的感性和理性达成和解的可能性。在这些段落中,卢卡奇想象了一种文学的可能性,它有能力让我们回到——或者说创造——一个事件仍然可能发生的世界(文学是事件发生的场所)。①

在《小说理论》的前几句话中,卢卡奇所描述的世界——史诗叙事

---

① 这种想法,在《小说理论》的框架中很明显,潜在地使卢卡奇与最近的重要思想家发生对话,例如:吉尔·德勒兹(Gilles Deleuze),阿兰·巴迪欧(Alain Badiou)以及让-弗朗索瓦·利奥塔(Jean-François Lyotard)——这些人可能被认为不那么容易受到乌托邦主义、唯心主义和意识形态思想的指责,然而,这一切都伴随着卢卡奇的声名而生。也许正是因为它们,我们才处在一种历史情景之中,根据最近的描述,在这种情景中,"文本中在场的意义"的关键思想已经被放弃,转而"支持一种观点,意义是不稳定的,它永远在变化,它依赖于文本中的能指与上下文相联系的语境"(Andrew Bowie, "Interpretation and Truth: Adorno on Literature and Music", in David Cunningham and Nigel Mapp (eds.), *Adorno and Literature*, London and New York: Continuum, 2006, p. 40.)。然而矛盾的是,"当代"的条件和卢卡奇这样的思想家所处的条件之间可能也无法产生对话,如果对待新情景的方式是按照阿尔都塞指出的"宗教的"和"经验主义"的初次阅读:作为原则上可知的现实的秩序,在这个秩序中的思想家是它的知识的载体,这种知识受某种批判的主观性和立场性所限制,与同样被另一观点(例如卢卡奇的观点)限制的不同知识不相符。换句话说,无法产生对话就是不将这些"知识"作为斗争的记载来看——"不可见的领域"在"可见领域"中被预设——而是作为潜在地能用经验主义把握的作品。这将忽略阿尔都塞的原则,即特定阅读中不可见的东西不是在其之外的东西,而是存在于可见的东西之内并被它所限制的东西;将后来的思想家的著作看作知识的"标准"(Louis Althusser and Étienne Balibar, *Reading Capital*, trans. Ben Brewster, London: Verso, 2009, p. 22.),看作评价早期思想家作品的坐标。(关于事件的**地点**和**发生地**的区别,可参见 Alain Badiou, *The Century*, trans. Alberto Toscano, Cambridge: Polity, 2007, p. 65.)。

的世界——是一个艺术或文学与它所叙述的事件具有同等地位的世界,在这个世界中,可感性和可知性既不可分割,也不可区分:

> 在那个幸福的年代里,星空就是人们能走的和即将要走的路的地图,在星光朗照之下,道路清晰可辨。那时的一切既令人感到新奇,又让人觉得熟悉;既险象环生,却又为他们所掌握。世界虽然广阔无垠,却是他们自己的家园,因为心灵深处燃烧的火焰和头上璀璨之星辰拥有共同的本性。尽管世界与自我、星光与火焰显然彼此不太相同,但却不会永远地形同路人,因为火焰是所有星光的心灵,而所有的火焰也都披上了星光的霓裳。①

对于卢卡奇而言,正是小说的形式记录了这个世界的沉沦。因此,他在书中构思出一套悲观的思想,为的是描绘小说——一种"……先验的无家可归性的表达"②"被上帝遗弃的世界的史诗"③"绝对罪恶时代的形式"④——这些都必须在既欢欣又忧郁的开篇背景中来理解。

随后的九章内容让我们毫不怀疑小说世界之外没有任何可预见的文学发展,然而在这一百多页后,卢卡奇又回到了比开篇那里更乐观的乌托邦模式。在最后几段,卢卡奇想象了一个新世界的文学,它"远离矛头指向现存事物的一切争斗"⑤。这种新形式的预兆是陀思妥耶夫斯基的作品,隐含着它将把世界从前文诊断出的"绝对罪恶"的状态中救

---

① Georg Lukács, *The Theory of the Novel : A Historico-Philosophical Essay on the Forms of Great Epic Literature*, trans. Anna Bostock, Cambridge, MA: MIT Press, 1971, p. 34.
② Georg Lukács, *The Theory of the Novel : A Historico-Philosophical Essay on the Forms of Great Epic Literature*, trans. Anna Bostock, Cambridge, MA: MIT Press, 1971, p. 41.
③ Georg Lukács, *The Theory of the Novel : A Historico-Philosophical Essay on the Forms of Great Epic Literature*, trans. Anna Bostock, Cambridge, MA: MIT Press, 1971, p. 88.
④ Georg Lukács, *The Theory of the Novel : A Historico-Philosophical Essay on the Forms of Great Epic Literature*, trans. Anna Bostock, Cambridge, MA: MIT Press, 1971, p. 152.
⑤ Georg Lukács, *The Theory of the Novel : A Historico-Philosophical Essay on the Forms of Great Epic Literature*, trans. Anna Bostock, Cambridge, MA: MIT Press, 1971, p. 152.

赎出来。

卢卡奇的"绝对罪恶"一语是什么意思？正如伯恩斯坦所指出的，这个词不是指小说本身的形式，而是指世界的状态——"时代"——小说则是与之对应的文学形式①。然而，如果我们用"症候阅读法"（symptomatically）解读卢卡奇，不是将文本与我们自己对世界的评价相比较，而是文本与它自身——"可见与不可见"②——相比较，就没有必要将这个短语归结为道德意义。"绝对罪恶"源于（并归功于）费希特的唯心论构想，但这里没有必要参考费希特的用法，甚至没有必要参考卢卡奇的文本当时所处的历史时刻。相反，绝对罪恶应该从它与"新世界"的关系来理解，按照《小说理论》的说法，我们可以通过小说去瞥见新世界，虽然只能通过小说的"论辩、怀旧和抽象的"形式。这两种秩序在空间和时间上都有所区别，表现为其中一种秩序能够向另一种秩序投射出渴望的目光。"绝对罪恶"是由这种目光所定义的，并且这种目光没有得到回应。卢卡奇在小说中发现的伦理"规范性"具有技术性特征，用"视角"（perspective）一词概括可能最为准确——它意味着主体与客体，在场与不在场，正视图与背视图，主角与背景之间的差异关系。感知个体和这个个体对世界的疏远所生发出的视角崩解了，这种崩解恰恰界定了小说形式。卢卡奇写道，在小说的世界里，"无以逾越的深渊"分隔了"认识与实践""心灵与被创造的秩序""自我与世界"。这些术语构成了"本质"与"实体"之间的决定性区别③。小说之所以是"绝对罪恶"的形式，并不是因为道德或历史的堕落，而仅是因为这种内在性原则，这种原则创造并维系着自我与世界之间的"深渊"，使小说陷入抽

---

① J. M. Bernstein, *The Philosophy of the Novel: Lukács, Marxism and the Dialectics of Form*, Minneapolis: University of Minnesota Press, 1984, p. 269.
② J. M. Bernstein, *The Philosophy of the Novel: Lukács, Marxism and the Dialectics of Form*, Minneapolis: University of Minnesota Press, 1984, p. 22.
③ Georg Lukács, *The Theory of the Novel: A Historico-Philosophical Essay on the Forms of Great Epic Literature*, trans. Anna Bostock, Cambridge, MA: MIT Press, 1971, p. 34.

象、反思、空洞、反讽或乌托邦主义的窠臼。卢卡奇写道:"能够看见的一切都是规则体系与具体生活之间越来越远的距离:这种规则体系既强调客观世界的传统性又强调主观世界的内在性"①。

换句话说,小说是一种阅读模式,一种类似阿尔都塞认为的"早期"马克思具有"经验主义"或"宗教主义"谬误的阅读模式,那时马克思还没有提出后来在《资本论》中出现的方法论洞见。关于小说形式中的视角可能具有的结构性作用,卢卡奇对此最明显的表述出自一个有趣的插入——用这种方式表达它掩盖了它对于卢卡奇思考的小说中的伦理系统的重要性:"这种'应然'毁灭了生活,每个概念都表达了它的对象的'应然性';这就是为什么思想永远不能获得生活的真实定义……"②。视角和距离是小说的构成要素。这暗示着在预期的、梦寐以求的新世界中,视角——也就是主体的视角——将成为第一个消失的因素。卢卡奇在《小说理论》的最后几段中写道,这样的世界将是一个"纯粹心灵现实"的世界,在这个世界,"人作为一个人而存在着,他既不是一个社会存在,也不是孤独的、唯一的、纯粹的,因而是抽象的内在性存在"③。

卢卡奇所谈论的——事实上,他所有早期思想都受其困扰——是一个生活和形式无差别的世界的可能性。他自己将这个世界描述为,正如陀思妥耶夫斯基作品中预示的——一个"远离矛头指向现存事物的一切争斗的"世界——在关键的地方遗留了一种含混不清,即他所设想的究竟是一个新世界还是一种新文学。

在这本书 1962 年的后记中,卢卡奇指责了《小说理论》的最后几页,他称之为"原始的乌托邦主义",并谴责了作品表现出的"对当下的

---

① Georg Lukács, *The Theory of the Novel: A Historico-Philosophical Essay on the Forms of Great Epic Literature*, trans. Anna Bostock, Cambridge, MA: MIT Press, 1971, p.70.
② Georg Lukács, *The Theory of the Novel: A Historico-Philosophical Essay on the Forms of Great Epic Literature*, trans. Anna Bostock, Cambridge, MA: MIT Press, 1971, p.48.
③ Georg Lukács, *The Theory of the Novel: A Historico-Philosophical Essay on the Forms of Great Epic Literature*, trans. Anna Bostock, Cambridge, MA: MIT Press, 1971, p.152.

伦理悲观主义"。在后来的文本中,卢卡奇是从一个完全不同的立场写作的,这种立场顺从视角的必然性。然而,本章讨论的问题之一是,除了卢卡奇本人认为不可能实现的道路外,是否有可能建立一条通往卢卡奇所描写的"新世界"的其他道路。与其说是一种新的文学形式的演进,这一命题会导致20世纪30、40年代清醒过来的卢卡奇在转向现实主义的过程中放弃寻找一种"远离矛头指向现存事物的一切争斗的"形式,我认为,不如说迈向新世界的第一步在于废除与旧世界的那种**视角**的关系。方法论上克服"视角"问题能否将我们带到卢卡奇在《小说理论》的最后几页描写的关于存在的梦想?如果可以的话,这是否可能暗示着,卢卡奇在其他作品中经常说的起源于《小说理论》的唯心主义和历史主义本体论并不是如后来的思想家包括卢卡奇本人所认为的那样,是他早期思想的核心?我们能否通过消除卢卡奇后期投射于早期作品之上的历史本体论,从而拯救贯穿卢卡奇早期作品的内在性原则?

* * *

在写《小说理论》的几年前,卢卡奇创作了一篇关于电影形式的论文。从后来安德烈·巴赞(André Bazin)①、皮埃尔·保罗·帕索里尼(Pier Paolo Pasolini)②、罗伯特·布列松(Robert Bresson)③以及吉

---

① 安德烈·巴赞:法国《电影手册》创办人之一,二战后西方最重要的电影批评家、理论家,被誉为"新浪潮电影之父"。巴赞在1940—1950年代发表的一系列高质量影评和电影评论,集成成四卷本《电影是什么》,成为电影理论史上的经典著作,是二战后现实主义电影理论发展的基石。——译者注
② 皮埃尔·保罗·帕索里尼:意大利作家,"后新现实主义时代"的电影导演。他以其残酷、暴烈、令人惊怖的电影、文学作品,以其明目张胆的离经叛道和传奇般的生活故事来反抗资产阶级主流意识形态。——译者注
③ 罗伯特·布列松:法国导演,本是画家,1933年转入电影界。作品风格简约,选用文学名家(尤其注重陀思妥耶夫斯基)的作品重新诠释,关注细节,喜欢采用非职业演员,对精神世界的孤独和超越做沉思性探索。他的美学信念是用电影将音乐和绘画融为一体。——译者注

尔·德勒兹(Gilles Deleuze)①等人为建立电影理论所做出的尝试②来看,卢卡奇的这篇文章如今显得超乎寻常。

在《关于电影美学的思考》中,卢卡奇试图描述电影的"新美",人们受到诱惑,想根据现存的美学范畴来评价这种美,但实际上,它需要"自为的美学评价和判定"。卢卡奇提出了一种非凡的观察,即电影不仅与其他的形式形成对比,还被看作一个"世界",在这个世界中,这种对比不再必要,也不再可能:"'电影'的世界是……一个没有背景或视角的世界,没有重量或质性的差别,因为只有在场的东西赋予事物以宿命和重任,光线和明亮"③。与戏剧——这是卢卡奇进行比较中的要点——不同,在电影中"只有人的动作和行动——但**没有人**"。戏剧里的每个元素——服装、布景、背景、演员、声音、灯光——都是对不在场的对象的"纯粹承诺",而电影的本质是"运动本身,一种永恒的变化性,事物永不停息的变化"④。因此,电影达到了某种"非中介性",某种视角的崩塌,因为电影没有将不在场变为在场,也没有将在场变为不在场。电影消除了在场和缺席之间的区别——这正是表象的原则——以及可能性与现实性之间的区别。

卢卡奇这里的逻辑预见了安德烈·巴赞在《摄影影像的本体论》中

---

① 吉尔·德勒兹:法国后现代主义哲学家,在电影理论方面主要体现为 1983 年至 1985 年相继出版的两本重要著作《运动——影像》和《时间——影像》。——译者注
② 《关于电影美学的思考》(Gedanken zu einer Aesthetik des Kino)于 1911 年 4 月首次发表于布达佩斯的德语日报《派斯特·劳埃德报》(Pester Lloyd)上,并在两年后(1913 年 9 月 10 日)在《法兰克福日报》(Frankfurter Zeitung)发表了修订版。有关这文章的谱系学的详细阐释,和其在英语世界中的反响,参见汤姆·莱文(Tom Levin)的重要文章《从辩证到规范的特殊性》(Tom Levin, "From Dialectical to Normative Specificity: Reading Lukács on Film", in *New German Critique*, 1987, 40 (Winter), pp. 35 - 61.)。另可参见 Janelle Blankenship, "Futurist Fantasies: Lukács's Early Essay 'Thoughts Toward an Aesthetic of the Cinema'", in *Polygraph*, 2001, 13, pp. 21 - 36。
③ Georg Lukács, "Thoughts Toward an Aesthetic of the Cinema", trans. Janelle Blankenship, *Polygraph*, 2001, 13, p. 14.
④ Georg Lukács, "Thoughts Toward an Aesthetic of the Cinema", trans. Janelle Blankenship, *Polygraph*, 2001, 13, p. 15.

的论点,在这部作品中,"罪恶"具有技术价值而非道德价值。在巴赞看来,透视法是"西方绘画的原罪",摄影"救赎"了这一原罪。[1] 摄影影像和客体共享的本体论是一种连续性,它源于再现过程的机械性,它的功能是消除人的手在绘制图像时投下的"可疑的阴影"。巴赞写道:"一切艺术都是以人的出现为基础的""只有摄影得益于人的缺席",我们正应该把"摄影赢得我们的信仰所凭借的非理性力量"归结于机械的或"客观的"因素。[2]

同样,对于卢卡奇来说,问题的关键也不在于电影已经完善了再现过程,而在于它完全绕过了这一过程。他写道:"电影中出现了一个新的同质的、和谐的、连贯的、变化的世界,一个与文学和生活中的童话和梦想相对应的世界"[3]。电影不顺从批评家的视角和判断的视角。卢卡奇写道,"'电影'只呈现了行动,却没有呈现动机或意义""它的人物只有动作,**没有灵魂**,发生的仅仅是发生的事情,与命运无关"[4]。电影超越了"概念",而小说把概念的实体扩展为具有伦理意义的秩序:"应然"。卢卡奇说,在电影中,"一切都是真实且实在的,都是同等真实、同等实在的。"

我关心的不是卢卡奇赋予早期电影的特质是否真实存在,也不是电影影像可能如何被声音的出现所背叛,或者它可能如何被资本主义控制了电影媒介后所背叛——这些都是本雅明(Benjamin)《艺术作品》("Work of Art")一文以及围绕它展开的争论所促进的问题。相反,值得关注的是,卢卡奇认为电影具有的特质,正是一两年后他认为属于史

---

[1] André Bazin, "The Ontology of the Photographic Image", in *What Is Cinema? Vol. 1*, trans. H. Gray, Berkeley: University of California Press, 1967, p. 12.
[2] André Bazin, "The Ontology of the Photographic Image", in *What Is Cinema? Vol. 1*, trans. H. Gray, Berkeley: University of California Press, 1967, p. 14.
[3] André Bazin, "The Ontology of the Photographic Image", in *What Is Cinema? Vol. 1*, trans. H. Gray, Berkeley: University of California Press, 1967, p. 15.
[4] Georg Lukács, "Thoughts Toward an Aesthetic of the Cinema", trans. Janelle Blankenship, *Polygraph*, 2001, 13, p. 15.

诗世界的特质：内在性、非中介性、作品与世界之间本体论上的连续性。卢卡奇的这些早期文本都把内在性原则理解为"形式"与"历史时刻"[1]的结合。因此，内在性仅仅作为一种"可能性"的幽灵，永远隐藏在未来之中，要不然就迷失在某个不复存在的世界中，而这种内在性成为理想的过程表征，"在场"的是一种"分裂的现实"，并被它自身的原则证明是不可能的。

卢卡奇在两篇文章中都提出的问题是：我们如何从概念或伦理的视角，从象征主义、宿命感和主观的反思和意图——也就是说，从文学中逃离？在1931年一篇题为《摄影小史》（"Little History of Photography"）的文章中，本雅明对摄影提出了同样的问题。为了回答这一问题，本雅明引用了法国早期摄影家尤金·阿特热（Eugène Atget）[2]的作品，他拍摄巴黎妓院的外墙、废弃的餐桌和空无一人的庭院，产生了"人和周遭之间的一种健康的异化感"[3]。本雅明写道，阿特热"寻找那些被忽视的、被遗忘的、茫然无依的东西；他的照片"从现实中吸取灵晕，就像把正在沉底的船中的水吸出来"。本雅明根据视角如此定义灵晕：它是"空间和时间的奇异交织：它是距离的独特表象或外表，无论它有多近"[4]。于是，阿特热的作品成功地将一切"小说性"的东西——一切支持视角、鼓励伦理反思的东西——从图像中剥离出来。事实上，区分阿

---

[1] Georg Lukács, *The Theory of the Novel: A Historico-Philosophical Essay on the Forms of Great Epic Literature*, trans. Anna Bostock, Cambridge, MA: MIT Press, 1971, p.152.

[2] 尤金·阿特热：法国摄影家，33岁开始从事摄影。擅长拍摄巴黎人的生活照片，如公园、雕塑、栏栅、小贩、桥梁等。用特技拍摄的"橱窗"系列深受行家的青睐。他拍摄的巴黎及其近郊的照片对焦清晰、不经修饰，既有纪录片的效果，又具有艺术价值。一些照片反映了他精巧的构图以及对细节的关注，例如《戈博兰大街》（Avenue des Gobelins）、《马恩河边》（Bords de la Marne）以及《戴沿帽的商人》（Marchand abatjours）。——译者注

[3] Walter Benjamin, "Little History of Photography", trans. E. Jephcott and ed. K. Shorter, in M. W. Jennings, H. Eiland and G. Smith (ed.), *Walter Benjamin: Selected Writings*, Volume 2: 1927 - 1934, Cambridge, MA and London: Harvard University Press, 1999, p.519.

[4] Walter Benjamin, "Little History of Photography", trans. E. Jephcott and ed. K. Shorter, in M. W. Jennings, H. Eiland and G. Smith (ed.), *Walter Benjamin: Selected Writings*, Volume 2: 1927 - 1934, Cambridge, MA and London: Harvard University Press, 1999, p.518.

特热与他的"模仿者"的(本雅明提到了先锋杂志中的一种时尚,给照片配上说明文字,比如"威斯敏斯特"[Westminster]、"里尔"[Lille]、"安特卫普"[Antwerp]或"布雷斯劳"[Breslau],但这些照片展示的只是一些细节:一段栏杆、一段树梢、一根灯柱、一个刻着城市名字的浮标)是后者的**文学性**:这些被赋予无法言说的意义的图像,"只不过是以文学的方式修饰了阿特热发现的图案"。①

对于本雅明来说,摄影独一无二的特质矛盾性地"逸出了摄影师的艺术的物证"——证明了它从"文学"中的逃离——他将其称为"光学无意识"②。他解释说,"不管摄影者的艺术造诣有多高,也无论他的拍摄对象如何细心地摆出姿势,观者却感觉到有股不可抗拒的冲动,想要在影像中寻找那微弱的火花,它是偶然的,属于此时此地的,因为有了这火光,现实(可以说)灼透了相中人,观者还想去寻觅那不起眼的角落,在那里,未来就在那久被遗忘的时刻里直接打造了它异常华丽的家,我们回过头来就能发现。"③。这一因素——"光学无意识"——不能被艺术意图所限制;事实上,它的定义就是不能被艺术意图所限制。本雅明甚至把它描述为一种从人类感知的偏见和视角中解放出来的"全新的观察方式"④。

大约比它早 20 年的《关于电影美学的思考》中,卢卡奇将同样的解放赋予"电影":不是电影内部的审美实践——一种想象的、可能的或真实的

---

① "威斯敏斯特""里尔""安特卫普""布雷斯劳"均为欧洲城市名。——译者注
② Walter Benjamin, "Little History of Photography", trans. E. Jephcott and ed. K. Shorter, in M. W. Jennings, H. Eiland and G. Smith (ed.), *Walter Benjamin: Selected Writings*, Volume 2: 1927-1934, Cambridge, MA and London: Harvard University Press, 1999, pp. 510-512.
③ Walter Benjamin, "Little History of Photography", trans. E. Jephcott and ed. K. Shorter, in M. W. Jennings, H. Eiland and G. Smith (ed.), *Walter Benjamin: Selected Writings*, Volume 2: 1927-1934, Cambridge, MA and London: Harvard University Press, 1999, p. 510.
④ Walter Benjamin, "Little History of Photography", trans. E. Jephcott and ed. K. Shorter, in M. W. Jennings, H. Eiland and G. Smith (ed.), *Walter Benjamin: Selected Writings*, Volume 2: 1927-1934, Cambridge, MA and London: Harvard University Press, 1999, p. 519.

媒介使用——而是电影本身的现实性。此后不久,在《小说理论》中,他更偏向于从历史时序的角度思考如何从文学中逃离的问题。回答小说问题的答案都处在这篇作品的两个极端的历史性时刻中:开篇中引用的史诗世界,以及最后几段所描述的,将在(不一定是临近的)未来形成的伦理和美学内容的"伟大的统一体"。严格来说,正是这种按照时间顺序的思考框架,而不是答案本身,容易招致"怀旧"和"乌托邦主义"的指责。

相比之下,《小说理论》正文中的每个迹象都表明,困扰卢卡奇的问题的真正答案不是"历史性的"——在被恢复了的史诗、新的文学形式或"新世界"中——而是在新的批评方法中;或者,至少通过对作品和世界之间的关系进行批判性重构或重新概念化,或许可以实现受质疑的"新形式"。重构可能从这样一个原则出发:特定形式不能从使它们"可能产生,实际上也必然产生"的心灵的"先验形式"中分离出来①。在一个早在《小说理论》就出现的重要段落中,卢卡奇写道:当我们憧憬希腊时代时,我们忘记了"[那些]时刻的价值正在于它们的转瞬即逝";"[我们]所要逃避的……正是[我们]自己的博大精深"②。即使在作品的倒数第二页(也就是说,在最令人期待的地方),卢卡奇也坚称艺术永远不能"描绘"新世界,因为这样做就是通过重新建立与它的视角式的关系来否定它:"伟大史诗是与历史时刻的经验相系的一种形式,任何要把乌托邦作为存在来描写的尝试最后都必然破坏形式,而不能创造现实。"③如果新世界与表象水火不容——如果它不能脱离文学形式的呈现而单独存在——那么情况一定是,新世界恰好可以作为一种阅读模式得以实现,这种阅读模式将作品与世界"结合"在一起,它们的关系远

---

① Georg Lukács, *The Theory of the Novel : A Historico-Philosophical Essay on the Forms of Great Epic Literature*, trans. Anna Bostock, Cambridge, MA: MIT Press, 1971, pp. 31 - 32.

② Georg Lukács, *The Theory of the Novel : A Historico-Philosophical Essay on the Forms of Great Epic Literature*, trans. Anna Bostock, Cambridge, MA: MIT Press, 1971, p. 31.

③ Georg Lukács, *The Theory of the Novel : A Historico-Philosophical Essay on the Forms of Great Epic Literature*, trans. Anna Bostock, Cambridge, MA: MIT Press, 1971, p. 152.

比描写或表现更加亲密。那么，从方法论的角度看，如何从"文学"中逃离的问题的答案可能是阅读小说的方法，可以说，阅读小说的方法不允许给我们或许称作"小说性"的元素界定性质；不借助各种感官上的特质看小说，**它甚至看起来像在驱逐感性**。根据卢卡奇《关于电影美学的思考》中的观点，电影引发的解放因此可以被看作同样存在于文学中，它不是一种富有风格或表现力的写作**实践**，而是仅仅在它的现实性中作为一种形式，内在地由感知（sensation）所构成。

"史诗"——即使是小说这种"绝对罪恶时代"的形式，也可能达到"心灵深处燃烧的火焰和星星一样的本质"的时代的感性直接性。然而，在20世纪，人们最容易**想象到**拥有这种特性的媒介是电影。卢卡奇有关电影的文章所采用的概念装置，同样栖居于他几年后写的关于小说的著作之中，使我们能够将小说从《小说理论》中的唯心主义历史时序中剥离出来，在《小说理论》中，这一历史时序似乎刻画了小说与史诗的感性直接性的关系。卢卡奇用电影图像的"永恒变化性"来反对舞台上"宏大时刻"和无关紧要的细节的相互作用，这一特点让我们有可能**思考**语言和小说的永恒变化性；让我们有可能在表象、在场和缺席的原则之外思考文本，悬置我们把小说当作一种由规范性伦理所塑造和界定的形式的感觉。

因此，努力建立卢卡奇的"新世界"的可能性，并不取决于发现一种不受小说的"绝对罪恶"影响的文学形式，而取决于将"绝对罪恶"从道德范畴向技术范畴的批判性转变。这种转变基于这样的认识，即语言也是一种"机械的"装置，像摄影影像一样被现实"灼刻"，也像照片一样容易受到意识形态、政治和民族性格的影响。正如卢卡奇在他关于电影的文章中意识到的，这样的发现使我们能够祛除文本的历史本体论，以及作品"表达"的组织原则，将作品重新置于我们阅读的时刻，即作品的革命力量展现的时刻。

（汪琳玥　译）

从梅诗金到马克思主义——论陀思妥耶夫斯基的接受对卢卡奇革命伦理学的影响*

[英]理查德·维斯特曼

如果战前海德堡的韦伯圈子——通常是韦伯本人——没有在周日的讨论中提到陀思妥耶夫斯基的名字,那这就不是一个惯常的周日,韦伯认为,《卡拉马佐夫兄弟》中的宗教大法官是西方文学毋庸置疑的高峰之一。① 对陀思妥耶夫斯基感兴趣的不只有韦伯圈子,毫不夸张地讲,一股陀思妥耶夫斯基热潮席卷了20世纪早期的欧洲。这个反应来得有些迟,因为在19世纪下半叶的晚些时候,先是屠格涅夫(Ivan Sergeyevich Turgenev),接着是托尔斯泰,开始成为西方崇尚的俄国作家。直到1886年,尤金-梅尔基奥·德·伏加(Eugène-Melchior de Vogüé)出版了颇具影响的俄国文学研究,他强调屠格涅夫和托尔斯泰的价值,同时指出陀思妥耶夫斯基与他们不同,缺乏他们具备的理性,

---

* 本文出处:Richard Westerman, "From Myshkin to Marxism: The Role of Dostoevsky Reception in Lukács's Revolutionary Ethics," in *Modern Intellectual History*, 3, 2019, pp. 927-960。
理查德·韦斯特曼,阿尔伯塔大学社会学系助理教授,剑桥大学基督学院历史学学士,思想史专业硕士、博士,芝加哥大学博士后。主要研究兴趣包括社会思想和社会哲学、思想史、法兰克福学派、批判理论、卢卡奇、现象学、美学等。

① Paul Honigsheim, "Erinnerungen an Max Weber," in R. König and J. Winckelmann (eds.), *Max Weber zum Gedächtnis: Materialen zur Bewertung von Werk und Persönlichkeit*, Cologne and Opladen: Verlag für Sozialwissenschaften, 1963, pp. 161-271, at 241.

也没有表达出令人接受的价值理念。① 在伦敦,陀思妥耶夫斯基被贬低为"佐心理学酱汁的加博里欧",不过是一名普通的惊悚小说作家。② 但情况很快改变了:在19世纪末,他开始得到更多的认可。德·伏加的书出版后才过了3年,尼采——一颗正在冉冉升起的新星——就认为陀思妥耶夫斯基是"唯一的心理学家……他身上有我要学习的任何东西,"并称呼他"这个**伟大的人**"。③ 虽然诺尔道(Max Nordau)④在《退化》(Degeneration)中用一章的篇幅攻击尼采,但诺尔道和龙勃罗梭(Cesare Lombroso)都把陀思妥耶夫斯基当作一种理想加以引用。罗伯特·路易·斯蒂文森(Robert Louis Stevenson)的短篇小说《马克海姆》("Markheim")(1885)明显借鉴了《罪与罚》,但陀思妥耶夫斯基热潮真正登陆英国,还要等到1912年康斯坦斯·加内特(Constance Garnett)翻译的《卡拉马佐夫兄弟》的出版。萨默塞特·毛姆(Somerset Maugham)的《阿兴登》(Ashenden)(1928)回忆道,那是一个热衷发现俄国的欧洲:西方人几乎不用转变思想就能理解托尔斯泰和(特别是)屠格涅夫;毛姆认为,理解陀思妥耶夫斯基则需要用完全不同的方法。⑤ 他那生动的、激情的特征,与类似左拉的那种自然主义形成了鲜明对比。这种评价不仅体现在文学方面:对于他的多数欧洲读者而言,陀思妥耶夫斯基代表了一种从他们眼中没有灵魂的、过度理性的现代性中得到救赎的可能。现在我们会认为,当时解读他的著作的视角是

---

① Eugène-Melchior vicomte de Vogüé, *The Russian Novel*, trans. H. A. Sawyer, New York, 1916.
② 引自 Gilbert Phelps, *The Russian Novel in English Fiction*, London: Hutchinson's University Library, 1956。
③ Friedrich Nietzsche, *Twilight of the Idols/ The Anti-Christ* (1889 - 95), M. Tanner (ed.), trans. R. J. Hollingdale, Harmondsworth: Penguin Classics, 1990, p. 110. 加黑处为原文标记。
④ 诺尔道(1849—1923),医生,作家,犹太复国主义者,世界复国主义者大会创立者之一。——译者注
⑤ 参见 Gilbert Phelps, *The Russian Novel in English Fiction*, London: Hutchinson's University Library, 1956。第九章对此有进一步讨论。

东方主义的:人们认为,他代表某种神秘的俄国灵魂,它从落后地区出现,将西方从它自身中拯救出来。

对陀思妥耶夫斯基的接受过程过于狂热,要想枚举他影响的众多崇拜者有些困难:某种程度上讲,他只是被当成一个符号,指向人们早已关注的东西。下文将指出,至少对韦伯圈子中的一个崇拜者来说,阅读陀思妥耶夫斯基为他建构伦理—政治理论提供了一个象征性的、概念性的框架。在 1918 年转向马克思主义之前,匈牙利文学理论家和哲学家格奥尔格·卢卡奇是韦伯垂青的学生之一,定期参加他的星期日集会。作为一个早就对资产阶级社会深怀异化之感的外国人,卢卡奇对陷入战争的欧洲心怀恐惧:他一点都不认同韦伯从一开始就对德国事业的支持态度。正是这些状况使他暂停严肃的康德艺术哲学研究,那是为获得海德堡大学教职所写的著作,转而研究陀思妥耶夫斯基。1915 年 3 月他向保罗·恩斯特写道,"我终于快构想出我的新书了——论陀思妥耶夫斯基(暂时搁置了美学)。该书将不仅仅局限于陀思妥耶夫斯基的思想;它还将包括我的形而上学伦理学和历史哲学的一个重要部分"[1]这部著作一直没有完成;只出版了一小部分,即《小说理论》,剩下的部分则被遗忘了。后来它的重新发现纯属偶然。战争结束之际,卢卡奇离开海德堡,在一家银行寄存了一个手提箱,里面放着他的笔记、手稿和通信,除了卢卡奇,谁都不知道这些文件遗留在哪,这些文件直到他去世后才重见天日。这些文字展现了卢卡奇在陀思妥耶夫斯基接受过程中的狂热迷恋:我们可以在当时西方对俄国作家的接受过程这一更大的话语背景下,辨析手稿中卢卡奇对当时社会的批判。关键是,后来他运用同样的伦理框架,证明革命后的布尔什维克革命策略完全正当——还把列宁描绘成一个伦理英雄。很多卢卡奇阐释者认

---

[1] Georg Lukács, "Lukács to Ernst, March 1915", in Georg Lukács, *Selected Correspondence 1902 - 1920*, J. Marcus and Z. Tar (ed. and trans.), New York: Columbia University Press, 1986, p. 244.

为，这与他之前讨论列宁的书中的观点存在一个关键的断裂，而根据他的伦理学结构，我认为它们存在重要的连续性。陀思妥耶夫斯基与俄罗斯小说家鲍里斯·萨文科夫（Boris Savinkov），也就是"罗普辛"（Ropshin），还有德国戏剧家弗里德里希·黑贝尔一道，塑造了卢卡奇对这些道德问题的思考，帮他设想出能在现实中解决这些问题的英雄。

借助这一观点，我会从四个层面勾勒卢卡奇对陀思妥耶夫斯基的运用。其一，我会从两个角度考察当时欧洲对陀思妥耶夫斯基的总体接受。从社会学的角度看，一大批受教育的知识分子看到理性化的资本主义社会呈现出冷酷的非人性特征，并对此表示拒斥。这种拒斥的话语体系通常认为，陀思妥耶夫斯基尤其提供了一种典型的"俄式"灵魂性，能够消解冷酷的"西式"理性主义。其二，我将会概括卢卡奇在陀思妥耶夫斯基笔记中的核心论题：他在此之前就强调（"心灵"的形式中的）内容与抽象形式之间的冲突，但这一兴趣能够解释，为什么在那么多俄国作家中，他偏偏转向了陀思妥耶夫斯基。其三，我会考察他在阅读陀思妥耶夫斯基（还有较为次要的罗普辛和黑贝尔）的过程中体现出来的独特的**新**思想，这就是他关注的**英雄**①角色。一方面，英雄有能力解决坚守义务和道德律令带来的特殊伦理难题；另一方面，在弘扬这些道德律令的社会制度衰亡之际，英雄迫切要求恢复自发的人类共同体。其四，我会解释在卢卡奇马克思主义的早期——他后来指认为弥赛亚的宗派主义时期——的关键著作中，这些主题将继续产生关联。我认为，在卢卡奇对陀思妥耶夫斯基接受的语境下，更容易理解他的千禧年主义的特殊形式及其包含的伦理问题，也正是在这种语境下，卢卡奇发展了他的道德—哲学框架。

俄国的灵魂

回望1943年之前欧洲对陀思妥耶夫斯基的反应，卢卡奇把他的影

---

① 英雄，hero，也有小说主人公的意思，史诗中的英雄对应小说中的主人公。——译者注

响与歌德的《少年维特之烦恼》相提并论：就像歌德来自 18 世纪末不发达的德国一样，"对于整个文明世界来说，拉斯柯尔尼科夫（Raskolnikov）来自 19 世纪后半叶那遥远的、未知的、几乎只在神话中才会出现的俄国。"①这无意间反映出陀思妥耶夫斯基首次受到热捧的部分本质原因：就像我们如今理解的东方主义那样，一些中欧和西欧群体普遍把他本人和俄国当作一个神秘的、有灵魂的他者，与"文明世界"中非人的理性形成对比。为了理解为何如此，首先，我想刻画那个对他产生兴趣的社会背景，指明他们为何拒斥西方社会的核心内容。其次，我会先描绘令人着迷的俄国形象，他们认为，俄国在灵魂上抵消了没有灵魂的西方，接着我会描写在这种图景中，西方人对俄国文学，尤其是对陀思妥耶夫斯基格外中意。

卢卡奇是一位白手起家的富有的银行家的儿子，尽管他在资本主义社会中地位显赫，但是他拒斥资产阶级和资本主义社会的态度并不奇怪。在米夏埃尔·洛维的经典研究中，他被当作一个典型的**知识分子**，属于由社会各阶层出身的、制造意识形态的个人组成的"**一个社会类别，而不属于一个阶级**"②。洛维认为，从他们与小资产阶级的平行关系可以界定他们的特点：同小资产阶级相似，知识分子们不是工人，而是直接的创造者，他们也受到工业化和无产阶级化的威胁。③ 然而，知识分子眼中的选择与小资产阶级不同。洛维形容他们活在"**一个由质性价值统治的宇宙**"中，因此从根本上反对他们在资本主义的社会关系中看到的量化抽象：可以认为，他们捍卫的是"资产阶级人本主义中的

---

① Georg Lukács, *Russische Revolution*, *Russische Literatur*, Neuwied & Berlin: Luchterhand, 1969, p. 136.
② Michael Löwy, *Georg Lukács: From Romanticism to Bolshevism*, trans. Patrick Camiller, London: New Left Books, 1979, p. 15. 加黑处为原文标记。
③ Michael Löwy, *Georg Lukács: From Romanticism to Bolshevism*, trans. Patrick Camiller, London: New Left Books, 1979, p. 18.

原则、价值和理想",反对的是它们现实的物质表达。①

尽管他们的控诉和解决方案各不相同,但是,大多数知识分子都从一个前提开始,即现代化导致了社会的碎片化和个人自主权的丧失。比如,麦克斯·诺尔道广为人知的《退化》代表了当时的一股具体思潮:他认为,19 世纪 90 年代的**世纪末情绪**产生于工业化、铁路覆盖面的扩大和邮政服务的提升带来的深远影响。②(卢卡奇在孩童时期读到了这本书,声称他在那时就认同所有被描绘为退化的东西,这都源于诺尔道对它们的大量引述。③)费尔南德·滕尼斯区分了共同体和社会,**共同体**是由亲属关系、个人纽带、伦理和文化紧密联系起来的人类共同体,而**社会**是现代的、消除个性的社会,人们只是为了方便才聚集起来。④ 他们只是广大知识分子中的两个例子,他们哀悼社会在资本和理性化的支配下变得碎片化,而它原本在有机的文化里是统一的。⑤ 所以,互不兼容的理想表现出来的对立逻辑,主导了这些知识分子的话语。

在这种叙事下,俄国化身为一个理想化的他者,反击了腐朽的西方理性主义。无疑,俄国例外论内部的一些派别支持这种情景。正如霍尔奎斯特(Michael Holquist)谈到,对于主流俄国思想而言,国家被赋予一种特殊的神圣性,它能在历史(*chronos*)内部的一个瞬间,彰显永恒(*kairos*)。用霍尔奎斯特的话来说,"在陀思妥耶夫斯基走向成熟的岁月中,俄国编纂历史学的显著特征就是试图消除**永恒**(*kairos*)和**历史**(*chronos*)之间的差异:历史以一种俄国奥达西(Russ-odacy)的方式实

---

① Michael Löwy, *Georg Lukács: From Romanticism to Bolshevism*, trans. Patrick Camiller, London: New Left Books, 1979, p. 20 – 21. 加黑处为原文标记。
② Max Nordau, *Degeneration*, London: Heinemann, 1913, pp. 34 – 44.
③ Georg Lukács, *Record of a Life*, I. Eörsi (ed.), trans. R. Livingstone, London: Verso Books, 1983, p. 30.
④ Ferdinand Tönnies, *Community and Civil Society*, trans. Margaret Hollis, Cambridge: Cambridge University Press, 2001.
⑤ 参见 Löwy, Georg Lukács, Michael Löwy, *Georg Lukács: From Romanticism to Bolshevism*, trans. Patrick Camiller, London: New Left Books, 1979, pp. 32 – 35.

践着"①。典型代表是神秘主义哲学家尼古莱·别尔嘉耶夫（Nikolai Berdyaev）的信仰：在他的布道中，俄国心灵中的神秘"与西方心灵截然不同"②。但是，这些宣言在欧洲文人中找到了现成的听众，他们一直认为，俄国的心灵映照了西方的退化。尽管尼采被诺尔道凶狠地咒骂，在某些方面，尼采的确与他对现代社会的批判相似：他把陀思妥耶夫斯基与一个未被驯服的天然的俄国联系起来，把这个国家形容为"现在**唯一具有耐性的力量，它可以等待，仍然能够许诺些什么**"③。甚至卢卡奇在海德堡的导师马克斯·韦伯也表示同意。玛丽安妮·韦伯（Marianne Weber）描述了在1905年革命之后，他为了密切跟进那些事件，是如何快速掌握俄语的，他"与俄国人的精神和文明**完全产生共鸣**"④。他猜测，俄国人有一种独特的、在某种程度上更加深刻的品质，他希望他的研讨班只有俄国人、波兰人和犹太人，因为他们具有深刻的理解力。⑤ 和许多同时代人一样，韦伯认为，俄国象征了具有深度的心灵和直觉，这恰恰是过度理性的欧洲所缺乏的。在社会批判话语里，它是对去人化的资本主义的反诘。

洛维把知识分子的反资本主义和浪漫主义联系起来，如果他是对的，那么毫不奇怪，与之相关的亲俄派会特别关注俄国**文学**——尤其是托尔斯泰和陀思妥耶夫斯基。埃蒂特·汉克（Edith Hanke）对托尔斯泰接受史的研究证明了洛维的判断。汉克指出了19世纪末期的变化：

---

① Michael Holquist, *Dostoevsky and the Novel*, Princeton: Princeton Legacy Library, 1977, p. 10.
② Nikolai Berdyaev, *Dostoevsky*, trans. Donald Attwater, London: Sheed and Ward, 1934, p. 161.
③ Friedrich Nietzsche, *Twilight of the Idols/ The Anti-Christ* (1889-95), M. Tanner (ed.), trans. R. J. Hollingdale, Harmondsworth: Penguin Classics, 1990, p. 105. 加黑处为原文标记。
④ Marianne Weber, *Max Weber: A Biography*, trans. H. Zohn, New York: Transaction, 1975, p. 327. 加黑处为原文标记。
⑤ Marianne Weber, *Max Weber: A Biography*, trans. H. Zohn, New York: Transaction, 1975, p. 466.

直到1870年代，欧洲名声最大的俄国小说家还是屠格涅夫。但是在这之后，这位最成功的人开始跌下神坛——托尔斯泰和陀思妥耶夫斯基取而代之。① 重要的是，最直接转向他们的恰恰是社会中受教育的群体——久而久之，正是他们对文学和社会伦理批判的结合，塑造了这种情形。尤其是托尔斯泰，他被看作"19世纪的卢梭"，他和平主义的教导和对农耕生活方式的热爱，被认为是截然反对了资本主义的现代性。正如汉克指出的，他把宗教还原为伦理的做法遭到了保守的资产阶级新教徒的拒绝，然而更多激进的社会主义者和无政府主义者不确定该把他划为反动派还是革命派。② 替他们判断的人主要是洛维说的出生于19世纪60年代的知识分子，他们发现托尔斯泰的伦理学令人信服——当然其中也包括马克斯·韦伯，在1910至1912年间，他似乎计划写一本关于托尔斯泰的书。③ 对于这批学者而言，俄国文学是他们探索道德问题的中介：托尔斯泰和陀思妥耶夫斯基刻画了他们笔下的角色遇到的伦理问题，并同时提供了理想的图景，它的生动逼真吸引了那些寻求替代个人化、工业化社会的人。

1912年卢卡奇加入韦伯圈子的时候，陀思妥耶夫斯基日益成为俄国神秘灵魂性的代表。这种现象可能与尼采的声名鹊起一同发生。汉克认为，大约从1900年起，尼采和托尔斯泰被看作反现代化的标志。④ 相较而言，陀思妥耶夫斯基作品中许多角色的不可预测性和激情，意味着他可能与尼采一致；到了1923年，新康德主义马堡学派的保

---

① Edith Hanke, *Prophet des Unmodernen: Leo N. Tolstoi als Kulturkritiker in der deutschen Diskussion der Jahrundertwende*, Tübingen: Max Niemeyer, 1993, p. 35.

② Edith Hanke, *Prophet des Unmodernen: Leo N. Tolstoi als Kulturkritiker in der deutschen Diskussion der Jahrundertwende*, Tübingen: Max Niemeyer, 1993, p. 83, 117, 166.

③ Edith Hanke, *Prophet des Unmodernen: Leo N. Tolstoi als Kulturkritiker in der deutschen Diskussion der Jahrundertwende*, Tübingen: Max Niemeyer, 1993, p. 94, 171; Weber, *Max Weber*, Marianne Weber, *Max Weber: A Biography*, trans. H. Zohn, New York: Transaction, 1975, p. 466.

④ Edith Hanke, *Prophet des Unmodernen: Leo N. Tolstoi als Kulturkritiker in der deutschen Diskussion der Jahrundertwende*, Tübingen: Max Niemeyer, 1993, p. 61.

罗·纳托尔普宣称,他更倾向于"肯定生活的"陀思妥耶夫斯基,而不是"否定生活的"托尔斯泰。① 洛文塔尔(Leo Löwenthal)刻画了这种接受的特征,认为陀思妥耶夫斯基的著作里出现了"真实存在的领域",强调他的著作具有"神秘的灵氛"②。多德(Dodd)解释道:"现在被赞扬为真正陀思妥耶夫斯基式的,恰恰是他的形而上学和心理学的深刻性,他的非理性主义,还有他对'启蒙'世界观的敌视。"③ 当然,陀思妥耶夫斯基本身为这种解释提供了丰富的素材,至少在表面上是这样的。例如,他的早期作品《冬天里的夏日印象》(*Winter Notes on Summer Impressions*)中描写了一次西欧之旅(伦敦的水晶宫被形容为"巴比伦,像是启示录里的预言"),提供了极具批判性的观察,这本书抬高淳朴的俄国农民,将其与西化的精英对立起来。④ 后来在《白痴》里,梅诗金猛烈抨击据传觊觎权力的天主教,因为他们小看了人们"最神圣、坦率、真诚、热忱的感情";与之相反,他坚持认为俄国的"基督是我们一直拥有的,也是他们从未知晓的,它必将照耀西方,征服西方"⑤。

至少在德语世界,这种颇具浪漫形象的建构,源于众多陀思妥耶夫斯基译作中由"俄国心灵的天启译者"所作的引言,比如文化民族主义者阿图·莫勒·凡登布鲁克⑥(Arthur Möller van den Bruck)。大体说来,他被刻画为斯拉夫心灵的典范。约翰·米德尔顿·莫里(John

---

① Edith Hanke, *Prophet des Unmodernen: Leo N. Tolstoi als Kulturkritiker in der deutschen Diskussion der Jahrundertwende*, Tübingen: Max Niemeyer, 1993, p. 127.
② Leo Löwenthal, "The Reception of Dostoevski's Work in Germany: 1880 – 1920," in Robert N. Wilson (ed.), *The Arts in Society*, Englewood Cliffs: Prentice-Hall, 1964, p. 122 – 147, at 125.
③ W. J. Dodd, *Kafka and Dostoevsky: The Shaping of Influence*, New York: Houndmills, 1992, p. 19.
④ 对这个文本的分析,参见 Joseph Frank, *Dostoevsky: The Stir of Liberation, 1860 – 1865*, Princeton: Princeton University Press, 1986, pp. 233 – 250; Derek Offord, *Journeys to a Graveyard: Perceptions of Europe in Classical Russian Travel Writing*, Dordrecht: Springer-Verlag, 2005, pp. 197 – 220。
⑤ Fyodor Dostoevsky, *The Idiot*, trans. Constance Garnett, London, 1996, p. 509 – 510.
⑥ René Wellek, *Dostoevsky*, Englewood Cliffs: Prentice-Hall, 1962, p. 9 – 10.

Middleton Murry)的专著具有代表性。他强烈赞同陀思妥耶夫斯基主张俄国应该占领君士坦丁堡,理由是俄国心灵将会取代西方所有称帝的主张,随后莫里断言,"在陀思妥耶夫斯基的文字里,那种恢复人性的俄国思想表达得最为完美"[1]。莫里认为,"陀思妥耶夫斯基相信,人类的复兴依赖一个奇迹,他还相信奇迹必然发生"[2]。他断言,陀思妥耶夫斯基"不是一个小说家",他的角色都是超人。[3] 莫里紧接着说,拉斯柯尔尼科夫没有犯罪,因为他是为了"所有人的福祉"而行动;陀思妥耶夫斯基追求的不仅仅是他个人渴望的满足,更是所有人的幸福。[4] 这种普遍的幸福不是在抽象的普遍公民的保护下才会有的幸福,而是一种个人化的、情感上的幸福。与之类似,安德烈·纪德(André Gide)认为,陀思妥耶夫斯基关注的是"个人与他的自我或上帝之间的关系……陀思妥耶夫斯基创造的奇迹包含以下几点:他写的每个角色……都凭借他自己的人格而活,每个人都有自己特殊的秘密,这些亲切的个人都以一种令人困惑的复杂性呈现给我们"[5]。因此,纪德眼中的陀思妥耶夫斯基把个体性建立在灵魂性和特殊性之上——而非建立在自由资产阶级资本主义中公民身份的抽象法律形式之上;他提供了一种可能性,即便在这个现代社会,我们也可以在很大程度上保持个体的身份。和很多人一样,纪德把陀思妥耶夫斯基看作一个典型的俄国人,原因如下:他认为,俄式心灵的定义,是对同伴"突然产生的一种感同身受的理解"[6]。

欧洲知识分子在 20 世纪早期认为,他们主观的生存受到了现代社

---

[1] John Middleton Murry, *Fyodor Dostoevsky: A Critical Study*, London: Secker, 1916, p. xii.
[2] John Middleton Murry, *Fyodor Dostoevsky: A Critical Study*, London: Secker, 1916, p. 260.
[3] John Middleton Murry, *Fyodor Dostoevsky: A Critical Study*, London: Secker, 1916, p. 48.
[4] John Middleton Murry, *Fyodor Dostoevsky: A Critical Study*, London: Secker, 1916, p. 111, 261.
[5] André Gide, *Dostoevsky*, trans. Arnold Bennett, London: J. M. Dent and Sons, 1925, p. 4-5.
[6] André Gide, *Dostoevsky*, trans. Arnold Bennett, London: J. M. Dent and Sons, 1925, p. 77.

会客观化力量的威胁。他们由此联系到(他们这样认为的)西方突然出现的冰冷的、无情的、抽象的理性主义。从这一角度来说,陀思妥耶夫斯基代表了一种想象出来的俄国性,它的特征是情感、心灵,还有与他者之间的深厚关系,而不是自由民主社会的诸抽象形式。无论这种理想化表达与真实的俄国社会之间有多么不相干,这都是欧洲人看待俄国的方式之一:它不仅是沙皇主义者挥动皮鞭的土地,一个落后的、压迫的专制国家,它还提供了一种据说更加原始的灵魂性,这可能会抵消有可能统治西方的压抑理性。

卢卡奇的陀思妥耶夫斯基

欧洲人对陀思妥耶夫斯基的广泛接受体现在卢卡奇密切交往的圈子内——不仅是他所在的韦伯圈子,还有他在布达佩斯的朋友们。1912年1月,未来的社会学家卡尔·曼海姆写信告诉卢卡奇,他计划写一本关于陀思妥耶夫斯基的书。这个很快放弃的计划是写一本陀思妥耶夫斯基的传记,传主的生活和著作将会服务于一个伦理理想;他陈述道,几个世纪以来的哲学问题,都能够"在陀思妥耶夫斯基的小说或他的生活中继续存在、发展,并找到答案"[1]。在卢卡奇的朋友中,对陀思妥耶夫斯基感兴趣的不止曼海姆一人。星期日小组是由一群年轻的布达佩斯知识分子组成的团体,卢卡奇被推举为组长。格拉克(Mary Gluck)的记录显示,绝大多数的讨论涉及克尔凯郭尔和陀思妥耶夫斯基的相似点;或许有一点很重要,在卢卡奇入党前后,大约一半的成员也入党了。[2]

---

[1] Georg Lukács, "Mannheim to Lukács, 5 Jan. 1912", in Georg Lukács, *Selected Correspondence 1902-1920*, J. Marcus and Z. Tar (ed. and trans.), New York: Columbia University Press, 1986, p. 185.
[2] Mary Gluck, *Georg Lukács and His Generation 1900-18*, Cambridge: Havard University Press, MA, 1985.

上述语境对理解青年卢卡奇为何阅读陀思妥耶夫斯基来说不可或缺(不能仅从生平方面加以解释)。例如,他对这位小说家的关注有时被解释为,1914年他与俄国社会主义革命者叶莲娜·格拉本科(Ljena Grabenko)灾难般的婚姻带来的后果。李·康登(Lee Congdon)认为,卢卡奇"自己的思想在最直接的意义上体现为他与三位女性的关系——伊尔玛·赛德勒、叶莲娜·格拉本科和盖尔特鲁德·波尔什梯贝(Gertrúd Bortstieber)";茱莉亚·本德尔(Julia Bendl)则"毫不动摇"地坚持认为是他与格拉本科的关系让他阅读陀思妥耶夫斯基。① 然而卢卡奇在与格拉本科交往前,就已经热衷陀思妥耶夫斯基了;至少可以推测,恰恰相反,是陀思妥耶夫斯基让卢卡奇走向了叶莲娜。还有学者认为,接受陀思妥耶夫斯基主要与卢卡奇更加广泛的研究计划有关。比如安德里斯·赫斯辰(Andreas Hoeschen)极具启发性地把这种现象跟卢卡奇与李凯尔特和拉斯克等新康德主义者之间的交往联系起来。② 相似的是,尼古拉斯·特图里安(Nicolas Tertulian)把陀思妥耶夫斯放进卢卡奇更大的美学思想发展中加以理解,认为在卢卡奇的思想中,"伦理学、历史哲学和美学始终具有联系"③。但上述所有论证都没有完全解释清楚,为什么他在当时关注的如此多样的哲学中,选择俄国作家作为焦点。或许,他这样做就得以参与当时广泛的话语体系。他在有关陀思妥耶夫斯基的笔记中表达的社会批判就利用了这场大辩论的主题。波考克(J. G. A. Pocock)指出,"人类生活在他的语言系统

---

① Lee Congdon, *The Young Lukács*, Chapel Hill: University of North Carolina Press, 1983, p. ix; Julia Bendl, "Zwischen Heirat und Habilitation," in *Jahrbuch der internationalen Georg Lukács Gesellschaft 1997*, p. 17-46, at 26.
② Andreas Hoeschen, *Das "Dostojewsky"-Projekt: Lukács' neukantianisches Frühwerk in seinem ideengeschichtlichen Kontext*, Tübingen: Max Niemeyer, 1999.
③ Nicolas Tertulian, *George Lukács: Étapes de sa pensée esthétique*, trans. Fernand Bloch, Paris: Le Sycomore, 1980, p. 100.

的可能性之内"①。即便他本质上超越了这场争论的主要部分,他这么做也是由这场大辩论决定的。

为了揭示用来讨论陀思妥耶夫斯基的既有话语如何塑造了卢卡奇具有创新性的伦理学,首先,我会追溯他长期以来对陀思妥耶夫斯基的喜爱,指出他早期为研究陀思妥耶夫斯基所写的文章和笔记,很接近人们对陀思妥耶夫斯基的普遍看法,即认为现代文明与自发感觉之间是矛盾的。在关于陀思妥耶夫斯基的笔记中,他对这个问题最直接的解答就是划分两种道德模型,即第一伦理和第二伦理。然而,相较之前对卢卡奇笔记的解释,我认为,这两者代表的价值不是简单地截然不同、互相矛盾。卢卡奇并没有提出第二伦理较第一伦理具有永恒的优先性;相反,第二伦理仅仅脱胎于第一伦理的崩溃。基于陀思妥耶夫斯基接受过程的特点,卢卡奇得以超越这场争论中有时颇为反动的潜在影响。

加林·提汉诺夫(Galin Tihanov)考察了卢卡奇更早时期的文学著作,认为"一直到1914—1915年,卢卡奇的发展历程……预示了他转向陀思妥耶夫斯基"②。事实上,形式和它的内容之间的对立,是卢卡奇早期著作的核心。"形式从内容中脱离出来,并主宰了它的内容",就是《心灵与形式》还有早期论文集(其中包括《形式反对生活的失败》这样的论文)的核心内容。③ 事实上,这一观点可能部分是由他的生平要素造成的;然而,卢卡奇对许多术语的表达受到这场大讨论的影响。1907至1911年,卢卡奇和伊尔玛·赛德勒开始了一段不圆满的恋爱,她是他后来的革命同事厄尔诺·赛德勒(Ernö Seidler)的姐姐。卢卡奇过

---

① J. G. A. Pocock, *The Ancient Constitution and the Feudal Law: A Study of English Historical Thought in the Seventeenth Century*, Cambridge: Cambridge University Press, 1987, p. 387.
② Galin Tihanov, *The Master and the Slave: Lukács, Bakhtin, and the Ideas of Their Time*, Oxford: Oxford University Press, 2000, p. 169.
③ Georg Lukács, *Soul and Form*, trans. Anna Bostock, London: Merlin Press, 1974.

于坚持康德的道德观，没有追随他们之间共同的感情。伊尔玛随之开启了并不幸福的婚姻生活，并与卢卡奇的朋友贝拉·巴拉兹（巴托克的自由主义者）陷入了失败的婚外情，最终于1911年自杀。对于她的死，卢卡奇感到罪孽深重，责怪自己把形式的道德律令置于主体间的感性生活之上。① 这在1911年的论说文《论精神的贫困》中得到了表达。正如提汉诺夫正确指出的，对陀思妥耶夫斯基的大量引用是预示著作计划的重要信号。② 这篇论说文讲得很清楚，卢卡奇相信，他让他自己过于臣服抽象的理念，无法达到心灵的交流，而这本可能拯救伊尔玛。这篇对话体文章提到了陀思妥耶夫斯基笔下的几个主人公——索尼娅（《罪与罚》）、梅诗金王子（《白痴》），还有阿列克谢（阿廖沙[Alyosha]）·卡拉马佐夫。③ 这些角色的特点是**善**：善不同于"普遍的、必须遵守的、远离人的"伦理学，善是"一种照亮一切的人类知识，让所有东西变得透明，在那里主体和客体坍塌为彼此。好人不再诠释他者的心灵，他阅读别人的心就好像在阅读自己的心灵；他已经成为他者"④。在他描写的冲突里，一方是直接的、有情感的灵魂，另一方是与真正的人相异化的诸客观形式。在卢卡奇用二分法对这些特殊问题进行的表述中，他的言辞是洛维笔下的知识分子普遍使用的——就引用陀思妥耶夫斯基来论证观点而言，他不是这一群体中的特殊典型。

卢卡奇关注陀思妥耶夫斯基已久，令人惊讶的是，他还花费同样长的时间，尝试写一部关于这位俄国作家的鸿篇巨制。推迟的部分原因是他计划为海德堡的教职创作系统性的艺术哲学论文，但不得不在

---

① Arpad Kadarkay, *Georg Lukács: Life, Thought, Politics*, Oxford: Blackwell, 1991, p. 127 – 128.
② Georg Lukács, "On Poverty of Spirit," in Arpad Kadarkay (ed.), *The Lukács Reader*, Oxford: Blackwell, 1995, p. 146 – 159.
③ Georg Lukács, "On Poverty of Spirit," in Arpad Kadarkay (ed.), *The Lukács Reader*, Oxford: Blackwell, 1995, p. 45.
④ Georg Lukács, "On Poverty of Spirit," in Arpad Kadarkay (ed.), *The Lukács Reader*, Oxford: Blackwell, 1995, p. 46.

1915年早期将其搁置,转而去写关于陀思妥耶夫斯基的书。(韦伯十分震惊,认为这体现了卢卡奇转向散文写作的不幸趋势,而不是当一个体系性的学者。)卢卡奇在给保罗·恩斯特的信中解释了他这样做的动机,说他已经开始写陀思妥耶夫斯基的书了:他暗示这是哲学对战争的反应。在这时,"结构的力量似乎不减反增,对于大多数人来说,它比真实存在的东西更加准确地代表了现存现实。但是——对于我来说,这是战争带来的**那种**最高教训——我们不能允许它。我们必须再次强调,最重要的是,我们和我们的心灵是唯一的本质"①。他脱离普遍的军国主义氛围,认为"问题是寻找心灵通向心灵的道路。其他任何事情都是工具性的,是服务于目标的手段"②。很明显,战争帮助卢卡奇认清了他长期关注的东西,个人的心灵和抽象的诸结构之间的冲突——并激发他将它们用作期待已久的陀思妥耶夫斯基著作的基础。

关于陀思妥耶夫斯基的论文中区分的两个核心概念具有鲜明的特征。卢卡奇的笔记围绕两种有差别的基本道德图谱,他称作第一伦理和第二伦理。如何确切解释这两种伦理,困扰了大部分手稿阐释者。赫斯辰认为,第二伦理没有确切的定义——事实上,太过严格的定义会非常冒险,可能会重现第一伦理的限制性。③ 提汉诺夫认为,卢卡奇对这些术语的定义有些碎片化、不协调,这两者最好理解为"互相冲突"④。借助卢卡奇的通信,他把这些范畴看作卢卡奇长期思忖所形成的体系化思想,一方面是义务与客观结构的冲突,另一方面是关于形式的思

---

① Georg Lukács, "Lukács to Ernst, 14 April 1915", in Georg Lukács, *Selected Correspondence 1902 - 1920*, J. Marcus and Z. Tar (ed. and trans.), New York: Columbia University Press, 1986, p.246. 加黑处为原文标记。
② Georg Lukács, "Lukács to Ernst, 4 May 1915", in Georg Lukács, *Selected Correspondence 1902 - 1920*, J. Marcus and Z. Tar (ed. and trans.), New York: Columbia University Press, 1986, p.247.
③ Andreas Hoeschen, *Das "Dostojewsky"-Projekt: Lukács' neukantianisches Frühwerk in seinem ideengeschichtlichen Kontext*, Tübingen: Max Niemeyer, 1999. p.276.
④ Galin Tihanov, *The Master and the Slave: Lukács, Bakhtin, and the Ideas of Their Time*, Oxford: Oxford University Press, 2000, p.172.

考。这样看来,卢卡奇对问题的基本构架明确借鉴了陀思妥耶夫斯大讨论,并把它当作回答现代文明难题的一种独特的俄国答案。

第一伦理——暗指西欧的那种——走的是传统制度的路线:伦理的规定源自客观结构。最简单地说,这仅仅意味对社会和国家规定的服从。更抽象地讲,这种道德形式的目标是要为社会层面的共存建立形式上的结构,这样,个人就被当作一个抽象的实体,与其他同样形式上的存在产生互动。因此卢卡奇总结道:"第一伦理:真诚——对误解的扬弃。各领域中的关系:生活,以及不是创造(即便应然被经验到了——康德论责任)工作和传统制度在心灵中的斗争和冲突(只是作为直接性的幸福;因此推出荣誉:真诚是第一伦理的美德。)"①

重要的是,什么样的客观表达支撑了这种道德形式。这里不应该有任何歧义和暗示。卢卡奇使用了"层级中的关系",意味着个人之间的简单关系不是人类主体之间的关系,而要理解为国家内的同类公民之间的关系。这是一个形式的内在建构,公民被法律、权利和公民对客观社会结构的义务所定义;这种关系成为生活的现实,而不仅仅是一个功能性的建构。只要社会和国家的现存机器要求一定的行动,"应然就被经验到了";它们不是内在的要求,而是在外部世界中发现的律令,是让国家成为伦理义务的一种纯粹外在的形式。但卢卡奇暗示,这阻碍直接的人际道德关系:我们把我们的道德义务归因于非人的结构,而非一个特殊的个体。他的笔记围绕这一问题,尝试用三分法对个人和他者进行分类。他在一处用宗教术语加以表达:

1) 印度:与阿特曼的同一。个体性的消失。
2) 德国:个人的心灵——与上帝的关系。
3) 俄国:个人的心灵——与其他心灵同在上帝意愿并被其创

---

① Georg Lukács, *Dostojewski Notizen und Entwürfe*, J. C. Nyíri (ed.), Budapest: Akadémiai Kiado, 1985, p. 158 - 159.

造出来的集体内。

在其他地方,他用另一种方式表达这一问题,把它当作一种与其他人的直接关系:

    a) 东方:你即是他者(他者:甚至敌人)。因为你和我是一种欺骗。

    b) 欧洲:抽象的兄弟关系。脱离孤独的方式。他者是我的"同类公民"、我的"同志"、我的"同胞"。

    c) 俄国:他者是我的兄弟。如果我找到自身,只要我找到自身,我就找到了他。①

在这两个例子中,卢卡奇的分类明显具有黑格尔历史哲学的痕迹:他对"印度"或者"东方"的描述和黑格尔一样,并且他对"欧洲"形式的集体的批判类似黑格尔对罗马世界的批判。问题是,欧洲集体内的个人不会直接与他者产生联系,而俄国人可能会这样。但只是把他者看作同类公民,意味着仅仅把他们当作社会结构的诸方面。真正的关系披上了客观的形式,仅仅把虚假的集体赋予下面的人。这种社会纽带也影响了一个人的自我认知:客观结构似乎已经成为心灵的一部分,因此,一个人完全仅把自己当作公民。他认为,"绝对精神进入了客观性",因此获得表面上的合法性。② 正是因为这种客观精神无所不在,为国家而战的律令才显得那么强大:对于第一伦理来说,客观国家结构的命令比个人道德上的顾虑更加"真实"。作为这种伦理系统失败的证据,卢卡

---

① Georg Lukács, *Dostojewski Notizen und Entwürfe*, J. C. Nyíri (ed.), Budapest: Akadémiai Kiado, 1985, p. 181.
② Georg Lukács, *Dostojewski Notizen und Entwürfe*, J. C. Nyíri (ed.), Budapest: Akadémiai Kiado, 1985, p. 152.

奇只需瞧瞧战场——这个时候,他的朋友兼导师,康德学派的埃米尔·拉斯克就倒在战场上,他听从了义务的召唤,但结果却是悲剧的。

与之相对立的是第二伦理。第一伦理把社会诸结构或义务的各种客观规律,都看作它的律令的内容和合法性来源,第二伦理注重作为主体的自我,还有主体与其他主体之间的直接关系,它没有被客观结构歪曲。对于卢卡奇来说,第二伦理是俄国人和陀思妥耶夫斯基独有的:它通过爱来寻找与其他所有人之间的普遍的兄弟情谊。他断言,"**那种俄国人的问题是,心灵与自身达成妥协就是对他者的发现。伊万[卡拉马佐夫](还有韦尔希洛夫等人)没有这个特点(不相信上帝),他不是俄国人。**"[1]这里卢卡奇明确把第二伦理的义务与陀思妥耶夫斯基的《卡拉马佐夫兄弟》联系起来。在卢卡奇看来,伊万·卡拉马佐夫与周遭的一切极端地隔绝开来;陀思妥耶夫斯基笔下的他受到欧洲思想的强烈影响,在他与仆人斯乜尔加科夫的对话中,他正是运用了这些思想,尤其是有关道德相对主义的部分,使得后者杀死兄弟们的父亲。伊万不同于他的兄弟德米特里和阿列克谢,从来没被人喊过小名,他在别人眼中几乎完全脱离了俄国社会和它彰显的灵魂性。在小说的结尾,随着他那抽象的、外在的、理性的系统的崩溃,他陷入了神智失常。

不同于伊万在抽象概念的框架下与他者建立的错乱关系,卢卡奇在陀思妥耶夫斯基那里找到了一种命令,那就是要像爱纯粹主体一样,去爱其他人。[2]他在《论精神的贫困》中指出,他没能对伊尔玛做到这样的要求。对于卢卡奇来说,陀思妥耶夫斯基的主人公体现了这种追求与他者之间直接的、非中介的关系——他后来把这种想法赋给了第二

---

[1] Georg Lukács, *Dostojewski Notizen und Entwürfe*, J. C. Nyíri (ed.), Budapest: Akadémiai Kiado, 1985, p.60. 加黑处为原文标记。
[2] Georg Lukács, "On Poverty of Spirit," in Arpad Kadarkay (ed.), *The Lukács Reader*, Oxford: Blackwell, 1995, p.46.

伦理。他在手稿里写道,它"没有"类似第一伦理明确要求的"严苛内容"。① 但是,它的核心律令正因它的普遍性而具有更高要求:卢卡奇定义道,"第二伦理——沉思的完满性(作为持存的状况)不仅排除了原罪,还不包括团结和**去爱的义务**。"②

因此到目前为止,第一和第二伦理之间的对立,似乎完全对应了卢卡奇在早期著作中批判的抽象的、客观的诸形式,它们限制情感、爱和直接的人类联系,还对应了那时欧洲围绕陀思妥耶夫斯基所做的大讨论。后者的著作是典型的俄国人的再现,因而还"在心灵上"消解了麻木的、空洞的欧洲体系。对于大多数卢卡奇陀思妥耶夫斯基笔记的研究者来说,两种伦理之间的区别,只能作出如下结论:它们代表不同的**价值**。例如,丹内曼(Rüdiger Dannemann)正确地指出,第二伦理遵从"心灵的诫命",而不是非人的结构,而马沙都(Machado)认为,它是"集体主义的道德哲学",有助于克服我们理性的—本体的自我和实体的—现象的自我之间的分裂。③ 然而,在卢卡奇阅读陀思妥耶夫斯基的过程中,有一个截然不同的元素超越了冰冷的欧洲理性主义和有爱的俄国灵魂性之间的简单对立,这种对立是陀思妥耶夫斯基大讨论中的核心问题。很明显,这种话语可能导致一种反动的反现代主义——它寻求**回到人类原初的社会统一体**。卢卡奇没有支持这种复辟,而是向前看:他的伦理范式被设定为对革命**行动**的正当性辩护,而不是表达不同的价值。这就是说,它们的区别不是它们(客观)要求的**东西**,而是个人预计通过**什么样的**方式同这些道德命令发生联系,并作出回应。因此,第

---

① Georg Lukács, *Dostojewski Notizen und Entwürfe*, J. C. Nyíri (ed.), Budapest: Akadémiai Kiado, 1985, p. 39.
② Georg Lukács, *Dostojewski Notizen und Entwürfe*, J. C. Nyíri (ed.), Budapest: Akadémiai Kiado, 1985, p. 161. 加黑处为原文标记。
③ Rüdiger Dannemann, *Das Prinzip Verdinglichung: Studie zur Philosophie Georg Lukács'*, Frankfurt am Main: Sendler, 1987, p. 194; Carlos Eduardo Jordao Machado, "Die 'Zweite Ethik' als Gestaltungapriori eine neuen Epos", in *Jahrbuch der internationalen Georg Lukács Gesellschaft 1997*, p. 73 - 116, at 109.

一伦理和第二伦理不是简单的对立——相反,它们深深地交织在一起。第一伦理产生第二伦理,因为前者的失败产生了一个敌对的客观世界,这个世界中的个人借助后者的精神,肩负起行动的责任。

在陀思妥耶夫斯基计划的一部分中,这个问题的本质表达得更为清晰,这一部分确实结出了果实,即原本作为这部巨著的导论的《小说理论》。在这里,文学形式和"整体的"文明与"问题重重的"文明之间的对立被联系起来。可能对参与过讨论陀思妥耶夫斯基的人来说,他在此处的论述更容易理解。他描绘了史诗世界和小说世界之间的对立。前古典时期的希腊(透过卢卡奇那副过于浪漫的眼镜)是一个整体的文明——在某种程度上可能是封闭的、有限的,但是它的"边界一定界划出一个完整的世界"[1]。这就是说,个体生活在其中的伦理实体似乎完全是自在的、属于自身的:他们的社会生活是有意义的、亲切的、有条理的。代表性的文学体裁是(荷马式的)史诗,它的主人公是社会的典型。他们可能受苦并死去,但即便是这种苦难,在社会环境中也具有意义。不同的是,现时代——卢卡奇遵循费希特,认为是一个绝对罪孽的时代——的体裁是小说,"这种史诗意味着再也没有生活的广阔总体性"[2]。在这样一个时代,个体与社会结构失去联系:社会的诸结构"既不在其内部引起绝对的献身,也不是里面装着心灵那满溢的内在性的自然的容器。它们形成了习俗的世界,只有心灵最深处的壁龛才能抵御这个世界无所不包的影响力"[3]。

乍一看,卢卡奇似乎在呼吁回到史诗的整体世界。但复杂的是他对夹在过去和现在之间的那个时代的描写。古典的希腊——那个哲学

---

[1] Georg Lukács, *The Theory of the Novel*, trans. Anna Bostock, London: Merlin Press, 1971, p. 33.
[2] Georg Lukács, *The Theory of the Novel*, trans. Anna Bostock, London: Merlin Press, 1971, p. 56.
[3] Georg Lukács, *The Theory of the Novel*, trans. Anna Bostock, London: Merlin Press, 1971, p. 62.

家的时代,比如苏格拉底、柏拉图和亚里士多德,那个伟大的悲剧作家的时代,比如埃斯库罗斯、索福克勒斯和欧里庇得斯——是一个"实体已经开始黯淡"①的时代。悲剧是这个时代最完满的形式,悲剧英雄依然可能完成的任务是去重新点燃已经开始黯淡的社会本质。其实这暗指,复辟是**不**可能发生在小说时代的:我们不能渴望回到史诗时代。此外,同样在史诗和悲剧中,风俗和传统并不是有害的;相反,它们是为个体生活赋予意义的环境。顺应这些客观结构——换种说法,第一伦理式的行为——会成为自我实现之路。

因此,第二伦理不是一种自在的绝对价值,而应理解成第一伦理的客观社会诸形式业已失败后的一个去行动的要求。我们不能天真地坐等意义复辟,卢卡奇在《小说理论》的结尾这样说。这里卢卡奇做出辨析,托尔斯泰和陀思妥耶夫斯基都诊断出意义的缺失和社会一体化的缺失,并给出了不同的解决方案。他贬低托尔斯泰对"伟大时刻"(比如在有关领域中,列文对意义的感觉)的描述,即一个角色"突然瞥见并抓住了控制他的、在他身上起作用的本质,以及生活的意义"。在托尔斯泰口中,这种一体化的意义只属于自然,不属于文化,并且我们也不负责创造它。② 在笔记中卢卡奇认为,陀思妥耶夫斯基的情况正好相反,并明确地把他和第二伦理以及救赎问题联系起来:

> 上帝的王国在你之内:在陀[思妥耶夫斯基]的世界里,心灵的实体(第二伦理)使救赎的条件成为一个生存论问题;在其他的每首诗中,一个人寻找个体的心灵——因为在那里,经验世界是无法逾越的。在陀思妥耶夫斯基这里,只能达到像隔着帷幔般的清晰:

---

① Georg Lukács, *The Theory of the Novel*, trans. Anna Bostock, London: Merlin Press, 1971, p. 34.
② Georg Lukács, *The Theory of the Novel*, trans. Anna Bostock, London: Merlin Press, 1971, p. 149.

他的世界是伦理唯我论的混乱。①

这就是卢卡奇对"生存问题"的论述。第二伦理不具有任何第一伦理的明确标准：它所关注的是主体遭遇的决定和责任。正是它的不确定性定义了它：涉及规则失败后的道德行动。因此，它不是浪漫地反对常规——而是表达了常规失败后需要做什么的问题。(《小说理论》中描写的)前古典时期的希腊不涉及第二伦理，因为在那里，第一伦理的客观结构还没有异化。用卢卡奇的话来说，第二伦理是"对城邦而言的道德中性(Adiaphoron)"：这是无差异的中性，它与卢卡奇设想的古希腊紧密交织的社会纤维完全不相干。② 只有在社会结构失败之际，主体才会从通常提供这种保证的伦理实体离开，这时，个体的救赎才成为一个问题；主体与他们的世界相互分离，这一征候就是第二伦理。

综上所述，卢卡奇论述陀思妥耶夫斯基的作品——包括已出版的论说文以及未出版的笔记，更不用说《小说理论》——明确运用了在西欧广泛接受陀思妥耶夫斯基的过程中所使用的习语和惯例。在第一伦理和第二伦理的对比中隐含的主题是对立，它流传广泛，一方是理性化的社会关系，另一方是用情感连结起来的有机人类共同体。但是卢卡奇颠覆了这种语言，远离了认为我们只需回到传统价值的反动暗示。两者的差别不太取决于它们命令了**什么**，比如它们期待个体做出什么样的道德行为。第一伦理寻求遵循，因此，做出道德决定所需的责任和我们与其他人相处方式的根基，是客观的社会结构——个体需要做的全部事情，就是遵循习俗或规则。个体是否把它体验为一种不合理的要求，取决于那个时代的社会状况。而第二伦理直接把那些责任的重

---

① Georg Lukács, *Dostojewski Notizen und Entwürfe*, J. C. Nyíri (ed.), Budapest: Akadémiai Kiado, 1985, p. 70.
② Georg Lukács, *Dostojewski Notizen und Entwürfe*, J. C. Nyíri (ed.), Budapest: Akadémiai Kiado, 1985, p. 152.

担建立在个体的基础上,他们必须在自己的心灵内,寻找社会不再能提供的引导。

伦理英雄

正是客观标准遭遇失败和拒斥,第二伦理才被赋予独特的扭转力。它的独特问题恰恰体现在,当客观结构不能将个体与个体、个体与他们的社会联合为一个整体时,它的目标就是找到能够拯救堕落世界的主体。或许毫不奇怪,陀思妥耶夫斯基笔记中被引用次数第二多的作者是克尔凯郭尔,这正好是他的核心问题:卢卡奇对后者的理解明显塑造了对前者的理解。[①] 把这两位联系起来的人并非只有卢卡奇,但或许他是最早的人之一。洛文塔尔提到了一战后兴起了一股潮流,把陀思妥耶夫斯基放在"克尔凯郭尔、卡尔·巴特(Karl Barth)还有辩证神学的学术环境中加以理解"[②]。虽然卢卡奇申请海德堡教职失败了,但有趣的是,他为此写的项目计划包含了克尔凯郭尔对黑格尔的批判,这就意味着,他意欲把他的著作延伸到个人的道德责任和客观社会结构之间的巨大差别上。克尔凯郭尔的原始—存在主义的神学问题涉及在罪的阴影下做出选择,卢卡奇将之世俗化为一个救赎堕落世界的问题。这可以从卢卡奇关注的文章中看出来:他主要关注克尔凯郭尔用安提—克里马库斯(Anti-Climacus)这个假名出版的著作,比如《致死的疾病》(*Sickness unto Death*)(引用 5 次),《基督教中的实践》(*Practice in Christianity*)(引用 8 次)。这些文本的核心可能是与必然之间的紧张

[①] 托尔斯泰在此被多次提及,主要是为了凸显陀思妥耶夫斯基的特别之处。可以看到新康德主义,特别是李凯尔特,起到重要作用,但新康德主义基本上还是被呈现为有问题的。关于卢卡奇对克尔凯郭尔的论断,参见 Richard Westerman, "The Irrational Act: Traces of Kierkegaard in Lukács's Revolutionary Subject," in *Studies in East European Thought* 67/3 (2015), p. 229 - 247。

[②] Leo Löwenthal, "The Reception of Dostoevski's Work in Germany: 1880 - 1920," in Robert N. Wilson (ed.), *The Arts in Society*, Englewood Cliffs: Prentice-Hall, 1964, p. 144.

关系,或者人类自身中有限性和无限性的冲突。必然性如宿命论一般统治着自我,自我陷入绝望之中,看不到超越死亡的希望。在自身通过上帝的无限性与自身发生关系的过程中,或者在"信仰的一跃"中,心灵能够被救赎。关键的是,克尔凯郭尔强烈反对任何用理性的证据劝说个体去信仰的企图——在终极的意义上,信仰是个体的自我定夺。

纵观卢卡奇对第二伦理的讨论,他对克尔凯郭尔的迷恋是清晰的,克尔凯郭尔的主题是个人为伦理行动肩负责任。正是在这里,他把陀思妥耶夫斯基当作他的理论载体,成效巨大:他得以描述能够肩负这种责任的个体类型,并描述他们发现自己被召唤去那么做时所处的环境。换句话说,第二伦理是英雄的伦理——卢卡奇在陀思妥耶夫斯基的著作中发现了这些主人公。或许这就是为什么提汉诺夫在富有启发性地比较卢卡奇和巴赫金后,发现这两种伦理难以界定:他刻意不去考虑卢卡奇的主人公类型学。[1] 然而对卢卡奇来说,英雄人物是道德的代理人,因此,他们依附于每种伦理范式决定的那种道德命令。正如他所说,"陀[思妥耶夫斯基]的主人公的**悲剧**,意味着理想与生活之间没有前定的和谐"[2]。正是这种对立的**经验**产生了第二伦理的问题,并需要一个能够解决这个问题的英雄。

当然,陀思妥耶夫斯基的主人公是复杂的,有时不好判断:即便那些可能看起来非常"好"的人,也比第一印象复杂得多。但是在为写作关于陀思妥耶夫斯基的书所准备的笔记中,有一点值得注意,他在一定程度上离开了索尼娅或梅诗金那类人——在早期著作中,他把这些表面上基督般的角色树立为典范——转向了陀思妥耶夫斯基自己以及当时受众所认为的有些反派的角色。因此他(有些不合情理地)认为,"无

---

[1] Galin Tihanov, *The Master and the Slave: Lukács, Bakhtin, and the Ideas of Their Time*, Oxford: Oxford University Press, 2000, p. 7. 加黑处为原文标记。
[2] Georg Lukács, *Dostojewski Notizen und Entwürfe*, J. C. Nyíri (ed.), Budapest: Akadémiai Kiadó, 1985, p. 69.

神论者（斯塔夫罗金［Nikolai Vsevolodovich Stavrogin］、伊万）总是陀［思妥耶夫斯基］的传道者。"①像伊万·卡拉马佐夫之类的人物是"信神的无神论者"，他陷入了外部系统崩溃后的不确定性之中。② 这种矛盾的特征概括了第二伦理的问题，即远离客观结构和道德要求，但又被它们束缚；感受到道德义务的召唤，但不具有信仰上帝带来的令人心安的确定性。对于那些感到困惑的人来说，善不是不言自明的，他们才是卢卡奇的典型人物。

对于卢卡奇来说，这些有问题的英雄会用罪恶的行动救赎共同体，因此他们必需的品质是能肩负起由此带来的道德重担。在为恩斯特阐述陀思妥耶夫斯基研究计划所写的信中，他最清晰地论述了这个问题。信中他关注特殊的个体——政治家和革命家，他的伦理学的根据是可能采取行动的人类**类型**，他们是这种伦理学的代表人物：

> 当心灵不是指向自身而是指向人性，优先项的次序总是包含辩证的复杂情况，正如政治家和革命家那样。为了拯救心灵，心灵必须被牺牲。一个人必须走出神秘的伦理，成为一个残酷的实用政治家，他必须侵犯绝对的戒条，即"不可杀人"，这明显不是对结构的义务。③

在这里要注意（泛爱的）"神秘的伦理"和要求成为一个"残酷的实用政治家"之间的明显对立——第二伦理的特征正是敢于应对这种困境。为了推进问题的研究，他请恩斯特设法搞到罗普辛的小说《苍白的马》

---

① Georg Lukács, *Dostojewski Notizen und Entwürfe*, J. C. Nyíri (ed.), Budapest：Akadémiai Kiado，1985，p. 139.
② Georg Lukács, *Dostojewski Notizen und Entwürfe*, J. C. Nyíri (ed.), Budapest：Akadémiai Kiado，1985，p. 62.
③ Georg Lukács, "Lukács to Ernst, 4 May 1915", in Georg Lukács, *Selected Correspondence 1902 - 1920*, J. Marcus and Z. Tar (ed. and trans.), New York：Columbia University Press，1986，p. 248.

(The Pale Horse),罗普辛是鲍里斯·萨文科夫的笔名,他是一名作家兼社会主义革命家。① 这本书于1909年首次出版,引发了**巨大争议**,因为它明显为历史关键时刻的革命行为进行辩护。核心人物乔治显然是陀思妥耶夫斯基笔下拉斯柯尔尼科夫的镜像人物——但结尾迥然不同。卢卡奇认为他新颖地表达了第一伦理(对社会结构的义务)和第二伦理(心灵的诫命)之间的古老冲突。② 他向恩斯特提到,这个问题"大概是黑贝尔笔下的犹滴提得最在点子上:'如果上帝将罪恶放置在我和我受命所做的行动之间,那么那个有能力摆脱它的我是谁呢?'"③这与佐西玛的论调形成了一个具有启发性的对比:"我们[比如僧侣们]中的每一个人都对地球上的所有生物和东西犯下不可置疑的罪过,不仅是普遍的罪,世界的罪,还有个人层面的罪——对所有人以及对每一个人。"④佐西玛的罪是一种基督徒式的罪,他接受了罪恶,并为过去所犯的罪肩负起责任,即便是别人的罪;相比之下,卢卡奇呼唤的英雄十分清楚他的行动会犯罪。正如他在笔记中提出的问题:"革命的真正牺牲(真的)是:去牺牲他们的心灵;从第二伦理中来,到第一伦理中去。"⑤最后的评论更使人确信,这两种伦理不是对立的,因为它们不要求做出对立的行动。相反,它们是思考伦理学的完全不同的方式:第一伦理要求遵守一系列命令和禁令;第二伦理关心一个人在行动时的严肃性和态

---

① Georg Lukács,"Lukács to Ernst, March 1915", in Georg Lukács, *Selected Correspondence 1902-1920*, J. Marcus and Z. Tar(ed. and trans.), New York:Columbia University Press, 1986, p. 244.

② Georg Lukács,"Lukács to Ernst, 4 May 1915", in Georg Lukács, *Selected Correspondence 1902-1920*, J. Marcus and Z. Tar(ed. and trans.), New York:Columbia University Press, 1986, p. 248.

③ Georg Lukács,"Lukács to Ernst, 4 May 1915", in Georg Lukács, *Selected Correspondence 1902-1920*, J. Marcus and Z. Tar(ed. and trans.), New York:Columbia University Press, 1986, p. 248. 在黑贝尔的戏剧中,同名的犹太人犹滴必须杀死异教徒荷罗浮尼,这在宗教意义上得到了辩护。

④ Fyodor Dostoevsky, *The Brothers Karamazov*, trans. David McDuff, Harmondsworth:Penguin, 2003, p. 186.

⑤ Georg Lukács, *Dostojewski Notizen und Entwürfe*, J. C. Nyíri(ed.), Budapest:Akadémiai Kiado, 1985, p. 127.

度。对卢卡奇来说,这集中体现在陀思妥耶夫斯基笔下堕落的英雄中:(在卢卡奇眼里)这些著作与其他作者作品的区别在于,他笔下的罪人都清醒地认识到自己是罪人——正是这一点,将外在地遵从第一伦理的行动转化为第二伦理式的行为。①

因此,当卢卡奇的陀思妥耶夫斯基式的主人公必须犯下令人痛苦的不道德罪行时,他们完全清楚他们的罪孽。结果的道德必要性并不能抵消或美化实现目标的手段。卢卡奇的英雄和马克斯·韦伯对政治伦理学的探索之间具有有趣的相似性——或许更令人吃惊的是,韦伯不喜欢卢卡奇的陀思妥耶夫斯基项目,还反对他的门生后来选择的革命道路。韦伯认为暴力是政治的核心伦理问题:对一个政治家来说,在某些时刻实施国家暴力,可能是必要的。②像卢卡奇一样,他关注什么**类型**的人适合从事政治领袖这个"职业",这取决于那个人属于哪种伦理类型。继而他认为,官僚主义者是糟糕的领导:他们的职业意味着服从规定和程序,他们**无示好恶地**(sine ira ac studio)履行任务。他们必须总是根据别人的权威行事,从来不对自己的行为负责。这里回响着卢卡奇的第一伦理。但是韦伯继续推进,区分了他命名的信念伦理和责任伦理。信念伦理主义者遵从一种绝对的道德原则,不会考虑任何后果——即便他们的行为会导致死亡和毁灭,他们满足于知道自己做的事情是"正确的"。相较而言,责任伦理主义者看起来可能会在原则方面妥协——但只是在不可避免的时候。如果有必要犯罪(使用国家的暴力),责任伦理主义者就会这么做——但是会像卢卡奇描述的陀思妥耶夫斯基式的堕落的主人公那样,用自己的肩膀担负起全部的不道

---

① Georg Lukács, *Dostojewski Notizen und Entwürfe*, J. C. Nyíri (ed.), Budapest: Akadémiai Kiado, 1985, p.139.
② Max Weber, "The Profession and Vocation of Politics," in Max Weber, *Political Writings*, P. Lassman and R. Speirs (ed. and trans.), Cambridge: Cambridge University Press, 1994, p.309-369.

德,并且不否认自身的罪过。韦伯认为,这样的个体是一个真正的"英雄"。① 考虑到卢卡奇和韦伯关系之近,这里可能存在一些思想交融,或者至少韦伯的圈子用这些术语讨论过这个问题。如果是这样,关于陀思妥耶夫斯基的书的这一层面,可以被解释为对这场特殊辩论的介入,卢卡奇想用伦理的责任和罪行而非道德确定性规划革命。韦伯的责任伦理政治家在官僚化的现代国家内起作用,但是卢卡奇的英雄假定了它的崩溃。借助陀思妥耶夫斯基,卢卡奇为责任伦理提供了一种版本,用韦伯赞赏的作家的语言证明了革命。他的老师当然丝毫不为所动,讽刺的是,韦伯的批判性论述可能批判的就是卢卡奇——他那时刚转向布尔什维主义,对他的老师来说,这像是一种出于信念伦理的行为。②

那么,什么样的道德责任可以证明,承担这样的罪恶是正当的? 对卢卡奇来说,陀思妥耶夫斯基式英雄担负的任务,是恢复人类之间直接的连结,使之不受社会结构的中介。陀思妥耶夫斯基塑造了许多英雄,其特征是他们与别人断绝关系的程度。《罪与罚》表现得最为明显。主人公拉斯柯尔尼科夫的名字有以下含义:拉斯柯尔(раскол[raskol])意味着"分裂",拉斯柯尔尼基(Раскольники[raskol'niki])意味着"旧信仰者,"他拒绝遵从彼得大帝治时尼康主教领导的礼拜仪式改革,反而坚持旧的仪式。他们为了逃离迫害,住在与世隔绝、远离政权的社区中,与外界断绝联系。然而事实上,拉斯柯尔尼科夫不是这一宗派的一员——他和错误坦白的旧信仰者米科尔卡不一样。哈雷特·穆拉夫(Harriet Murav)指出,"他的名字暗示了他在分裂自己的想法……米科

---

① Max Weber, "The Profession and Vocation of Politics," in Max Weber, *Political Writings*, P. Lassman and R. Speirs (ed. and trans.), Cambridge: Cambridge University Press, 1994, p. 369.
② Zoltán Tarr, "A Note on Weber and Lukács," in *International Journal of Politics, Culture, and Society*, 3/1, 1989, pp. 131 - 139; Arpad Kadarkay, "The Demonic Self: Max Weber and Georg Lukács," in *Hungarian Studies*, 9/1 - 2, 1994, pp. 77 - 102.

尔卡是真正宗派的,拉斯柯尔尼科夫……是假的"①。拉斯柯尔尼科夫已经把自己跟别人隔离开来。在这部小说里,即便是斯维德里加洛夫这么明显的恶人,也在某种程度上寻求与别人的联合。虽然他试图强奸杜尼娅,但是,当他认识到她永远不可能爱他的时候,他似乎仍然感到震惊,然后在绝望中自杀。②《群魔》中的斯塔夫罗金是一个富有魅力的人物,但他无法与别人结合,最后他选择自杀。③ 这些角色只有与别人重新发生联系的时候才能得救,后者通常是圣人般的角色,像索尼娅·马美拉多夫(Sonia Mameradov)——但卢卡奇暗示,拉斯柯尔尼科夫为了克服使他那么做的异化,必须**首先**去犯罪。

然而,卢卡奇的阐释在这遇到了困难,这可能部分解释了这本书为何流产。这些特殊的个体式英雄做出的哪种行为能够带来救赎,是不清楚的。在陀思妥耶夫斯基看来,拯救并不总是得到保证——当它有保证时,它就表现为人与人之间关系的复杂产物。拉斯柯尔尼科夫表面上是小说的主人公,代表有问题的人物,卢卡奇把他看作陀思妥耶夫斯基观念的真正代表,他需要基督般的索尼娅来达到和解。用约瑟夫·弗兰克(Joseph Frank)的话来说,相较卢卡奇指出的有问题的人物,索尼娅代表"基督之爱(agape)的伦理,代表完全的、直接的、无条件的自我牺牲,这就是索尼娅的存在法则(也是陀思妥耶夫斯基自身最高的价值)"④。但是在陀思妥耶夫斯基的**全部作品**中,即使这样的人物也不能保证救赎。拉斯柯尔尼科夫与她的宗教信仰相冲突,对自己嘟嘟

---

① Harriet Murav, *Holy Foolishness: Dostoevsky's Novels and the Poetics of Cultural Critique*, Stanford: Stanford University Press, 1992, p. 63.
② Fyodor Dostoevsky, *Crime and Punishment*, trans. David McDuff, Harmondsworth: Penguin, 1991, pp. 570 - 573.
③ Fyodor Dostoevsky, *The Possessed*, trans. David Magarshack, Harmondsworth: Penguin, 1971, pp. 665 - 669.
④ Joseph Frank, *Dostoevsky: The Miraculous Years, 1865 - 1871*, Princeton: Princeton University Press, 1995, p. 132.

嚷嚷:"她真是一个神圣的白痴!一个神圣的白痴!"①穆拉夫解释道,神圣的白痴,或者**颠僧**(yurodivy[юродивый]),是俄国一种寓意深远的形象——在上帝面前,他对自我和人性的克制大大超越了社会规范,以至于显得疯狂。穆拉夫认为,陀思妥耶夫斯基用这样的人物"反抗'实证主义和科学的时代'"②。但是当索尼娅用相当直白的方式演绎这个角色时,其他"神圣的白痴"的意义就更加含混。穆拉夫说,在不同的著作里,陀思妥耶夫斯基对待这个形象的方式是不一样的。③ 在《白痴》里,梅诗金王子的癫疯表现出的神圣的白痴,就呈现为医学上的病态;王子与他人隔绝,无法达成和解。霍尔奎斯特认为,这种结果的原因是两种时间观念的不兼容:梅诗金活在(至少在他被抓之前的极乐阶段)**瞬间**(kairos)之中,这是弥赛亚时间的永恒在场;而其他角色活在历史(chronos)中,这是日常的世俗时间。④ 最后,即使是阿廖沙——在《卡拉马佐夫兄弟》的结尾,他似乎成功将一群争吵中的小男孩团结起来——也不是一个没有问题的神圣的白痴。有证据表明,在前言中陀思妥耶夫斯基安排的叙述者所说的续篇中,可能有阿廖沙试图暗杀沙皇的场景。⑤ 讽刺的是,这部未竟之作的主人公实际上可能最接近卢卡奇理想中的革命人物——因为在现存著作中,基本上没有什么东西能够证明他的阐释。显然,仅有这一部分不足以证明陀思妥耶夫斯基笔下角色的具体含义,但明显的是,他们提供的救赎都比卢卡奇在他的早期论说文中和为这本书写的笔记中所认同的救赎更加复杂。

---

① Fyodor Dostoevsky, *Crime and Punishment*, trans. David McDuff, Harmondsworth: Penguin, 1991, p. 383.
② Harriet Murav, *Holy Foolishness: Dostoevsky's Novels and the Poetics of Cultural Critique*, Stanford: Stanford University Press, 1992, p. 8.
③ Harriet Murav, *Holy Foolishness: Dostoevsky's Novels and the Poetics of Cultural Critique*, Stanford: Stanford University Press, 1992, p. 171.
④ Michael Holquist, *Dostoevsky and the Novel*, Princeton: Princeton Legacy Library, 1977, p. 122.
⑤ 参见 James L. Rice, "Dostoevsky's Endgame: The Projected Sequel to *The Brothers Karamazov*", in *Russian History* 33/1, 2006, pp. 45-62.

因此,卢卡奇对陀思妥耶夫斯基的分析或许比不上巴赫金。后者的理解与卢卡奇紧密相关:正如提汉诺夫已经证明了的,巴赫金很了解卢卡奇的《小说理论》,他对小说总体上的和陀思妥耶夫斯基小说的很多评论可以看作对卢卡奇的回应。[1] 事实上,约翰·纽保尔(John Neubauer)除了指出两位批评家的共同主题是无家性以外,还认为巴赫金狂欢化了卢卡奇的著作,进而颠覆了卢卡奇。[2] 相比卢卡奇追寻**个体的英雄**,巴赫金认为陀思妥耶夫斯基作品的力量在于它的对话和复调——它的声音具有多样性。[3] 由此可见,不是社会失效了,而是在无所不包的社会制度崩溃后产生了多样化的声音,从中孕育了新的意义形式。[4] 这反映了陀思妥耶夫斯基显然拒绝让一个权威的声音左右一切。

当然,巴赫金自己的理解也不是没人质疑。[5] 然而,他确实展示出了卢卡奇的局限性。尽管卢卡奇构造的伦理框架创造性地颠覆了陀思妥耶夫斯基接受过程中的话语,但他仍然无法逃脱它的惯常用语,认为现代社会是堕落的,而不是解放的。他的解决方案可能不同,但是他对问题的诊断停留在同样的范式内。总而言之,这本书应该只是对庞大计划的解释,陀思妥耶夫斯基只是作为新世界的图景出现在《小说理论》的结尾。卢卡奇解释道,"艺术永远不能成为这种转变的中介"——

---

[1] Galin Tihanov, *The Master and the Slave: Lukács, Bakhtin, and the Ideas of Their Time*, Oxford: Oxford University Press, 2000;另参见 G. Pechy, "On the Borders of Bakhtin: Dialogisation, Decolonisation," in K. Hirschkop and D. Shephard (eds.), *Bakhtin and Cultural Theory*, Manchester: Manchester University Press, 1989, pp. 48 – 62。

[2] John Neubauer, "Bakhtin versus Lukács: Inscriptions of Homelessness in Theories of the Novel", in *Poetics Today* 17/4, 1996, pp. 531 – 46.

[3] Mikhail Bakhtin, *The Problems of Dostoevsky's Poetics*, trans. R. W. Rotsel, Bonn: Ardis, 1973.

[4] Mikhail Bakhtin, "Epic and Novel," in Bakhtin, *The Dialogic Imagination*, trans. Caryl Emerson and Michael Holoquist. Austin: University of Texas 1981, pp. 3 – 40.

[5] 参见 Caryl Emerson, "Problems with Baxtin's Poetics", in *Slavic and East European Journal*, 32/4 (1988), pp. 503 – 525; Harriet Murav, *Holy Foolishness: Dostoevsky's Novels and the Poetics of Cultural Critique*, Stanford: Stanford University Press, 1992, pp. 9 – 11。

只有真正的社会变革才能产生救赎。正是为了促使这种社会变革，卢卡奇才决心与无产阶级共命运，不久他便加入了匈牙利共产党。在文学中寻找救赎失败之后，他不得不转向革命。

我们时代的英雄

或许，卢卡奇转向布尔什维主义既出人意料，又不可避免。出人意料的是，他的论说文《作为一个道德问题的布尔什维主义》相当明确地**反对**革命。借助陀思妥耶夫斯基，他毫不含糊地声称，"布尔什维主义依据的是善能生发于恶的形而上学假设，正如《罪与罚》中的拉祖米欣所讲的，一直撒谎是有可能达到真理的。这篇文章的作者不认同这种信仰"[1]。文章出版的时间节点很微妙，那时，卢卡奇实际上已经转向了马克思主义。但与陀思妥耶夫斯基笔记联系起来看，这也许就不那么令人惊讶了——特别是在这里，他凭借拉祖米欣得出的观点遭到了否定。正如我们早些时候看到的，卢卡奇从陀思妥耶夫斯基、黑贝尔和罗普辛那里获得的第二伦理，可能实际上要求个人成为一个"残酷的**实用主义政治家**"，他们的行动甚至要在表面上与第一伦理一致——假如这是末世论意图引导的行为。这些文学原型提供给卢卡奇的，是一种透过这些伦理难题的思考方式。尽管他不是直接从陀思妥耶夫斯基那获得他的革命伦理学（如果他真那么做，肯定会是错的），但是这些作品提供了一些问题素材，使他得以阐述自己关于革命问题的想法。

卢卡奇的选择与他早年心灵上、伦理上和文学上的关切紧密相连，这一点得到他同时代的人认同。卡达凯（Arpad Kadarkay）论述了作家约瑟夫·伦吉尔（József Lengyel）的反应，他听到卢卡奇改变信仰后，便

---

[1] Georg Lukács, "Bolshevism as a Moral Problem," in Arpad Kadarkay (ed.), *The Lukács Reader*, Oxford: Blackwell, 1995, pp. 216 - 221, at 220.

问卢卡奇陀思妥耶夫斯基和马克思主义有什么关系。① 伦吉尔描述了"卢卡奇小组"和"正统"马克思主义者(包括他自己和党的领导人贝拉·库恩)之间的冲突;他没有时间对付这帮"幽灵",嘲弄他们为"伦理小组"。② 随后在1919年匈牙利苏维埃共和国成立期间,库恩惊奇地发现并揶揄道,就隔着他办公室两扇门,卢卡奇小组已经用马克思主义的术语提出神学问题。对库恩来说,卢卡奇是一个"疯狂的海德堡哲学家",没人能理解他:他跟同时代的马克思主义者使用不一样的话语,他使用被异化了的知识分子的文化批判语言,而不是卢森堡、考茨基等人之间辩论的语言。③ 1919年卢卡奇在文化部实行的政策也与之类似,比如在无产阶级儿童中公开组织阅读童话,这是在第三国际经济学讨论中找不到的。无论卢卡奇的转变背后的思想是什么,都被他的朋友和评论家理解为他早期有关文化、文学和伦理思想的延续——而绝不是认真学习历史唯物主义的结果。

卢卡奇早期的马克思主义由一些时常矛盾的思想构成:他对马克思著作的精进,对列宁和罗莎·卢森堡的矛盾态度,对索雷尔的革命狂热,还有海德堡学术同僚的影子——既有西美尔和韦伯的社会学思想,又有埃米尔·拉斯克的形式哲学。④ 我认为,这部分源于他对陀思妥耶夫斯基的解读——他希望有一个能解决第二伦理难题的英雄人物。这也部分地引导他接受列宁(**尤其**作为一位被卢卡奇浪漫化的俄国典范),并且帮助他重新塑造最初的卢森堡主义信仰,相信无产阶级能作为一个整体自发进行反抗。他对陀思妥耶夫斯基的关注体现在其早期马克思主义思想的两个不同方面——他继续关注在一个社会—结构崩

---

① Arpad Kadarkay, *Georg Lukács: Life, Thought, Politics*, Oxford: Blackwell, 1991, p. 193.
② Jozsef Lengyel, *Visegradi Utca*, Budapest: Magvető, 1972, pp. 137-138.
③ Arpad Kadarkay, *Georg Lukács: Life, Thought, Politics*, Oxford: Blackwell, 1991, p. 204.
④ 卢卡奇在1967年重新出版《历史与阶级意识》的序言中阐明了他思想的许多渊源,参见 Georg Lukács, *History and Class Consciousness*, trans. Rodney Livingstone, London: Merlin Press, 1971, pp. ix-x.

溃时代中的伦理行动和道德责任问题,并继续希望能找到一个能够肩负行动带来的责任并解决这些问题的英雄。

他的论文题目明显反映了其早期马克思主义的伦理学色彩,比如《策略与伦理》(1919)、《道德在共产主义生产中的作用》(1919)和《共产党的道德使命》(1920)。这些论文说明卢卡奇对第一伦理和第二伦理的区分意义深远。剩下的一些文章表明,卢卡奇关注第一伦理式的异化社会结构。一个革命后的社会必须建立属于它自己的新制度,注入新道德——共产党的"使命"就是"防范重大危机,因为这些制度甚至在有机会得到适当发展之前,就堕落了、僵化了"①。卢卡奇在别处也论述道,在这样一个社会中,"道德的自由将会取代法律的强制,规范所有行为"②。因此,共产主义会创造一个"新的精神纪元",那时,共同体建立在一个自由联合的社会之上,在那里,社会关系不再由制度的力量统治。当然,所有这一切使人想起他在《小说理论》中表达的希望,还有陀思妥耶夫斯基笔记中表达的那个世界,客观的社会结构不再异化于本应连结在一起的人。

但是更加引人注意的是,行动引发的**个人**道德问题重复出现。在《策略和伦理》中,卢卡奇明确回到了犹滴的例子,他在四年前与恩斯特讨论他的陀思妥耶夫斯基著作时曾引用过这个例子,他说,"用黑贝尔笔下的犹滴那美丽得无与伦比的话语来表达最沉重的人类悲剧感——'如果上帝将罪恶放置在我和我受命所做的行动之间,那么那个有能力摆脱它的我是谁呢?'"③他在此对犹滴问题的回答同他早期的回答是一

---

① Georg Lukács, "The Moral Mission of the Communist Party", in Georg Lukács, *Tactics and Ethics: Political Essays*, 1919-29, Rodney Livingstone (ed.), trans. Michael McColgan, New York: New Left Books, 1972, pp. 64-70, at 68.
② Georg Lukács, "The Role of Morality in Communist Production", in Georg Lukács, *Tactics and Ethics: Political Essays*, 1919-29, Rodney Livingstone (ed.), trans. Michael McColgan, New York: New Left Books, 1972, pp. 48-52, at 48.
③ Georg Lukács, "Tactics and Ethics", in Georg Lukács, *Tactics and Ethics: Political Essays*, 1919-29, Rodney Livingstone (ed.), trans. Michael McColgan, New York: New Left Books, 1972, pp. 3-11, at 11.

样的,真正的革命牺牲是牺牲他们自己的心灵——"每一个现在选择共产主义的人,都因此被迫为每一个在这场斗争中为他牺牲的人承担同样的**个人责任**,就好像是他把他们全杀掉了。"① 韦伯的责任伦理同样涉及为关键性的行动承担道德负担。在第一伦理可能宣告这样的行为是必要的情况下,真正的第二伦理不会把道德责任的负担推给社会或历史结构——卢卡奇的革命生涯充斥着此类道德责任观念。

当然,这种伦理需要——至少在陀思妥耶夫斯基的例子中——一种特殊的英雄。最初,卢卡奇似乎觉得不需要这种英雄。卢森堡主义的信念使他相信革命的无产阶级的自发性,不需要任何党的领导,这个想法表现在1919年3月他为匈牙利社会民主党和布尔什维克党的成功联合所写的一份有些天真的宣言中:"党派不复存在了——现在存在的是一个联合的无产阶级",他坚称,"匈牙利革命证明,革命的成功不需要无产阶级内部的互相残杀"②。他的声明表明他同样希望一个没有问题的、有机的整体,这是在陀思妥耶夫斯基那里发现的。不幸的是,他的乐观主义为时尚早:革命坚持了不到5个月,失败的部分原因是缺乏大多数工人阶层的支持。因此,卢卡奇的希望越发依赖于能够解决第二伦理难题的个人。

他的朋友安娜·列斯奈说,最初那个"英雄"是厄尔诺·赛德勒,卢卡奇形容他融合了所有他相信的东西,还说他现在认识到,"只有一个意识到被救赎的人才能建立那个经验的世界"③。当然,赛德勒是伊尔玛的弟弟,卢卡奇对伊尔玛的死深感愧疚。卡达凯明确指出,事实上,

---

① Georg Lukács, "Tactics and Ethics", in Georg Lukács, *Tactics and Ethics: Political Essays, 1919 - 29*, Rodney Livingstone (ed.), trans. Michael McColgan, New York: New Left Books, 1972, p. 11.
② Georg Lukács, "Party and Class," in Georg Lukács, *Tactics and Ethics: Political Essays, 1919 - 29*, Rodney Livingstone (ed.), trans. Michael McColgan, New York: New Left Books, 1972, pp. 28 - 36, at 36.
③ Arpad Kadarkay, *Georg Lukács: Life, Thought, Politics*, Oxford: Blackwell, 1991, pp. 202 - 203.

卢卡奇决定加入布尔什维克具有改宗的特点,这是赛德勒的魅力激励他这么做的,而不是其他任何一切。他颤抖地告诉他的朋友们,他遇到了一个纯粹的、超越的个体,他能够改变世界,恢复人性。[1] 换句话说,卢卡奇自己解释他转向布尔什维主义的根据是,他发现了一个与陀思妥耶夫斯基著作里的主人公相似的人。还有一个人起到了关键作用,他的妻子盖尔特鲁德·波尔什梯贝。很久后,他回顾这一转变时认为,她对他完全拥抱布尔什维主义产生了决定性影响:他提到他们之间的"精神纽带",并强调"需要得到她的肯定[是]我个人生活的核心问题"[2]。卢卡奇强调需要得到她的认可,这与他前几段爱情关系非常不同,那时更为重要的是差异。盖尔特鲁德提供的是一种用个人的方式与残存的人性——事实上也与这种情感——产生联系,这是异化了的知识分子卢卡奇已经丧失的。在卢卡奇对她的描述中,她的地位堪比索尼娅·马美拉多夫。盖尔特鲁德和厄尔诺·赛德勒就像卢卡奇寻找的陀思妥耶夫斯基式的救赎角色。

然而,赛德勒很快被更加有震撼力的列宁取代。后来,卢卡奇把他从转向布尔什维主义一直到温和的《勃鲁姆提纲》(1928年)出版的这段时期,界定为国际形势影响下的"弥赛亚式的宗派主义"和匈牙利背景下的"实用政治"的混合时期。[3] 匈牙利议会共和国的崩溃、革命无法在俄国以外传播和苏联日渐专制,这些情况都逐渐使卢卡奇对革命不再抱有希望——但这被他对列宁的信仰抵消,他相信列宁是一位图腾式的革命天才。他为列宁写的理想化传记《列宁——关于列宁思想统一性的研究》(1924)不同寻常,因为他从个体的角度赞扬列宁个人的、主

---

[1] Arpad Kadarkay, *Georg Lukács: Life, Thought, Politics*, Oxford: Blackwell, 1991, pp. 202-203.
[2] Georg Lukács, *Record of a Life*, I. Eörsi (ed.), trans. R. Livingstone, London: Verso Books, 1983, p. 157.
[3] Georg Lukács, *Record of a Life*, I. Eörsi (ed.), trans. R. Livingstone, London: Verso Books, 1983, p. 76.

观的品质。在卢卡奇的叙述中,列宁不是黑格尔式的世界—历史人物,在追逐有限目标的过程中无意识地、不经意地加速展开了**精神**。相反,卢卡奇认为列宁是"那个天才",能够独特地"在[资本主义的]任一现象中、在它的结构的变动中,看穿它的总体性"①。他明确宣称,他的研究"绝不宣称彻底研究了列宁的理论和实践";相反,他关注的正是作为伦理典范的列宁这个人。② 列宁作为一个英雄人物主动站出来,他具有的独特品质让他能够克服资本主义的形式。

他的《列宁》强有力地证明,一直到 1924 年,他都还处在研究陀思妥耶夫斯基时期的伦理框架内。虽然这本书绝不纯粹是他早期方法的表达,但一些主题还是重复出现了。第一伦理和第二伦理的冲突,体现在他对待国家的异化客观结构的态度中。对卢卡奇来说,"不惜一切要求合法性的策略和非法策略,都掩盖了二者用来对付资产阶级国家的理论自由的缺失。"③在一定意义上,他所拒绝的两种可能性都是第一伦理的。显然,坚持合法性会导致接受这些客观结构——但是即便是"浪漫的非法性",也隐含着一方面接受人民的分裂,另一方面接受将要被瓦解的结构。回想一下,卢卡奇的陀思妥耶夫斯基式的革命者看起来依照第一伦理行动,但这么做只是为了回应第二伦理的召唤。第二伦理不是无条件地反对第一伦理,好像两者是永远分离的;相反,第二伦理源于第一伦理破碎的结构,并与之交织在一起。尽管卢卡奇在早期拒绝把议会当作革命工具,但是在列宁批评他的极左主义后,他改变了立场。改变后的立场更加接近他之前自己的观点。他采用相似的方法

---

① Georg Lukács, *Lenin : A Study in the Unity of His Thought*, trans. Nicholas Jacobs, London: Verso, 1997, p.10.
② Georg Lukács, *Lenin : A Study in the Unity of His Thought*, trans. Nicholas Jacobs, London: Verso, 1997, p.7.
③ Georg Lukács, *Lenin : A Study in the Unity of His Thought*, trans. Nicholas Jacobs, London: Verso, 1997, p.62.

对待党的组织，不断警告"理论中所有的教条主义和实践中所有的僵化"①。为了代替僵化的结构，他一直坚持"列宁的组织概念"——因此将本应团结无产阶级的流动的社会关系变得个人化。② 列宁是卢卡奇的陀思妥耶夫斯基式英雄的集大成者：他能够用不粘连客观结构的那种可塑性强的、直接的方式，使人性统一起来。资本主义的物化体系，造成了现代社会阶级和个体的碎片化，而列宁扮演救世主的角色，能够使它们联合起来。

此外，卢卡奇对列宁主义的、革命的实用政治的辩护沿用陀思妥耶夫斯基笔记中的逻辑——如果从第二伦理的态度出发，那么现实地调和客观的第一伦理就是正当的。在《列宁》中，卢卡奇对比了布尔什维克的领导和社会民主党人眼中的实用政治。卢卡奇认为对后者来说，实用政治"相信真正的革命仍然遥遥无期，社会革命的客观先决条件至今仍不存在……**出于这些原因**，无产阶级必须与资产阶级妥协"③。如果革命临近，那就暗示不需要妥协。这代表向现存客观条件的投降——他认为，列宁介入实用政治仅仅是因为革命的临近。向客观结构的妥协，只是因为这能够直接帮助革命——只有具备"对全部历史过程的正确统觉"④，这才是可能的。卢卡奇竭力强调，列宁主义的现实政治并不对行动持有完全非道德的态度——正如他说，没有依据能证明"这是本领和精明的问题，是一位狡猾的骗子的问题"⑤。只有把行动的目标全面扩大到世界范围的革命和社会转变，才能证明行动的正确，尽

---

① Georg Lukács, *Lenin: A Study in the Unity of His Thought*, trans. Nicholas Jacobs, London: Verso, 1997, p. 36.
② Georg Lukács, *Lenin: A Study in the Unity of His Thought*, trans. Nicholas Jacobs, London: Verso, 1997, p. 31.
③ Georg Lukács, *Lenin: A Study in the Unity of His Thought*, trans. Nicholas Jacobs, London: Verso, 1997, p. 80.
④ Georg Lukács, *Lenin: A Study in the Unity of His Thought*, trans. Nicholas Jacobs, London: Verso, 1997, p. 83.
⑤ Georg Lukács, *Lenin: A Study in the Unity of His Thought*, trans. Nicholas Jacobs, London: Verso, 1997, p. 79.

管在表面上看,这些行动似乎完全类似资产阶级政治家的典型行为。在卢卡奇的框架内,他的行动符合第一伦理——在现有结构内,做必须做的事,激发其他阶级的客观利益,以此形成联盟——但这恰恰是因为他具有第二伦理的目标,寻求社会结构的完全转变。因而,卢卡奇对这种行为的辩护依赖他在阅读陀思妥耶夫斯基的过程中发展出来的逻辑。

但是这本书最引人注目的是末世论腔调,卢卡奇重复使用末世的语言。卢卡奇在他不太温和的时期论述道,列宁主义哲学,标志了"资本主义最后阶段的开端,昭示了把当前资产阶级和无产阶级之间不可避免的总决斗转向有利于无产阶级的可能性,即人类解放"[1]。无产阶级的决定"不仅对自身,而且对整个人类而言"[2]都是至关重要的。他坚持不停地使用千禧年主义的腔调,论述现阶段革命的"现实性"和新社会的临近。也有迹象暗示,他早期希望俄国人是欧洲的救世主:他提到,农村的发展状况意味着"俄国无产阶级将会在很大程度上避免"在别处发生的"犹豫和倒退"[3]。总之,正是因为卢卡奇认为列宁是**能动的**(active),才使得他成为经典的陀思妥耶夫斯基式的英雄。回想他对托尔斯泰和陀思妥耶夫斯基的区分:前者的主人公被设定成能看到,但最终无法触及的整体的、自然主义的世界,后者的主人公可以能动地产生这种和解。促使卢卡奇选择列宁的原因是他果断否认第二国际的决定论。再次纵观这本书,可见他屡屡拒绝"机械宿命论",认为那些人把"无产阶级的阶级意识当作阶级现状的机械产物",或者认为"革命自身

---

[1] Georg Lukács, *Lenin: A Study in the Unity of His Thought*, trans. Nicholas Jacobs, London: Verso, 1997, p. 11.
[2] Georg Lukács, *Lenin: A Study in the Unity of His Thought*, trans. Nicholas Jacobs, London: Verso, 1997, p. 86.
[3] Georg Lukács, *Lenin: A Study in the Unity of His Thought*, trans. Nicholas Jacobs, London: Verso, 1997, p. 16.

不过是注定急速增长的经济力量的机械作用"①。列宁,也只有列宁能够洞察将客观潮流导向革命和社会变革的需要和可能性。总之,这意味着要培养无产阶级的阶级意识,能动地把他们纳入党和苏维埃中来,以便恢复他们自发形成的集体,不再受资本主义社会结构的歪曲。卢卡奇淡化了列宁政党理论中的布朗基主义元素,布朗基主义的任务只是简单地用斗争实践夺取政权。相反,他强调组织工作的重要性,因为这样能产生阶级意识。他认为,只有"通过党的作用",人们才能"成为真正专业的革命主义者"②。因此列宁的影响具有一种改造的作用:他恢复了共同体,并改造了其中的每个成员。在卢卡奇眼里,列宁的任务正属于第二伦理,它的目的是推翻对客观结构的臣服,反对教条主义地坚持一系列行动准则,推翻对现存条件宿命论般的服从,取而代之的是在工人之间创造一个新的集体,它不断更新,而不是在异化的、客观的形式中存在着。

那时,卢卡奇许多关于革命道德的论述沿用了他早期著作中的语言和主题。尽管现在介入了马克思主义的争论,但他还是时常运用被异化了的战前知识界的语言,还有同他们具有联系的俄国和陀思妥耶夫斯基的话语体系。总之,正是在把列宁描述成伦理的革命英雄的过程中,卢卡奇早期的马克思主义著作展示出与之前著作的延续性。列宁不是纯粹苦行主义地愿意承担别人犯下的罪;相反,他为了把他人团结在一起,在现实中犯下罪责并承担责任。在此方面,卢卡奇塑造列宁形象的方式与他早期叙述陀思妥耶夫斯基笔下最具问题性的角色的方式类似。从他自己更早时期的分析看,卢卡奇解释列宁的方式是千禧年主义的——但他是一个陀思妥耶夫斯基式的人物,而不是一个基督徒,不是弥赛亚。

---

① Georg Lukács, *Lenin: A Study in the Unity of His Thought*, trans. Nicholas Jacobs, London: Verso, 1997, p. 31.
② Georg Lukács, *Lenin: A Study in the Unity of His Thought*, trans. Nicholas Jacobs, London: Verso, 1997, p. 37.

结论

在走向生命终结的过程中,卢卡奇将完全承认他早期的唯心主义,明确把它指认为弥赛亚主义。到1920年代末,世界革命似乎不再迫在眉睫;在《勃鲁姆提纲》发表后,卢卡奇不再积极地介入政治,而是专注文学和哲学创作。然而,对青年卢卡奇来说,当代社会异化结构表面上的崩溃造成了一个伦理困境:我们在何种程度上被迫接受那些看起来不再起作用的规范和结构?

我已经指出,卢卡奇对此的回应使用了陀思妥耶夫斯基大讨论中的语言,参与讨论的西欧文人在陀思妥耶夫斯基那里看到了作为典范的、被狂热喜爱的"俄国性"。俄国被描写为人性的原始大地,是直接的、心灵的整体——陀思妥耶夫斯基似乎比任何人更能代表这个特征,他是热情的、无法预料的。通过他的朋友,比如布达佩斯的卡尔·曼海姆,还有海德堡的韦伯圈子,卢卡奇直接经历了这场陀思妥耶夫斯基热潮,此背景影响了他对陀思妥耶夫斯基的阐释。为了理解并解释他发现的问题,陀思妥耶夫斯基成为反复解读的核心;卢卡奇也借助克尔凯郭尔、罗普辛、黑贝尔和其他人——但是在欧洲广泛接受陀思妥耶夫斯基著作的环境下,陀思妥耶夫斯基才是他的理论核心。今天我们或许不再接受由文学生发而来的道德哲学,但是对卢卡奇那个时代的人来说,正如斯金纳(Skinner)所述,这一倾向非常容易理解——甚至是理性的。[1]

先前对卢卡奇笔记——尤其他对第一伦理和第二伦理的区分——的解释通常止步于此,主要把它们看作对立的价值,或者看作冰冷的、非人的义务和温暖的、自发的社会统一体的对立。但我已经说明,必须进一

---

[1] Quentin Skinner, "Interpretation, Rationality, and Truth," in Skinner, *Visions of Politics: Regarding Method*, 3 vol S.1, Cambridge: Cambridge University Press, 2002, pp. 27-56.

步补充这种区分,论述这两种伦理之间复杂的矛盾关系,这导致了一种不确定性,并呼唤能够面对道德责任问题的特定类型的英雄。实际上,第一伦理是传统世界的伦理;只有客观结构崩溃后才需要第二伦理,并且召唤出那个英雄,他为了拯救人性,能够为潜在的罪行负起责任。因为行动(因此还有行动主体)的不道德性不能被必要性抵消,所以如我所述,卢卡奇的解释与他的导师韦伯在《政治作为一种志业》(*Politics as a Vocation*)中对伦理的解释存在惊人的一致,或许是韦伯圈子中的道德辩论具有更加本土的环境,这有助于解释卢卡奇后来的理论发展。

之前对卢卡奇笔记中的伦理的研究缺乏这种存在主义方面的考察,这就意味着,先前的研究没有完全把握笔记对卢卡奇后来的革命理论的意义。一些学者,比如格拉克、凯勒和洛维,认为卢卡奇的浪漫的反资本主义时期包含陀思妥耶夫斯基计划,没有追溯它与后续著作之间明确的概念关系;他的马克思主义理论与早年间的浪漫主义呈现出一种非连续性,这有意无意地忽略了对连续性的系统考察。① 相反,尽管有些评论者比如李·康登确实指出了连续性,但卢卡奇的马克思主义被理解为当时广泛传播的新浪漫主义的直接延续。② 相比之下,我已经指出,卢卡奇能够使用当时讨论陀思妥耶夫斯基的话语,并借此超越俄国心灵和西方理性之间的简单对立。昆廷·斯金纳提出的论点类似马基雅维利对王子们的建议,他们应该学学怎样不学好:斯金纳指出,马基雅维利正是利用人文主义者给王子提供阅读建议这一习俗来颠覆这些习俗的内涵。③ 卢卡奇同样能转变陀思妥耶夫斯基讨论中可能存

---

① Mary Gluck, *Georg Lukács and His Generation 1900 – 18*, Cambridge: Havard University Press, MA, 1985; Michael Löwy, *Georg Lukács: From Romanticism to Bolshevism*, trans. Patrick Camiller, London: New Left Books, 1979; Ernst Keller, *Der junge Lukács: Antibürger und wesentliches Leben*, Frankfurt am Main: Sendler, 1984.
② Lee Congdon, *The Young Lukács*, Chapel Hill: University of North Carolina Press, 1983.
③ Skinner, "'Social Meaning' and the Explanation of Social Action," in Skinner, *Visions of Politics: Regarding Method*, 3 volS. 1, Cambridge: Cambridge University Press, 2002, pp. 128 – 144, at 136, pp. 142 – 143.

在的反动的、保守的影响,并将之引向革命的目标。他对革命行动的辩护同样关注道德责任,并且——如同他首先对赛德勒,其次对列宁的反应所表现的——他继续将他的希望聚焦于能够带来救赎的英雄人物。

当然,卢卡奇很快放弃了他的文学偶像。列宁谴责陀思妥耶夫斯基,认为他是十足的反动派——卢卡奇在《斯塔夫罗金的忏悔》(这是《群魔》中丢失的那一章被重新发现后,于1920年代出版的短篇作品)中也这样认为。① (如果《卡拉马佐夫兄弟》计划中的续篇动笔的话,情况可能会很复杂。)正如提汉诺夫指出,卢卡奇后来对陀思妥耶夫斯基的一些评论不过是教条主义的谴责,或者用简单的正统马克思主义把他的作品分析为对现代城市生活的反映。② 陀思妥耶夫斯基著作的永恒张力、那些颠覆社会制度的局外人和明显的宗教性,使身处苏联正统观念的压抑氛围中的卢卡奇不可能再写东西赞同他。但也许其他的历史事件同样负有责任。1928年《勃鲁姆提纲》中更加温和的政治观念说明卢卡奇越来越不相信革命即将到来;同时,陀思妥耶夫斯基的千禧年主义也没那么吸引人了。不管怎么说,在他发展中的一个关键时期,卢卡奇介入了对陀思妥耶夫斯基接受的大讨论,这有助于他表达他的伦理思考——抛开陀思妥耶夫斯基的名声,这些思考是绝对革命的。卢卡奇接受了这场辩论对现代社会的诊断,同时给出了激进的解决方案,他既受到所用话语的限制,又被这些话语所激活。

(谢瑞丰　译)

---

① Georg Lukács, "Stavrogin's Confession," in Arpad Kadarkay (ed.), *The Lukács Reader*, Oxford: Blackwell, 1995, pp. 174–178.
② Galin Tihanov, *The Master and the Slave: Lukács, Bakhtin, and the Ideas of Their Time*, Oxford: Oxford University Press, 2000, p. 183–186.

青年卢卡奇的生平与思想——以《策略与伦理》为焦点[*]

[英]罗德尼·利文斯通

对于格奥尔格·卢卡奇来说，1919—1929 年是政治活动的十年，最初他活动在 1919 年的匈牙利苏维埃共和国，后来在维也纳流亡。他亲身经历了第一次世界大战和俄国革命结束后的历史动荡时期的事件，这为他撰写的一系列政论文章提供了丰富的素材。在这些文献中，至今只有两部作品被译成英文出版，一部是专著《列宁》，另一部是题为《历史与阶级意识》的论文集。① 本书旨在弥补这一空白。本书收录了卢卡奇全集德文版第二卷中的所有文章（除了两篇次要的评论文章）。② 内容涵盖了对特定事件或趋势的分析，对更加普遍的问题的政治性质的讨论以及对拉萨尔（Ferdinand Lassalle）和莫泽斯·赫斯（Moses Hess）等早期人物的重新评价。毫无疑问，它们的重要性各不

---

[*] 本文出自：Rodney Livingstone, "Introduction", in Georg Lukács, *Tactics and Ethics：Political Writings 1919-1920*, trans. Michael McColgan, London：Verso, 1972, pp. *vii-xxi*。
罗德尼·利文斯通，南安普顿大学现代语言系德国研究专业荣誉教授。利文斯通英译了大量阿多诺、韦伯、本雅明、卢卡奇等人的著作。2009 年获得美国翻译协会的匈牙利语—德语翻译奖。

① Georg Lukács, *Lenin*, London：NLB, 1970; Georg Lukács：*History and Class Consciousness*, London：Merlin Press, 1971.

② Georg Lukács, *Werke*, vol. 2, Neuwied：Luchterhand, 1968. 值得一提的是，这一卷并不追求完整性。有关遗漏部分，参见 Victor Zitta, *Georg Lukács：Marxism Alienation, Dialectics, Revolution*, The Hague：Nijhoff, 1964, pp. 266-269 以及 Istvan Mészáros, *Lukács' Concept of Dialectic*, London：Merlin Press, 1972.

相同,但从一个整体考虑,它们充分说明了卢卡奇从 1918 年 12 月决定加入匈牙利共产党,到面对由《勃鲁姆提纲》(*The Blum Theses*)招致激烈批评期间而决定放弃政治活动的思想发展过程。而且,现在应该可以确定《列宁》和《历史与阶级意识》在卢卡奇思想整体发展中的位置。后期作品中许多发展得更为充分的主题都可以在这里找到雏形,并且因为它们往往涉及当下的问题,所以它们可能有助于阐明那些重要但令人望而却步的文本。

在卢卡奇决定成为马克思主义者的过程中存在一条逻辑线索,但是,从他的早期立场出发的演变不可能是顺利的。尽管许多评论家正确指出了卢卡奇在不同阶段的作品之间的联系,以及他从最早的前马克思主义作品走向成熟的过程中一直坚持的主题,但卢卡奇本人却始终强调自己的观点发生了改变,并且只要他认为某些思想甚至一整本书有错误或疑点,他就会毫不犹豫地加以拒绝。棘手的是,他在政治上经常改口,这使问题更加复杂。但重要的是,即使我们抛开这些不谈,我们仍然要意识到,我们所面对的**全集**(oeuvre)充满着不连续性、立场的迅速转变和难以克服的冲突。这特别真实地体现在他从第一次世界大战到投身马克思主义的这段思想发展历程中。

一战爆发时,卢卡奇生活在德国,是海德堡的一位美学讲师。那时他的事业一帆风顺,但在他那一代奥匈知识分子当中显得平平无奇。[①] 1885 年,他出生在布达佩斯的一个富有的犹太家庭。他的父亲是匈牙利一个重要银行的经理,曾被哈布斯堡家族封为贵族。据说在 1918 年前,卢卡奇在他的出版物中都会使用"冯"这一尊称。他年少有为:1902 年出版了第一部著作,1905 年成为了塔利亚剧院的联合创始人,为激进杂志《西方》(*Nyugat*)和奥斯卡·贾茨(Oscar Jászi)的社会

---

① 有关卢卡奇生平和思想发展的阐述可参见 George Lichtheim, *Lukács*, London: Fontana, 1970; Lucien Goldmann, "Introduction aux premiers écrits de Georg Lukács", in *Les Temps Modernes*, 195, 1962。也可参见 1967 年版《历史与阶级意识》前言。

学学会刊物《二十世纪》(*Huszadik Század*)都做出了贡献。1906年，他在布达佩斯大学获得博士学位。1908年，他的两卷本著作《现代戏剧发展史》（1911年以匈牙利文出版）获奖。同年，他出版了德文版论说文集《心灵与形式》，论述的对象涉及斯蒂凡·格奥尔格、诺瓦利斯、泰奥多·施笃姆、保罗·恩斯特以及论说文形式本身。这部作品产生了重大的影响，比如影响了托马斯·曼的《死于威尼斯》(*Death in Venice*)，使他树立了作为批评家的声誉。在1909—1910年间，卢卡奇前往柏林，参加了哲学家、社会学家兼文学批评家格奥尔格·西美尔的讲座。在密集的游学后，他最终在1912年定居海德堡，在那里他结识了马克斯·韦伯和格奥尔格圈子的成员（虽然他是否真的见过格奥尔格本人存有争议），并参加了著名的新康德主义哲学家李凯尔特和文德尔班的讲座。他还与他们最出色的学生埃米尔·拉斯克结为好友，他的思想对卢卡奇产生了重要影响。

  卢卡奇似乎毫不费力地融入了威廉二世时期的德国。相比之下，例如对于卡夫卡而言，德国、犹太和捷克文化身份的主张冲突地聚集在卡夫卡身上，加剧了他的异化感，而卢卡奇似乎没有体验过那种引发冲突的压力。匈牙利在日益衰败的哈布斯堡帝国中逐渐占据统治地位，以及几乎全是犹太人的资产阶级知识分子小群体的同质化倾向，可能也为他带来了更强的文化自信。此外有人指出，不同于俄国革命者中的全盘西化派（Westernizing）继续与民粹派（Narodnik）运动保持联系，在以农村和农民为主体的匈牙利，匈牙利左翼知识分子大多数是背井离乡，生活在城市中的犹太人。[①] 因此，这使他们对西方思想的接受更加容易和绝对。无论卢卡奇这一时期思想成熟的速度如何，它都准确地反映了德国的思想运动，此外，卢卡奇立场中的极端复杂性也映射了当时的德国文明正在被迫走向的危机。

[①] 有关匈牙利知识分子生活的描述，请参见 R. L. Tökés, *Béla Kun and the Hungarian Soviet Republic*, New York and London: Praeger, 1967, pp. 1-49。

这一时期德国的智识生活的特点是蓬勃发展的各门经验科学和为它们提供理性基础的实证主义哲学。在英国,实证主义可以很容易地与现有的经验主义和功利主义思想传统相结合,而在德国,尽管唯心主义传统在当时日渐式微,还受到了攻击(比如尼采的攻击),实证主义还是与其发生了直接碰撞。除了技术和科学的进步,帝国主义时代还存在着庸俗唯物主义,这一时代的犬儒主义、冷酷无情和沙文主义都被记录在海因里希·曼(Heinrich Mann)的小说和格奥尔格·格罗斯(Georg Grosz)的漫画中。因此,无论是学术性的哲学家还是创作性的作家都关心如何消除他们眼中的现代世界的非人化力量,即尼采宣称的"虚无主义的解决方法"。卢卡奇在德国发现的是对唯物主义的各种回应,从激情过度的非理性主义和神秘主义到格奥尔格圈子里的傲慢的个人主义。

新康德主义在思想谱系中的位置非常尴尬,因为康德的二元论既可以用来加强也可以用来削弱自然科学的霸权。一方面,马堡的哲学家(纳托尔普、柯亨[Cerald Allan Cohen]、鲁道夫·施塔姆勒[Rudolph Stammler])支持康德的反形而上学倾向,试图将哲学局限于逻辑学和知识论,坚持认为其功能是为具体科学提供理性基础。另一方面,海德堡的哲学家李凯尔特和文德尔班则对实证主义更加敌视,他们运用康德对纯粹理性和实践理性的区分来建立人文科学的自主性。历史是他们的头等关注对象,但很显然,如果他们能够证明历史作为自然科学的替代品的有效性,那么这一证明将适用于总的人文社会科学。在这点上,他们得到了狄尔泰著作的支持,狄尔泰的主要研究计划是提供一个完备的历史科学认识论,一种补充康德的"历史理性批判"。

卢卡奇迷上了海德堡的哲学家,同时还有狄尔泰的活力论(vitalism)。在《我走向马克思的道路》(1933)中他这样回顾起他当时的立场:

> 新康德主义的关于"意识内在性"的学说非常适合我当时的阶级地位和世界观。我甚至没有对它进行任何批判的检验，就毫无抵抗地把它接受为每一个认识论问题的出发点。虽然我总是对极端主观的唯心主义怀有疑虑（既怀疑新康德主义的马堡学派，也怀疑马赫主义），因为我不能理解，怎么能把现实问题简单地当作内在的意识范畴，然而，这并没有导致唯物主义的结论，而是反而使我接近那些想以非理性主义和相对主义方式、甚至是以神秘主义方式来解决这个问题的哲学派别（李凯尔特、西美尔、狄尔泰）。①

这一段话充分展现了卢卡奇早期的唯心主义和德国哲学当时的状况，他拒绝了马堡学派的过度主观性！这段话同时也指明了卢卡奇自身的发展方向，我们可以把他的发展看作一种克服实证主义的尝试，这是在狄尔泰的**生命哲学**的中介下，从新康德的主观唯心主义向黑格尔的客观唯心主义的过渡。应当指出的是，这些新康德主义者和同时代其他人捍卫精神自主性的尝试，避免了诉诸明确的形而上学或宗教的立场。因此，宗教的地位免不了经常被艺术取代。卢卡奇也一度倾向于这种流行的唯美主义。对于他而言，这绝不是一件无聊的事；正相反，这让他投身于在现代生活的贫瘠中寻求一种真实性的事业。他的思想逐渐朝向越来越强的客观性方向发展，先是相信不受时间影响的本质或"诸形式"，后来通过狄尔泰的直觉的真理，达到一种"客观"的历史辩证法。黑格尔主义的复兴在这里至关重要：当实证主义、活力论和唯心主义互相削弱对方的时候，黑格尔出现了，他的哲学反对了唯心主义的终极的非理性，可以说是客观的、理性的；这同时，也反对了实证科学的物化，可以说是与人的本质相关的。

这些复杂的主题全部体现在《小说理论》中，这本写于战争初期的

---

① 卢卡奇：《卢卡奇自传》，杜章智编，社会科学文献出版社1986年版，第32页。——译者注

著作代表了他思想的早期发展阶段的终点。

1914年战争的爆发震惊了卢卡奇。他所融入的文化精英团体对当时德国生活的蔑视与沙文主义者的态度是完全一致的。这些"非政治的"思想家和诗人的意识形态在实践中被证明是保守主义和民族主义的。卢卡奇没办法和他们共情。一方面,他对资产阶级资本主义的厌恶根深蒂固,以至于他不能彻底转向他们。另一方面,他也不可能向更左翼的立场发展。其实,社会民主党对战争的拥护是他抛弃幻想的主要原因。他形容自己当时的态度是"对于战争,尤其是对战争的狂热支持情绪,我个人的内心深处持一种强烈而全面的拒斥态度,只不过这种拒斥态度最初并没有溢于言表"①。

卢卡奇向马克思主义的转变绝非易事。在《我走向马克思的道路》中他解释说,他在上学期间就读过马克思,马克思对经济学和社会学的贡献给他留下了深刻的印象。然而,马克思在他的思想发展中只起到了非常小的作用,因为社会学和经济学本身只被视为他的主要兴趣——美学分析——的初步阶段。因此在战争期间,他在发现黑格尔后重新对马克思产生兴趣,通过这一时期的学习,卢卡奇认为,经济学和唯物主义没有辩证法和历史哲学那么令人印象深刻。至于他与当时马克思主义运动的接触,则仅限于第二国际的思想家以及罗莎·卢森堡的早期作品(即斯巴达克同盟成立之前的作品)。直到1917年之前,他对列宁知之甚少。然而,他通过埃尔文·萨博(Ervin Szabó)吸收了各种左翼社会主义者的工团主义思想,埃尔文·萨博本人也深受索雷尔的影响。卢卡奇对自己对索雷尔的态度有些含糊,但在这一时期他们显然有许多共同的想法:对自由资产阶级民主、实证主义科学的厌恶,对可能成为自我存续的镇压机制的官僚主义或政党的批判。更重要的是,他们都强调行动,强调武装斗争,强调必须解放无产阶级的创

---

① 卢卡奇:《卢卡奇早期文选》,张亮、吴勇立译,南京大学出版社2004年版,第1页。——译者注(本卷中包含的1962年序言尤其具有启发性)

造性力量。尽管对于狄尔泰来说,进步是自发的,甚至对于黑格尔来说,"生成"这一范畴似乎也常常带有精神的自发属性,但索雷尔的唯意志论一定强化了卢卡奇在费希特那里发现的行动哲学。此外,卢卡奇是通过唯心主义和工团主义,而不是第二国际走向马克思主义的,在他看来第二国际是哲学中的实证主义决定论和实践上的机会主义的渊薮,这一转变事实也说明在他看来,"意识"在革命进程中至关重要。

但是合题仍然遥不可及。卢卡奇的立场是高度矛盾的,在整个战争期间一直如此。他在《历史与阶级意识》1967年版序言中写道:"我的思想一直在这样的两端徘徊:一方面是吸收马克思主义和政治行动主义,另一方面则是纯粹唯心主义的伦理成见不断增强。"但值得注意的是,他并没有以一种完全否定的方式来评价后者:"我从黑格尔那里获得的伦理唯心主义带有浪漫的反资本主义因素,对我在这场危机后关于世界的看法还是起了革命积极的作用。"①

战争期间,卢卡奇在布达佩斯短暂停留了一段时间(1915—1916年),由于被认定不适合服兵役,他被安排到邮政审查部门工作。1916年返回海德堡后,他又在1917年回到布达佩斯定居。他和萨博、卡尔·曼海姆、阿诺德·豪泽尔一起加入"自由的人文学派"(Free School of the Humanities),该学派倡导激进知识分子的总体思想,但与政党政治保持距离。在这一时期,甚至直到战争结束,卢卡奇似乎一直被当成一个托尔斯泰式的伦理人文主义者。在奥匈帝国解体并且迈克尔·卡罗利伯爵(Count Michael Károlyi)领导的资产阶级民主政府成立之后,贝拉·库恩和其他一些从俄国战俘营归来的人成立了匈牙利共产党。这发生在1918年11月。卢卡奇似乎犹豫了接近一个月后选择加入,虽然他显然是党内才智突出的人,但他并没有被选为中央委员会委员。

《策略与伦理》的前三篇文章是卢卡奇从加入匈牙利共产党到1919

---

① 卢卡奇:《历史与阶级意识》,杜章智、任立、燕宏远译,商务印书馆1996年版,第3页。——译者注

年3月匈牙利苏维埃共和国崛起期间所写的，通过这本书我们可以对卢卡奇所经历的内在矛盾有所了解。尽管他的解决方式是非个性化的，但是仍然可以认为，它延续了《小说理论》中问题重重的个体的危机。问题重重的个体在这里被革命者所取代，这一悲剧性人物为了更伟大的集体伦理，被迫牺牲了自己的个人道德。卢卡奇感受到的张力充分体现在结尾处引用的黑贝尔的凄凉悲剧《犹滴》(*Judith*)中，牺牲自己的道德并杀死暴君荷罗浮尼(Holofernes)的女主角与被迫采取暴力行动的革命者惊人地并置在一起，这为卢卡奇在匈牙利革命中的自身立场定下了基调。与此一致的是，《知识分子的领导地位》("Intellectual Leadership")一文猛烈抨击了资产阶级知识分子，他们在革命中为自己捞取特权，用他们的意识反对无产者作为一个阶级的意识。这是卢卡奇第一次提出他对实际的和可能的阶级意识的区分，并指向了《历史与阶级意识》中的讨论，以及书中被赋予的意识的概念。与此匹配的是整篇文章的唯心主义基调，它强调只有马克思主义才坚持历史进程是由精神引领的，但这种精神绝非知识分子的特权，而是处于无产阶级之中的。

卢卡奇做出决定后就积极推动革命事业的发展。① 无论是在苏维埃共和国期间还是在它成立之前的三个月(1919年的1月到3月)，卢卡奇的贡献绝非微小。随着贝拉·库恩和布尔什维克的主要领导人于2月20日被捕，卢卡奇和邵穆埃利(Szamuely)、约瑟夫·雷瓦伊(Jóseph Révai)、厄尔诺·贝特尔海姆(Ernö Bettelheim)、埃莱克·博尔格(Elek Bolgár)一起被任命为中央委员会委员。在一个月(1919年2月至3月)的时间里，他们每天都做出决策，编辑《红报》(*Vörös Újság*)，撰写宣传传单，组织群众大会。在库恩不知情的情况下，他们开始为五月份的武装起义做大量准备。首先将是总罢工，随后是武装起义、处决资产阶级人质以

---

① 前文引用的托克斯(Tökés)的著作比其他任何著作都更充分介绍了卢卡奇在共和国中所起的作用。前文提到的维克多·齐塔(Victor Zitta)收集了很多资料，但他的报告充满了敌意和恶意，以至于几乎无法使用。

及布达佩斯的流氓无产阶级上台统治三天,然后共产党将恢复秩序,建立一个无产阶级共和国。这些提议与库恩的布尔什维克规划和策略之间的分歧体现了党内的紧张局势,并且在第二届中央委员会的计划因突发事件而失败时达到了最高点。协约国对匈牙利领土完整性的新要求(the Vyx Note)导致了卡罗利政府的下台,在与狱中的库恩谈判后,社会民主党人与布尔什维克合并,成立了苏维埃共和国。这一联合激起了人们对一场不流血革命的狂热期待,但也引发了列宁对实际条款和问题的深究,而库恩的答复显得有些含糊。同样感到怀疑的还有第二届中央委员会中的"老共产主义者们"。然而,那个曾在《"法律与秩序"以及暴力》("'Law and Order' and Violence")中雄辩式地抗议对库恩的逮捕的卢卡奇,现在写下了《策略与伦理》的最后一篇文章《党与阶级》,这篇文章的论点是,合并代表了一个全新的政党的出现,并为苏维埃共和国提供了意识形态的理论基础。同时,这篇文章对库恩政府构成了潜在的威胁,因为它声称这个新政党注定要消亡。也就是说,尽管卢卡奇越来越认同建立列宁主义先锋队政党的必要性,但他仍然不信任党的官僚体制。显然,他对苏维埃共和国的某些趋势感到担忧,并希望政党形式的解体将消除有组织的阶级恐怖(无论是作为武器的秘密警察,还是死刑)。在1919年4月至5月,他抗议挟持资产阶级人质。尽管他不厌恶暴力,但他显然不同于恐怖分子邵穆埃利之流。事实上,在整个苏维埃共和国时期,卢卡奇似乎一直被"某种革命的禁欲主义(我本人也一度在智识上接近这种类型)"所深深吸引,"它早就出现在法国大革命中的雅各宾派和罗伯斯庇尔的追随者"中。他将这种类型的革命者(其中包括尤金·莱文[Eugen Levine]和他的匈牙利同伴奥托·考文[Otto Korvin])与恩格斯和列宁等"非禁欲主义的"革命者进行对比。① 卢卡奇坚定不移的献身精神在拉乔斯·卡萨克

---

① 参见安德烈斯·科瓦奇(András Kovács)的采访:Georg Lukács, "Interview", in *Cambridge Review*, January 1972, p. 91. 也可参见 Georg Lukács, "Interview", in *New Left Review*, 60, 1970, pp. 42 - 43 中的采访。

(Lajos Kassák)的回忆录中得到了强烈的体现:"他身材矮小,紧握着一把左轮手枪,从不在散兵坑里寻找掩护。因为他完全没有任何危险感,所以不得不被罢免了军队政委的职务。"①此外,《道德在共产主义生产中的作用》("The Role of Morality in Communist Production")一文清楚地表明,他的禁欲主义不仅仅是一种性格问题。在这篇文章中,他赋予道德一种特殊的地位:它必须积极地保护革命,禁止官僚主义把它建立在"法律秩序"的基础上。

卢卡奇在苏维埃共和国期间的主要活动是文化活动。他被任命为社会主义者齐格蒙德·坤非(Zsigmond Kunfi)领导下的教育委员会副政委(Deputy Commissar of Education)(在一场反革命活动失败后,坤非于6月份辞职,卢卡奇接替了他的职位)。尽管只是副手,但他显然是文化事务中的领导人物。在当时,苏维埃共和国面临着很多难题,其中最主要的是外国对领土的威胁,法国支持的塞格德反革命运动,经济、劳动制度和货币体系的崩溃以及是否将大庄园分配给渴望土地的农民等棘手问题。和这些事情相比,文化事务不值一提。但是,卢卡奇仍坚持推进意义深远的改革,不过在共和国统治的短暂时间里,这些改革可能过于激进了。他的目标是"通过再教育使灵魂革命起来,并实现一种真正的文化所有权"。据贾茨说,他试图"创造一种兄弟情谊和大众信仰的新精神以及一种新道德"。他采取的措施包括:将私立学校(大多数由罗马天主教会控制)国有化,引进八年制的普通学校,扩大中等教育和高等教育,开办工人学院,修订大学教学大纲,废除传统教科书(在新教科书可用之前)。举办一系列讲座,内容涉及性启蒙、家庭守则和一夫一妻制的陈腐性,以及宗教是无关紧要的。资产阶级在"男权社会体制"下对待妇女的态度也受到了抨击。其中有些措施无疑是草率的。例如企图强迫演员离开布达佩斯,把文化带到各省。演员们认

---

① Tamás Unguari, "The Lost Childhood: The Genesis of Georg Lukács's Conception of Literature", in *Cambridge Review*, January 1972, p. 96.

为这是对他们职业声誉的打击，于是罢演了。同样地，许多作家和艺术家无疑也因文化革命的推进方式而感到了威胁，这可以从坤非显然是针对卢卡奇的一次演讲中看出：

> 我认为，没有自由的气氛，科学、文学和艺术的发展都是不可想象的。在无产阶级专政的十个星期里，我们已经看到了……太多受到惊吓的人，他们本应为文学和艺术做出贡献……但他们不敢去做，因为他们不知道令人害怕的专政话语究竟是什么意思……[1]

然而，如果简单认为所有这些尝试都只是以暴政和自由思想的终结而告终，那将是一种误导。1919 年 6 月发表的《在青年工人大会上的讲话》("Speech at the Young Workers' Congress")更加如实地传达了卢卡奇思想的精神："你们生活的主要目标必须是文化；要确保新文化既有意义又有目的。"

随着库恩政府的垮台和白色恐怖的攻击，卢卡奇先是与考文一起转入地下，然后在 1919 年 10 月逃往维也纳，后来在那里被捕。奥地利人起初倾向于同意匈牙利政府引渡他的请求，这就意味着卢卡奇肯定会被处死。然而，在保罗·恩斯特、托马斯和海因里希·曼等人签署了一份请愿书后，奥地利当局做出了让步，并于年底释放了卢卡奇。之后他继续留在维也纳领导流亡的匈牙利共产党的活动，并编辑了《共产主义》(Kommunismus)杂志，本书的一些文章就首刊于这本杂志：

> 我们的杂志竭力通过在一切问题上都提出最激进的方法，在任何领域都宣布同属于资产阶级世界的任何机构和生活方式等实

---

[1] R. L. Tőkés, *Béla Kun and the Hungarian Soviet Republic*, New York and London: Praeger, 1967, p. 179.

行彻底决裂,并宣传以救世主自居的宗派主义。①

《议会制的问题》("The Question of Parliamentarianism")特别体现出卢卡奇毫不妥协的特点,这篇文章涉及当时是否参与议会活动的争论,这场争论引发了欧洲主要政党的分裂。卢卡奇的阐述是谨慎的,并且附加了很多限制,但他对工人委员会的偏好是显而易见的:"在工人委员会(无论规模有多小)可能成立的地方,议会制是多余的。"这使他受到了列宁本人的指责:

> 乔·卢的文章左得很,糟得很。他的马克思主义纯粹是口头的;对"防御"和"进攻"策略的区分是生造的;没有对具体、明确的历史情况作出具体分析;它不考虑什么是最重要的(比如接管以及学习接管资产阶级影响群众的一切工作领域和机构的需要,等等)。②

然而,从1920年3月这篇文章发表到列宁提出批判之间,卢卡奇读到了6月份出版的《共产主义运动中的"左派"幼稚病》("Left-Wing Communism—An Infantile Disorder")。两者一同迫使他改变了极端的宗派主义,逐渐采取了更加列宁主义、更少教条主义的路线。尽管如此,他仍然在国际层面上主张采取宗派式的解决方法。因此在德国,他在论述自发性和组织的文章中为1921年的"三月行动"进行辩护。也就是说,他认为共产主义政党应该采取攻势,发挥导火线的作用,以此动员工人,增强他们的阶级意识,而不是尽可能地寻求与广大社会民主党派之间的合作,这种合作过于谨慎。

---

① 卢卡奇:《历史与阶级意识》,杜章智、任立、燕宏远译,商务印书馆1996年版,第7页。——译者注
② Lenin, *Collected Works*, vol. 31, Moscow: Progress Publishers, 1960-1970, p. 165.

卢卡奇回顾这一时期的文章时，总是严厉批评里面的错误判断。对现代的读者来说，这些判断没那么重要，但它们却能体现出他正在发展一种分析方法，这种方法在《历史与阶级意识》和《列宁》中结出果实。在《策略与伦理》中他写道："正统马克思主义……不是这篇或那篇文章中的'信仰'，也不是对一本'神圣'著作的诠释。正相反，正统只指**方法**。"面对那些已经被僵化为机械教条的争论——小宗派还是大众党，自发性还是党的官僚体质，机会主义还是盲动主义——其中的每一篇文章都重申了黑格尔辩证法的重要性。在更理论的层面上：历史规律是科学的吗？是由不变的经济学规律所决定的吗？如果是的话，那么意识、道德或"自由的飞跃"的作用是什么？随着革命浪潮的退去，革命者面临的问题大幅增加，这些问题变得更加尖锐。卢卡奇不断运用辩证法来建立新的、中介的立场。因此，机会主义被等同于截然相反的盲动主义，并与真正的马克思主义相对立，"无产阶级在实践批判活动中自身表现出来的阶级意识。"

这些对庸俗马克思主义、科学决定论、经济宿命论的批判，构成了卢卡奇理论贡献的核心。它们试图证明，第二国际及许多所谓的反对者（盲动主义者、冒险主义者、工团主义者）的全部思想遗产都无可救药地陷入了资产阶级的物化思想中。它们在《历史与阶级意识》中对恩格斯的著名批判那里达到了高潮。这部 1923 年出版的作品，致使卢卡奇在 1924 年的共产国际第五届代表大会上遭到季诺维耶夫（Zinoviev）的指责，将他的名字与 20 世纪 20 年代的其他"左翼"异端分子联系在一起，尤其是柯尔施（Karl. Korsch）。在季诺维耶夫的批判后，卢卡奇在匈牙利党内的竞争对手（如拉斯洛·鲁达斯[Laszlo Rudas]）以及苏联理论家德波林（Abram Moiseevich Deborin）对他进行了更加猛烈的抨击。卢卡奇开始觉得他在这里的很多论述都是错误的，尤其是他未能在马克思主义的劳动的基础上建立他关于异化和商品拜物教的讨论，这证明他依旧忽视了经济因素，倒向了"各种抽象的、唯心主义的概念"①。

1924年之后，卢卡奇发现他的思想变化了。一方面，"第三国际正确认识到资本主义世界的'相对稳定性'"，卢卡奇同意斯大林的一国建成社会主义论的必要性。另一方面，国家社会主义的兴起使他重新考虑与各种左翼运动合作的好处，在这里他偏离了后来的官方观点。1928年的《勃鲁姆提纲》非常关键，他的立场在里面得到了确切表达。他的政治观点转变了，随后他更全面地澄清了他的理论。这些年他撰写的评论使他有机会阐明他在许多理论问题上的立场。他本人最看中论布哈林(Nikolay Ivanovich Bukharin)的那篇文章："这篇评论最积极的特点是，我对经济学的看法变得具体起来了。"不过人们也可能认为，他对赫斯和拉萨尔的评论才更具实际意义。在《拉萨尔》一文中，卢卡奇致力抨击他所指认的当代社会民主中拉萨尔精神的复兴。更重要的是，其中的哲学批判表明拉萨尔主义根植于费希特的绝对罪恶的世界的概念，而这一观念没有黑格尔的那么具有革命性。关键的是在这里，卢卡奇与年轻时困扰他的思想倾向达成和解。在对赫斯的评论中，卢卡奇指出，从黑格尔到马克思的过渡不是由费尔巴哈或青年黑格尔派中介的。因此，他与交往密切的许多思想家，特别是法兰克福学派和马尔库塞，存在巨大的分歧。

卢卡奇走向《勃鲁姆提纲》的政治转变并不是一蹴而就的。这是他20年代参与匈牙利流亡政治的自然涌现。苏维埃共和国解体后，人们进行了痛苦的反思，流亡运动迅速分裂成不同派别，它们对如何继续在匈牙利斗争这一问题莫衷一是。卢卡奇反对贝拉·库恩领导下的正统匈牙利党，拥护耶诺·兰德勒(Jenö Landler)领导的反对派，兰德勒是一名老道的工会主义者，曾在战争结束时组织过一次铁路工人罢工，他

---

① 卢卡奇：《历史与阶级意识》，杜章智、任立、燕宏远译，商务印书馆1996年版，第13页。——译者注

同时具备地方和国家层面的工会政治经验,令卢卡奇钦佩不已。在霍尔蒂(Horthy)政权的镇压下,革命新高潮的希望逐渐破灭。库恩仍然坚持对公开的共产主义行动和无产阶级专政的出现抱有最大希望,但是,兰德勒和卢卡奇却巧妙地将合法和非法的策略相结合,以期首先建立资产阶级民主。库恩认为这是机会主义、右倾主义和取消主义。虽然在这一时期的大部分时间里,贝拉·库恩一直保持着领导地位和共产国际的支持,但兰德勒的政策也逐渐实施起来,尤其是 1925 年匈牙利社会民主党(MSZMP)的成立。该党的纲领是由兰德勒、雷瓦伊和卢卡奇共同起草的。它的主要口号是"共和国",意味着它试图在匈牙利建立一个合法的反对派,同时与在维也纳的非法的共产党保持密切联系。它的许多成员都被逮捕了,并且这个政党的规模实在太小。尽管如此,卢卡奇仍认为这是一个重要的策略,也是他自己的左翼思想已经被克服的证据。他将自己早期的宗派主义与库恩的宗派主义进行了对比,他认为库恩的宗派主义本质上是斯大林主义的,在实践中会对匈牙利社会主义的未来产生危害。相同的态度贯彻在他涉及这一主题的文章中,从《组织和革命者的自发性》("Organization and Revolutionary Initiative")、《幻想的政治——又是如此》("Politics of Illusion—Yet Again")再到《勃鲁姆提纲》。

提纲是作为匈牙利共产党纲领的草案被拟订的,并以卢卡奇的党名"勃鲁姆"为人所知,它写于 1928 年,经党内多次讨论后遭到否决。争论的焦点在于,某些国家的无产阶级专政是否应该通过民主过渡来实现。鉴于匈牙利的落后、大部分人为农民人口和政权性质,卢卡奇支持民主过渡。这不仅遭到库恩的反对,而且也遭到共产国际的反对,共产国际第六届代表大会刚刚推翻了第三届代表大会的统一战线政策。在一封致匈牙利共产党的公开信中,执行委员会称,"勃鲁姆对匈牙利革命的看法是党内主要的右倾主义威胁"。它接着写道:

在共产国际执行委员会政治书记处看来,勃鲁姆同志的提纲(其方针是资产阶级民主革命而非无产阶级革命,工农民主专政而非无产阶级专政)代表了匈牙利共产党内部的取消主义趋势。在现实中,勃鲁姆同志的立场同社会民主党人的立场是一致的:他主张党应该在资产阶级民主的基础上进行反法西斯斗争,主要斗争口号应该是要求资产阶级改革;他建议,匈牙利共产党应被视为一个民主改革的政党,其政策应该存在于对无产阶级专政的纯理论宣传中——意味着社会民主党完全变成一个反对党。勃鲁姆同志认为党的主要任务不是同民主幻想做斗争,而是同资产阶级民主遭遇的"虚无主义"做斗争。当他提出共产党要向工人宣布资产阶级民主是"最好的战场"时,他其实把自己放在了社会民主主义的位置上。因此,他否认资产阶级民主会发展成法西斯主义;由此可见,他没有考虑到整个第三帝国时期。这些提纲与布尔什维主义毫无共同之处。

这次抨击加上被驱逐的威胁,迫使卢卡奇做出选择,一边是改弦更张并抓住机会在共产主义运动中反对法西斯主义,一边是独自反对法西斯主义,其结局就与卡尔·柯尔施等人的命运一样。他选择收回自己的观点,于是1929年的《新三月》(*Új Március*)上出现了一篇自我批评的文章。与他对《历史与阶级意识》的批判不同,卢卡奇认为这篇批评是出于策略上的考虑:"我在1930年后的文学活动证明,我并没有背离《勃鲁姆提纲》的基本原则。"也就是说,某种连续性可以追溯到他的"民主专政"思想,他的《青年黑格尔》(*Der junge Hegel*),他在20世纪30年代的文学活动,以及他对人民阵线的支持。从政治角度看,这次失败是彻底的。兰德勒于1928年去世,这标志着库恩一派的获胜。随着斯大林主义的胜利,卢卡奇退出政坛,从此采取了一种矛盾的立场,一直备受争议:对一些人来说,他似乎是斯大林主义的化身,而对另一些人来说，他是另一种马克思主义观的来源。无论如何，卢卡奇声称他已经远离了政治，毫无遗憾（除了一个短暂的插曲，1956年他再次成为纳吉政府文化部部长）。他后来的学术生涯主要专注于哲学和文学批评。它的主题和问题虽然在某种程度上是他20世纪20年代作品的发展，但它们更多在文学、思想史或文化史上，而不是在政治上具有创新性。

（王钰涵　译）

突破伦理——1918 年卢卡奇转向共产主义的历史关头[*]

[法]米夏埃尔·洛维

> 我之所以积极投身于共产主义运动,在很大程度上是出于伦理的考虑。[①]

1918 年 10 月,匈牙利旧政权垮台后,由社会民主党和资产阶级激进派组成的改革联盟掌权。同年 11 月的卢卡奇离共产主义仍然遥远:他签署了一份自由-民主宣言(《匈牙利知识分子对自由国家联盟的倡议》("An Appeal by Hungarian Intellectuals for a free Confederation of Nations"),并写了一篇关于布尔什维主义的文章,态度颇为冷淡。直到 11 月末或 12 月初,卢卡奇才第一次见到贝拉·库恩——库恩抵达苏联后紧接着就在 11 月 20 日成立了匈牙利共产党。据卢卡奇的朋友安娜·列斯奈称,卢卡奇的"转变发生在两个星期日之间:从扫罗变

---

[*] 本文出处:Michael Löwy, *Georg Lukács—From Romanticism to Bolshevism*, trans. Patrick Camiller, London:NLB, 1979, pp. 128 – 144。

米夏埃尔·洛维,1938 年生于巴西,法国马克思主义社会学家、哲学家。现为法国科学研究中心荣誉研究主任,在法国社会科学高等研究院授课。他的专著被翻译成 29 种语言,涉及的主题有卡尔·马克思、切·格瓦拉、解放神学、格奥尔格·卢卡奇、瓦尔特·本雅明、吕西安·戈德曼和弗兰茨·卡夫卡。1994 年荣获法国科学研究中心银质奖章。

[①] Georg Lukács, "Preface", in *History and Class Consciousness*, London,1971, p. XXXI.(卢卡奇:《历史与阶级意识》,杜章智、任立、燕宏远译,商务印书馆 1996 年版,第 27 页。——译者注)

成了保罗"①。这闪电般的改变让卢卡奇的所有朋友都感到意外。的确,这一转变的突然性和不可逆性让人联想到宗教皈依——有些符合他当时的神秘主义的-伦理的倾向。

尽管在连续性上存在明显的断裂,但卢卡奇先前的整体思想发展为这一转变作好了铺垫。由于他的悲剧世界观的基础是,任何能够发起反资本主义革命斗争的社会力量都不存在,所以十月革命(或许还可以加上1918年的匈牙利事件)对他产生了深远的影响,它表明这种力量确实存在:无产阶级和它的布尔什维克先锋。② 另一方面,卢卡奇明显把俄国苏维埃革命掺杂进他自己的弥赛亚式的希望中,认为新世界的黎明将会**在俄国**出现。

1917年10月至1918年12月的"皈依"时期本质上是卢卡奇转变中的一个阶段,在这一阶段,他处于"托尔斯泰的伦理社会主义"。在实现从悲剧道德主义向马克思主义的布尔什维主义的飞跃之前,他必须有一个至关重要的中介:**浮士德式的手段和目的的辩证法**。

正如我们先前指出的,1918年11月卢卡奇仍在徘徊,做出了最后一次摆脱"布尔什维克恶魔"诱惑的尝试。这就是卢卡奇发表在伽利略小组(Galileo Circle)的评论杂志《自由-思想》(*Szabad-Gondolat*)12月15日那一期中的文章——《作为一个道德问题的布尔什维主义》("A bolsevizmus mint erkölcsi probléma")一文。在1967年的序言中,卢卡奇非常尖锐地将这篇文章描述为"一个短暂的过渡时期:直到我做出最终的、不可改变的选择之前,我最后的犹豫,就是妄图用抽象和庸俗的

---

① 资料来源于大卫·凯特勒(David Kettler)的著作中引用的卢卡奇和安娜·列斯奈写给他的信:David Kettler, "Culture and Revolution: Lukács in the Hungarian Revolution of 1918/19", in *Telos*, 10, 1971, pp. 68-69.
② 在很久以后的一次采访中,卢卡奇指出:"我既不愿意也不敢斩钉截铁地说,第一次世界大战的纯粹的负面影响就足以使我成为一个社会主义者。"Georg Lukács, "The Twin Crises", in *New Left Review*, March/April 1970, p. 36; 也可以参见 Georg Lukács, "Lukács on His Life and Work", in *New Left Review*, July/August 1971, p. 53,"十月给出了答案。俄国革命世界—历史性地解决了我的困境。"

论证来进行自我辩解"①。事实上,这篇相当神奇的文章虽偶尔在西方得到讨论,②但从未被翻译过来,我们需要对它进行详细的分析,并将之作为卢卡奇政治和哲学思想发展的转折点。

卢卡奇在他"最后的犹豫"中使用的那些"抽象和庸俗的论证"当然并不包括孟什维克式的关于"客观条件的不成熟"的论断。因为卢卡奇明确拒绝了"讨论布尔什维主义时最常使用的论点,即经济形势对于立刻实现它来说是否足够成熟的问题"③。他对这一反对意见不予考虑,理由是"永远不可能有一个我们**事先可以完全确定的**情况:不惜任何代价去完成某件事情的**意愿**与客观条件一样,至少是形势'成熟'的组成部分"。显然,卢卡奇的新费希特主义唯意志论与普列汉诺夫和考茨基的18世纪唯物主义毫无共同之处。同样,卢卡奇毫不犹豫地拒斥了众多保守派知识分子的观点,他们认为布尔什维主义败坏了文明和文化:如果革命者"不消灭旧的价值观",不创造新的价值观,"就不可能在全世界范围内实现这种价值观的颠覆"。

因此,卢卡奇面临的问题不是经济或文化上的,而是**伦理上的**:在这里他仍然对布尔什维主义有所保留。他**借以构建整篇文章**的意识形态出发点又是"僵死的经验现实"和"伦理的、乌托邦的人的意志"之间的新康德主义式的对立。这就解释了为什么他要求把关注阶级斗争等重要现实的马克思社会学从"马克思历史哲学的乌托邦假设:即他对未来新世界的**伦理纲领**"中分离出来。仅仅把无产阶级的阶级斗争当成一种社会学上的必然性,只会导致那些曾经被压迫的人变成压迫者:"如果一个没有压迫者和被压迫者的真正自由的时代最终要成为现实

---

① Georg Lukács,"Preface", in *History and Class Consciousness*, London, 1971, p. xi. 卢卡奇:《历史与阶级意识》,杜章智等译,商务印书馆1996年版,第4页。——译者注
② 彼得·路茨(Peter Ludz)、安德鲁·阿雷托(Andrew Arato)、保罗·布莱内斯(Paul Breines)和大卫·凯特勒都提到过它。
③ Georg Lukács, "A bolsevizmus mint erkölcsi probléma", in *Szabadgondolat*, December 1918, pp. 228 – 232.

的话,那么无产阶级的胜利当然是一个必不可少的前提……但它不可能只是一个前提、一个消极的事实。对于将被实现的自由时代来说,必须超越那些纯粹社会学的事实陈述和那些永远无法带来自由时代的法则;必须去**愿创**(will)一个新的、民主的世界。"在这个二元论思想的宇宙中,社会事实和人的意志被视为完全不同、相互独立的层面;对新世界的希冀存在于一个**超越**了阶级斗争实际进程的领域。

然而,马克思的辩证法扬弃(aufheben)了这种僵化的、形而上学的分裂,指向了事实和价值、"社会学陈述"和"伦理纲领"的统一。卢卡奇正是将这种辩证统一批判为"马克思的黑格尔主义","它过度倾向于将现实的不同元素置于同一水平上",并因此"起到了模糊诸多差异的作用"。他还指责,当马克思宣称"无产阶级将通过为自己的利益而斗争,把世界从所有专制中解放出来"时,他是在"**以黑格尔的方式**(理性的狡计[List der Idee])构建历史-哲学的进程"。与马克思的"黑格尔主义"——或辩证方法——相反,新康德主义者卢卡奇效仿埃尔文·萨博,将社会主义的最终目标描述为一个**超越**了无产阶级为其实际物质利益进行阶级斗争的**局限**的"新的、民主的世界"。卢卡奇认为,对这个新世界的希冀"并非来自任何社会学的事实陈述"。

通过这种抽象的伦理意志的中介,卢卡奇在无产阶级找到了"人类社会救赎的承载者",甚至是"世界历史上的弥赛亚阶级"。在这种弥赛亚式的兴奋驱使下,他也(像恩格斯一样)把无产阶级看成德国古典哲学遗产的继承人——"继承了康德和费希特的伦理唯心主义,这种唯心主义拒斥一切现实(earthly)的联系,形而上学地打破了旧世界的枷锁。"在谢林的美学和黑格尔的国家哲学中,德国唯心主义思想"偏离了进步的道路……最终变得反动";然而,它现在将凭借无产阶级的救赎作用而得到直接的实现。

这种脱离现实的、有着弥赛亚和末世论色彩的哲学-道德观,解释了卢卡奇投身工人运动的第一步。但我们讨论的仍是一种抽象的、理想主义的、形而上学的投身。他对无产阶级的认识仍然带有深刻的二元论烙印：他没有把握到无产阶级巨大的历史-哲学作用和它为捍卫其物质利益而进行的"次要"斗争之间的联系。他仍然对无产阶级的社会主义持怀疑态度，怀疑它是否真的是"世界救赎的主体而且是自我意愿的承担者"，还是"只是为了真实的阶级利益才披上的意识形态伪装，真实阶级利益与其他利益的区别不在于它们的质性和道德力量，仅仅取决于它们的内容"。卢卡奇的新康德主义又一次妨碍他看到无产阶级利益的**真正内容**与**伦理实质**之间的辩证联系。

这种表达了悲剧世界观的伦理严格主义(ethical rigorism)的二元论，也体现在文章的核心主题中：一种"善"与"恶"、自由与压迫、弥赛亚与撒旦之间的严格的、绝对的对立。在卢卡奇看来，布尔什维主义希望以无产阶级的恐怖来消灭资产阶级的恐怖，以工人阶级的压迫来消灭资产阶级的压迫；简而言之，它希望"以别西卜(Beëlzebub)的方式驱逐撒旦"①。这引发了一个两难的问题："能通过恶的手段来实现善吗？能通过压迫的道路来实现自由吗？当用来实现新世界的手段仅仅在技术上不同于被正确当作仇恨和鄙视对象的旧秩序所使用的那些手段时，一个新世界能得以诞生吗？"对此，卢卡奇给出了明确的回答，"我再说一遍，布尔什维主义依据的形而上学假设认为善可以从恶中产生，正如拉祖米辛(Razumikhin)在《罪与罚》中所说的，用谎言来获得真理是可能的。卢卡奇不能认同这一信念，所以他在布尔什维克思想的根源处看到了无法解决的道德困境。"②

---

① 他认为如果我们接受布尔什维主义的伦理，"我们就要被迫采取独裁、恐怖、压迫的立场；根据这一立场我们必须用无产阶级的阶级统治取代前一阶级的统治，始终相信——别西卜赶走了撒旦——这一最后的、在本质上最残酷且最不加以隐瞒的阶级统治，将要消灭连同它自己本身在内的所有阶级统治"。
② 转引自 Dostoevsky, *Crime and Punishment*, London: Penguin, 1977, p. 219. "那您认为怎样？"拉祖米辛嗓门更亮地喊了起来，"……我喜欢别人胡说八道！胡说八道是人类在所有生物中享有的唯一特权。胡说八道是通向真理的途径！正是因为我胡说八道，所以我是人。如果不先胡说八道十四次，也得胡说八道一百四十次，就无法得到一个真理。"(参见陀思妥耶夫斯基《罪与罚》，朱宝生、曾思艺译，中国书籍出版社2006年版，第192页。——译者注)

在论述的高潮部分,卢卡奇对《罪与罚》的引用体现了在这一关键时期他所处的知识分子界的典型特征。陀思妥耶夫斯基的伦理严格主义与卢卡奇的新康德主义二元论和谐地结合在一起,构成了他在 1918 年至 1920 年间的主要理论基点;其实,即使在 1919 年担任匈牙利苏维埃共和国人民委员时,卢卡奇在内心仍与"大法官"争论不休。正是《罪与罚》的问题式构成了我们之前讨论的 1918 年那篇文章的基础。因为一切都表明卢卡奇把布尔什维克看成可怕的拉斯柯尔尼科夫(Raskolnikov)的继承者。他们应该像陀思妥耶夫斯基小说中的主人公那样相信:"从远古时代,直至后来的来库古(Lycurgus)、梭伦(Solon)、穆罕默德、拿破仑等等,所有的人类立法者和规章制度的创立者无一例外,都是罪犯,因为他们违反了祖先流传下来的古老法律这一事实……当然,他们也不会不敢流血,只要流血——有时完全流的是无辜的、为维护古代的法规而英勇献身者的鲜血——对他们的成功有一丁点的帮助。尤其令人注目的事实是,这些人类的赐福者和裁决者大多数都杀人如麻。"①

的确,卢卡奇在这里对布尔什维克的执政实践提出了一个真正的政治问题,这牵涉他们对民主施加的一些严重限制:"民主仅仅是社会主义策略的一部分——作为社会主义处于少数派时期反抗压迫阶级被合法化的恐怖行动以及非法的恐怖行动的战斗武器? 还是正相反,是

---

① 转引自 Dostoevsky, *Crime and Punishment*, London: Penguin, 1977, pp. 276 - 277。(陀思妥耶夫斯基:《罪与罚》,朱宝生、曾思艺译,中国书籍出版社 2006 年版,第 252 页。——译者注)参见煽动了拉斯柯尔尼科夫杀死那个吝啬老妇人的学生的著名的话:"成千上万的人也许因此而走上正路;几十个家庭可以免于贫困、离散、死亡、堕落以及进花柳病医院,——用她的钱可以办成这一切。杀死她,取走她的钱,为的是以后用这些钱为整个人类以及公共事业服务……用一条性命,可以换来几千条性命免于堕落和离散……这是多么合算啊! 再说,以公共原则来衡量,这个肺病缠身、邪恶的、害人的老太婆的生命又有什么价值呢? 不过像只虱子或蟑螂而已,甚至连它们都不如,因为老太婆危害人。她对别人吹毛求疵,任意欺压;前几天她还恶毒地咬了莉扎薇塔的手指,差点没咬断呢!"(陀思妥耶夫斯基:《罪与罚》,朱宝生、曾思艺译,中国书籍出版社 2006 年版,第 63 页。——译者注)对于 1918 年 11 月的卢卡奇来说,这段话很有可能表现为布尔什维克伦理道德观念的精髓——"邪恶的""害人的"资产阶级就好像是这个"老太婆"在"危害"其他人的生命。

社会主义不可分割的一部分?"但这个问题是卢卡奇在一个抽象的、伦理的框架中提出的,因此它成为一个无法解决的伦理困境:是要社会主义,还是要民主。比较卢卡奇的文章与罗莎·卢森堡 1918 年在狱中所写的关于俄国革命的笔记是很有趣的。虽然这位波兰马克思主义者也批评了布尔什维克政策的某些方面,但她以更加具体和灵活的方式解决了这个问题,从一种完全**现实主义**的角度出发:"如果还打算期待列宁和他的同志们在这样的情况下用魔法召唤出最美好的民主制,那是对他们提出超人的要求……他们通过自己坚决的革命态度……在如此艰苦的条件下,尽其所能地贡献了一切。只有当他们不得已而为之,并想把在这些致命情况下采取的所有策略凝结成一个完整的理论体系时,危险才会开始。"[1]

在卢卡奇对布尔什维主义的哲学-道德批判中得出政治结论时,他似乎倾向于传统的社会民主主义的解决方案:"缓慢的斗争,看似不那么英勇,但却肩负着责任——这种长期的、教育性的斗争塑造了那些完全致力于民主的人的灵魂。"但他承认,和布尔什维主义一样,这条道路"包含着可怕罪行和巨大错误的可能性"。特别是,它包含了"一种与在某些短期目标上赞成社会民主主义,却敌视社会民主主义最终目标的阶级和政党进行合作的……必要性"。卢卡奇指出,这样的妥协几乎不可避免地会破坏纲领的纯洁性和意志的激情——因此,这一解决方案显然与卢卡奇的伦理严格主义存在明显的矛盾,因为伦理严格主义的基础恰恰是拒绝妥协。社会民主主义的道路无法在他的思想体系内维系下去:它无法"站得住脚"。巧合的是,卢卡奇很快就得出了结论——这是第一次世界大战的全社会范围的爱国主义所表明的——社会民主主义的妥协不仅"会对纲领的纯洁性产生有害的影响",而且还可能带来糟糕的屠杀。

---

[1] Rosa Luxemburg, "The Russian Revolution", in *Rosa Luxemburg Speaks*, New York: Pathfinder, 1970, p. 394.

俄国革命者之所以吸引了卢卡奇,恰恰是因为他们拒绝向任何敌视社会主义的势力妥协:"布尔什维主义的迷人力量体现于它在禁止此种妥协的过程中带来的解放。"(他也提到了这种解放潜在拥有的"魔力")。毫无疑问,卢卡奇本人"陶醉"并"沉迷"于布尔什维克的革命纯洁性和社会主义严格性之中。[1] 我们在这里讨论的内容很快将他指向了通往匈牙利共产党的道路。但首先他必须解决的核心问题是伦理的目的与不道德的手段之间的关系;为了做到这一点,他必须超越抽象、僵化的"善"与"恶"的新康德主义二元论。

当然,不光卢卡奇一人有这种道德上的顾虑;这是整个激进知识分子届的典型顾虑,他们犹豫着要不要跳上布尔什维克的历史火车头,然后无情地扫除其道路上的一切障碍。现在,我们必须审视使卢卡奇最终跨过门槛并全身心投入到革命洪流中去的思考过程。

在回忆录中,共产主义作家约瑟夫·伦吉尔——其坚定的"唯物主义"立场使他与卢卡奇截然不同——叙述了一个轶事,很好地解释了卢卡奇身边的整个共产党员群体的发展轨迹。伦吉尔告诉我们,当得知1919年革命的高潮时期卢卡奇和党的其他领导人在他们的苏维埃之家的住宅(residential House of the Soviet)曾讨论过的问题时,他"真的是目瞪口呆":"其中的一个问题,就是我们共产党人要把世界的罪恶承担在自己身上,这样才可能拯救世界。为什么我们要承担世界的罪恶呢?又可以从黑贝尔的《犹滴》(*Judith*)中得出一个非常'清楚'的答案……正如上帝可以命令犹滴杀死荷罗浮尼一样——也就是说,去犯下罪行——他也可以命令共产党人摧毁资产阶级,既在隐喻的意义上又在肉体的意义上……为了支持他们的论点,他们还提到了陀思妥耶夫斯

---

[1] 参见 *Gelebtes Denken*,1971,p. 28. 卢卡奇将自己对于俄国革命的态度描述为"充满矛盾且带有反复的迷恋。"(参见卢卡奇《卢卡奇自传》,杜章智编,社会科学文献出版社 1986 年版,第 31 页。——译者注)

基的'大法官'。"①

在1919年的革命风暴中，共产党领导人竟然关注过这种伦理-形而上学的问题，这令人感动，同时也令人感到怪诞和不切实际。然而，所有这些奇怪的讨论确实具有大量的政治含义。因此，另一位见证者说，在卢卡奇与欧文·辛科（Ervin Sinkó）、奥托·考文（"红色安保[red security]"的负责人）和其他关注布尔什维主义以及陀思妥耶夫斯基、黑贝尔、高斯伯斯（Gospels）等的人进行长期争论之后，卢卡奇的朋友们得出以下结论："在无产阶级专政期间，有必要使用一切手段，甚至是违背共产主义者的精神和道德的手段。这是一种牺牲，一种日常但不可或缺的牺牲。"②

卢卡奇成为布尔什维主义者所写的第一篇文章——《策略与伦理》，仍然带有强烈的伦理主义色彩——准确而简洁地阐述了这一问题。他认为，悲剧发生的情形是，一个人如果不犯错误，不把罪恶揽到自己身上，就无法做出行动。因此，有必要选择那种最正当的犯罪方式：在一个具有普遍历史使命意义的更高祭坛上**牺牲**一个人的自我的伦理。这篇文章的结尾是这样写的："1904—1906年俄国革命期间的恐怖组织领导人罗普辛（Ropshin）（即鲍里斯·萨文科夫），在他的一部小说中对于个体恐怖的问题是这样表述的：谋杀是不被允许的，这是绝对且不可饶恕的罪恶；这是'不被允许'的，但是'是必要'的。对这本书的其他地方，他认为，恐怖分子不光为同仁牺牲了他的生命，还牺牲了他的纯洁、道德和他独一无二的灵魂，这不是对恐怖分子行动的辩护（这是不可能的），而是恐怖分子行动的终极道德基础。换言之，只有毫不畏惧、毫无保留地承认谋杀是在任何情况下的都不被认可的人，他们犯

---

① József Lengyel, *Visegrader Strasse*, Berlin: Dietz, 1959, pp. 244-245. 参见《卡拉马乔夫兄弟》中大法官对基督说的那段话："为了他们的幸福，我们承担了他们的罪恶，我们要站在你面前说，'如果你能，如果你敢，就审判我们吧。'"（*The Brothers Karamazov*, p. 305.）

② Àrpád Szelpál, *Les 133 jours de Bela Kun*, Paris: Fayard, 1959, p. 200.

下的谋杀行为才是真正地、可悲地道德的。这种最深刻的人类悲剧感用黑贝尔笔下的犹滴那非常优美的语言来表达就是：'如果上帝将罪恶放置在我和我受命所做的行动之间，那么那个有能力摆脱它的我是谁呢？'"①

这篇文章充分体现了一个伦理-和平主义者、托尔斯泰社会主义者实际上转变成了一个布尔什维主义者的忧虑。卢卡奇在 1967 年的序言中不无理由地说，这篇文章揭示了他加入共产党这一关键决定背后的"内在的人性动机"②。这些描述证实了在 1919 年到 1920 年间几乎一直萦绕在卢卡奇及其匈牙利共产党（所谓的"伦理"团体）同僚心头的问题。非常了解卢卡奇的伊乐纳·杜清丝（Ilona Duczynska）的这句话显然指的就是卢卡奇："一位典型的理论家，也许是匈牙利共产主义背后唯一的聪明人曾对我说'共产主义伦理的最高职责是接受做出不道德行为的需要。这是革命要求我们做出的最大牺牲。'"③

即使卢卡奇在匈牙利苏维埃共和国失败后流亡维也纳时，同样的问题仍继续困扰着他和他的同志们。我们前面提到过的贝拉·巴拉兹在日记中记录了当时发生在维也纳圈子（Vienna circle）的讨论："在星期天，我们讨论的唯一话题就是共产主义以及我们的伦理个人主义、艺术和哲学的'柏拉图主义'的地位和意义……个人伦理（克尔凯郭尔）作为我们迄今为止的发展路线，已经将我们带到了一个否认个人伦理的行动来确认自身的阶段……如果我们放弃自己的道德，这将是我们最

---

① Georg Lukács, "Tactics and Ethics", in Georg Lukács, *Tactics and Ethics：Political Writings 1919-1920*, London：Verso, 1972, pp. 10-11.
② Georg Lukács, "Preface", in *History and Class Consciousness*, London, 1971, p. xi. （卢卡奇：《历史与阶级意识》，杜章智等译，商务印书馆 1996 年版，第 4 页。——译者注）
③ Ilona Duczynska, „Zum Zerfall der KPU", in Paul Levi（ed.）, *Unser Weg*, Berlin, 1922, p. 99.

'道德的'行为。"①

重要的是,在他的"自传性遗嘱"《经历过的思想》(*Gelebtes Denken*)中,卢卡奇再次确认了他在1918年加入匈牙利共产党时的伦理意蕴。他强调"这一世界观的关键转折"(weltanschauliche Entscheidung)带来了"整个生活的改变……伦理学(生活指南)不再涉及禁止一切我们自己的伦理学谴责为罪恶或禁欲主义的行为,而是建立了一种实践的动态平衡,在这种实践中,(特殊的)罪孽有时可能是正确行动的内在的、不可逃避的组成部分,相反,一种伦理的限制(如果被认为是普遍有效的)有时可能成为正确行动的障碍。对立;复杂;普遍的(伦理)原则——正确行动的实际要求"②。

我们现在可以明白,为什么这个问题——在通往社会主义目标的道路上的手段、策略或"罪恶"——在卢卡奇迈向共产主义的那段时期,在他的思想中占据了如此重要的位置。他的悲剧世界观包含了一种只能非此即彼的选择:在美德和犯罪之间、"善"和"恶"之间的一种没有重叠和渐变的绝对对立;"相互排斥的对立……尖锐地、确定地相互分离"③。相比之下,他从事的革命政治和具体政治实践则要求对"善"与"恶"之间的关系进行完全不同的、**辩证的**理解。为了成为一个布尔什维主义者,卢卡奇不得不从他悲剧观的康德主义立场(应然和实然的严

---

① Béla Balázs, "Notes from a Diary", in *The New Hungarian Quarterly*, 47, 1972, p. 128. 泰尔图利安(N. Tertulian)是为数不多的注意到这一主题在卢卡奇早期发展中的重要性的批评家之一:"卢卡奇思想中出现的、专业革命者可能会面对的伦理悖论,在陀思妥耶夫斯基和像萨文科夫一样的俄国恐怖主义支持者们的影响下,在对于**牺牲**行为的启发性辩护中找到了解决之道。" Nicolas Tertulian, "L'Evolution de la pensée de Georg Lukács", in *L'Homme et la Sociéte*, 13, 1971, p. 26.
② *Gelebtes Denken*, 1971, p. 29. (卢卡奇:《卢卡奇自传》,杜章智编,社会科学文献出版社1986年版,第32页。引文有改动。——译者注)
③ Lukács, *Soul and Form*, p. 31. (卢卡奇:《卢卡奇早期文选》,张亮、吴勇立译,南京大学出版社2004年版,第150页。——译者注)在卢卡奇1917年和1918年关于贝拉·巴拉兹的文章中,他还通过将他的作品评价为"戏剧性的决定战胜了机会主义和解的伟大胜利,'非此即彼'的精神战胜了'两全其美'哲学的伟大胜利"来解释他对于诗人的热衷。转引自Istvan Mészáros, *Lukács' Concept of Dialectic*, London: Merlin Press, 1972, pp. 125-126.

格对立)转向马克思主义的辩证立场,在这种立场下,"善"和"恶"是对立但统一的,"善"有时是由"恶"促成的,为了实现伦理上的"纯粹"目的,有时需要使用"不纯粹"且本质上应受谴责的手段。1918年的托尔斯泰主义者卢卡奇似乎认为杀死一个人是最大的"过错"。事实上,根据对那些年的另一种解释,他确实被这个问题所**折磨**:"一个人杀死自己的手足是被允许的吗?"①直到他明白革命者是悲剧性地被迫在战场上杀戮,以实现无产阶级的最终解放,他才成为一个布尔什维主义者。只有通过这种至关重要的中介,他才能从一个悲剧性的旁观者的立场转变为一个坚定的行动者的立场,从抽象的、形而上学的道德主义转向更现实的政治伦理。②

通往共产主义之路具有深刻的哲学意蕴。吕西安·戈德曼正确地指出了这种浮士德式的善恶辩证法,"把与魔鬼缔结契约作为通向上帝的唯一途径的思想(黑格尔哲学中的理性的狡计)"是**区分帕斯卡的悲剧态度**(**以他为例**)**和辩证思想的关键点之一**。歌德、黑格尔和马克思作为具有辩证世界观的思想家,"都承认'理性的狡计',历史的进步,将会把个人的恶转化为进步的工具,从而带来整体的善。梅菲斯特把自己描述为一个'总是追求恶,却总是实现善'的人,而正是他——当然,违背了他自己的愿望——让浮士德找到上帝并到达天堂"③。

到1918年12月为止,卢卡奇不仅从陀思妥耶夫斯基的托尔斯泰主义转为布尔什维主义,而且也从康德主义转为马克思主义,从悲剧思想转为辩证思想:**从一种世界观转向另一种世界观**。如果没有解决目

---

① Àrpád Szelpál, *Les 133 jours de Bela Kun*, Paris: Fayard, 1959, p.199.

② 据伊乐纳·杜清丝所说,匈牙利共产主义理论家(卢卡奇)曾对她说:"真正的共产主义者相信,通过历史发展的辩证法,恶(böse)可以被转化为它的对立面,善……这一恶(Evil)的辩证法……像秘密教义一样传播……直到它最终被认为是真正共产主义的精髓。"Ilona Duczynska, „Zum Zerfall der KPU", in Paul Levi (ed.), *Unser Weg*, Berlin, 1922, p.99.

③ Lucien. Goldmann, *The Hidden God*, London: Routledge, 1964, pp.174-176. 卢卡奇在《歌德和他的时代》中提到了浮士德的"善恶辩证法",Georg Lukács, *Goethe and His Age*, London: Merlin Press, 1968, pp.197-198.

的和手段之间的伦理二律背反的办法,这一转变就不可能完成——因此,卢卡奇在他作为共产主义者的第一个时期(1919—1920)认为这一解决办法具有至高无上的、几乎无法摆脱的重要性。

1918年的这次伟大的"质的飞跃"涉及政治、道德和哲学等内容,实际上经过了战争期间缓慢的酝酿过程的准备。早在1915年写给保罗·恩斯特的几封信中,卢卡奇就已经用萨文科夫的著作来讨论恐怖主义的伦理问题,就像1919年的讨论那样。① 这一变化多半是由于战争本身造成的,战争屠杀的规模之大使得恐怖主义者在与对战争屠杀负责的沙皇和帝国主义政权进行斗争中所犯下的"罪行"有了新的道德相对性。然而,在1915年,卢卡奇只是提出了这一问题并试图去理解它。到了1918—1919年,他将被迫站在革命党人"残酷的政治现实主义"的立场上。

最后,我们必须回顾一下1918年12月那个关键的一周,"两个星期日之间的工夫",卢卡奇便决定加入共产党。

卢卡奇试图解释其"转变"的直接背景的文献极少,其中之一是在布达佩斯的卢卡奇档案馆中发现的未出版的1941年自传。关于这一时期的章节是这样说的:"[1918年10月匈牙利革命]看似是毫不费力的胜利,匈牙利的哈布斯堡君主制看似是不流血的崩溃,在我心中埋下了这样一个幻想:未来走向民主甚至社会主义的彻底胜利也可能是一条非暴力的道路。(参见我为《自由思想》撰写的评论文章。)资产阶级民主头几周发生的事件,特别是它无力抵抗当时日渐积极的反动势力,使我迅速纠正了自己的观点。我经常去参加新成立的匈牙利共产党举

---

① "在他(萨文科夫)身上看到了第一伦理(社会制度的义务)和第二伦理(心灵的诫命)之间的老矛盾的新表现。当心灵不再被指引向它自身而是被指引向人性的时候,先验的秩序就一定包含典型的辩证复杂性,这是与政治家和革命者有关的情形。为了拯救心灵,心灵必须被牺牲。人必须从神秘的伦理中走出来,成为残酷的讲求实际的政客,必须去侵犯那绝对的戒律……'你不可杀人!'"(*Paul Ernst und Georg Lukács*, p.74)(卢卡奇:《卢卡奇早期文选》,张亮、吴勇立译,南京大学出版社2004年版,第190—191页。——译者注)

行的集会。我读了它的报纸和期刊评论,最重要的是我读了当时以德文出版的列宁的《国家与革命》。这些事件和阅读使我明白了只有共产党有办法摆脱这种局面,并决心沿着他们的路走到底。基于这些考虑,我在 1918 年 12 月加入了匈牙利共产党。"①卢卡奇所说的《自由思想》指的是 *Szabad-Gondolat*,他为其撰写的评论文章是《作为一个道德问题的布尔什维主义》。至于反革命的活动,1918 年 10 月的民主政府首脑卡罗利(Károlyi)伯爵在他的回忆录中承认,反动的帝国军官当时在朱利叶斯·贡博斯(Julius Gombos)(霍尔蒂[Miklós Horthy]未来的总理,曾与纳粹合作)领导下成立了非法的军事分队。据卡罗利说,贡博斯支持他反对社会主义者,但这一提议遭到了拒绝。事实上,卡罗利抱怨说,1918 年 12 月至 1919 年 1 月反革命运动的加强,为"共产主义宣传"铺平了道路。②

这份重要文献证实,暴力问题是卢卡奇当时关注的核心问题,这构成了卢卡奇为了成为一名共产主义者而必须跨越的道德-意识形态的障碍。我们应该记住,列宁小册子的主题是,如果想要摧毁资产阶级国家,开辟通向最终目标的道路——一个人与人之间不再有暴力的世界——那么无产阶级的暴力是一种不可避免的必然。

另一个可能影响卢卡奇转变的事件是他在 1918 年 11 月底或 12 月初与贝拉·库恩的第一次会面③——这次会面由厄尔诺·塞德勒安排,他和贝拉·库恩都是从苏联回来的,并在 11 月被选入匈牙利共产党中央委员会。(厄尔诺是卢卡奇的挚友伊尔玛·塞德勒的弟弟,伊尔玛·塞德勒于 1911 年自杀身亡。)尽管在 1921 年之后,卢卡奇成了库恩的坚决反对者,但这并没有削弱这次会面对他 1918 年 12 月的意识

---

① Georg Lukács, *Autobiography*, Lukács Archivum, p. 1.
② 参见 Michael Károlyi, *Faith without Illusion*, London: Dutton, 1956, pp. 150 – 151。
③ 参见卢卡奇写给大卫·凯特勒的信, David Kettler, "Culture and Revolution: Lukács in the Hungarian Revolution of 1918/19", in *Telos*, 10, 1971, p. 68。

形态危机的重要作用(事实上他在1969年的一次采访中说,他起初与库恩有着"非常好的私人关系")。① 由于这一历史性会面的两位主角都已逝去,我们就只能冒险猜测谈话的内容。我们认为,它很可能集中于恐怖手段和暴力革命的问题上(贝拉·库恩刚从苏联回来,他在那里积极参加了内战)。作为奥地利帝国军队的一名前士兵,库恩提到的重要事实可能是十月革命党人通过签署和平条约避免了帝国主义战争屠杀,拯救了成千上万的生命。② 他也可能像在其他场合所做的一样运用了如下论据:"如果你想让我们的革命避免流血,只以最小的牺牲为代价,并尽可能地人道——虽然对我们来说没有超阶级的'人道'——那么就必须采取行动,以最坚定和最有力的方式实行独裁……如果我们不消灭反革命,如果我们不消灭那些拿起枪来对付我们的人,那么他们就会杀了我们,屠杀无产阶级,让我们完全没有未来。"③

很有可能的情况是,与具备坚定现实主义逻辑的、有血有肉的革命者的第一次会面,深刻影响了卢卡奇抛开托尔斯泰的伦理主义并加入无产阶级革命的决定。这并不意味着他和他的朋友完全抛弃了道德上的顾虑。在卢卡奇最幼稚的政治文章,1919年4月的《政党和阶级》中,卢卡奇盛赞匈牙利革命具有超越于俄国革命之上的优势,理由是它确保了无产阶级"没有流血"④就夺取了政权。我们也知道,在1919年5月,卢卡奇对挟持资产阶级人质表示抗议。他的朋友欧文·辛科,一位

---

① 参见安德烈斯·科瓦奇(András Kovács)的采访。卢卡奇在这里提到了他和贝拉·库恩的"私人谈话",并说他在匈牙利共产党成立了大约4周之后就入了党。Georg Lukács, *L'Uomo e la rivoluzione*, Roma: Editori Riuniti, 1973, p.49.
② 在1919年1月卢卡奇以布尔什维克的身份所写的第一篇文章《策略与伦理》中,这个问题得到了解决。在文中,他强调每一个共产党人都应该为在斗争中牺牲的每个人的生命负责。同时,"所有与另一方结盟的人,即捍卫资本主义的人,都必须对肯定即将到来的新帝国主义复仇战争所带来的破坏承担同样的个人责任"(p.8)。20年后这一预想完全实现了。当然,在这里卢卡奇暗指的是资产阶级和社会民主党应为第一次世界大战的屠杀承担责任。
③ Béla Kun, *La république hongroise des conseils*, *Discours et articles choisis*, Budapest: Editions Corvina, 1962, pp.175-211.
④ Georg Lukács, "Party and Class", in Georg Lukács, *Tactics and Ethics: Political Writings 1919-1920*, London: Verso, 1972, p.29.

有着托尔斯泰主义的基督教背景的作家,则更为甚之:在6月24日布达佩斯军校的学员叛乱之后,他争辩说,他们不应该因为叛国罪而被处决,而是需要在他个人的监督下参加一个关于马克思主义的研讨会。① 就连该苏维埃共和国政治警察局局长奥托·考文也不是对这种"伦理-共产主义者"关于目的和手段、政治动机和所采用的方法的冲突的疑虑漠不关心。②

这些顾虑完全是由1919年的匈牙利革命者造成的,体现出当时共产主义者所秉持的革命伦理与斯大林时代的马基雅维利主义、"个人崇拜"和莫斯科大审判之间的鸿沟。卢卡奇还能支持后来的共产主义运动这一事实表明,他在浮士德之路上走得太远了。正如一位伟大的布尔什维克领袖曾经说过的那样:"当我们说目的可以为手段进行辩护的时候,那么我们就可以得出结论,伟大的革命目的抛弃了那些把工人阶级的一部分与其他部分对立起来,或者企图在没有群众的参与的情况下就使群众获得幸福的基本手段和方法;或者降低群众对自身及其组织的信仰,代之以对'领袖'的崇拜。"③

卢卡奇在1918—1819年发生转变的整体意义在《策略与伦理》中得到了很好的表达:**变超越的目的为内在的目的**。这显然意味着目的自身的内容发生了一定变化:"马克思主义的阶级斗争理论,在这方面完全源自黑格尔的概念体系,将超越的目的转变为内在的目的;无产阶级的阶级斗争既是目的本身,又是其实现。"④这篇文章显然超越了《作为一个道德问题的布尔什维主义》一文中的新康德主义二元论观点,后者批判了"马克思的黑格尔主义"并将社会主义的超越性目标与无产阶

---

① 一个典型的细节是,这个研讨会是围绕着阅读和讨论陀思妥耶夫斯基的"大法官"而展开的。参见 József Lengyel, *Prenn Drifting*, London: Peter Owen, 1966, p. 205。
② 参见关于伦吉尔恼怒的阐释。József Lengyel, *Visegrader Strasse*, Berlin: Dietz, 1959, p. 246。
③ Leon Trotsky, *Their Morals and Ours*, London: New Park Publications, 1974, p. 37.
④ Georg Lukács, "Tactics and Ethics", in Georg Lukács, *Tactics and Ethics: Political Writings 1919-1920*, London: Verso, 1972, p. 5.

级为捍卫自身利益而进行的阶级斗争对立起来。**简言之**,我们发现卢卡奇在1918年11月至1919年1月期间发生的"质的飞跃"使他走向了辩证的世界观和匈牙利共产党。

要理解1919年的共产主义者卢卡奇与前马克思主义者卢卡奇的关系只能从辩证法的**扬弃**(Aufhebung)范畴出发:保留、否定和超越的同一。这是一种既有连续性又有断裂性的关系,在这种关系中,两种状态通过内在一致性而不是逻辑必然性相互连接。①

在1918年以前,卢卡奇的思想带有价值与现实、文化与资本主义、人的个性与经济物化的悲剧性二律背反特征。这种二律背反伴随着对整体性、和谐性、普遍性和真实性的深切渴望,换言之,伴随着对主体与客体、本质与存在、个人与共同体之间同一性的深切渴望,这种同一性据说在古希腊和中世纪是存在的,只是随着资本主义发展的分裂和失谐才被撕裂。在1918—1919年,卢卡奇开始认识到无产阶级有能力通过摧毁资本主义现实而阻止物化,并实现真正的价值,建立新的文化,从而解决这种二律背反。因此,卢卡奇1919年狂热的弥赛亚主义的理论基础是,无产阶级具有一种新的和谐、一种重新发现的整体性、一种普遍性造就的真实性,以及一种主体与客体、伦理与实践、个人与集体之间重构了的同一性。在这里,对神话般的过去的黄金时代的悲剧性怀旧变成了对未来充满激情的希望——希望无产阶级作为历史的弥赛亚阶级,能够通过革命的道路来使世界获得救赎。②

从另一个意义上说,卢卡奇加入匈牙利共产党的决定可以被视为

---

① 参见 Istvan Mészáros, *Lukács' Concept of Dialectic*, London: Merlin Press, 1972, p. 18; Paul Breines, "Notes on G. Lukács's The Old Culture and the New Culture", in *Telos* 5, 1970, p. 12。

② 芬伯格(A. Feenberg)将希腊史诗共同体在《小说理论》中的作用与无产阶级在《历史与阶级意识》中的作用进行了比较。其主要区别在于古希腊时期的总体性是直接被赋予的,而现在总体性是无产阶级要通过革命行动来实现的目标。(Andrew Feenberg, "The Antinomies of Socialist Thought", in *Telos*, 10, 1971, pp. 98-99.)也可参见 Fritz J. Raddatz, *Lukács*, Hamburg: Rowohlt, 1972, p. 41:"卢卡奇把他古典的和谐理想——也就是他的美学思想——带进了他的政治思想中。"

帕斯卡的打赌(Pascal's wager)的某种变体:一种冒险或"游戏",包含了失败的可能性和成功的希望,在这场冒险中,一个人的生命被押注在一种超个体的价值上。① 卢卡奇通往共产主义之路远非"科学"分析的结果,而取决于一种伦理-政治的**信仰行动**。欧文·辛科描写1919年的自传体小说《乐观主义者们》(*The Optimists*)有趣地从这一角度展现了卢卡奇的观点。据辛科所说,卢卡奇(文中以"韦尔泰什"[Vertes]一名出现)对于他加入共产党给出了如下解释:"哈姆雷特不能做出行动,是因为他只知道,却不信仰……如果只是为了正确的思考,那么有一个正确的理论就足够了。但是,如果一个知道善恶的人想要生存和战斗,那么就需要信仰。"②

嘲笑青年卢卡奇的"末世论"和"锡利亚说"(chiliasm)是很容易的,正如许多评论家们目前所做的那样。然而,如果我们考虑到在这一时期(1918—1919),世界革命是被广泛期待着的,而且这种期待以一种绝非随意的方式与时代的**客观可能性**相一致,那么卢卡奇的向往就变得更容易理解了。不能否认,如果革命在1919年已经蔓延到了欧洲和世界其他地区,那么由此产生的无产阶级政权将比在衰退的革命浪潮中逐渐建立起的苍白的、官僚主义的滑稽样板更接近社会主义的历史理想。

在他1919年6月发表的一篇文章《旧文化与新文化》("The Old Culture and the New Culture")中,卢卡奇思想的连续性及其在通往共产主义之路上发生的**扬弃**得到了显著的体现。很多作家已经指出了这篇文章的重要性,以及它与卢卡奇前马克思主义时期著作的密切联系。③ 在这篇文章中,我们发现了文化与文明之间的冲突;内在(伦理的和审美的)价值观与市场价值观的冲突;对各种"有机"融合了社会存在

---

① 这一对于"帕斯卡的打赌"的解释可以参见 Lucien. Goldmann, *The Hidden God*, London: Routledge, 1964, pp. 285 - 289。
② Erwin Sinkó, *Optimisták*, Budapest: Magvető, 1953 - 1955, vol. 2, pp. 290 - 291。
③ 参见 David Kettler, "Culture and Revolution: Lukács in the Hungarian Revolution of 1918/19", in *Telos*, 10, 1971, pp. 85 - 92;以及 Paul Breines, passim。

的古老文化(古希腊及文艺复兴)的怀念与对通过无产阶级革命建立一种新的、本真的文化的希望之间的冲突。这种新文化的基本准则是从19世纪古典哲学中继承而来的,"是人自身的目的"①。因此,我们可以将卢卡奇通往共产主义之路总结为"超越的过程",政治超越了美学,无产阶级的革命实践超越了对资本主义的文化批判。然而我们也应该强调,青年卢卡奇的美学背后存在着一种隐性的伦理(有时实际上是明确的),这正是他能够转向布尔什维主义的**桥梁或过渡**。正如他自己所指出的,这种伦理是他的思想发展和变化过程的**理论关键**。因此,卢卡奇在1967年的《历史与阶级意识》序言中指出,他在这一转型时期的思想是以困惑为标志的,但是并不混乱。尽管如此,其总的趋势是:"我的伦理观要求转向实践、行动,从而转向政治。"②

再次强调的是,只有经过**辩证觉醒**的过程,他才能将1918年以前悲剧性的、神秘的伦理转化为革命政治。在这方面,浮士德式的关于目的和手段的关系问题发挥了关键作用,促使他脱离**实然与应然**、是与应的僵硬二元论,"质性飞跃"到了关于此二元论的社会-实践的**中介**(Vermittlung)。

(王钰涵 译)

---

① Georg Lukács, "The Old Culture and the New Culture", in Georg Lukács, *Marxism and Human Liberation*, New York: Dell Publishing Company, 1973, pp. 4-6, 17-19.
② Georg Lukács, "Preface", in *History and Class Consciousness*, London, 1971, p. xi. (卢卡奇:《历史与阶级意识》,杜章智等译,商务印书馆2017年版,第4页。——译者注)